"十三五"江苏省高等学校重点教材(编号：2019-1-099)

生产与运作管理

主　编　蔡建华
副主编　杨　宇　宋冬梅　吕玉兰

扫码申请更多资源

南京大学出版社

内容简介

本书以社会组织作为考察对象,对制造业和服务业的生产与运作管理理论做了较为全面的阐述。具体内容包括:第1篇绪论,介绍了生产与运作管理概论、生产与运作战略;第2篇生产与运作系统的设计,介绍了产品开发与工艺流程的选择、生产与服务设施的选址与布置、工作设计与作业测量;第3篇生产与运作系统的运行与控制,介绍了综合生产与运作计划、物料需求计划与企业资源计划、生产作业计划与控制、库存管理、质量管理;第4篇生产与运作系统的改进和提升,介绍了流程再造、准时化生产方式。同时各章节配有知识链接、知识延伸、各类专栏、引例与案例应用、知识的注意点与要点等丰富的教学模块,一方面可以拓宽学生的知识面,提高学生的学习兴趣;另一方面可以加深学生对知识重点、难点的理解,方便学生课后自学。

本书既可作为应用型普通高等院校管理类专业的教科书,也可作为企业各类培训班教材,还可供生产与运作管理人员自学使用。

图书在版编目(CIP)数据

生产与运作管理/蔡建华主编. —南京:南京大学出版社,2021.9
ISBN 978-7-305-24964-8

Ⅰ.①生… Ⅱ.①蔡… Ⅲ.①企业管理-生产管理 Ⅳ.①F273

中国版本图书馆 CIP 数据核字(2021)第 176367 号

出版发行	南京大学出版社
社　　址	南京市汉口路22号　邮　编　210093
出版人	金鑫荣

书　　名	**生产与运作管理**
主　编	蔡建华
责任编辑	武　坦　　　编辑热线　025-83592315
照　　排	南京开卷文化传媒有限公司
印　　刷	南京人民印刷厂有限责任公司
开　　本	787×1092　1/16　印张 20　字数 486 千
版　　次	2021 年 9 月第 1 版　2021 年 9 月第 1 次印刷
ISBN	978-7-305-24964-8
定　　价	49.80 元

网　　址:http://www.njupco.com
官方微博:http://weibo.com/njupco
微信服务号:njuyuexue
销售咨询热线:(025)83594756

* 版权所有,侵权必究
* 凡购买南大版图书,如有印装质量问题,请与所购图书销售部门联系调换

前 言

本教材是为以高等院校应用型人才为培养目标的学生编写的,自从2015年9月出版以来,由于编写体例独特,理论阐述通俗易懂,知识易理解性和应用性,受到众多读者喜爱,在2019年荣获了"十三五"江苏省高等学校重点教材立项(修订教材)建设(苏高教会〔2019〕23号)。本书自出版到现在已过去六年,这六年企业面临的外部环境发生了许多变化,具体表现为:一是伴随着"绿水青山就是金山银山"理念深入人心,消费者环保意识进一步增强,促进产业升级换代;二是互联网技术的大力发展,顾客直接参与产品设计与制造过程成为可能,价值共创成为现实;三是制造业和服务业深度融合,特别是工业互联网大力发展,赋能服务业升级和加快发展。

在此背景下生产与运作管理涌现了一些新理论和新管理实践问题,为了适应新形势和新时代的要求,本书进一步修订和优化了教材内容,利于读者掌握生产与运作管理新理论知识,提高应用技能。编者认为第一版无论是教材理论内容还是体例编排上仍有许多改进空间,在维持全书的主体结构不变的前提下,总体上将第一版的十四章内容缩减为十二章。此次修订立足于:一是理论充实更新,力争内容与时代合拍;二是栏目强化针对性、系统性,激发学生学习兴趣,易于学生自学关键知识;三是内容表述精炼、简洁、多样化、时代化;四是专栏或案例问题的针对性锤炼;五是应用技能培养强化提升。修订的目的是进一步提升教材品质,更好满足高等院校应用型专业人才培养目标的要求。具体修改如下:

第一篇绪论,由原来的三章内容缩为两章内容。第一章和第二章进行了合并,删除了第二章第一节生产过程及构成,第二节生产过程的组织、服务的构成要素、运作的特征、运作管理的特点。更换第一章的引例,增加了社会组织的基本职能活动及其关系、制造业生产和服务业运作比较、面向生产运作流程的管理、生产运作经理的职责、生产运作管理的新发展等。知识延伸栏目中增加了生产运作经理职位搜索,从企业关注重点视角看生产运作管理历史,中国成功典范"绿水青山就是金山银山"等。第二章生产与运作战略中删除了第一节企业战略管理概述,精炼成企业战略制定过程及活动内容,以图表形式简要表达。删除了第二节生产与运作战略部分内容,增加了各竞争重点的抉择与权衡;对生产运作战略的制定与实施表述采用图表形式,从强化企业核心竞争力的构建角度对生产与运作战略的内容进行改写。增加中国成功实践典范栏目"华为资源整合观:市场赋能助力资源整合,提升竞争力"。

第二篇生产与运作系统的设计中,第三章删除了新产品开发面临的压力、产品开发绩效评价的内容;新产品开发的内容和责任部门用表的形式表述,知识延伸栏目增加了一般产品开发过程的衍生形态总结、生态设计等;增加了汽车车门完整的质量屋矩阵来说明如何应用质量屋来设计产品。将第一版的第一章和第二章有关服务设计、工艺专业化、对象专业化的内容归类到本章。增加了中国要求栏目"坚持绿色发展是发展观的一场深刻革命",知识链接栏目"价值共创——顾客参与产品价值创造"。第四章删除流水线生产类型,知识链接栏目增加了制造业紧邻竞争者(集群)选址。第五章删除了工作设计中的社会技术理论。

第三篇生产与运作系统的运行与控制中,第六章引例换了新内容,对学习曲线部分内容进行了改写,增加了学习曲线在生产能力规划上的应用。第七章第一节进行了改写,删除了订货点法局限性的部分内容,增加了独立需求和相关需求及引起库存变化的内容。增加了知识链接"物料需求计划(MRP)应用领域及期望收益"。对库存状态文件中的一些专业术语做了更为通俗化的解释。第八章生产作业计划与控制进行了重新改写,删除了大部分不适应新时代的内容,增加了作业排序的内容。第九章删除了定量和定期订货模型内容,增加了价格折扣模型和随机型库存决策问题内容。删除了项目管理整章内容。

第四篇生产与运作系统的改进和提升中,第十一章流程再造第一节部分内容进行了精炼化改写。第十二章准时化生产方式看板的分类内容进行了改写。

另外,篇章内容表述在科学、精炼、简洁、多样性和时代适应性上进行改写,就不再一一赘述了。

本书在编写过程中参阅了许多参考书和文献资料,特别是在互联网上收集了许多本土案例和各类专栏的内容。编者根据本书内容的编写要求做了很大程度的修改或重新改写,在此对相关作者表示衷心感谢。

由于编者水平有限,书中难免存在不足之处,敬请读者提出批评指正。同时,对南京大学出版社编辑老师的大力支持深表谢意。

编 者

2021 年 8 月

目　录

第1篇　绪　论

第1章　生产与运作管理概论 ······ 1
1.1　生产与运作系统 ······ 2
1.2　生产与运作管理 ······ 14
1.3　生产与运作管理的发展史 ······ 18
1.4　生产与运作管理的新发展 ······ 24

第2章　生产与运作战略 ······ 29
2.1　生产与运作竞争的重点 ······ 30
2.2　生产与运作战略制定和实施 ······ 33

第2篇　生产与运作系统的设计

第3章　产品开发与工艺流程的选择 ······ 42
3.1　新产品开发概述 ······ 43
3.2　新产品开发的流程与管理 ······ 47
3.3　产品工艺流程的设计与选择 ······ 61
3.4　服务设计 ······ 68

第4章　生产与服务设施的选址与布置 ······ 75
4.1　生产与服务设施的选址 ······ 77
4.2　生产与服务设施内部布置 ······ 83
4.3　流水线生产与成组生产的组织 ······ 88

第5章　工作设计与作业测量 ······ 106
5.1　工作设计 ······ 106
5.2　工时定额与作业的测定 ······ 111

第3篇　生产与运作系统的运行和控制

第6章　综合生产与运作计划 ······ 121

  6.1 生产与运作计划概述 ··· 122
  6.2 综合生产与运作计划决策、策略及优化 ······················ 126
  6.3 生产与运作能力需求和规划 ······································· 133

第 7 章 物料需求计划与企业资源计划 ·· 151
  7.1 物料需求计划的产生与基本思想、基本原理 ··············· 152
  7.2 物料需求计划系统结构 ··· 159
  7.3 企业资源计划（ERP） ··· 167

第 8 章 生产作业计划与控制 ·· 175
  8.1 作业计划与作业排序 ·· 176
  8.2 生产作业控制 ··· 187

第 9 章 库存管理 ·· 196
  9.1 库存管理概述 ··· 197
  9.2 独立需求库存决策基本模型 ······································· 206
  9.3 随机型库存决策问题 ·· 216

第 10 章 质量管理 ·· 222
  10.1 质量与质量管理的基本概念 ····································· 223
  10.2 全面质量管理 ··· 232
  10.3 质量控制的基本方法 ··· 236
  10.4 ISO 9000 简介 ··· 247

第 4 篇 生产与运作系统的改进和提升

第 11 章 流程再造 ·· 256
  11.1 流程再造概述 ··· 257
  11.2 流程再造的原则与方法 ··· 268
  11.3 流程再造的实施技术 ··· 271

第 12 章 准时化生产方式 ·· 280
  12.1 准时化生产方式概述 ··· 281
  12.2 准时化生产方式的实施 ··· 289

参考文献 ··· 313

第1篇　绪　论

第1章　生产与运作管理概论

 **学习目标**

1. 理解生产与运作活动的地位,产品和服务的关系,制造业和服务业生产运作的区别。
2. 理解生产与运作的含义,生产与运作系统的构成、分类及特征。
3. 理解生产与运作管理的概念、目标,实现目标的管理视角,生产与运作管理内容及经理的职责。
4. 了解生产与运作管理的发展史和新发展。

 **引　例**

硬石餐厅的运作经理

硬石餐厅是主题餐厅的先驱之一,从1971年在英国伦敦开业迄今已有近50年的发展史,期间尽管其他主题餐厅历经盛衰,但硬石餐厅却在不断成长,现已在全世界53个国家开设了150多家,且基本上每年都有新餐厅开业。

在伦敦硬石餐厅运营初期有一位名叫埃里克·克莱普顿的人经常光顾,为了给自己喜欢的座位做标记,他将吉他挂在自己喜欢座位边的墙上。受此启发,为吸引更多此类爱好的顾客光临,硬石餐厅便将其店名和摇滚乐坛的各种纪念品联系在一起,现在硬石餐厅在摇滚乐的纪念品上投资达数百万美元。正是硬石餐厅围绕顾客需求,通过高效的生产与运作,提供优质的食品和娱乐服务,为顾客创造出比其他同类餐厅更多的价值,才使它长盛不衰。

现在位于佛罗里达的奥兰多市环球影城的硬石餐厅,运作经理每天为超过3 500名顾客提供产品,菜单中每一个产品都是围绕顾客满意程度来进行设计、品尝和分析的,根据产品质量、成本、交货、服务等技术标准,在明确员工的工作标准后,才能进入生产过程,所需的原材料都由合格的供应商提供。餐厅从接受订单到冷藏、烘烤或煎炸等整个生产流程中的每个程序，都是由运作经理精心设计和维护的，目的是制作出顾客满意的产品。同时运作经理还要对设备进行有效的布置，制订各种计划、招聘培训员工，根据员工能力安排相应的岗位和工作任务。

（资料来源：杰伊·海泽，巴里·伦德尔，查克·蒙森.运作管理.李果，张祥，译.北京：中国人民大学出版社，2020；经编者改编）

全世界成功的生产与运作经理都是像硬石餐厅的运作经理一样精通生产与运作管理。在本书中，我们不仅要分析像硬石餐厅这样的运作经理如何创造价值，而且要考虑其他行业如何运作。运作管理虽然工作复杂，要求严格，挑战性强，但也富有激励性，因为它与我们日常生活密切相关，其管理水平还决定了生活质量。

1.1 生产与运作系统

物质资料的生产活动是人类最基本、最重要的经济活动。经济学家将社会发展阶段分为三个阶段：一是前工业社会。人们主要从事农业和采掘业，包括种植庄稼和树木、捕鱼、狩猎、采掘煤炭和岩盐等生产活动，此时是以家庭为生产单位，通过简单的生产活动从自然界直接提取所需的有形产品，基本上没有分工与协作，生产效率很低。二是工业社会。人们主要从事制造业，以工厂为生产单位，利用机器设备，通过物理的或化学的方法改变自然界的物质形态，产生人们需要的人造物品——有形产品，在生产过程中对生产活动进行分工与协作，使生产率大幅度提高。三是后工业社会。人们主要从事服务业，主要是因为经济发展、技术进步以及工业化、信息化程度的提高，人们除了对各种有形产品的需求之外，对有形产品形成之后相关服务的需求也不断提高，如产品运输、安装、维护与保养等；随着社会分工细化，原来附属于生产过程的一些服务过程相继独立出来，形成了专门从事物流、维护、融资、工程设计、信息等服务行业，这些行业占整个社会经济的比重在加大；与此同时随着生活水平不断提高，顾客对教育、医疗、保险、理财、休闲娱乐等方面需求加大，相关行业也在扩大，同时政府及相关的机构也在为居民提供所需的各种服务，所有这些都为服务业的发展提供了空间。

生产与运作管理研究也是沿着这个轨迹展开的，开始是以有形物质产品如何生产、提高生产效率为研究对象的，以泰勒的《科学管理原理》为代表的经典著作中研究的大部分内容都是生产管理，阐述如何通过一些科学管理的方法来提高制造业的生产效率，同时降低成本，此时美国正处在工业化时代。随着美国进入后工业社会，顾客在对有形产品需求的过程中伴随着对无形产品（服务）需求加大，如顾客购买汽车同时购买了汽车保险、售后服务、贷款甚至于试驾等服务活动。如何生产、提供这些服务产品，提高服务效率，降低成本又成为重要研究课题。学者们就将生产与运作管理研究范围扩展到服务业，并把有形产品的生产过程和无形产品（服务）的生产过程都看作是一种"投入→变换→产出"的过程，作为一种共性问题来研究，这样如何生产、提高生产效率的研究对象也扩展到整个社会组织，或者说研究范围从有形产品制造业扩大到无形产品服务业。西方学者通常把有形产品制造称为生产,把无形产品服务的生产称为运作,因此把有形产品和无形产品(服务)的生产过程称为生产与运作过程。

1.1.1 社会组织的基本职能活动及其关系

任何社会组织和硬石餐厅一样都是为顾客创造有价值的产品和服务,社会组织为了能够有效运营,必须具备三种职能活动:生产与运作、营销和财务会计,这些职能活动是任何组织从事运营的基本活动。图1-1简要地描绘了制造企业从事的这些基本活动部分内容。这三种基本活动之间的关系是:营销活动是先导,组织通过营销活动,理解顾客对产品或服务的价值需求,接受订单,明确生产数量、质量、价格、交货时间等,并将这些信息传递给生产运作部门。生产与运作活动是基础,为了满足顾客对产品或服务的价值需求,在明确产品功能的基础上,通过生产运作活动,开发产品或服务,组织各种生产要素,按照订单品种、数量、质量、价格、交货时间等要求,组织生产运作,最终产出一系列有竞争力的产品或服务满足顾客的价值需求。财务会计活动是保障,生产与运作活动和营销活动的开展离不开资金,否则生产与运作和营销活动无法正常开展,同时财务会计活动还为生产运作和营销活动的效果提供评价,三者相互支撑,缺一不可,它们是组织得以生存必须具备的职能活动。

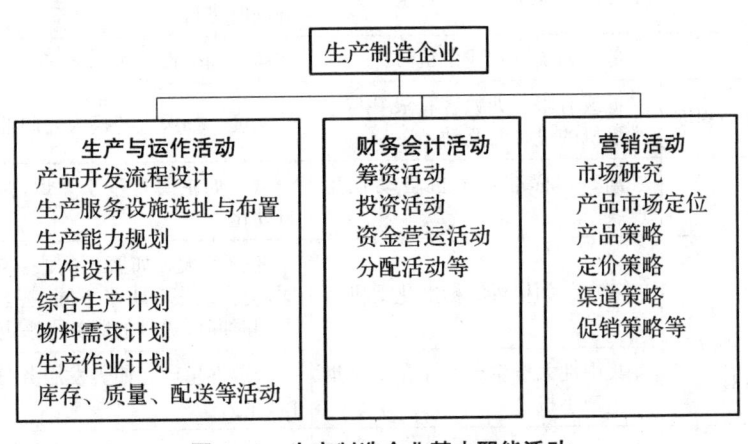

图1-1 生产制造企业基本职能活动

图1-1仅描述了生产制造企业的三种基本活动,其中生产与运作活动是基础,活动开展为顾客创造产品和服务的价值。当前生产与运作管理研究对象的范围包括一切社会组织,它不仅研究制造业的生产与运作活动,还研究像商业银行、航空公司、医院、律师事务所甚至于教堂等服务行业的生产与运作活动,只是它们的活动内容有差异而已,如商业银行的生产与运作是存贷款、托收、理财等活动,航空公司的生产与运作是飞行作业、地面支持、地面作业等活动。从前面讲的生产与运作产生以及现代社会发展趋势来看,随着生活水平的不断提高,分工不断细化,顾客需求多样化,组织的生产与运作活动在不断延伸,现代制造业和服务业在不断融合,形成制造业和服务业相互匹配、促进,提高效率,共同满足顾客不断提出的新价值需求。

1.1.2 制造业生产和服务业运作比较

1. 产品与服务

1) 产品与服务的差异

制造业的产品是有形的,而服务业的产品是无形的。而目前很多产品都是有形和无形的结合体,这使得服务一词变得复杂,难定义,统计口径难一致。在我国国民经济行业分类中除了农业、工业、建筑业之外所有的其他 15 个行业都属于服务业,包括娱乐、教育、通信、金融、保险、运输、公用事业、政府服务、保健、医疗、贸易和商业等。杰伊·海泽认为服务包括设备维护、政府行为、住宿、交通、保险、贸易、金融、房地产、教育、法律、医药、娱乐和其他专门活动。产品和服务的生产运作活动有许多相似之处(如都需要建立质量标准,按计划来设计和交付,对人力资源进行配置等),但也存在许多差异,具体如表 1-1 所示。

表 1-1 产品和服务的差异

比较项目	产品的特点及举例	服务的特点及举例
产品本身	有形的。如手机	无形的。如医疗服务、美发服务
生产、消费可分离性	分离。如手机生产与消费分开	一般不分离。如医疗方案设计与消费服务同时进行
个性化程度	低。如统一款式手机	高。如个性化医疗方案
顾客参与和互动程度	低或有限。如顾客有限参与小米手机的设计与互动	深度。如医生与病人之间的深度互动
自动化程度	高。如标准化手机自动化生产线	低。如主要是基于知识,医疗服务难以自动化
提供产品多变性	不变。如提供的标准化手机	变化性大。如医生的服务态度、能力不同,提供的服务水平不同,甚至于同样医生不同时间段提供的服务水平也不同
生产集中与分散性	集中性大量生产。如在工厂集中生产手机	分散性生产。如美发服务分散到各个社区、个人
质量可评估性	可以评估。如手机按统一质量标准评估	难以评估。如美发服务质量高低根据个人喜好、心理等因素评价,没有明确统一标准
易逝性和时间依赖性	可以存储,时间依赖性不强。如手机可存储	易逝,时间依赖性强。如某班次航空服务错过某时间段不能重来

资料来源:编者根据相关资料整理。

延伸阅读

现代服务业的特性

现代服务业是指依靠高新技术和现代管理方法、经营方式及组织形式发展起来的,主要为生产者提供中间投入的知识、技术、信息密集型服务部门,其核心是为现代生产者服务,特别是为高级生产者服务,如金融、商务、政务、网络通信、教育培训、物流等服务,以及一部分被新技术改造过的传统服务等。从产业性质看,具有无形性、中间消耗性以及经验性而非搜寻性的商品特性;从战略活动方向看,随着专业化分工深化,生产者服务逐步从价值链中分离出来,成为增值最大、最具战略性的高级环节;从市场结构看,供给多是"订制化"生产,差异化极强、替代性差,具有一定的垄断竞争性;从生产要素和产出性质看,提供者是生产过程中的重要专家,多以人力、技术和知识等资本为主要投入,产出中包含密集的知识要素,生产者服务过程是将专业化的知识技术导入的过程;从空间载体看,生产者服务具有高度空间集聚特性。

(资料来源:MBA 智库百科,经编者改编)

2) 产品与服务的统一

目前大部分产品是有形产品和无形服务的结合体,图 1-2 列出了由纯产品到纯服务的统一过程。从只生产产品的企业到只提供服务的企业,其变化主要体现在企业的核心业务。由于产品的标准化程度高,纯产品工业平均利润率低,此时企业会将产品和服务融合一体,利用服务差异化来提高利润率,并形成一定程度的垄断来获得竞争优势,因此以产品为主的企业都将服务看作业务的重要组成部分,如汽车生产商会提供汽车后市场服务,增加盈利空间。以服务为主的企业则必须结合有形产品,如有线电视公司必须向顾客提供有线连接装置和机顶盒;即使纯服务也要一些有形产品,如法律服务需要法律专业资料、医疗服务需要各种设备等。

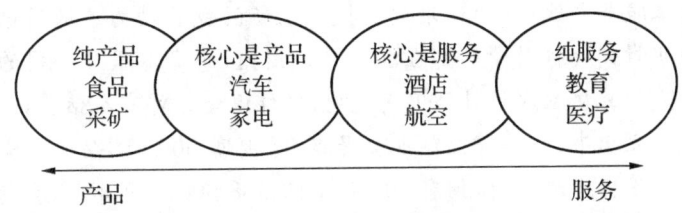

图 1-2 产品与服务的统一

现代服务业与先进制造业融合的形态

一、结合型融合

一是制造业中结合服务业投入。在制造业产品生产运作活动中,服务性投入所占的比重加大,如市场调研、研发、员工培训、管理咨询和销售服务"软件"投入增加。二是服务业中结合制造业投入。在服务生产运作活动中,制造业产品投入所占比重加大,如在移动通信、互联网、金融等服务提供过程中依赖于大量制造业"硬件"投入。作为中间投入制造业产品或服务,不出现在最终服务或产品中,而是在生产与运作活动中与之结合为一体。

二、绑定型融合

绑定型融合是指制造业实体产品必须与相应的服务业产品绑定在一起使用,才能使消费者获得完整的功能体验。主要是顾客对制造业需求不仅是有形产品,而是从购买、使用、维修到报废、回收等全生命周期服务保证,产品内涵已经从单一的实体,扩展到为用户提供全面解决方案,如通信服务产品与家电等;部分制造业企业还将技术服务等与产品一同出售,如电脑与操作系统软件等。在绑定型融合过程中,服务需求指引着制造业的技术进步和产品创新方向,如顾客音乐、抖音、游戏等需求,推动了由功能单一的普通手机向功能更强的多媒体手机的升级,服务业与制造业相互匹配,促进共同提高。

三、衍生型融合

衍生型融合是指以体育文化产业、娱乐产业为代表的服务业引致周边的产品需求,带动制造业共同发展。像电影、动漫、体育赛事等能够带来大量衍生品消费,如服装、食品、玩具、装饰品、音像制品、工艺纪念品等实体产品,为制造产业带来了巨大商机,推动相应产业向前发展。有资料显示,美国等电影产业比较发达的国家,票房一般只占到电影收入的三分之一,其余则来自相关的电影衍生产品。

(资料来源:百度百科,经编者改写)

 服务业与制造业融合发展案例

通用电气:资本服务为电气制造提供成长动力

通用电气公司20世纪80年代的产值中传统制造占比重达85%,服务仅占12%。而目前通用电气"技术+管理+服务"所创造服务产值占总产值比重达70%。此转变源于韦尔奇实施的资本服务新战略,为通用电气提供了新的成长动力。通用电气产品包罗万象,从电冰箱、照明灯到飞机引擎等都在其生产范围内;而资本服务公司的经营范围也很广,从信用卡服务、计算机程序设计到卫星发射,样样俱全。曾有人估算,如果让资本服务公司从通用电气独立出来,依其营业额也会是名列"财富500强"企业。资本服务公司目前拥有全球最大的设备出租公司,拥有900架飞机、188 000辆列车(数量超过任何一家铁路公司)、759 000辆小汽车、12 000辆卡车和11颗卫星,还拥有美国第三大保险公司。目前资本服务公司的经营范围在不断扩大,已经开始涉足计算机服务业和人寿保险业。

资本服务公司作为通用电气的子公司,是如何回报通用电气的呢?那就是提供大批有价值的客户。主要为通用电气旗下其他子公司的客户提供大量贷款,为其与客户签订大宗合同铺平道路。如1993年,洲际航空公司濒临破产,资本服务公司为其提供贷款,使洲际航空公司恢复生机,重返蓝天。随之而来的便是雪花般的订单飞向通用电气的子公司飞机引擎公司——洲际航空公司购买通用电气的飞机引擎。通用的制造业和服务业相互匹配、相互促进,共同做大做强通用电气。

(资料来源:百度百科,经编者改写)

2. 制造性与服务性生产与运作比较

制造性产品生产与服务性产品运作的主要区别在于,前者是产品导向型的,后者是活动导向型的。因此,它们在产品运营中有许多不同的点,具体区别如表1-2所示。

从表1-2中可以看出,与制造业相比,顾客在服务业参与到运作过程的程度要高,特别是互联网技术的发展,顾客与企业互动沟通的成本大幅度降低,为顾客参与产品设计和生产提供更加便利的条件,顾客参与程度更高,形成企业和顾客共同创造产品价值甚至顾客有主导创造价值的态势,企业在满足顾客个性化价值需求的同时,又让顾客体验价值创造的乐趣,进一步提高顾客满意度,提升竞争力。制造业的这种发展趋势也较快,如小米手机利用顾客进行价值共创方面做得就较为成功,这些发展变化正在引导制造业和服务业产业升级换代。

表1-2 制造性生产与服务性运作比较

比较项目	制造业及举例	服务业及举例
企业属性	主体。如汽车制造企业主导产品生产过程	平台。如婚庆公司搭建与顾客沟通的平台,公司和顾客共同主导婚庆仪式生产过程
产品设计	企业研发人员主导,顾客参与有限。如汽车设计人员根据顾客产品功能诉求设计	顾客与企业共同主导。如婚庆公司人员根据顾客要求共同设计婚礼仪式
产品生产过程	企业负责生产。如汽车制造企业独立组织生产	企业与顾客共同负责生产。如婚庆舞台搭建过程、婚庆解说词形成过程
产出的一致性	高。如标准化质量一致的汽车	个性化。如顾客个性化婚庆舞台、解说词
与顾客互动程度	低。如在汽车设计过程中与顾客有限互动	高。如婚庆公司与顾客深度互动
资源集聚利用	单一。如主要是集聚汽车供应链上资源进行设计、生产,顾客资源利用少	多元。如集聚婚庆供应链企业、顾客、数据资源进行设计与生产
知识学习	企业间学习。如汽车供应链上企业之间知识沟通与学习	企业、顾客相互学习。如婚庆公司与顾客之间知识沟通与学习
产业性质	一般是资本密集或技术密集。如汽车、飞机	一般是劳动力密集或技术密集。如医疗、美发、饭店
规模经济实现	规模经营。如汽车集中规模化生产	多点经营。如婚庆公司开分店扩大规模

资料来源:编者根据资料整理。

 制造业价值共创案例

小米公司创造机会激发顾客参与手机设计方法

小米激发顾客参与设计过程的主要做法:一是开放参与节点,让顾客有机会参与价值创造。除了工程代码编写部分,其他的产品需求、测试和发布都开放给顾客参与,根据顾客意见不断迭代完善产品,顾客也拿到了自己想要的功能产品。二是设计固定新产品推出时间,让顾客创造的价值期待实现。为了让顾客深入参与到产品研发,设计了"橙色星期五"开发模式,要求MIUI团队在论坛上与顾客互动,收集价值诉求,改进产品后,星期五的新版系统如约而至。当顾客想到自己的成果可能被采用、推出,星期五就变成了特殊日子,非常值得期待。三是建立顾客荣誉制度,激励顾客参与。为最早参与测试的100个顾客拍了微电影《100个梦想的赞助商》,广泛传播,这是对他们参与产品开发贡献的肯定,提高了他们的荣誉感。

(资料来源:编者根据相关资料编写)

1.1.3 生产与运作系统

1. 生产与运作的含义

从上面的分析可以看出尽管制造业与服务业的运作有一定的区别,但是它们经历的过程是共性的,即都经过投入—转化—产出过程,最终目的均为为顾客提供所需的有价值产品或服务。因此,生产与运作是指组织投入各种生产要素,通过一系列的转化过程,最终产出用户所需的有价值的有形产品和无形服务的过程。它关键在于组织如何把投入的人、财、物、信息以及时间要素按照一定方式进行组合,生产出符合一定标准要求的有价值的产品和服务的产出,在顾客需求得到满足之时,组织还获得相应的效益,形成良性循环。生产与运作是组织为社会创造价值的必要和基础环节,组织之间的竞争主要体现在为顾客提供的产品和服务价值上。因此有以下几层含义:

(1) 生产与运作活动是一切组织必须从事的基本活动。
(2) 生产与运作过程是一种投入、转换和输出的过程,目的是满足用户某种价值需求。
(3) 输出是有价值的产品或服务。
(4) 整个过程是从事的价值增值活动,这种增值是衡量组织每项活动是否得以开展的标准,不增值的活动就是浪费。

注意点

增值是衡量生产与运作活动是否应该开展的依据,没有增值的活动就是浪费。

2. 生产与运作系统

生产与运作过程是一个创造价值的过程,此过程是由一组将输入转化为输出的相互关联、相互作用的活动构成,有价值的产品或服务是过程的结果,在此过程中伴随着价值增值,且各环节都要依据事先拟定的计划或标准对活动进行测评、反馈与控制,形成闭环系统(见图1-3)。

(1) 输入是生产与运作所需生产要素,如土地、资本、劳动力、企业家才能、信息等。
(2) 转换是劳动过程和价值增值过程。转换过程中伴随着管理过程,转换形式有:实物有形变化,如产品制造;位置变化,如物流服务;所有权变化,如销售服务等。为了使转换有效率,需要对转换对象进行决策计划、组织、领导和控制的管理过程。目的是将投入的生产要素转化成用户所需的有价值的产品或服务,并能实现组织目标。
(3) 输出包括有形产品,如汽车、电视机等;无形产品,如快递服务、教育服务等。随着顾客需求多样化和市场竞争加剧,输出的是包括产品或服务在内的附着一系列产品或服务要素的总和,如产品或服务的功能、价格、质量、交货期、维修、信誉甚至心理愉悦等。

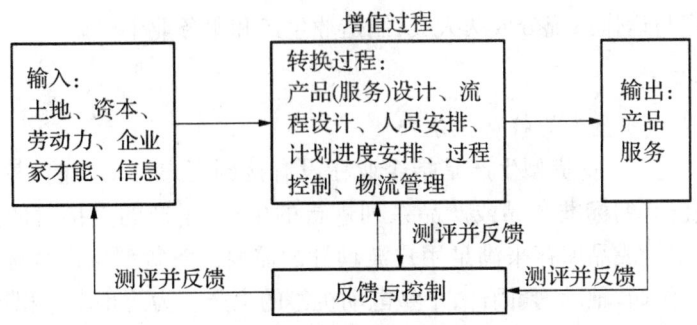

图1-3 生产与运作系统模型图

(4) 增值。增值过程反映在输入与输出后产生价值的差异,差异越大且成本越低,说明转换的效果越好,生产与运作的效率越高。这里生产与运作管理水平起着决定性作用。

(5) 反馈与控制。反馈是指在生产与运作过程中动态的信息反馈。控制主要依据反馈所反映的生产运作动态和计划或标准相比较(测评),如不吻合,就进行控制,实现组织目标。

(6) 几个流。一是物质流,即原材料、在制品、产成品、废次品直至回收等有形物品的流动,它是基础。二是资金流,即伴随着物质流的资金流动,如生产、销售、管理等费用。三是工作流,即生产运作各种活动,如产品工艺设计、原料投入、生产、质检、产出等活动。四是信息流,即运营状况产生的各种信息,如各种统计数据、财务报表等。

不同类型组织的生产运作过程举例(见表1-3),从表中可以看出制造业的有形产品通常是先生产后消费,因此制造业的生产运作过程与其营销过程可以看作是两个相对独立的过程。而服务业则一般是生产消费同时进行,因此服务企业生产运作与营销常常是融在一起的。

表1-3 不同企业的生产运作过程举例

企 业	输 入	转化过程构成	输 出
制造企业	土地、设备、劳力、原辅材料、能源、动力、时间、信息、组织能力等	制造技术:设备、工具、工装、工艺等技术; 制造设施:厂房、布置、运输、服务等设施; 组织能力:任务安排、协调;物资、物流控制; 质量检验保证;人员作业标准与培训	有形产品及服务
零售企业	土地、房屋、劳力、货物、能源、动力、时间、资金、信息、组织能力等	商业技术:货架布置、营销及作业规范; 商业设施:运输、仓储; 组织能力:服务深度、工作进度安排、服务质量控制、员工素质培养、激励、选点与布局策略	商品与服务;使用指导与宣传;选择与咨询、导购
咨询企业	人员、时间、资金、信息、能源、设备、组织能力等	咨询技术:理论、方法、技巧; 服务设施:办公室布局和地理位置等设施; 组织能力:进度、效果控制、作业标准人员培训	咨询意见、方案、战略、改进措施

1.1.4 生产与运作系统分类及特征

根据研究特征的需要,选择不同的角度,对生产与运作系统进行不同分类。本书从管理的角度将生产与运作系统分成两大类:制造业生产和服务业生产。

1. 制造性生产

1) 按照企业组织生产的特点区分

(1) 备货型生产。备货型生产是指企业在没有接到用户订单之前,基于对市场需求预测的基础,按已有的标准产品或产品系列进行的生产,生产的直接目的是补充成品库存,通过维持一定量成品库存来满足用户波动性的需要。备货型生产也称为存货型生产或按库存生产。例如,轴承、紧固件、小型电动机等的生产。为防止库存积压和脱销,生产与运作管理的重点是提供产、销之间的衔接,按"量"组织生产过程各环节之间的平衡,保证全面完成计划任务。此生产系统适用于通用化、标准化且可以大批量地进行轮番生产的产品,生产效率比较高。

(2) 订货型生产。订货型生产是指以用户订单为依据,按用户的特定要求进行的非标准产品的生产。订货型生产也称为按订单制造。用户可能对产品提出各种各样的要求,经过协商和谈判,以协议或合同的形式确认产品性能、质量、数量和交货期,然后组织设计和制造,产品没有库存。例如,大型锅炉、船舶等生产均属于订货型生产。备货型生产与订货型生产的区别如表1-4所示。

表1-4 备货型生产与订货型生产的区别

项 目	备货型生产	订货型生产
产品品种	标准化的产品,品种少	按用户订单的要求设计,品种多
产品需求	可以预测	难以预测
产量	每种品种、规格产量大	每种品种、规格产量小,甚至单件
价格	由生产者事先确定	按订货要求,双方商定
交货期	不重要,由库存随时供货	重要,订货时确定
设备	专用设备	通用设备
人员	专业化技能	需要多种操作技能
库存	库存量大	几乎没有

2) 按照生产任务的重复程度和工作地专业化程度区分

按此标准可将制造性生产分为大量生产、成批生产与单件小批量生产三种类型,如表1-5所示。

表1-5 按照工作地专业化程度划分生产类型参考标准

生产类型 划分标准	大量生产	成批生产			单件小批量生产
		大批生产	中批生产	小批生产	
固定于工作地上的工序数目 m	1~2	2~10	10~20	20~40	40以上
工序大量系数 K_b	大于0.5	0.5~0.1	0.1~0.05	0.05~0.025	小于0.025

(1) 划分标准。

标准是工作地的专业化程度。衡量工作地专业化程度高低的方法有两种：一是按工作地在一定时间内(一年)固定担负的工序数目衡量；另一种是按工序大量系数衡量。

计算工序的大量系数，参考表 1-5，确定生产类型。工序大量系数计算公式如下：

$$K_b = t_i/r$$

式中，K_b 为工序的大量系数；t_i 为工序的单件时间(分/件)；r 为零件平均生产节拍(分/件)。

零件平均生产节拍可用下式计算：

$$r = Fe/N$$

式中，Fe 为年度有效工作时间(分)；N 为年度零件生产数量(件)。

将 r 代入 K_b 中，可得：

$$K_b = t_i N/Fe$$

工序大量系数与工序数目的关系如下：

$$K_b = 1/m$$

当一个企业生产多种产品或者同种系列产品时，判断生产类型的依据是哪个生产类型的工作地占多数。

(2) 三种生产类型生产的技术特征和经济效果比较。

不同生产类型的生产技术特征和经济效果是有区别的，具体比较如表 1-6 所示。

表 1-6 大量生产、成批生产、单件小批生产的技术特征和生产效果比较表

比较项目	大量生产	成批生产	单件小批生产
产品品种	单一或很少	较多	很多
产品产量	很大	较大	单个或很少
采用设备与工装	自动化、专用工装	专用与通用并存	通用
工艺规程	详细的	重要零件编有详细工艺规程	简单，只有工艺过程卡
设备布置	对象专业化	对象、工艺专业化	工艺专业化
劳动分工	细，基、辅工作分开	有一定分工，不完全分工	粗，基、辅工作很少分开
工人技术水平	低	一般	较高
零件移动方式	平行或平行顺序	可采用平行或平行顺序	顺序
生产周期	短	较长	长
劳动生产率	高	较高	低
单位产品成本	低	较高	高
设备利用率	高	较高	低

续 表

比较项目	大量生产	成批生产	单件小批生产
劳动定额	精细	有粗有细	比较粗略
计划管理	较简单	较复杂	复杂多变
控制管理	简单	较简单	复杂
适应性	差	较差	强
更换品种	难	一般	容易
产品设计	标准化	可采用三化	个性化、定制化
经济效益	最好	好	较差
输入、输出	事先控制	基本控制	控制困难

从表1-6中可以看出无论从经济效益还是从管理的复杂程度来看，大量生产类型总是处于优势，单件小批量生产总是处于劣势，然而随着人们生活水平的提高和科学技术的不断发展，居民消费进入多样化时代，过去的标准化产品难以适应当今社会需求，昔日赖以生存的、发展壮大的、大量大批生产的技术管理方式成了今天的发展障碍。

像汽车和电话这样的产品，过去曾像"别针或火柴"那样统一规格，实行标准化生产，但现在其品种、规格多到让人难以置信。以日本的汽车工业为例，按发动机功率、外观颜色以及音响设备等区分，小汽车的变形产品已达数千种之多。产品多样化给制造与管理带来了一系列的问题，它将导致零件种类和装配工作复杂性的迅速增加，并引起产品设计、工艺设计、工装设计与制造、设备种类、毛坯和原材料种类、协作任务、库存量、采购活动、管理工作以及人员的大幅度增加；结果是固定成本、变动成本上升，质量和生产率下降，利润减少乃至亏损。因此，谁能提高多品种小批量生产的效率，谁就会在竞争中占优势。

(3) 提高多品种小批量生产类型效率的途径。

第一，提高生产专业化程度和协作水平，减少企业承担的产品和零部件种数，增加同种产品和零部件的产量，增加生产稳定性，提高工作的专业化程度。

第二，改进产品设计，加强标准化工作。提高产品系列化，零部件通用化和标准化水平，减少产品和零部件种类，增加同种产品和零部件产量。

第三，开展工艺典型化工作，推广成组技术，增加零部件生产批量。

第四，采用先进工艺装备，缩短更换品种所需时间。

第五，组织同类型零件的集中生产，减少同期生产的产品种数。

2. 服务性生产

服务性生产又称服务性运作，基本特征是一般提供无形的劳务，而不制造有形产品。

1) 按照是否提供有形产品划分

按照是否提供有形产品可将服务性生产分成纯劳务生产和一般劳务生产两种。

(1) 纯劳务生产一般不提供任何有形产品，如咨询、法庭辩护、指导等。

(2) 一般劳务生产提供有形产品，如批发、零售、邮政、运输、图书馆书刊借阅。

2) 按照顾客是否参与划分

按顾客是否参与将服务运作分成两种：顾客参与的服务生产和顾客不参与的服务生产。

(1) 顾客参与的服务性生产是指服务的生产与消费需要同时进行，且不能库存。如保健医疗、旅游、客运、学校、娱乐中心等。顾客不参与，服务不能进行，管理比较复杂。

(2) 顾客不参与的服务性生产是指服务的生产与消费可以分离。如修理、洗衣、快递、运输配送、仓储等，管理相对简单。

3) 按劳动密集程度和与顾客互动及个性化程度划分

按劳动密集程度和与顾客互动及个性化程度来划分，罗杰 W.施米诺构建服务运作矩阵(见图1-4)，纵向衡量劳动力密集程度，即用劳动力成本与资本成本的比率来衡量。资本密集程度高的服务，如航空公司、车辆修理厂，在图的上方，对于它们，设施的投入大大高于劳动力的投入；劳动力密集程度高的服务，如学校、法律服务，在图的下方，对于它们，劳动力投入高于资本投入。横向衡量与顾客互动及个性化程度，即顾客影响，要提供服务性质的能力，若服务是标准化而不是个性化的，顾客和服务提供者之间不需要太多互动，如麦当劳快餐；相反，律师和委托人在调查取证阶段必须进行充分互动沟通，提供个性化法律服务，才能取得满意结果。依此标准将服务划分为工厂化服务，提供标准化服务；作坊化服务，提供个性化服务，它们是在资本密集型环境下运作的；大众化服务，提供无差别服务；专业化服务，特殊训练专家提供个性化服务，它们是在劳动密集环境下运作的。

	互动及个性化程度		
	低	高	
劳动力密集程度	工厂化服务 航空公司 大酒店 游乐场	作坊化服务 车辆修理厂 医院	低
	大众化服务 学校 快餐业 零售业	专业化服务 律师 建筑师 管理咨询	高

图1-4 服务生产分类矩阵

现代服务业包括的类型及时代特征

现代服务业是相对于传统服务业而言，适应现代人和现代城市发展的需求，而产生和发展起来的具有高技术含量和高文化含量的服务业。主要包括以下四大类：一是基础服务(包括通信服务和信息服务)；二是生产和市场服务(包括金融、物流、批发、电子商务、农业支撑服务以及中介和咨询等专业服务)；三是个人消费服务(包括教育、医疗保健、住宿、餐饮、文化娱乐、旅游、房地产、商品零售等)；四是公共服务(包括政府的公共管理服务、基础教育、公共卫生、医疗以及公益性信息服务等)。

现代服务业具有两新四高的特征。一新：新服务领域——适应现代城市和现代产业的发展需求，突破了消费性服务业领域，形成了新的生产性服务业、智力（知识）型服务业和公共服务业的新领域。二新：新服务模式——现代服务业是通过服务功能换代和服务模式创新而产生新的服务业态。四高：高文化品位和高技术含量；高增值服务；高素质、高智力的人力资源结构；高感情体验、高精神享受的消费服务质量。

另外，现代服务业在发展过程中呈现集群性特点，具有资源消耗少、环境污染少的优点，是地区综合竞争力和现代化水平的重要标志。

（资料来源：作者依据相关资料整理）

1.2 生产与运作管理

1.2.1 生产与运作管理的含义

生产与运作管理有狭义和广义之分，狭义的生产与运作管理仅局限于生产与运作系统的运行管理，实际上是以生产与运作系统中的生产与运作过程作为研究对象，主要是指生产与运作的计划、组织与控制。广义的生产与运作管理不仅包括生产与运作系统的运行管理，而且包括生产与运作系统的战略定位与设计管理，认为是战略定位选择、设计、运行、控制和改进生产与运作系统的管理活动的总和。所以广义上的生产与运作管理以生产与运作系统整体为对象，对生产与运作系统的所有要素投入、生产与运作过程、产出、反馈与改进等所有环节的全方位综合管理。按照广义上的理解，生产与运作管理比较符合现代生产与运作管理的发展趋势。因此，我们给出如下定义：生产与运作管理是对生产与运作系统的设计、运行、控制与改进过程的管理。

1.2.2 生产与运作管理的目标

生产与运作管理的目标：高效、灵活、准时、清洁地生产合格产品（或）提供满意服务。

(1) 高效指生产同样数量和质量的产品（服务），人力、物力和财力的消耗最少，生产出满足顾客所需的产品和提供满意服务。在同样的市场环境中只有高效率，与同行相比才有低成本，才能获得更多利润或建立更多竞争优势。

(2) 灵活指新产品（服务）开发和生产（服务）能力能适应市场需求的变化，即生产系统要有柔性。

(3) 准时指在规定的时间内提供所需产品（服务）的能力。这是对顾客需求的时间响应程度，顾客在规定时间内，需要多少就生产多少，多了有库存，会加大运营成本，对企业不利；少了，不能满足顾客的需求，会失去市场。

(4) 清洁指在产品生产、流通、使用和报废处理全生命周期过程中对环境的污染和破坏最少。体现企业的社会责任，提高企业的声誉。

(5) 合格产品(或)满意服务指对产品的质量要求。这里讲的质量是指达到目标市场顾客满意要求的质量,而不是人们通常片面理解的产品(服务)的工程技术质量。

生产与运作管理的几个目标之间有时会存在一定程度的冲突,如高效、灵活、准时三者之间在现有技术条件下很难同时满足,如能满足,需要高超的管理、技术水平,需要管理者考虑如何求得这些目标之间的平衡。

清洁生产的产生背景及内涵

一、清洁生产思想的产生背景

20世纪70年代以来,随着科技与生产力水平的不断提高,全球经济迅猛发展,人类干预自然的能力增强,社会财富迅速膨胀,环境污染却日益严重。许多国家因经济高速发展造成了严重环境污染和生态破坏,导致了一系列举世震惊的环境公害事件。80年代后期环境问题已由局部性、区域性发展成为全球性的生态危机,如酸雨、臭氧层破坏、生态多样性锐减、森林破坏等成为危及人类生存最大隐患,人们开始探索环境和经济可持续发展的新思路,清洁生产战略应运而生。

二、清洁生产的内涵

联合国环境规划署的定义:将整体预防的环境战略持续应用于生产过程、产品和服务中,以增加生态效率和减少人类及环境的风险。对生产过程,要求节约原材料和能源,淘汰有毒原材料,削减所有废物数量和毒性。对产品,要求减少从原材料提炼到产品最终处置的全生命周期的不利影响。对服务,要求将环境因素纳入设计和所提供的服务中。

中国的定义:不断采取改进设计、使用清洁的能源和原料、采用先进的工艺技术与设备、改善管理、综合利用等措施,从源头削减污染,提高资源利用效率,减少或者避免生产、服务和产品使用过程中污染物的排放,以减少或者消除对人类健康和环境的危害。其实质是贯彻污染预防原则,从生产设计、能源与原材料选用、工艺技术与设备维护管理等社会生产和服务的各个环节实行全过程控制;从生产和服务源头减少资源的浪费,促进资源的循环利用,控制污染的产生,实现经济效益和环境效益的统一。

(资料来源:CTPM 华天谋,经编者改编)

1.2.3 面向生产与运作流程的管理

在当前生产和服务细致分工下,加工一件产品或提供一种服务需要经过十几道、几十道工序或程序,形成一条单向链,在其运营管理过程中,每个部门各管一块,管理高度垂直控制,形成金字塔形,下级只需向上级负责,每个部门员工只考虑本部门的效率和成本问题,但总体效率与成本却很高,顾客也不满意。例如,某航空公司的一架飞机由于要修理而降落在空港 A，但有资格修理此飞机的技师中离得最近的是在空港 B 工作，而空港 B 的管理人员拒绝派技师当天下午去修理，原因是该技师完成任务后还将不得不花费 100 美元在当地旅馆住一宿，其费用将由空港 B 支付，于是空港 B 管理人员安排技师第二天清晨前往，以便修好后当天返回，此时价值数百万美元的飞机由于闲置半天损失近 10 万美元，这是空港 B 的负责人为了本部门利益，为了节省 100 美元做出的"正确决策"，他们置作为一个整体的效率提高和成本降低不顾，甚至付出以顾客不满意为代价。造成这种现象的原因是现行以劳动分工主导的金字塔管理体制下，管理人员是以工作任务为中心，以本单位工作效率和业绩提高为导向的理念，不是以为顾客提供满意价值为导向的，不是以整体流程成本降低、效率提高为导向的理念。

针对上述问题，美国学者迈克尔·哈默和詹姆斯·钱皮合著的《企业再造》一书中提出了流程的新概念，他们把相互联系、彼此影响、有前后因果关系、有投入和产出的一系列事件，称为一个流程。流程在时间和空间上可长可短，是一个有人力、物力和信息投入且有结果产出的过程。这些流程可以并行和交叉，还可以延伸到企业之外的供应商和顾客那里，延伸到行业管理、服务部门甚至于政府部门，突破了传统部门和制度的束缚，把价值创造、成本节约和效率提高、产品开发和服务开发等问题统统放到流程中去解决，由此挖掘企业潜能几乎是无限的。生产运作过程也是一样，是经过许多环节，由具有投入产出关系的一系列事件组成的流程，如图 1-5 所示的汽车生产运作总体流程示意图，总体流程下还包括许多环节各自的小流程，如果每个环节各管一块，强调部门生产运作管理目标，生产运作管理的总目标是不能实现的。因此，在生产运作管理中要树立流程的理念，其核心思想是要打破企业按职能设置部门的管理方式，代之以业务流程为中心，构建面向以提供顾客满意价值为导向，从整体上设计生产与运作业务流程，在运营过程中，流程各环节之间基于给顾客创造满意的价值进行合作、协调和信息共享，追求全局最优，而不是个别最优。流程在本质上更强调关系性，而非交易性。

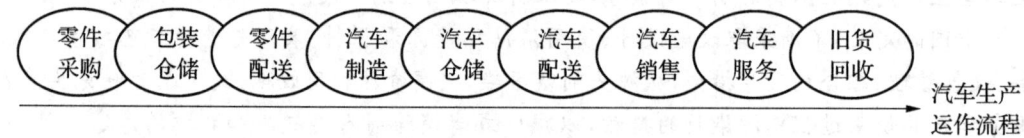

图 1-5　汽车生产运作整体流程示意图

1.2.4　生产与运作管理的内容

1. 生产与运作系统的设计

首先是研究生产与运作战略，因为战略决定生产与运作应构建起的竞争优势，它决定生产与运作系统的如何设计、运行等一系列决策，是企业首先要解决的问题。主要包括生产与运作战略竞争重点，生产与运作战略制定与实施，战略风险与控制等内容。

其次是研究生产与运作系统设计，主要是在生产与运作战略明确之下，决定生产什么产品，选择什么工艺流程进行生产，选择在什么地点生产，生产产品的车间、设备、仓库等硬件设施如何布置,流程如何构建,工作岗位如何设计与考核。主要包括产品与工艺流程的选择、生产与服务设施选址与布置、工作的设计与测量等内容;其目的是建立起适合生产与运作战略的生产系统主体框架。

2. 生产与运作系统的运行与控制

生产与运作系统的运行与控制是对系统进行计划、实施与控制。其目的是按技术文件和市场需求,充分利用企业资源条件,实现高效、优质、安全、低成本生产,最大限度地满足市场销售和企业盈利的要求。具体包括:一是计划编制,即综合生产计划、能力计划、物料计划与企业资源计划、生产作业计划,这些计划由粗到细,从产品计划到生产产品所需的各类原材料、零部件计划甚至于作业排序等,为产品生产做了详细的准备;二是计划控制,主要有作业控制、库存控制、质量控制以及利用计算机进行控制(MRP、ERP)等。

3. 生产与运作系统的改进与提升

生产与运作系统构建完成后不是固定不变的,需要不断的改进,才能适应未来市场需求变化和竞争的需要,提高生产与运作系统的运行绩效。改进与提升主要包括两个方面:一是流程的再造。主要面向顾客服务需求驱动和企业提高运作效率要求,对生产与运作流程系统进行改造与提升。二是准时化生产。针对福特发明 T 形生产线系统在运行中存在的不足,对整个生产与运作系统总调整,目的是为了更好地响应多品种小批量时代要求,在为顾客提供更加完善质量的同时提高效率、降低成本,构建起生产与运作系统竞争新优势。

1.2.5 生产与运作经理的职责

任何管理者在工作过程中都会运用管理一般原理,包括计划、组织、人员配备、领导和控制。生产与运作经理在决策和实施中也一样,但内容有差异,其经理决策领域如表1-7所示。

表1-7 生产运作经理的决策领域

项 目	决策内容举例
产品和服务设计	竞争优势建立、产品品种、工艺设计与标准、成本标准、环保标准等
流程设计与管理	服务与管理流程设计、工艺流程设计,生产运作管理程序、制度等建设
能力规划	生产能力、服务能力规划
设施选址与布置	考虑客户、供应商、人才、设施、服务、成本、未来发展等因素进行决策
工作设计与人力资源	岗位设置、人才招聘、激励和留住所需人才政策制定等
生产服务计划管理	长期、中期、短期等生产计划制订、实施、控制
库存控制	产品订购和持有决策,库存与客户满意度、供应商能力和生产优化决策
质量控制	明确客户的质量期望,制定和实施该质量的政策和程序
项目管理	项目管理技术应用及优化

续 表

项 目	决策内容举例
生产与运作系统改进	根据竞争、顾客需求、技术进步等变化,对系统流程、生产管理模式进行改进

生产与运作经理职位搜索

1. 工厂经理:除了具备基本的管理技能外,还包括生产计划、采购、库存等管理能力。
2. 质量经理:具备熟练使用统计方法来监测整个生产过程质量,包括质量管理活动的开展,应用数据库和电子表格综合分析质量问题,通过质量监测来识别和改进质量路径决策等能力。
3. 供应链经理:具备与供应商构建长期合作关系、合同谈判、协调运输等方面能力。
4. 生产控制分析师:具备生产计划、作业计划的安排与调度等日常生产组织能力。
5. 采购经理:具备管理日常采购各个方面工作(如订货、发货、收货以及后续跟进工作)的能力。
6. 呼叫中心经理:具备制订工作计划、调配呼叫中心人员工作和客户服务活动日常管理等能力。

另外,医院运营院长、银行运营经理、流程改进师、项目经理、设备经理、超市运营经理、物流仓储经理、港口运营经理、酒店运营经理等均属于生产与运作经理职位之列。

(资料来源:根据相关资料编者整理)

1.3 生产与运作管理的发展史

1.3.1 传统的生产管理阶段

传统的生产管理阶段是以生产制造企业作为研究对象,从 19 世纪末到 20 世纪 40 年代,经历了约半个世纪的时间。代表人物是泰勒、吉尔布雷斯夫妇、甘特以及福特等人。此时期管理是依据劳动分工理论,旨在提高劳动效率的基础上,通过科学研究而形成的。

1. 泰勒(1856—1915)的科学管理原理

"管理科学之父"泰勒代表作《科学管理原理》(1911 年),在员工选择、生产计划和作业计划、动作分析以及工效学等领域做了系统科学研究,做出了巨大贡献。泰勒认为管理对改进工作方法、提高工作效率起着非常积极的作用。内容概括起来主要有以下五条。

1) 工作定额

泰勒认为当时提高劳动生产率的潜力非常大,工人之所以"磨洋工"是由于雇主和工人对工人一天究竟能做多少工作心中无数,且工人工资低,多劳也不多得。为了发掘生产率的潜力,要制定出有科学依据的工作定额,为此首先应该进行时间和动作研究。时间研究就是研究人们在工作期间各种活动时间构成,它包括工作日写实与测时。动作研究就是研究工人干活时动作的合理性,即研究工人在干活时身体各部位的动作,经过比较、分析之后,去掉多余的动作,改善必要的动作,从而减少人的疲劳,提高劳动生产率。

2) 能力与工作相适应

泰勒认为提高劳动生产率,必须为工作挑选一流的工人。一流工人包括两个方面,一是自身能力使工人最适合做这种工作;二是工人必须愿意做这种工作。因为人的天赋与才能不同,适合做的工作不同。身强力壮的人干体力活可能是第一流的,心灵手巧的人干精细活可能是第一流的。所以要根据人的能力和天赋把他们分配到相应的工作岗位上去。还要对他们进行培训,教会他们科学的工作方法,激发他们的劳动热情。

3) 标准化

标准化是指工人在工作时要采用标准的操作方法,而且工人所使用的工具、机器、材料等等都应该标准化,利于提高劳动生产率。

4) 差别计件付酬制

泰勒认为,磨洋工的重要原因之一是付酬制度不合理。当时的计件工资虽然表面上是按工人劳动的数量支付报酬,但工人们明白只要劳动效率提高,雇主必然降低每件的报酬单价,实际上是提高了劳动强度,因此工人们只要做到一定数量就不再多干,个别人想要多干,周围人就向他施加压力,迫使他向其他人看齐。

泰勒分析了原有报酬制度之后认为,在科学制定劳动定额的前提下,采用差别计件工资制,如果工人完成或超额完成定额,超额部分和定额内的部分按比正常单价高出25%计酬。如果工人完不成,则按比正常单价低20%计酬。泰勒指出,此工资制度会大大提高工人们的劳动积极性,雇主的支出虽然有所增加,但利润提高幅度大于工资提高幅度,对雇主有利。

5) 计划和执行相分离

泰勒认为,应该用科学的工作方法取代经验工作方法。经验工作方法的特点是工人使用什么工具、采用什么样的操作方法都根据自己的经验来定。所以工效的高低取决于他们的操作方法与使用工具是否合理,以及个人的熟练程度与努力程度。科学的工作方法就是前面提到过的在实验和研究的基础上确定的标准操作方法和采用标准的工具、设备。泰勒认为,工人凭经验很难找到科学的工作方法,而且他们也没有时间研究这方面的问题。所以,应该把计划同执行分离开来。计划由管理当局负责,执行由工长和工人负责,这样有助于采用科学的工作方法。这里的计划包括三方面内容:一是时间和动作研究;二是制定劳动定额和标准的操作方法并选用标准工具;三是比较标准和执行的实际情况并进行控制。以上内容为生产与运作管理奠定了坚实的理论基础,后来学者们的研究均吸收了泰勒的内容并做了进一步发展。

 **知识延伸**

泰勒的动作研究和工具标准化研究

1. 动作研究

当时他在伯利恒钢铁公司看到搬运铁块的工作量非常大,有75名搬运工人负责这项工作,铁块重40多千克,距离30米,工人很努力,但效率不高,每人每天平均只能搬12.5吨。泰勒经过认真的观察分析最后计算出,一个好的搬运工每天应该能搬47吨,且不危害健康。他挑选了一名工人开始实验,助手按照泰勒事先设计好的时间表对工人发出指示,如搬起、开步走、放下、休息等,这名工人如期地把47吨铁块搬上了火车。效率提高近三倍,工人工资也有提高。

2. 标准化操作

当时铲运工人用的铲子大小各异,参差不齐,泰勒观察到所铲运物料是不一样的,如铁矿石、煤粉等,每铲重量相差很大。载荷多大才使生产效率最高呢?泰勒考虑对一流工人来说肯定存在一个相应载荷,按这种载荷铲运物料,生产效率最高。泰勒选了几个一流工人,付给他们较高的报酬,使之努力工作,几星期改变一次铲上的载荷,发现对一流工人来说,载荷大约在21磅时生产效率最高。因此,不同物料设计不同铲子,载荷都在21磅左右,工人上班时根据物料情况领取标准铲子,大大地提高了生产效率。

(资料来源:[美]泰勒.科学管理原理.北京:中国社会科学出版社,1984)

2. 福特(1863—1947)的流水生产线

这是美国汽车制造和管理学家福特首创的一种生产管理制度。其基本内容和主要特点在于把泰勒的科学管理原理创造性应用于生产。福特针对大量生产的要求,以标准化(Standardization)、简单化(Simplification)、专业化(Specialization),即所谓"三S"为目标,在此基础上利用传送装置,使生产过程流水线化,将流水线上各道工序的工人的各种作业在时间上协调起来,并由传送装置的速度决定工人每天所完成的作业和产品数量,最大限度地提高工人的劳动效率。这种制度把流水线上的各种操作简单化、标准化、专业化,形成固定的作业程序,一方面能够大量使用工资低廉的非熟练工人,另一方面大幅度地提高了工人的劳动熟练程度,并有利于组织生产作业的机械化和自动化,进一步提高劳动生产率,降低生产成本。

 **知识延伸**

福特汽车的流水线

1913年,美国"汽车大王"亨利·福特首创流水线,在产品标准化、零件系列化、工厂专业化、作业专业化、机器及工具专门化的基础上,利用传送装置把生产过程组成流水作业线,强制工人快速操作,大大提高了劳动生产率,把成本降到最低限度。

在手工生产时代装配一辆车要728个人工小时,福特流水线把它缩短到12.5个小时,最后达到每10秒钟生产一辆车。在此之前,轿车售价在4 700美元左右,1914年降到每辆360美元。福特认为"汽车的价格每下降一美元,就为福特多争取来1 000名顾客。"福特的市场份额从1908年的9.4%上升到1914年的48%。

(资料来源:互联网,编者整理)

3. 吉尔布雷斯夫妇的时间和动作研究

时间研究就是研究各项作业所需合理时间,即在一定时间内所应达到合理的作业量。目的是为了制定作业的基本定额,即工时定额。吉尔布雷斯夫妇指出收益分享制和奖金制存在的通病就是它们在完成作业所需时间规定上都缺乏科学依据,因而对作业过程就无法给以合理的指导和控制。而这对雇主和工人双方来说都是极为重要的。

动作研究是把作业动作分解为最小分析单位,然后通过定性分析,找出最合理的动作,以使作业达到高效、省力和标准化的方法。动作经济要求的四个原则:一是两手应尽量同时使用,并取对称反向路线。二是动作单元要尽量少。办法是尽量删除不必要动作,合并动作,合并工具;将材料、工具及零件按操作顺序排列在适当位置;将装配用的材料与零件装在特殊设计的容器里。三是动作距离尽量短。工作时的人体动作可以分为五级,即手指动作,手指及手腕动作,手指、手腕及前臂动作,手指、手腕、前臂及上臂动作,手指、手腕、前臂、上臂及身体动作。级次越高所费的时间和体力越大。要尽量使用较低级次的动作,以缩短动作距离。同时应注意两手的作业范围和两眼的有效视野。四是尽量使工作舒适化。由于动作研究的杰出贡献,弗兰克·吉尔布雷斯夫妇被公认为"动作研究之父"。

4. 甘特图

甘特图也称为条状图(Bar Chart),由亨利·劳伦斯·甘特(1861—1919)开发,其思想简单,基本是一条线条图,横轴表示时间,纵轴表示活动(项目),线条表示在整个期间上计划和实际的活动完成情况,并用不同的颜色进行对比,表明工人完成任务的进展情况。例如,主管每天把每个工人是否达到标准和获得奖金的情况用水平线条记录下来,达到标准的用黑色加以标明,未达到标准的用红色加以标明。这种图表对管理部门和工人本人都有帮助,因为图表上记载了工作的进展情况以及工人未能得到奖金的原因。管理部门能够根据图表指出缺点所在,并把进展情况的资料告诉工人;而工人则能直观地看到自己的工作成效。由于这种绘图办法提高了工作效率,甘特又进一步扩大了这种图表的范围,在图表上增加了许多内容,包括每天生产量的对比、成本控制、每台机器的工作量、每个工人实际完成的工作量及其与原先对工人工作量估计的对比情况、闲置机器的费用,以及其他项目,使图表发展为一种实用价值较高的管理工具。

5. 其他人对生产管理理论的贡献

休哈特控制图是由美国的贝尔电话实验所的休哈特(W. A. Shewhart)博士首先提出的。控制图一直是科学管理的一个重要工具,特别在质量管理方面成了一个不可或缺的管理工具。它是一种有控制界限的图,用来区分引起质量波动的原因是偶然的还是系统的,可以提供系统原因存在的信息,从而判断生产过程是否处于受控状态。控制图按其用途可分为两类,一类是供分析用的控制图,用控制图分析生产过程中有关质量特性值的变化情况,看工序是否处于稳定受控状;另一类是供管理用的控制图,主要用于发现生产过程是否出现异常情况,以预防产生不合格品。

美国的F.W.哈里斯发表关于经济订货批量的模型,开创了现代库存理论的研究。随着管理工作的科学化,库存管理的理论有了很大的发展,形成许多库存模型,应用于企业管理中已得到显著的效果。另外还有戴明质量管理的14条原则、朱兰博士质量管理手册等。

1.3.2　现代生产与运作管理阶段

这个阶段自20世纪40年代开始至今。第二次世界大战前后,特别是50年代至70年代,世界经济、政治都发生了巨大变化,科技迅猛发展,企业规模不断扩大,加速了企业经营国际化,竞争日益激烈。科技的发展,生产过程机械化、自动化程度的提高,管理工作的细化,这些变化要求企业在生产管理领域运用更先进的管理手段与方法。第三产业的迅速发展,也向人们提出了以"运作"为特征的生产管理的新课题。

传统的科学管理已不能适应要求,因而产生现代化管理。这一阶段的管理特征是:为适应市场竞争,实现了产销一体化;为满足生产日益社会化、全球化的要求,有效地协调各种复杂关系,实现了管理组织系统化;加强科学管理与决策,大量采用数理手法,实行管理方法定量化;计算机技术发展,信息工作加强,使管理手段自动化。随着社会物质日益丰富,为了满足人们多样化需要,生产已进入多品种小批量或多品种变批量的主流时代。多品种小批量生产是指在规定的生产期间生产物品的种类(规格、形状、尺寸、色彩以及生产过程等)多,而每种物品生产数量少。因此,采取了单件或批量生产方式,物流是错综复杂的,从而使生产和管理方式发生了根本性变革,生产管理不再局限于控制单个生产设备和生产线,而是通过生产管理信息系统,动态地、及时地制订生产计划,实施生产计划并进行生产控制。此时涌现出许多适应现代经济与社会发展要求的一些管理方法。

1. 收益管理(Revenue Management)

收益管理是一种谋求收入最大化的管理技术,诞生于20世纪80年代,最早由民航开发。收益管理又称产出管理、价格弹性管理,亦称"效益管理"或"实时定价",它主要通过建立实时预测模型和对以市场细分为基础的需求行为分析,确定最佳的销售或服务价格。核心是价格细分,亦称价格歧视(Price Discrimination),就是根据客户不同的需求特征和价格弹性向客户执行不同的价格标准。这种价格细分采用了一种客户划分标准,这些标准是一些合理的原则和限制性条件,已被成功地应用于旅游、航空、饭店等服务业。

2. 六西格玛(6σ)

此概念于1986年由摩托罗拉公司的比尔·史密斯提出,属于品质管理范畴。西格玛(Σ,σ)是希腊字母,统计学上的一个单位,表示与平均值的标准偏差。旨在生产过程中降低产品及流程的缺陷次数,防止产品变异,提升品质。其核心是追求零缺陷生产,防范产品责任风险,降低成本,提高生产率和市场占有率,提高顾客满意度和忠诚度。6σ管理既着眼于产品、服务质量,又关注过程的改进,它是在总结了全面质量管理的成功经验、提炼了流程管理技巧的精华的基础上形成行之有效的方法,成为一种提高企业业绩与竞争力的管理模式。

该管理法在摩托罗拉、通用、戴尔、惠普、西门子、索尼、东芝等众多跨国企业的实践证明是卓有成效的。

3. 敏捷制造（Agile Manufacturing，AM）

敏捷制造是美国国防部为了指定 21 世纪制造业发展而支持的一项研究计划。该计划始于 1991 年，有 100 多家公司参加，由通用汽车公司、波音公司、IBM、德州仪器公司、AT&T、摩托罗拉等 15 家著名大公司和国防部代表共 20 人组成了核心研究队伍。此项研究历时 3 年，于 1994 年年底提出了《21 世纪制造企业战略》。在这份报告中，提出了既能体现国防部与工业界各自的特殊利益，又能获取他们共同利益的一种新的生产方式，即敏捷制造。

敏捷制造是在具有创新精神的组织和管理结构、先进制造技术（以信息技术和柔性智能技术为主导）、有技术有知识的管理人员三大类资源支撑下得以实施的，也就是将柔性生产技术、有技术有知识的劳动力与能够促进企业内部和企业之间合作的灵活管理集中在一起，通过所建立的共同基础结构，对迅速改变的市场需求做出快速响应。

4. 世界级制造（World Class Manufacturing，WCM）

1984 年，美国学者贺氏和威尔瑞特首次提出了"世界级制造"概念。施恩伯、杰夫等人对"世界级制造"的内涵和实践内容等进行广泛研究，形成了世界级制造理论。对世界级制造实践内涵的界定因研究背景、研究场合不同而不同，比较典型的有两类：一类是基于运作方式和运作效率的界定，如 Heibeler 等人把世界级制造实践定义为"业务流程的最佳运作方式"；另一类是基于绩效的界定，如 Camp 等人认为世界级制造实践是带给企业卓越绩效的实践。施恩伯格总结了世界级制造的主要特征：① 无缺陷的全面质量管理；② 准时制生产方式（JIT）；③ 充分授权的工人自主式管理；④ 满足社会和消费者要求的高度柔性的制造系统。

在创建世界级制造方式中，精益生产越来越受到重视，且融入计算机技术、信息技术形成的如 MRPII、ERP、BPR、PDM、CE、CIM、AM、AVE 等现代生产模式。这些方式的形成实际上是生产管理经过近一个世纪的发展和完善的结果，它兼收并蓄了各个时期生产管理实践的创新，代表了当今世界生产管理的发展水平和趋势。

 知识延伸

表 1-8　从企业关注重点视角看生产与运作管理历史

关注重点	贡献/概念	创始人
基于成本	早期概念时期 （1776—1880）	亚当·斯密、巴贝奇的劳动专业化，埃尔·惠特尼的零部件标准化
	科学管理原理 （1880—1910）	泰勒的过程分析，吉尔布斯的动作和时间研究，亨利·甘特的活动进度图，爱尔朗的排队理论
	大量生产时期 （1910—1980）	亨利·福特的移动装配线，W.休哈特、H.F.道奇、H.R.罗米特格、L.H.C.蒂皮特的抽样与质量控制的统计程序，F.W.哈里斯的库存控制管理数学模型，计划评审技术，线性规划，物料需求计划（MRP）

续表

关注重点	贡献/概念	创始人
基于质量	精细生产时期（1980—1995）	准时化生产（JIT），ISO 9000系列标准，全面质量管理（TQM），价值工程，团队理论与授权，CAD、CAM、CIMS
基于定制化	大量定制时期（1995—2005）	互联网、电子商务，供应链管理，ERP，敏捷制造，收益管理，按订单生产，定制生产
基于全球化	全球化时期（2005— ）	全球供应链，可持续发展，全球工作中的道德规范等

资料来源：杰伊·海泽，巴里·伦德尔，查克·蒙森.运作管理.李果，张祥，译.北京：中国人民大学出版社，2020.马风才.运营管理.北京：机械工业出版社，2020；经编者整理。

1.4 生产与运作管理的新发展

1.4.1 生产与运作管理新发展趋势

1. 全球化

通信和运输费用的大幅降低促使区域市场走向全球化。与此同时，物料、人才和劳动力等资源需求与使用也全球化，快速全球化的进程使得世界各国竞相提高经济增长率和工业化程度。生产与运作经理需要不断创新，以便能即时找到新方法来生产产品。

2. 环保化

当前生产与运作经理对生产率水平进行持续改进的注意力越来越多地放在环保型的产品设计和流程设计上。产品可生物降解，零部件循环使用，环保包装成为常态。

3. 合作化

随着信息技术的不断发展，人与人之间的交流便捷化、低成本化，顾客参与产品的价值创造成为可能，顾客个性需求潮流要求企业和顾客之间要进行有效合作，尤其在服务业表现更为明显。产品生命周期不断缩短，技术、材料和工艺快速变化，迫切要求企业和供应商之间有更多合作，特别是企业之间竞争中，供应商的独特技能在竞争中起着不可或缺的作用，因此有必要与关键供应商建立长期合作关系。

4. 精细化

精细化是丰田公司经过多年的研究与实践，适应当前个性化、低成本、柔性化的生产组织模式。精细化强调顾客满意、员工尊重、消除浪费，建立一个更有效率的组织。管理层通过挖掘员工的潜力，对工作进行持续改进，目的是用最少浪费在顾客规定的时间内完成规定数量和品种的产品和服务。

5. 快速化

信息传输快速化，生活节奏快速化，导致产品市场生命周期缩短，产品更新速度的快速化。快速化产品开发、生产和交付是摆在生产与运作经理面前的一个重要的课题,他们必须做出快速响应才能在市场竞争中抢得先机,否则将会被淘汰。

1.4.2 企业伦理和社会责任归位

1998年诺贝尔经济学奖授予了印度经济学家阿玛蒂亚·森,表彰其从伦理学角度对经济学研究做出了贡献。他认为任何人的行为都是在一定的伦理背景下进行的。任何人的行为无论是其个人行为,还是作为管理者的商业决策行为,决定应该做还是不应该做,都会出于主观上某种伦理背景的考量,什么样的伦理背景决定做出什么样的行为决策。

所谓企业伦理是指各种指导企业行为的原则、价值和规范的总和。原则规定了行为的特殊、广泛的界限,是普适的、绝对的东西,通常成为规则的基础,如言论自由、基本公正、平等权利等,价值观用来制定执行规范的依据。不同价值观下制定的规范相异,如在诚信、信任、负责任的价值观下制定的经营规范与在充满欺骗的价值观下制定的经营规范差异较大。企业伦理还用来判断企业做出某种决策对与不对的问题,如美国安然公司做假账,用社会伦理要求来判断是不正确的。企业伦理包括三个层面:一是微观层面,主要是指企业管理者、员工、供应商、投资者和顾客之间关系处理和行为中的伦理。例如,在生产运作过程中如何提供员工良好工作环境以有利于身心健康为准则。二是中观层面,主要是指企业和企业之间、企业和社会其他组织之间关系处理和行为中的伦理准则。例如,企业之间形成的"三角债"的处理要以符合法律甚至高于法律为准则。三是宏观层面,主要是指企业社会责任,企业对社会、对人类文明所应该承担的相应责任。例如,保护环境、资源再利用、支持社会可持续发展等。

所谓企业社会责任是指企业在创造利润、对股东和员工承担法律责任的同时,还要承担对消费者、社区和环境的责任。企业社会责任要求企业必须超越把利润作为唯一目标的传统理念,强调要在生产过程中对人的价值的关注,强调对环境、消费者和社会的贡献。例如,企业生产过程中造成的环境污染问题、食品添加剂超标等都属于社会责任问题。

两者关系是:企业伦理是企业在生产与运作过程中信奉价值观和道德标准,是企业社会责任行为决策的基础和原则,为企业社会责任行为提供了道德判断标准,是在背后无形起作用;而社会责任更多体现企业外在可见的行为表现中,有明确对象、具体内容范畴和目的。两者相互促进提升,缺一不可,为提高企业的声誉和价值服务,有利于企业长期可持续发展。在生产运作的全球化、环保化、合作化、精细化的大趋势下,企业生产经营过程中要考虑各个阶段的环保、全球化中各国资源的合理利用、合作中诚信和精细化过程中员工尊重等问题。这些都属于企业伦理和企业社会责任履行,也是当前各个国家或社会考虑的重要议题,如果处理不好将会给企业可持续发展和竞争力带来很大影响。因此企业领导者必须清醒地认识到,企业固然要顾及股东的利益,尽可能实现股东利益的最大化,但企业在获得利用社会资源的同时,也要承担对社会各方面利益相关者的责任,要充分考虑到这些利益相关者的利益,使之成为评价企业绩效和企业伦理的重要尺度,甚至于成为提高企业竞争力的手段。如惠普公司将全球公民责任的承诺与公司生产运作联系起来,在全球范围内惠普根据对业务、技术和社会重要性确定了其社会责任的三个战略重点:环境可持续性、隐私和社会投资。每年都会评估客户需要和发展趋势,制订全球社会责任战略计划。创新、管理、社会责任、产品与服务构成了惠普这一品牌的四大支柱,社会责任已经转化为企业的竞争力。

 **中国成功典范**

绿水青山就是金山银山

一、平"语"的提出

浙北湖州是长三角建筑石料主要供应地,长期开采让曾经的"江南清丽地"淤泥沉积,部分河床抬高2米;昔日"桃花流水鳜鱼肥"东苕溪,部分断面"比黄河水还要浑浊"。2005年8月15日,时任浙江省委书记的习近平同志在湖州安吉考察时首次提出"绿水青山就是金山银山"的科学论断,后来又进一步阐述了三个发展阶段。"两山"思想充分体现了马克思主义的辩证观点,系统剖析了经济与生态在演进过程中的相互关系,深刻揭示了经济社会发展的基本规律。习近平实际上是要求湖州在区域经济发展过程中重视帮助企业从伦理的高度树立正确生产经营价值观,切实履行企业社会责任,这样才能形成企业经济效益提高和区域经济发展的双赢局面,共同提高市场竞争力。

二、成功的实践

在经济发展的过程中,浙江一些地方发生了对绿水青山造成破坏的现象,浙江人牢记书记的坚守"绿水青山就是金山银山"的理念,大力推进"五水共治""三改一拆""四边三化"行动、"811"环境污染整治行动等工作,加强环境的治理与生态的修复工作,重塑了绿水青山的美丽景象。

"春风又绿江南岸"。早春时节的浙江大地,满目绿水青山,令人流连忘返。2015年羊年春节,仅杭州、嘉兴、湖州三市,接待的中外游客就超过了710万人次,旅游总收入达71亿元。"游历在这诗画般的山水间,仿佛到了欧洲的哪个地方。"长期居住在境外的上海游客陈女士说。绿水青山,不仅仅是展示今日浙江的"金名片",而且成为浙江可持续发展的"摇钱树""聚宝盆"。从2005年到2015年的十年中,浙江干部群众牢记书记嘱托,将"绿水青山就是金山银山"化为生动的现实,并成为千万群众的自觉行动。

(资料来源:编者收集改写)

本章小结

本章首先阐述了生产与运作活动的产生及所处地位,产品和服务之间的关系,制造业和服务业生产与运作的区别,生产与运作的概念,生产与运作系统的构成、分类及特征;其次对生产与运作管理的概念、目标,实现目标的管理视角,生产与运作管理内容及经理职责分别做了阐述;最后对生产与运作管理的发展史和新发展进行简要的介绍。

思考题

一、判断题（正确的打"√"，错误的打"×"）

1. 服务业的兴起使得传统的企业生产的概念得以扩展。（　）
2. 服务业不仅不制造产品，还要消耗产品，所以服务业不创造价值。（　）
3. 生产与运作活动是社会组织得以有效运行的基础。（　）
4. 医生的服务质量一般难以评估。（　）
5. 在婚庆服务中，一对新人与婚庆公司之间的互动程度比较高。（　）
6. 汽车是生产与服务相分离的产品。（　）
7. 电脑产品设计一般来说是由企业研发人员来主导的。（　）
8. 在企业中所有和生产与运作有关的活动都是增值活动。（　）
9. 一般来说电视机属于订货型产品。（　）
10. 大量生产与单件小批量生产相比，前者的生产效率要高。（　）
11. 在单件小批量生产条件中，对工人技术水平要求较低。（　）
12. 管理咨询业，劳动密集程度高但个性化程度低。（　）
13. 生产与运作管理者树立流程的理念。（　）
14. 绿水青山就是金山银山，它要求生产与运作管理者树立注重环保观念。（　）
15. 服务性运作是以产品为导向的。（　）
16. 企业履行社会责任是高层管理者的事，与生产与运作管理部门基本没有关系。（　）
17. 在企业生产中，产品生产和提供服务相互挤占资源，两者只能选其一。（　）
18. 生产与运作经理决策内容应集中在生产计划的制定与执行上。（　）
19. 流水生产线的建立目的是提高效率和降低成本。（　）
20. 生产与运作的目标就是提高效率，降低成本，完成生产计划。（　）

二、单项选择题

1. 我国发达地区如上海、北京等，大多数的劳动者从事服务业，说明这些地区已经处于（　）。
   A. 前工业社会　　B. 工业社会　　C. 后工业社会　　D. 信息化社会

2. 人类进入后工业社会，对（　）方面的需要增加。
   A. 教育　　B. 物质产品　　C. 家电产品　　D. 生活消费品

3. （　）不属于生产与运作系统的流。
   A. 信息流　　B. 工作流　　C. 产品流　　D. 资金流

4. 下列不属于社会组织的基本职能活动的是（　）。
   A. 生产与运作活动　B. 营销活动　　C. 财务会计活动　　D. 售后服务活动

5. 下列不属于生产与运作管理的内容是生产与运作（　）。
   A. 系统的设计　　　　　　　B. 系统的运行和控制
   C. 系统的改进和提升　　　　D. 系统的反馈

6. 泰勒的《科学管理原理》是研究生产制造性企业是如何提高( )的。
   A. 劳动生产率　　　B. 产品竞争力　　　C. 产品多样性　　　D. 服务能力
7. 敏捷制造是在具有创新精神的组织和管理结构、( )、有技术有知识的管理人员三大类资源支撑下得以实施的。
   A. 服务　　　　　　B. 先进制造技术　　C. 信息系统　　　　D. 控制系统
8. 世界级制造的主要特征有( )。
   A. 生产率高　　　　　　　　　　　　B. 服务性强
   C. 充分授权的工人自主式管理　　　　D. 团队管理
9. 流水生产线是由( )发明的。
   A. 亚当·斯密　　B. 吉尔布雷斯　　　C. 泰勒　　　　　　D. 福特
10. 收益管理是根据客户不同的需求特征和( )向其执行不同的价格标准。
    A. 心理要求　　　B. 需求弹性　　　　C. 价格弹性　　　　D. 生产率
11. 钢材与汽车相比,产品和服务的融合程度,( )。
    A. 钢材的融合度高　B. 汽车的融合度高　C. 两者均高　　　　D. 两者均低
12. 麦当劳为了降低成本,通常采用( )。
    A. 规模化经营　　B. 多点经营　　　　C. 个性化经营　　　D. 差异化经营
13. 一般来说,下列产品属于订货型生产的是( )。
    A. 汽车　　　　　B. 军舰　　　　　　C. 服装　　　　　　D. 手机
14. IBM意味着服务,说明了IBM公司( )。
    A. 不制造产品　　　　　　　　　　　B. 只提供服务性产品
    C. 彻底转向服务　　　　　　　　　　D. 围绕服务提供产品
15. 下列服务属于劳动力密集程度高且个性化程度低的是( )。
    A. 航空公司　　　B. 快餐业　　　　　C. 律师　　　　　　D. 建筑师

三、基本概念

生产与运作　生产与运作管理　企业伦理　企业社会责任

四、问答题

1. 产品与服务的差异具体表现在哪些方面?
2. 试比较制造性产品生产与服务性产品运作的具体区别?
3. 如何理解生产与运作、生产与运作系统模型?
4. 提高多品种小批量生产效率的途径有哪些?
5. 生产与运作管理目标是什么?
6. 生产与运作管理的新发展趋势是什么?
7. 试述企业伦理与企业社会责任的关系。

第 2 章 生产与运作战略

学习目标

1. 理解生产与运作竞争的重点与决策中易犯的错误。
2. 了解企业战略制定的流程和内容。
3. 理解生产与运作战略的含义、生产与运作战略和企业战略的关系。
4. 理解生产与运作战略的制定过程。
5. 理解生产与运作战略的实施内容。

引 例

宜家家居的战略成本管理

宜家家居公司作为全球最大的家居用品零售商,以"生活,从家开始"为口号,坚持低价格、多品种、高质量、美观实用的经营理念。其成功秘诀是:从战略高度出发,进行成本管理,获得长久竞争力。

一、战略定位——实现成本领先战略与差异化战略的有机结合

1. 成本领先战略

在公司成立之初就以低成本作为战略目标并贯穿整个经营过程。在研发上,强调打造低价位、设计精良、实用性强。在采购上,强调与供应商保持着长久合作伙伴关系,对产品有较高的质量要求,鼓励供应商良性竞争。因此既获得了高质量商品,又实现了成本节约。在销售上,设定专门的店面,控制渠道成本。

2. 差异化战略

(1) 产品特色化。坚持由自己设计所有产品并拥有其专利,其产品彰显"简约、自然、清新、设计精良"独特风格。

(2) 销售差异化。根据顾客的品位和需求,提供简单而富有创意的设计和服务,深得顾客喜爱;店面销售也别具一格,"服务人员"不向顾客促销产品,由顾客自己决定和体验,除非顾客需要向其咨询。

二、战略成本动因分析——结构、执行两手抓

1. 结构性成本动因

结构性成本动因是指决定企业基础经济结构的成本动因。企业规模、业务范围、经

验、技术、多样性和厂址等均属此动因，它们在活动展开之前就已被确定且难改。宜家充分利用几十年经验积累，实现了规模生产、规模物流，对资源进行优化配置，节约了成本。宜家的业务范围涵盖从家具设计到设置布局的整个过程，从植物和客厅家居用品，到玩具和厨房，应有尽有，吸引了顾客，节约了广告成本。研发部门在新产品处于绘图设计阶段时，就分析评估成本，确保低价格、高质量等要求，从源头上降低成本。

2. 执行性成本动因

执行性成本动因是指与企业作业程序有关的成本动因，包括员工参与、全面质量管理、对外联系、产品外观、厂址布局等。在内部作业程序上，通过员工培训激励员工学习和创新，提高业务能力。在产品设计上，有专业设计师根据客户需求量身定做，提供简约、实用、美观、较高质量的产品。企业与供应商建立上下游统一关系，互相协调，共同进步。利用互联网工具与顾客建立良好关系，提供满意服务。

三、优化价值链管理——实现研发、供应、物流的高效增值

1. 模块化设计

采用模块化设计，家具是拆分、组装。首先，设计的都是可制造产品，降低了设计不可实施的成本。其次，模块化生产，生产更加灵活、有效，不仅有效地节约了采购成本，还可根据原材料的采购需要就近生产，培养长期供应商。最后，产品可以拆分和组装，通过物流规模化降低成本。

2. 统一供应链管理

给供应商制定统一标准，尽量剔除价值链中非价值增值活动，在全球外包，有2 000多家供应商竞争。只有保证质量且低成本的才获得订单。为节省供应时间，把配送中心和中央仓库建在海、陆、空的交通要道。商品首先被运送到中央仓库和分销中心，每家"宜家商店"根据需求向贸易公司购买产品，通过交易把商店利润转移到低税收或免税地方，节约了时间，降低了成本。

3. 平板包装物流管理

即拆解组合家具，成为"扁平"，包装空间只是原有的六分之一，一次性载运更多产品。集装箱的平均填充率已超过65%，为节约空间甚至把产品内空气挤出来(如压缩包装枕头)。这大大节省了运输成本。

（资料来源：全球品牌网，编者改编，题目为编者所加）

2.1 生产与运作竞争的重点

2.1.1 生产与运作竞争的重点

在互联网时代，顾客会面临各种选择，有的被产品或服务特色所吸引，有的会被低价格所吸引，有的会被方便使用与快捷服务所吸引，各自形成竞争优势，进而形成不同竞争重点。

1. 成本——价格低廉的产品或服务

成本是指产品或服务的整个生命周期的成本,包括设计、生产制造、流通、使用及服务等诸项之和。企业为某些细分市场顾客提供低成本的产品和服务,并构筑一定壁垒,在同样价格情况下获得比同行更多的收益。企业降低成本的措施很多,诸如优化产品与流程设计、降低单位产品的材料及能源消耗、降低设备故障率、提高质量、缩短生产运作周期、提高产能利用率和减少库存等。

2. 质量——满意质量的产品或服务

产品或服务质量有两个特性:本身质量和过程质量。本身质量是产品或服务所包含的一系列特征,它与产品或服务的设计直接相关。在产品设计中,产品或服务质量标准将根据它针对细分目标市场顾客不同需求而不同。例如,和普通自行车相比,运动员用自行车更需要特殊的铝合金材料、重量特轻齿轮和链条等相应质量标准,这些有利于运动员的技能发挥,高质量标准的自行车也由于特殊性能在市场上高价出售。本身质量一定要与细分市场上目标顾客的价值需求相匹配,附带过多的特征或设计超过顾客需要的产品会因为价格高昂而无人问津。过程质量是指产品或服务生产过程中的质量,关系到产品或服务的可靠性。产品或服务的质量规范限定了产品公差或服务的差错率,同时也规定了产品或服务的提供过程,符合规范对实现产品和服务预期的可靠性十分关键。

3. 时间——快速准时的产品或服务

现代竞争是速度时间的竞争。时间上的竞争包括三个方面:一是快速交货,是指向市场快速提供企业产品的能力,这对于企业争取订单意义重大;二是按时交货,是指按照合同的约定按时交货的能力,这对于顾客满意度有重要影响;三是新产品的开发速度,是指企业对顾客需求产品的品种、规格的快速设计能力和快速推向市场的能力。影响时间竞争的因素也有很多,诸如采购与供应、企业研发柔性和生产进度管理等。

4. 柔性——个性化的产品或服务

顾客需求的日益个性化、多元化趋势,多品种、小批量柔性生产成为与此需求特征相匹配的方式,增强柔性已成为企业形成竞争优势的重要因素。柔性主要包括产品产量柔性、新产品开发及生产柔性和产品组合柔性等,由此又涉及生产运作系统的设备柔性、人员柔性和能力柔性等,甚至对供应商也会提出在这方面相应的要求。

5. 服务——支持性的产品或服务

IBM 公司的广告词是:"IBM 就是最佳服务的象征",总裁小托马斯·沃森认为这是公司有史以来最好的广告,IBM 公司靠的是最佳服务赢得顾客和占领市场。范德墨菲说:"市场竞争力来源于服务,因为服务可以增加客户的价值。"这里的服务不是狭义上的产品售后服务,而是公司为顾客提供一系列解决问题的方案。正如前章所述目前产品和服务正在日益融合,企业提供给顾客更多的"增值"特色服务,为产品提供支持,获取竞争优势。

6. 环保——绿色的产品或服务

在企业伦理和社会责任归位的趋势下,顾客对环境越来越敏感和重视,更倾向于购买对环境无害的产品。环保制造和提供产品或服务成为企业新的竞争优势。环保包括环保生产工艺运用和环保产品提供,并且强调产品全生产周期的环保,即从产品设计、制造、物流配送、使用直至灭失等过程环保。

对于竞争重点,理解时我们要明确:企业要想在六个竞争要素方面同时优于竞争对手而形成竞争优势是不太现实的。企业必须从具体情况出发,集中企业的主要资源形成自己的竞争优势。特别是当它们发生冲突时,就产生了多目标平衡问题,需要对此进行认真分析、动态协调。

注意点

生产与运作竞争重点的顺序是随着市场环境的变化而进行不断调整的,当国家经济不发达,顾客收入低时,价格竞争是第一位,质量、服务等则要求不高,此时生产运作首先考虑的是如何降低产品或服务成本,像我国改革开放的初期就是这样。随着经济发展,当顾客收入不断提高时,人们开始追求高质量、服务多样化的产品,此时质量、服务是竞争首要因素,竞争重点的顺序变为质量、服务、价格。而现在我们已经进入一个快节奏、人与自然和谐共处的社会,时间竞争变成了第一位的,绿色产品成为新焦点。

2.1.2 各竞争重点的抉择与权衡

前面所述的运作战略竞争优势所关注的六个竞争重点在企业执行过程中要进行权衡,相机抉择,防止犯以下两类错误:一是追求全面,即全面开花。企业由于受所控制的资源限制,不可能在所有竞争重点上均做得最好,有的也不能兼容。例如,为了构建低成本优势,往往产品是标准化的,不太可能提供个性化、价格低的产品。二是骑墙战略。它是指企业既想保持现有的战略定位,又想将一个新的成功战略模式的优点融合进来,试图在现有业务中增加新的特点、服务和科技。例如,美国大陆航空公司的特色定位是通过全方位服务模式构建竞争优势,它在学习西南航空公司低成本、低价格特色运营成功模式的基础上提供了一项新服务产品:"大陆轻便"。此服务产品模仿西南航空运营模式,方法是通过取消飞行中餐饮和头等舱服务,提供简化服务,增加班次频率,缩短在机场周转时间等手段,达到降低成本的目的。但大陆航空公司仍然在其他航线上保留全方位服务的航班,如仍通过旅行社售票,拥有多种型号的飞机以及提供行李检查和座位预订。采用骑墙战略造成的结果是:一方面该公司的飞机在繁忙的空港城市延误或因为机场转运行李而延长周转时间,造成航班误点和取消,激起顾客大量投诉;另一方面,如果"大陆轻便"服务仍要向旅行社支付佣金,它就无法承担价格竞争,不能实行低成本运营,但如果没有旅行社提供的全面服务,航班的业务又无法开展,公司最后不得不通过降低旅行社佣金来降低成本。此外,公司还不能承受对乘坐廉价的"大陆轻便"航班的顾客提供价格折扣,它不得不再次妥协,减少对航班常客的回馈。这些做法的结果是激怒了旅行社和乘坐全面服务航班的顾客。实际上大陆航空公司试图同时实施满足两个不同市场类型顾客需求的、相互矛盾的竞争战略,给公司造成了巨大损失。

中国典范

发扬钉钉子的精神，一张好的蓝图一干到底

习近平在中共十八届二中全会第二次全体会议上提出：对党的十一届三中全会以来的路线方针政策，对邓小平理论、"三个代表"重要思想、科学发展观，对中央做出的仍然有效的各项重大战略部署，我们都要一以贯之地贯彻。地方和部门工作也一样，要真正做到一张好的蓝图一干到底，切实干出成效来。我们要有钉钉子的精神，钉钉子往往不是一锤子就能钉好的，而是要一锤一锤接着敲，直到把钉子钉实钉牢，钉牢一颗再钉下一颗，不断钉下去，必然大有成效。如果东一榔头西一棒子，结果很可能是一颗钉子都钉不上、钉不牢。我们要有"功成不必在我"的精神。一张好的蓝图，只要是科学的、切合实际的、符合人民愿望的，大家就要一茬一茬接着干，干出来的都是实绩，广大干部群众都会看在眼里、记在心里。当然，实践是不断发展的，我们的认识和工作也要与时俱进，看准了的要及时调整和完善，但不要换一届领导就兜底翻，更不要为了显示所谓政绩去另搞一套，不要空洞的新口号满天飞。

（资料来源：习近平在中共十八届二中全会第二次全体会议上讲话的一部分）

2.2 生产与运作战略制定和实施

2.2.1 企业战略和生产与运作战略

1. 企业战略制定过程及活动内容

企业战略是企业完成使命和愿景的行动计划。规划制定是一个过程，它包括一系列在不同时期内的重复活动，这些活动是由企业的中高层管理人员完成的。图2-1给出了典型战略规划制定流程，在流程中每个环节的工作活动内容如表2-1所示。

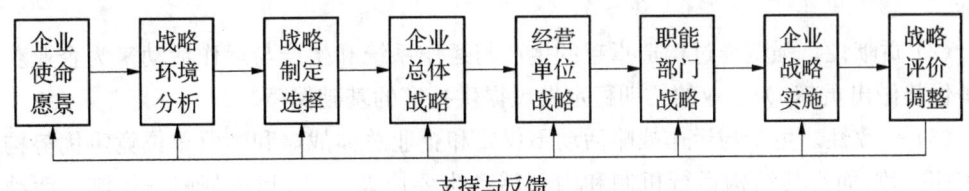

图2-1 制定和实施企业战略流程

表2-1 企业战略规划活动内容

项 目	战略规划活动内容
使命、愿景	使命是企业存在的理由，对社会贡献，为企业规定了经营范围和重点；愿景即长远目标

续 表

项　目	战略规划活动内容
战略分析	依据使命愿景要求分析外部环境——发现机会、威胁，识别内部资源——识别优势、劣势
战略制定、选择	通过战略分析确定企业应该制定的各种战略方案，依据实现使命愿景的要求选择方案
总体战略	依据战略选择，确定企业的总体战略，如稳定发展战略、增长战略和防御战略
经营单位战略	依据总体战略，确定经营单位竞争战略（如低成本、差异化、集中战略），构建竞争优势
职能部门战略	围绕经营单位竞争优势构建，制定生产运作、财务、营销、供应、人力资源等战略
企业战略实施	根据经营单位、各部门制定的战略，分解战略目标，制定实施方案，组织资源实施
评价与调整	围绕战略评价指标，评价业绩对战略的贡献，根据评价结果和内外环境变化调整战略

2. 生产与运作战略

生产与运作战略是在企业总体战略和经营战略的指导下，根据目标市场顾客需求产品和服务的特点，围绕生产与运作的竞争重点，在充分利用各类资源基础上做出的一系列决策、规划与政策，构建生产与运作竞争优势。它必须能与公司战略整合起来。生产与运作战略是对如何开展企业生产与运作活动所做的具有全局性的谋划，是用以指导企业的生产与运作活动的行动纲领，形成的是关于生产与运作系统如何成为企业立足于市场、获得竞争优势、追求不断发展的有力支持和保证的战略性计划；它的基本任务是在生产与运作领域内为企业获得如低成本、差异化等竞争优势，以保证企业总体战略的实现。

3. 企业战略和生产与运作战略的关系

（1）从属性。生产与运作战略必须服从企业战略的要求，特别强调要在总体战略框架和经营单位竞争战略的限制下，从生产与运作角度考虑如何有效实现企业整体战略目标。

（2）贡献性。强调通过构造卓越的生产与运作系统和生产与运作活动来为企业获得竞争优势做出贡献，为企业的长期稳定发展提供扎实的基础保障。

（3）一致性。生产与运作战略活动不仅要和企业总体战略和经营单位竞争优势构建要求相一致，而且其结构运行机制和内部活动也要协调一致，形成战略—机制—活动相匹配。

（4）可操作性。依据总体战略和生产与运作战略目标，制定相应短期目标，注重对目标进行分解、沟通和理解，形成人员共识，最终达到方向一致的生产与运作决策和活动行为。

2.2.2 生产与运作战略的制定与实施

1. 生产与运作战略的制定

由前述可知生产与运作战略是职能战略,它是在企业总体战略和生产经营单位战略确定构建某种竞争优势以后,根据竞争优势构建要求,在对企业内外环境进行深入分析后,充分利用企业所掌控的资源,着力打造生产与运作竞争的重点(如低成本、快速交货、柔性或质量可靠性等)。生产与运作战略制定过程如图 2-2 所示。

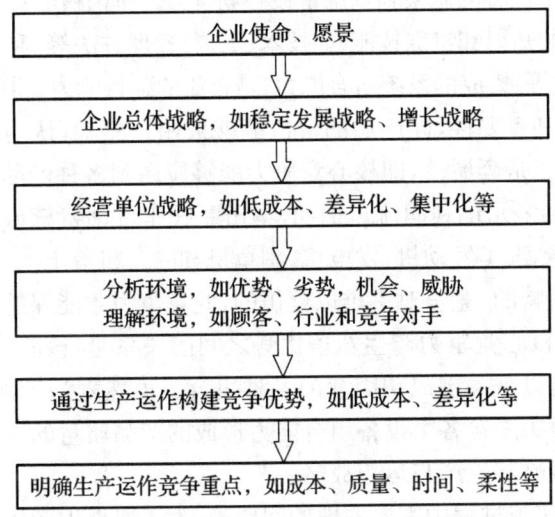

图 2-2 生产运作战略制定过程

2. 生产与运作战略的实施

1) 识别关键成功因素

企业不可能在各方面都最优,成功实施战略,必须明确哪些是战略取得的关键成功因素。识别关键成功因素是实现战略目标所必需的活动,是生存的基础和获取竞争优势的必要条件。例如,麦当劳的关键成功因素是设备布置,如儿童游戏区域、高效停车通道和厨房等的布置。从总体看,关键成功因素来源有产业特性、企业产业地位、地理位置以及竞争战略、环境因素和暂时因素。通过分析找出成功的关键因素,再围绕这些因素来确定系统需求,进行战略规划。生产运作的关键成功因素概览如表 2-2 所示。

表 2-2 生产运作的关键成功因素概览

项 目	成功因素
产品或服务	自己研发或合作研发形成个性化和标准化,特殊原材料,独特产品服务组合等
工艺流程	设备、工艺、流程特殊设计与管理能力,或是组合
设施选址	设施特殊位置,靠近原材料供应还是顾客等
设备布置	制造单元还是流水装配线

续表

项　目	成功因素
人力资源	关键员工独特能力，岗位设置是专门岗位、一人多岗位还是团队合作
供应链	外包产品的供应商竞争力获得
库存管理	产品订购和持有决策，存货控制应付市场变化的能力
质量管理	质量控制能力、满足顾客质量期望能力

2) 构建核心竞争力

企业获得持续竞争优势的源泉和基础是核心竞争力。所谓核心竞争力是指企业在生产经营过程中长期积累的知识和特殊技能（如技术、工艺、管理方法等）和相关资源（如原材料、人力、财务、品牌、文化等）集成的系统组合能力，是企业的独特能力。其特征如下：

一是用户感知性和重要性，即产品的价值能够被用户感知，认为此价值是重要的，用户才愿意为此买单。二是延展性，即核心竞争力能够应用到多种产品上，为企业进入多元化市场提供便利，提供多元化利润流。例如，本田摩托车发动机核心技术是世界一流，后来将其核心技术应用到汽车发动机、发电机、割草机和除雪机等上。三是稀缺性和难以模仿性，即这种能力是独特的、竞争对手难以模仿的，此竞争力才能保持长久。

关键成功因素和核心竞争力产生竞争优势之间的关系是：核心竞争力可以是关键成功因素的一部分，也可以是关键成功因素的各种组合。虽然麦当劳的关键成功因素是设备布置，但是核心竞争力来自各类设备组合能力形成的产品质量的一致性，并且它们要支持企业的使命、总体战略和生产与运作战略。

在生产运作战略实施过程中需要考虑的问题是：为了取得生产运作战略的成功，活动的关键成功因素是什么？哪些关键因素是支持取得核心竞争优势构建的因素？哪些因素有可能导致失败？哪些因素的工作需要增加管理、资金、技术和人员投资？通过这些关键成功因素的识别，围绕竞争优势的构建，长期积累打造。

3) 战略匹配：与战略相适应的生产与运作活动

无论关键成功因素和竞争优势的具体内容是什么，在实施过程中都表现为相应的一系列活动，这些活动的开展不但要和战略要求相适应，并且要相互关联和相互强化，协同打造竞争优势。以美国西南航空公司为例（见图2-3），定位航班低价格、公交化服务，即快速周转，班次多，飞机利用率高，便利和价格低。它是如何达到呢，聘请熟练、高素质员工，飞机高利用率，频繁准时的航线，简单服务，短程飞行，点对点航线和二级机场，统一使用波音737客机，开展这些活动涉及的许多子活动都和定位要求相吻合，且相互促进，降低总成本，支持总体战略。所以通过识别竞争优势，集中精力于关键成功因素，开展相适应的活动，相互匹配强化，西南航空公司创造了传奇。

通过前述可知生产与运作战略必须有相应活动相匹配才能落到实处。具体来说，它必须纵向上与顾客相连接，横向上与企业其他部门各类活动相连接匹配。图2-4生产运作战略框架中显示了顾客的要求、竞争的重点对生产运作的要求同满足要求所需的企业资源能力之间的联系；图中包含企业高层管理人员的战略愿景，这种战略愿景确定了目标市场、产品线、竞争的重点、运作能力、核心竞争力的构建。

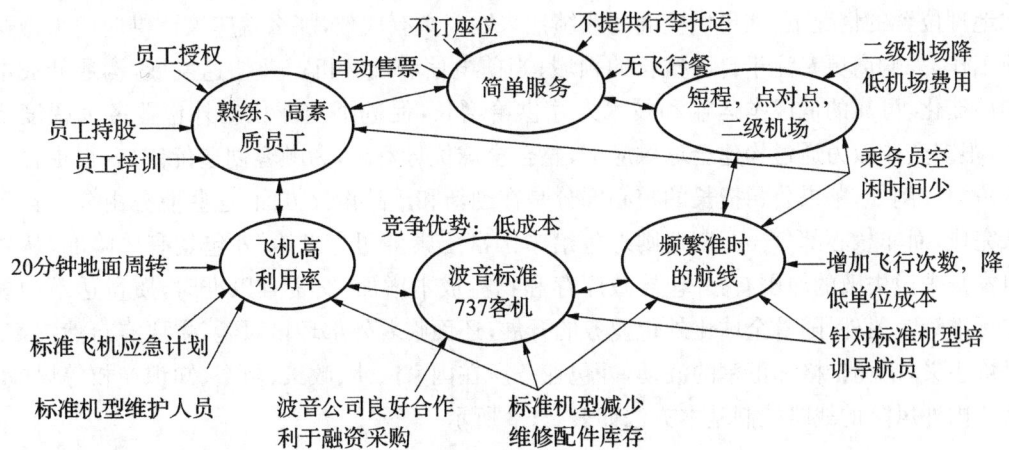

图 2-3 西南航空公司低成本竞争优势的活动图

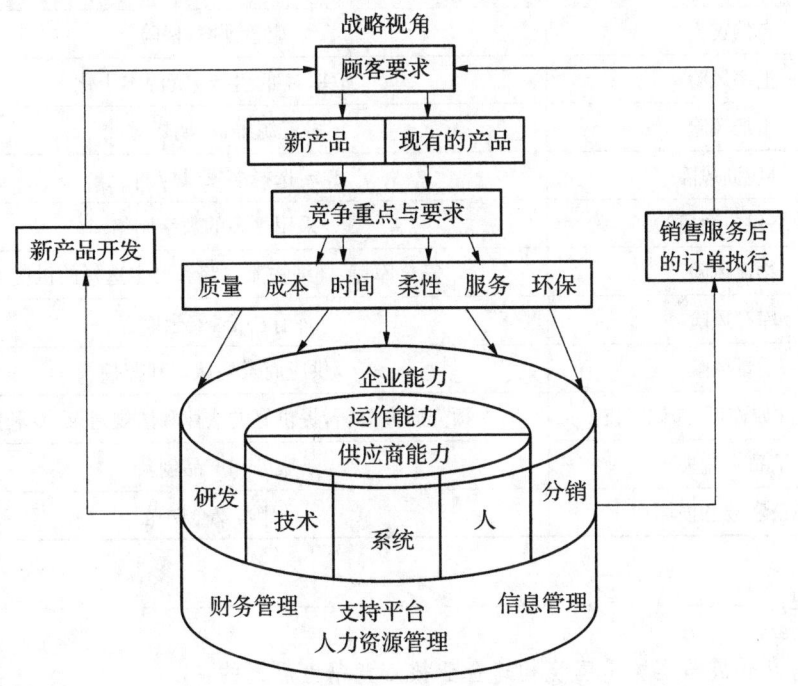

图 2-4 运作战略框架：从客户需求到完成订单

> **注意点**
>
> 战略必须要有相应匹配的活动支撑才能成功。

4）非核心竞争能力与业务外包

在核心竞争力的构建中强调企业只做自己比竞争对手好的核心部分活动，其余非核心部分活动则外包给外部的供应商进行生产。外包的动因来自比较优势理论,即在不考虑地理位置的情况下,如果供应商的业绩比采购商更有成效,那么就应该让供应商来做这项工作,采购商更专注于自己擅长的领域;当前电信和计算机产业快速发展,沟通低成本和便捷化,可靠的低成本运输和技术人才供给增长,促进了全球化的外包业务大幅度增长,很多企业致力通过构建全球供应链,整合全球优势资源,为顾客创造价值,获得更强的竞争力。例如,苹果公司擅长的核心部分是在创新和产品设计方面,这些业务由公司自己来完成,而非核心部分——制造则外包给中国富士康公司。当然,外包是有风险的,从外包本身来说失败的原因有:外包导致库存和物流成本增加,交货难以准时,质量达不到规定标准等。另外,随着全球化外包业务的开展,还面临着外部环境风险,主要有自然灾害,恐怖主义,市场价格和汇率的波动,外包业务所在国家法律、政策、习俗、知识产权等风险。这些内外风险的战略控制基本方法如表2-3所示。

表2-3 业务外包风险的战略控制

风 险	战略控制手段
自然灾害	应急预案,保险
汇率风险	汇率对冲、生产/资源本土化
市场风险	多资源渠道,期货对冲
供应商风险	选择多家供应商
网络供应商风险	采用更多的数字网络
物流风险	安全库存,详细物流追踪和可多选择的供应商
库存风险	库存中心,安全库存
质量风险	供应商合格认证和监控
监管风险(如许可、知识产权)	预先研究分析,提供好的法律和法规建议,专利保护
消费者流失	服务和产品创新
盗窃和故意损坏	保险,安全防范

注意点

生产与运作战略实施是围绕构建企业核心竞争力展开的。

中国成功实践典范

华为资源整合观:市场赋能助力资源整合,提升竞争力

1. 提高核心竞争力的开放整合

企业要生存必须要拥有核心竞争力,这样才能立于不败之地。而伴随着企业全球化,市场机制对核心竞争力打造的影响力加大,企业要积极对外开放,利用市场赋能,整合资

源,提升企业各要素的组合效率,打造核心竞争力。华为是开放的,在创新过程中不仅注重开发自己的优势领域,还注重加强与其他伙伴的合作,构建起了真正属于华为的战略力量,保证华为能够拥有长期有效的发展策略。

2. 对外开放,整合资源,提升竞争优势

企业要聚焦自己的核心竞争力,不能什么事都自己做,因此要把自己不擅长的领域让渡出去,与其他企业形成优势互补,既实现了产业链共赢,又提高了整体效率。华为提倡的市场机制是一个开放的机制,即在核心资源,以核心成长为基础,降低成本,提高效率,提升核心价值;在非核心领域,优势互补,提升竞争优势。其具体做法是:在产品研发方面,研发体系专门成立了合作部,与很多大学建立了联合实验室,共同创新,不断积累,提升产品核心价值。在拓展海外市场方面,整合资源,优势互补,提升了竞争优势。华为在通信方面是行家,但在海底光缆的设计铺设维护方面则是短板。在海底光缆市场探索多年的朗讯等世界巨头在各方面都远超华为,但2015年华为海洋公司在与朗讯、日本电器、泰科等巨头竞争中却赢得了海底光缆市场的国际大单。主要原因是华为为能进入海底光缆市场,积极在全球寻找合作伙伴,凭借自己核心优质资源,最终与全球海事系统公司合资成立了华为海洋公司,利用开放的资源整合策略,成功实现企业间的优势互补,提升了竞争优势,打入了国际海底光缆市场。

3. 如何做好整合资源,提升竞争力

善于整合资源是通过开放合作实现共赢的商业模式。在竞争激烈的商业社会,企业核心竞争力,主要看的是整合资源能力,但有些企业一提到整合资源,就会想到能得到什么?典型占便宜的思维。企业对外开放整合资源,是互相合作,不是空手套白狼,自己也必须具备被别人利用的资源。因此,企业在资源整合时应注意:一是具备优势。自己有哪些优势资源被别人所用,这样才可能与其他企业形成整合。二是展现优势。善于利用平台将现有资源在开放的市场中展示分享,实现资源互换。三是放大优势。利用市场其他企业的资源,赋能自己资源,扩大自己的优势资源,用有限资源撬动市场上更多的资源。

(资料来源:编者根据相关资料整理)

本章小结

本章首先讲述了生产与运作竞争的重点,在决策中易犯的错误;其次讲述了企业战略的含义、制定的流程及内容、企业战略和生产与运作战略之间的关系;最后讲述了生产与运作战略制定的过程,围绕企业核心竞争力构建讲述了生产与运作战略的实施内容。

思考题

一、判断题(正确的打"√",错误的打"×")

1. 由于未来变化莫测,计划跟不上变化,所以制定战略计划没有意义。 (　　)
2. 生产与运作竞争的重点是永恒不变的。 (　　)

3. 生产与运作竞争的六个重点企业应该尽量均达到,否则难以在市场竞争中全面取胜。（ ）
4. 美国大陆航空公司以全方位服务来构建竞争优势,与构建低成本优势之间有相矛盾的地方。（ ）
5. 战略仅是企业发展的未来蓝图,由于环境变化,不能落地实施也很正常。（ ）
6. 一张好蓝图干到底,就是说好战略一定要坚持。（ ）
7. 生产与运作战略一定要服从于企业总体战略。（ ）
8. 生产与运作战略在实施过程中首先要识别战略实施的关键成功因素。（ ）
9. 企业产品质量越高,竞争力就越强。（ ）
10. 非核心业务外包有风险,难控制,所以应该尽量少外包或不外包。（ ）

二、单项选择题

1. 下列不属于生产与运作战略竞争重点的是（ ）。
   A. 成本　　　　　B. 时间　　　　　C. 服务　　　　　D. 规格
2. 生产与运作战略有六个竞争重点,作为企业应该追求（ ）。
   A. 全面开花　　　B. 相机抉择与权衡　C. 骑墙战略　　　D. 以上均不对
3. 生产与运作战略属于企业的（ ）。
   A. 补缺战略　　　B. 职能战略　　　C. 竞争战略　　　D. 总体战略
4. 下列不属于生产与运作战略和企业战略关系的是（ ）。
   A. 一致性　　　　B. 从属性　　　　C. 贡献性　　　　D. 独立性
5. 企业为了构建核心竞争优势,涉及生产与运作业务活动应该（ ）。
   A. 所有活动全部由自己从事,受制人难以构建
   B. 自己只从事核心的擅长部分,其余则外包
   C. 尽量或全部利用外部资源,自己只负责整合
   D. 不能外包业务,风险难以控制,核心竞争力难构建
6. 某企业为了构建低成本战略,下列生产与运作活动不支持此战略的是（ ）。
   A. 产品品种少　　　　　　　　　B. 规模化生产
   C. 雇用高技能工人　　　　　　　D. 采用流水线生产
7. 某企业实行的是低成本战略,下列活动开展与该战略不太相吻合的是（ ）。
   A. 产品多样化　　　　　　　　　B. 采用专用设备和工艺装备
   C. 服务项目适当　　　　　　　　D. 采购成本低于同行业
8. 在生产与运作战略实施过程中,其运作活动与战略之间的关系应该是（ ）。
   A. 运作活动与战略相匹配,各活动之间没有要求
   B. 运作活动与战略相匹配,各活动之间相互协同
   C. 运作活动与战略没要求,各活动之间相互协同
   D. 两者联系不大
9. 核心竞争力强调能力延展性,下列不属于延展性范畴的是（ ）。
   A. 杜邦公司将应用于军事方面的尼龙技术应用于生产民用的尼龙产品
   B. 本田摩托车发动机核心技术被应用于汽车发动机、割草机和除雪机上

C. 阿里公司将开发的消费领域大数据技术应用于构建智慧农业大数据

D. 春兰公司彩电和冰箱共用一个仓库

10. 下列生产与运作活动不支持差异化战略的是(　　)。

A. 个性化品种　　　B. 小批量生产　　　C. 多样化服务　　　D. 标准化产品设计

三、问答题

1. 生产与运作战略的竞争重点有哪些?这些竞争重点是恒定的吗?为什么?
2. 生产与运作战略和企业战略的关系是什么?
3. 生产与运作战略的制定与实施过程是什么?
4. 企业核心竞争力的特征有哪些?

四、请用生产与运作战略理论来解释下列问题

1. 网上手机发烧友对自己钟爱的苹果、华为进行评价。苹果的优点:系统流畅、稳定性好;触摸屏灵敏;娱乐功能强大;静音键方便;上网速度快。缺点:手机价格贵,配件也贵;系统只升不降,一旦想重装系统,不得不升到最新系统,对喜欢用自己习惯系统的人来说不合适;电池容量小。华为的优点:质量稳定可靠,耐摔;电池待机时间长;系统人性化,很多功能都可加入,如智能助手、通话录音等;云服务领先,容量够大。缺点:系统更适合商务人士,追求个性化、多元化方面不给力,系统死板,更新慢等。

针对以上评价,商家为什么不能把手机的缺点克服,做成更具有全面竞争力的产品呢?说明理由。

2. 某企业领导人为实现精品战略,强调产品涉及的所有零部件尽量自己生产,不外包,这样产品质量才得以保证,风险才能有效控制,精品得以铸就,你认为该领导战略理念对吗?说明理由。

3. 生产与运作战略决定了生产与运作的活动内容和标准,这种说法正确吗?说明理由。

第 2 篇　生产与运作系统的设计

第 3 章　产品开发与工艺流程的选择

 学习目标

1. 理解新产品的概念、类型、动力模型、内容和责任以及关键性问题。
2. 了解新产品开发的程序,产品设计对成本、质量、制造效率的影响。
3. 理解提高新产品开发效率的管理方法。
4. 了解产品生产流程的分类,理解不同流程的特征。
5. 理解产品流程矩阵,影响生产流程设计的主要因素及决策方法。
6. 理解服务包及构成,服务设计的概念,设计的方针和要素,了解服务设计的步骤。

 引　例

"燕舞"守着巨额现金忽视新产品开发的失败教训

1982年江苏盐城燕舞的员工历经千辛万苦在全省第一个研制出"燕舞"收录机,并在国内一炮打响,后来成为全国最大收录机生产基地,大型企业500强,销量连续8年在行业领先,成为中国知名度最高的音响品牌。"燕舞燕舞,一曲歌来一片情"的广告语在20世纪80年代末家喻户晓,燕舞收录机红遍大江南北。"燕舞"商标在中国首届驰名商标评选中获得提名奖,并被评为江苏著名商标,企业被吸收为中国驰名商标保护组织成员单位。

1993年,燕舞在全国音响市场萧条的情况下,实施了"创名牌、进名城、到名店"战略,努力开拓国内外市场,再铸辉煌。全年共生产整机114万台,实现销售收入4.4亿元,利税2 300万元,外贸供货额2 500万元,分别比上年增长23%、54%、52%、200%。燕舞音响在全国获得了四个第一:组合音响知名度第一;满意度第一;收录机产品竞争力调查评价项目第一;主要经济技术指标第一。

但燕舞当时的负责人认为只要有燕舞音响打天下就可以高枕无忧了,没有把力量放在新品开发、技术革新和开拓市场上,甚至把几千万元存在银行吃利息。录音机盛行时燕

舞是响当当的名牌,影碟机刚露头,燕舞却觉得"没有前途",仍陶醉于录音机,当影碟机迅速淘汰录音机时燕舞才明白产品创新是如此重要,为时已晚。很快产品积压,销路不畅,被挤出市场,存款几年就花光了,企业垮台了,燕舞音响消失了。专家评价说,80年代中后期在电子产品市场上多次荣获消费者"实际购买品牌""心目中理想品牌""满意品牌"三项第一的"燕舞",正是由于新产品开发不力使品牌失去了着力点,品牌价值无法延续,随之流失,被市场淘汰。

(资料来源:节选自 MBA 智库百科,编者改写)

产品开发与工艺流程选择是在企业经营战略指导下,明确生产运作竞争的重点后进行的。产品开发过程是对产品系列、功能、质量特性、成本和产品未来发展等做出一系列决策并实施的过程。工艺流程指利用一定的生产设备从原材料投入到成品产出,按顺序连续进行加工的全过程。企业为了适应顾客的个性化需求和市场的多变性,必须加强产品开发和工艺流程的设计与优化工作,它们不仅对产品的功能、质量、成本有很大影响,而且决定着生产系统的设计,决定着企业未来经济效益,且风险大。

3.1 新产品开发概述

3.1.1 新产品的概念及类型

1. 概念

新产品是指在一定的地域内第一次生产和销售的,在原理、用途、性能、结构、材料、技术指标等某一方面或几个方面比老产品有显著改进、提高或独创的产品。新产品可以是在各个方面都有创新的、前所未有的全新产品,如苹果手机;也可以是对老产品做出改进的产品。

2. 类型

新产品以其具备的全新程度为标志划分为以下几种:

(1) 全新产品,是指具有新原理、新技术、新结构、新工艺、新材料等特征,具有明显的技术经济优势的新产品。全新产品是同科学技术的重大突破分不开的,它们的产生一般需要经过很长时间,花费巨大的人力、财力和物力,绝大多数企业都不易提供这样的产品。例如,1973 年摩托罗拉推出的第一部手机、1985 年日本东芝公司推出的第一台笔记本电脑、2007 年苹果推出的第一代 iPhone 等都是全新产品。这些革命性的新产品深刻改变了人们的生活和工作方式,全新产品可以使企业在市场上获得先发优势和很强的竞争力。

(2) 改进新产品,是指对现有产品在性能、结构、质量、规格等方面做出改进的新产品。它可以由基础型派生出来,或在变形基础上派生而成,如给纸烟加上过滤嘴,在普通牙膏中加入某种药物等。此类新产品开发技术难度较小,具有一定开发能力的企业都可以进行开发,因而是企业新产品开发经常采用的形式。

（3）换代新产品，是指产品基本原理不变，部分地采用新技术、新材料、新元件或新结构，从而使产品的功能、性能或经济指标有显著改变的产品。与老产品相比，换代新产品具有一定程度上质的变化和新的技术经济优势，开发技术难度较全新产品小。例如，由电熨斗到自动调温电熨斗，又到无线电熨斗。

（4）仿制新产品，是指对市场已有产品进行仿制后，加上企业自己的厂牌和商标第一次生产的产品。从市场竞争和企业经营方面看，在发展新产品中仿制是不可排除的，因其有现成产品和技术可借鉴，技术难度和技术风险小，投入开发的人财物都相对少些，开发速度也最快，各种企业均可进行此类产品的开发，尤其适用于首创能力低的小型企业。

3.1.2　新产品开发的动力模式

（1）技术驱动型，是指按照被称为 Seed Theory（种子理论）的方式进行产品开发。从最初的科学探索出发，按照新发现的科学原理来开发新产品，就是通过供给的变化带动需求的产生。例如，盘尼西林就是在进行结核菌的培养过程中首先发现进而开发成产品的，晶体管也是这样。

技术驱动型的产品被称为 Production Oritened 产品，是以技术—生产—市场的模式出现，即"将研究结果推向市场"。全新产品一般属于这一类，如个人电脑、数码照相机等都是。但是，即使是技术驱动型产品，在制定产品的技术指标、型号规格的时候，也必须认真分析市场，分析竞争对手，制订出从生产到销售完整的事业计划。在服务业，如银行推出的手机银行服务，出版业推出的电子读物等属于技术驱动型。

（2）市场驱动型，是指按照被称为 Need Theory（需求理论）的方式进行产品开发，从市场需求出发进行新产品开发。首先通过市场调研了解顾客需要具有什么样功能的新产品，然后按照顾客需求，对产品在生产技术、价格、性能等方面的特性进行研究，进而再通过对该新产品的销售预测来决定如何开发。

市场驱动型的产品被称为 Sales Oriented 产品，以市场—研发—生产—市场的模式出现，即"把市场需求导入研究"。更新换代产品就属于这一类，如当今市场上更新换代十分迅速的电冰箱、空调等家电产品。在服务业，由于人们的工作节奏加快，快餐店的配送餐服务以及快递业务等属于市场驱动型产品。

注意点

技术驱动型和市场驱动型这两种动力模型没有谁优谁劣，企业应根据实际情况进行选择。

知识延伸

两种动力模式融合

当前顾客需求多样化、个性化，对产品品种有广泛的需求，而另一方面技术的发展也日新月异,为满足新的需求创造新产品提供了科学依据和技术上的可行性。这两种驱动力量共同推动新产品开发。日本索尼公司从美国西屋电器公司购得晶体管技术后,开发出了晶体管收音机和电视机,开创了全新市场,但是在晶体管诞生之前,人们根本不知道晶体管为何物,无法产生对晶体管收音机和电视机的现实需求,只能说一种潜在的需求被索尼公司用新产品发掘出来了。索尼公司创始人之一盛田昭夫曾说:"我们的政策并不是先调查消费者喜欢什么产品,然后就去开发什么,而是用新产品去引导他们的消费需求。"所以全新的技术驱动型产品能把顾客的潜在需求变成现实的巨大市场需求,改善人民生活,推动市场的繁荣和发展。

但是潜在需求形成市场后,顾客在产品款式、功能、质量、价格、服务等方面又有新需求,市场分化成了不同需求层次,许多企业在满足这些不同的、有差别的需求上不断开发相适应的新产品,后来者居上,成为各细分市场上的占领者、领先者。这就是典型的**市场驱动型**,它促进市场进一步繁荣与发展。与此同时,原来推出全新产品的企业也有可能对顾客需求变化反应迟钝,错失后来的市场发展机会而被迫退出市场。从摩托罗拉在1973年推出全球第一部手机,到后来的功能手机王者诺基亚,再到智能手机王者苹果的变化,由于技术和市场的共同驱动,风水轮流转。苹果公司创始人乔布斯说过,苹果的核心不是技术,而是技术与人文的结合。只有在新技术和顾客需求真正融合的时候,才能产生创新的产品。因此,新产品开发的两种动力模式并无优劣之分,但对企业来说,适宜采用何种开发策略,则由企业能力和市场来决定。

(资料来源:编者根据相关资料编写)

3.1.3 新产品开发要回答的关键问题

从顾客的角度看,总体来说有两个方面:一是成本;二是质量或性能。

从企业的角度来看,要回答的关键问题如下:

(1) 必要性。预期的需求情况如何(是长期还是短期,是快速增长还是缓慢增加)?潜在的市场份额有多大?

(2) 能力。企业有无必备的知识、技能、设备、运营能力和供应链能力来设计这种产品?对产品来说是可制造性,对服务来说是可服务性。同时部分或全部外包是否是一种备选方案?

(3) 质量要求。顾客对功能需求、质量期望是什么样的?竞争对手提供的相似产品的质量水平如何?与我们当前提供的产品符合性如何?

(4) 经济性。可能的产品责任、道德问题、可持续性问题、成本和利润如何?对非营利组织来说,成本是否在预算范围之内?

注意点

根据对这些问题的回答可以确定企业是否具备开发新产品的能力,以及开发出的新产品能否适应顾客和市场的要求。

3.1.4 新产品开发的内容和责任部门

产品开发包括许多活动,其涉及的具体内容和责任部门如表3-1所示。从表中可知产品服务设计主要是涉及营销、运营、工程和财务等部门,所以这些部门相互沟通、合作、支持。

表3-1 新产品开发的内容和责任部门

新产品开发的内容	责任部门
将顾客的愿望和需要转化为产品和服务的要求	营销部门、运营部门
改进现有的产品和服务	营销部门、运营部门
开发新产品或服务	营销部门、运营部门
制定质量目标	营销部门、运营部门
制定成本目标	财务部门、运营部门
制造和测试样品	运营部门、营销部门、工程部门
制定规范	运营部门、工程部门
把产品和服务规范转变为流程规范	运营部门、工程部门

 知识延伸

产品和服务设计或再设计的原因

促使企业产品和服务设计或再设计的原因是市场机会和威胁。其产生是下列一个或多个因素变化的结果:

(1) 经济方面:居民收入变化引起需求的变化,产品成本与利润关系调整等。
(2) 社会和人口方面:生育高峰、人口流动、居民受教育程度以及消费观念变化等。
(3) 政治、责任或法律方面:政府换届、安全问题、新的法律法规。
(4) 竞争方面:市场上出现了新产品或服务、竞争规则改变、新的竞争策略等。
(5) 成本或可得性:有关原材料、零部件、劳动力成本或可得性发生改变。
(6) 技术方面:新技术、工艺、材料的出现。

这些因素变化不妨考虑对产品和服务影响的方向和程度,能否通过产品或服务再设计来解决问题。

(资料来源:编者整理)

上述变化与其说是对企业提供了开发新产品的机会,还不如说是为企业提供发展、提升竞争能力的机会。

3.2 新产品开发的流程与管理

3.2.1 新产品开发流程

1. 新产品构思

新产品构思包括两方面的思维活动：一是根据市场调研收集信息，明确顾客需要什么样功能的产品，结合未来发展趋势，提出产品设想方案；二是根据各种信息，发挥人的想象力，提出产品初步设想线索。产品构思是把各类信息与人的创造力相结合。据美国 6 家大公司调查，成功的新产品设想有 60% 到 80% 来自顾客的建议。一种新产品的设想，可以提出许多的方案，但一个好的构思必须同时兼备两条：一是构思要奇特，创造性思维，有点异想天开，富有想象力的构思才会形成具有生命力的新产品。二是构思要接近于可行，包括技术和经济上的可行性。

2. 新产品筛选

新产品筛选是指从各种新产品设想的方案中选择有价值的方案进行分析、论证。筛选的目的是看方案与顾客需要、企业战略目标是否相吻合，并进行可行性分析。筛选要避免两种偏差：一是误弃。不能把有开发前途的产品设想放弃了，失去了成功的机会。二是误选。不能把没有开发价值的产品设想误选了，以致仓促投产，招致失败。筛选时要根据一定的标准对各种产品的设想方案逐项进行审核。据统计，企业只有 1/4 的设想方案可以通过筛选阶段，大约只有 7% 的设想方案在经过筛选后形成新产品，并获得成功。

3. 编制新产品计划书

编制新产品计划书是指在已经选定的新产品设想方案基础上，具体确定产品开发的各项经济、技术性能指标，以及各种必要的参数，它包括产品开发的投资规模、利润分析及市场目标，产品设计的各项技术规范与原则要求，产品开发的方式和实施方案等。这是制定新产品开发计划的决策性、全局性工作，需要领导者与各有关方面的专业技术、管理人员共同合作完成。

4. 新产品设计

新产品设计是指从技术经济上把新产品设想变成现实的重要阶段，是实现社会或用户对产品的特定性能要求的创造性劳动。新产品的设计直接影响到产品的质量、功能、成本、效益，影响到产品的竞争力。统计资料表明，产品的成功与否、质量好坏，60%～70% 取决于产品的设计工作，因而产品设计在新产品开发的程序中占有十分重要的地位。

设计要有明确目标，从顾客需要和建立产品竞争优势来考虑。现在许多企业为了做好新产品的设计，十分重视采用现代化的设计方法，如价值工程、可靠性设计、优化设计、计算机辅助设计、正交设计法等。

5. 新产品试制

新产品试制是指按照一定的技术模式实现产品具体化或样品化的过程。它包括新产品试制、样品试制和小批试制等几方面的工作。新产品试制是为实现产品大批量投产的一种准备或实验性的工作,因而无论是工艺准备、技术设施、生产组织,都要考虑实行大批量生产的可能性,否则产品试制出来只能成为样品、展品。新产品试制也是对设计方案可行性的检验,因此设计、试制产品要与新产品开发方案目标要求相吻合。

6. 新产品评价

新产品评价是指新产品试制出来以后要从技术、经济上对产品进行全面的试验、检测和鉴定。从技术上评价包括系统模拟实验、主要零部件功能的试验以及环境适应性、可靠性与使用寿命的试验测试,操作、振动、噪音的试验测试等。从产品经济效益上评价包括对产品功能、成本的分析,对产品投资规模和目标利润的分析,对产品社会效益的分析等,根据以上分析结果确定产品全面投产的价值和发展前途。对新产品的评价,实际上贯穿整个开发过程的始终。新产品评价,不仅有利于完善产品的设计,消除未来可能存在的隐患,而且可避免产品大批量投产后可能带来的巨大损失。

7. 新产品试销

新产品试销是指在限定的市场范围内对新产品的一次市场实验。通过试销可以实地检查新产品正式投放市场以后,顾客是否愿意购买,制定在市场变化的条件下,新产品进入市场应该采取的决策或措施。通过试销一是可以比较可靠地测试或掌握新产品销路的各种数据资料,从而对新产品的经营目标做出适当的修正;二是可以根据不同地区进行不同销售因素组合的比较,根据市场变化趋势选择销售策略;三是可以根据新产品的市场"试购率"和"再购率",对新产品正式投产的批量和规模做出决策等。

8. 商业性投产

商业性投产是指新产品的正式批量投入生产和销售工作。在决定产品的商业性投产以前,除了要对实现投产的生产技术条件、资源条件进行充分准备以外,还必须对新产品投放市场的时间、地区、销售渠道、销售对象、销售策略的配合以及销售服务进行全面规划和准备。这些是实现新产品商业性投产的必要条件,否则新产品的开发就难以获得最后成功。

以上描述的是新产品开发一般性的流程,从流程起点来看它是根据顾客的需求来组织新产品开发的,是市场驱动型开发,具体的过程根据企业各自的情况有所变化。

 知识延伸

表3-2 一般产品开发过程的衍生形态总结

过程类型	产品开发起点描述	事 例
市场驱动型产品	从市场机会出发开发合适的产品以满足顾客的需求	家具
技术驱动型产品	从新原理、新技术出发,寻找合适市场,市场和技术匹配	数码相机

续　表

过程类型	产品开发起点描述	事　例
平台型产品	产品开发建立在给定的技术系统平台上,进行二次开发	打印机
定制化产品	对现有产品定制化改进,产品相似性允许用高度集成的开发过程	集装箱
速成产品	模型和原型的快速建立,加快设计—制造—测试的循环,重复细节设计和测试直至产品完成	软件
复杂系统产品	系统分解成几个子系统,利用各自团队开发,再系统集成与测试	汽车
工艺集中的产品	产品生产过程高度集中,产品和流程设计在初始阶段同时进行	点心食品
高风险产品	技术或市场的不确定性导致失败的不确定性,在早期发现风险并解决,尽早地采取分析和测试	医药品

(资料来源:F.罗伯特·雅各布斯,理查德 B.蔡斯.运营管理.第 15 版.苏强,霍佳震,邱灿华,译.北京:机械工业出版社)

3.2.2　产品研发对产品成本、质量、制造效率的影响性分析

(1) 布斯劳引用福特汽车公司的报告表明,尽管产品设计和工艺费用只占整个产品费用的 6%,却影响总费用的 70% 以上,如图 3-1 所示。

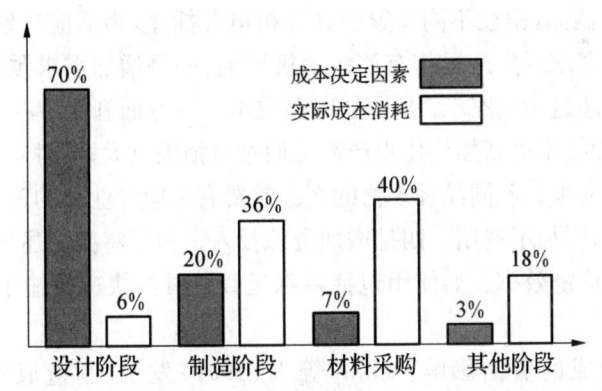

图 3-1　产品成本的决定因素构成及实际成本消耗构成示意图

(2) 苏拉尼亚以波音公司为例进行分析后指出:一般产品成本的 83% 以上在产品设计阶段被决定,而这一阶段的本身所占有的费用仅为产品的全部成本的 7% 以下。

(3) 制造过程中生产率的 70%～80% 是在设计和工艺阶段决定的。

(4) 所有质量问题的 40% 可以归因于低劣的设计和工艺。

由此可见,产品设计和工艺设计在产品开发中作用重大,它几乎占用了 60% 的开发时间,决定了 70% 的成本,即产品质量、成本是设计出来的,而且越到设计与制造的后阶段修改成本越高(见图 3-2),所以一开始就设计出适应目标市场顾客需要的产品非常重要。

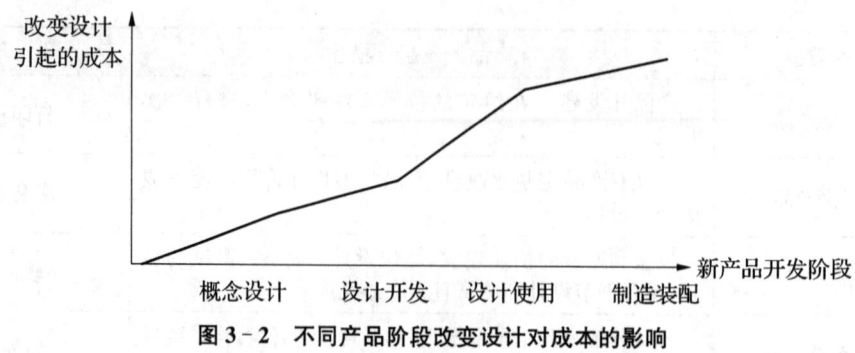

图 3-2 不同产品阶段改变设计对成本的影响

3.2.3 提高新产品开发效率的管理方法

1. 面向顾客的设计

面向顾客的设计是指在设计和生产产品之前，先从顾客的角度提出一系列产品设计的问题，如顾客的需求是什么，哪些功能满足这些需求，通过什么制造工艺和技术指标甚至于多少成本才能适应顾客的需求。

1）延迟设计

（1）延迟的背景。

在全球市场中面对多样化的需求，产品需要有多个型号和版本来满足各自特定地区客户的特定要求。例如，销往不同国家的计算机电源插座，为适应当地电压、频率和插头有所不同。多样化需求对生产运作有许多消极影响：一是增加需求预测难度。如对计算机的预测错误常常超过 400%。二是增加库存成本。一方面利用库存来保持一定的客户服务水平；另一方面技术更新加快使得产品陈旧过时损失巨大；同时还要支付高额的库存费。三是增加制造成本。不同品种规格的产品需要有相应专业化的工艺、物料、技术和质量保证体系做支撑，增加了费用。四是增加资源投入。为了解决上述运作问题，企业投入大量资源以提高供应链效率。如使用包括特殊运载工具的快速运输手段；重新设厂以更接近客户等。

面对多样化造成的负面影响。child 等人（1991）发现，制造成本的 80%、质量的 50%、加工时间的 50% 受到产品和工艺设计的影响。因此一种"重新设计产品和工艺以使流程中形成多个产品的差异点尽可能向后延迟"的策略应运而生。"延迟"就是在流程下游的某一点（差异点）之前，将不采用特定工艺使在制品转变成具体的产成品。实施恰当的延迟可提升供应链的柔性，降低成本，提高效益，改进顾客服务水平。

（2）延迟设计的概念。

延迟设计就是通过设计产品和生产工艺，在制造某种具体产品时使其差异化的决策延迟到开始生产甚至销售之时，使一类或一系列的产品延迟区分为专门的产成品。例如，benetton 公司存储未染色的服装，直到销售季节开始，获得顾客偏好信息后才开始染色。

一般来说多个产品先在生产流程的初始阶段共享一些共同的工艺和（或）零部件，再在工艺流程的某一点或某些点上使用特定的工艺和部件来定制加工半成品,这样从一个通用产品直到工艺流程的这一点之后就成为不同的具体产成品,这一点通常就是产品差异点。延迟的实质就是重新设计产品和工艺以使产品差异点延迟,延迟"程度"是指产品差异点相对位置。

(3) 延迟的类型。

① 时间延迟。

时间延迟是指将产品差异的任务,包括制造、集成、定制、本地化和包装尽可能在时间上向后推迟。时间延迟使备货生产模式向订货生产模式转化成为可能。

在实施时间延迟中,差异化与地理位置相关。差异化任务可在制造厂、地区配送中心、经销渠道,甚至于客户处实施。最早延迟是指所有差异化任务在工厂实施,而最晚延迟是指所有差异化任务在顾客处实施。在全球市场中,由于从工厂到配送中心海运时间需要数周,如果将产品差异化延迟至配送中心,可以大量节约由于预测错误造成的库存积压和缺货成本。例如,惠普台式打印机本地化阶段由工厂延迟到配送中心。这种"为本地化而设计"已成为惠普分部的行动准则。

② 形式延迟。

形式延迟是指在产品上游阶段尽可能实施标准化,同时伴有零部件的标准化。在形式延迟中,既可能是产品形式延迟也可能是工艺形式延迟。两种形式延迟还可能同时存在,形成不同的组合。这样产品的差异点就会被有效地延迟。目前模块化和部件标准化程度的不断提高,使得延迟差异设计更为可行。例如,惠普打印机,两个在集成阶段使用的关键部件使产品区分为黑白和彩色打印机。如果对某些关键部件实行标准化,两种打印机将不会在集成阶段产生差异,因而促成延迟。简而言之,形式延迟可被看作是打破原有产品种类树的分支,使其分支较少的过程。

(4) 延迟差异的设计路径。

一是工艺重构(或重新排序),即对产品生产工艺或步骤进行修改和调整,使成为具体产品的差异化生产工序尽可能往后延迟。二是通用化,即采用通用零部件或工艺以减少产品和工艺的复杂性,提高在制品库存的柔性。三是模块化,即将一个完整的产品分解为一些便于组装在一起的模块,而在设计阶段,将各种功能由各个模块完成。四是标准化,即用标准产品替代一个产品系列,方法之一是建立特定顾客可能需要的几个备选方案。

(5) 延迟设计的实施。

在当今,制造和配送产品主要是由五阶段构成的产品供应链,即制造、集成、定制、本地化和包装。同时该次序也恰好按递减顺序与所需利用的加工和调试工程资源用量相对应。

① 制造是指产品核心部分生产的基础阶段。只生产单一的通用产品或品种很少的产品。

② 集成是指将产品的核心部分与关键组件结合在一起的阶段。例如,在打印机生产中,制造阶段生产打印机引擎和机体,而印刷电路板在集成阶段加入引擎中,每个产品在集成阶段和不同的组件组合就成为不同的产品版本。

③ 定制是指产品进一步与不同的附件装配在一起以形成有明显差异的产品。例如,

计算机装入不同的输入输出卡、软件、存储器和附板就构成不同的产成品。

④ 本地化是指产品实施本地化措施以适应不同国家和地区的本土要求。例如,不同国家有不同的电源要求,说明书要求不同的语言,包装的要求不同使用不同的包装材料等。产品在不同的国家和地区经本地化后,会产生更多的不同的最终产品。

要点总结

"为延迟而设计"的理念是指企业为了达到满足消费者多样化需求的目的,重新设计产品和工艺以使时间延迟或形式延迟,也可通过一种低成本、高效益的方式达到。

2) 卡诺模型(KANO 模型)

卡诺模型把顾客需求分为三个层次:基本型需求、期望型需求和兴奋型需求。这三种需求根据绩效指标分类就是基本因素、绩效因素和激励因素。

基本型需求,又称必备型需求,是指顾客对提供产品/服务必须满足的基本需求。这是顾客认为产品/服务"必须有"的属性或功能。过度满足这类需求未必使顾客表现出很满意,可当其特性不充足导致需求不被满足时,顾客一定很不满意。例如,夏天顾客使用空调,如正常运行,顾客不会为此而对空调质量感到满意;反之,一旦无法制冷,顾客对该品牌空调的满意度则会明显下降,投诉、抱怨随之而来。

期望型需求是指顾客的满意状况与需求的满足程度成正比例关系的需求。期望型需求没有基本型需求那样苛刻,其要求提供的产品/服务比较优秀,但并不是"必须"的产品属性或服务行为。企业提供的产品/服务水平超出顾客期望越多,顾客的满意状况越好。例如,烤肉机易于清洗、操作简便,顾客会很满意。

兴奋型需求是指顾客未预料到的需求。兴奋型需求一旦得到满足,顾客表现出的满意状况则是非常高的。对于兴奋型需求,随着满足顾客期望程度的增加,顾客满意也急剧上升;反之,即使在期望不满足时,顾客也不会表现出明显的不满意。这要求企业提供给顾客一些完全出乎意料的产品属性或服务行为,使顾客产生惊喜,顾客就会表现出非常满意,从而提高顾客的忠诚度。例如,一些著名品牌的企业能够定时进行产品的质量跟踪和回访,发布最新的产品信息和促销内容,并为顾客提供最便捷的购物方式。对此,即使另一些企业未提供这些服务,顾客也不会由此表现出不满意(见图 3-3)。

在实际操作中,企业首先要全力以赴地满足顾客的基本型需求,保证顾客提出的问题得到认真的解决,重视顾客认为企业有义务做到的事情,尽量为顾客提供方便,以实现顾客最基本的需求被满足。然后企业应尽力去满足顾客的期望型需求,这是产品竞争力的表现,提供顾客喜爱的额外服务或产品功能,使其产品和服务优于竞争对手并有所不同,引导顾客加强对本企业的良好印象,使顾客达到满意。最后,争取实现顾客的兴奋型需求,为企业建立最忠实的客户群。

以酒店行业为例,每种需求满意度如下:基本型需求是清洁的床单、正常工作的钥匙卡、正确的账单、安全等。期望型需求是在承诺的时间内将早餐送到客人房间、提供的服务符合品牌价值。兴奋型需求是正确预计客人的需要,如看到客人在咳嗽,员工能在客人要求之前,主动为客人送上一杯温开水;根据客人的个人习惯布置客房等。

从图3-4中可知,随着时间推移顾客的兴奋型需求会向基本型和期望型转变,因此要不断地了解顾客的需求(包括潜在的需求),并在产品设计中体现出来,以提高市场竞争力。

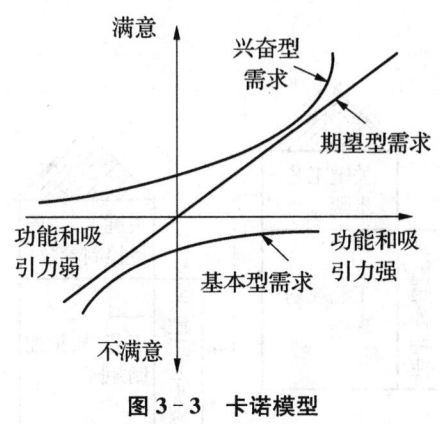

图3-3 卡诺模型

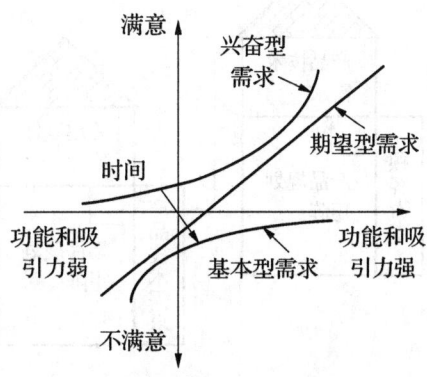

图3-4 随着时间推移,兴奋型变为期望型,而期望型变为基本型

3) 质量功能展开

(1) 质量功能展开的产生背景。

当前顾客化的产品已成为潮流,顾客希望能按照他们的需求和偏好来设计生产产品。对于企业来说质量的定义已经发生根本性的转变,即从"满足设计需求"转变为"满足顾客需求设计"。因此为保证产品能为顾客所接受,企业必须认真研究和分析顾客需求,并将这些要求转换成产品的特征以及配置到制造过程的各工序上和生产计划中,此过程称作质量功能展开(Quality Function Development,简称QFD)。

(2) 质量功能展开的概念。

质量功能展开是指把顾客需求转化为设计要求、零部件特性、工艺要求和生产要求的多层次演绎分析的一种方法。它体现了以市场为导向,以顾客需求为产品开发唯一依据的指导思想,真正把顾客需求融入产品设计制造中去。它是一种顾客驱动的产品开发方法。

(3) 质量功能展开的原理。

① 调查和分析顾客需求。顾客需求是质量功能展开的最基本的输入,是最为关键和困难的一步。要通过各种市场调查方法和各种渠道搜集顾客需求,然后进行汇集、分类和整理,并用加权来表示顾客需求的相对重要程度。

② 顾客需求的瀑布式分解过程。采用矩阵(也称为质量屋)的形式,将顾客需求逐步展开,分层地转换为产品工程特性、零件特征、工艺特征和质量控制方法。在展开过程中,上一步的输出就是下一步的输入,构成瀑布式分解过程。QFD从顾客需求开始,经过四个阶段即四步分解,用四个矩阵,得出产品的工艺和质量控制参数,如图3-5所示。

这四个阶段具体内容如下:

第一,产品规划阶段。通过产品规划矩阵(也称质量屋),将顾客需求转换为技术需求(最终产品特征),并根据顾客竞争性评估(从顾客的角度对市场上同类产品进行的评估,通过市场调查得到)和技术竞争性评估(从技术的角度对市场上同类产品的评估,通过试验或其他途径得到)结果确定各个技术需求的目标值。

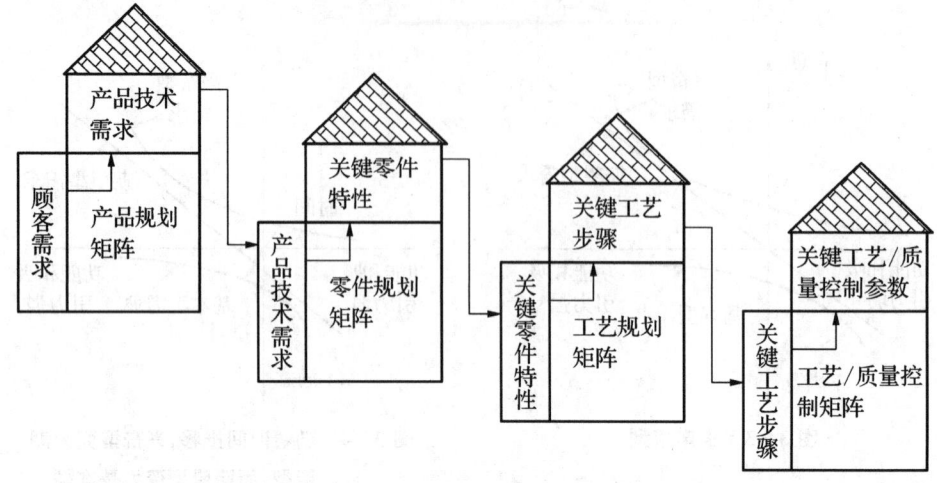

图 3-5　QFD 瀑布式分解模型

第二,零件配置阶段。利用前一阶段定义的技术需求,从多个设计方案中选择一个最佳的方案,并通过零件配置矩阵将其转换为关键的零件特征。

第三,工艺规划阶段。通过工艺规划矩阵,确定为保证实现关键的产品特征和零件特征所必须保证的关键工艺参数。即从产品及其零部件的全部工序中选择和确定出对实现零部件特征具有重要作用或影响的关键工序,确定其关键特性。

第四,工艺/质量控制规划阶段。通过工艺/质量控制矩阵将关键的零件特征和工艺参数转换为具体的质量控制方法,包括控制参数、控制点、样本容量及检验方法等。

(4) 产品质量屋构成。

顾客需求信息可以用一个特殊的矩阵表示出来,称为"质量屋"。通过建立这个矩阵,负责多项职能的 QFD 团队能利用顾客的反馈信息做出项目决策、营销决策和设计决策。这个矩阵能帮助开发团队把顾客的需求转化成具体的运作或工程目标,设计生产出满足顾客需求的满意产品。

下面以一家汽车制造商改进车门设计为例,通过顾客调查,公司明确了顾客对车门的两个重要要求:"在斜坡上依然可维持门处于打开状态"和"容易从外面关上"。确定顾客需求之后,根据需求重要程度分别赋予它们权重。接下来请顾客对公司及其竞争者的产品进行比较与排序,这个过程有助于公司了解顾客所希望的产品特征,并衡量自己的产品与其他公司产品的相对关系,以便更好地理解需要改进的产品特征。其质量屋如图 3-6 所示。

依据图 3-6 所示,一个完整的质量屋包括 6 个部分。

① 顾客需求及其权重,即质量屋的"什么(What)"。

② 技术需求(最终产品特性),即质量屋的"如何(How)"。

③ 关系矩阵,即顾客需求和技术需求之间的相关程度关系矩阵。

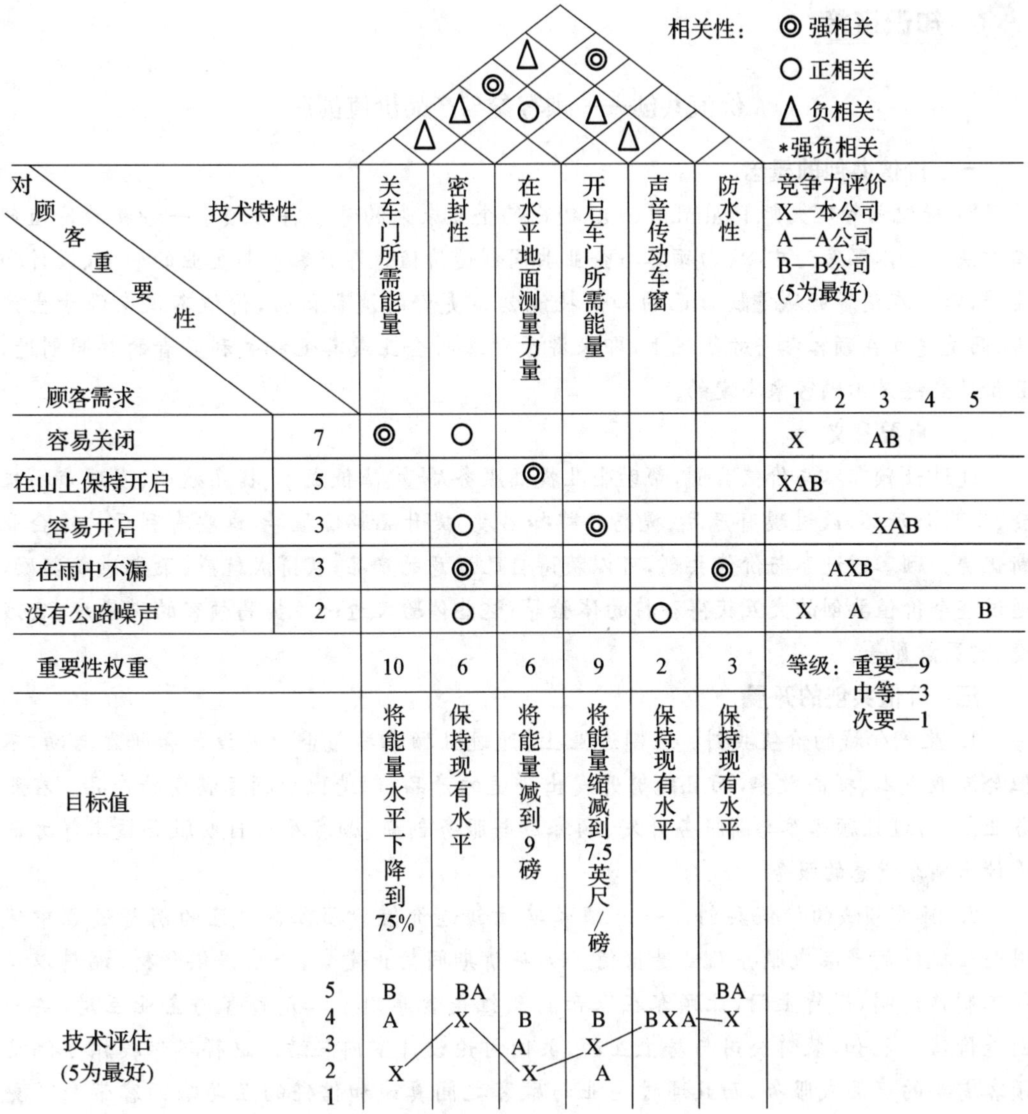

第2篇 生产与运作系统的设计

对顾客重要性	技术特性	关车门所需能量	密封性	在水平地面测量力量	开启车门所需能量	声音传动车窗	防水性	竞争力评价 X—本公司 A—A公司 B—B公司 (5为最好)
顾客需求								1　2　3　4　5
容易关闭	7	◎	○					X　　　AB
在山上保持开启	5			◎				XAB
容易开启	3		○		◎			XAB
在雨中不漏	3		◎				◎	AXB
没有公路噪声	2		○			○		X　A　　B
重要性权重		10	6	6	9	2	3	等级：重要—9 　　　中等—3 　　　次要—1
目标值		将能量水平下降到75%	保持现有水平	将能量减到9磅	将能量缩减到7.5英尺/磅	保持现有水平	保持现有水平	
技术评估 (5为最好)	5 4 3 2 1	B A 　 　 X	 　 BA X 	 BA X 　 	 B A X 	 BXA 　 　 	BA X 　 　 	

相关性：◎ 强相关　○ 正相关　△ 负相关　*强负相关

图3-6 汽车车门完整的质量屋矩阵

④ 竞争分析，站在顾客的角度，对本企业的产品和市场上其他竞争者的产品在满足顾客需求方面进行评估。

⑤ 技术需求相关关系矩阵，即质量屋的屋顶。

⑥ 技术评估，对技术需求进行竞争性评估，确定技术需求的重要度和目标值等。

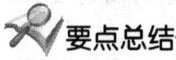要点总结

思维决定一切，面向顾客设计的三种形式对企业开拓产品设计思维、开发出有市场竞争力的产品来讲是非常重要的。

知识链接

价值共创——顾客参与产品价值创造

一、价值共创的概念

21世纪初管理大师 Prahalad et al 提出的企业未来的竞争将依赖于一种新的价值创造方法——以顾客为中心,由顾客与企业共同创造价值。即顾客参与企业的研发、设计和生产,以及在消费领域贡献自己的知识技能创造更好的消费体验,价值不仅来源于生产者,而是建立在顾客参与的基础上,即来源于顾客与企业或其他相关利益者的共同创造,且价值最终是由顾客来决定的。

二、重要意义

通过让顾客参与价值共创,帮助企业提高服务质量、降低成本、提高效率、发现市场机会、发明新产品、改进现有产品、提高品牌知名度、提升品牌价值等,这些有利于构建企业新优势。顾客通过参与价值共创,可以获得自己满意的产品,获得成就感、荣誉感或奖励,通过整个价值共创的交互获得独特的体验等;这些体验又进一步提高顾客的满意度、忠诚度、购买意愿等。

三、价值共创的开展

1. 生产领域的价值共创。在制造业上,通过让顾客参与企业的设计和研发活动,不但会降低成本、提高效率,而且能够开发出合适的产品,制造出让顾客满意的产品。在服务业上,通过让顾客参与新服务开发、顾客参与服务创新、顾客参与自助服务技术等方面设计出顾客满意的服务。

2. 消费领域的价值共创。一是顾客单独创造价值。顾客在自己的消费过程中使用企业提供的产品或服务而创造价值。如疫情期间禁止堂食,饭店提供食材、调料以及加工制作说明,送货上门,让顾客在家亲自烹饪美食享用。二是顾客与企业互动,共同创造价值。例如,装饰公司与房主互动,共同讨论设计室内装潢。这样不但提供了满足顾客需要的产品或服务,而且通过企业与顾客之间真诚和信任的互动给顾客带来了更好的体验。三是顾客与顾客之间互动,共创价值。顾客之间的互动是顾客的重要服务体验,这种体验会影响消费者对企业的满意和忠诚。例如,企业引导鼓励顾客自建各类社群,聘请社群义工进行管理,不仅让顾客享受价值创造体验,而且为企业提供许多服务。

价值共创让顾客参与到企业产品的设计、制造、服务中来,顾客不但享受产品价值创造的体验,而且真正体现了企业按照顾客需求设计和生产产品,提高了顾客的满意度、忠诚度,构建新的竞争优势。

(资料来源:编者根据资料整理)

2. 面向可制造性的设计

1) 传统设计方法——串行工程

多年来,产品开发一直采用串行的方法(见图3-7),即从需求分析、产品结构设计、工艺设计一直到加工制造和装配,一步一步在各部门之间顺序进行。传统的串行工程方法是基于亚当·斯密的劳动分工理论。该理论认为分工越细,工作效率越高。

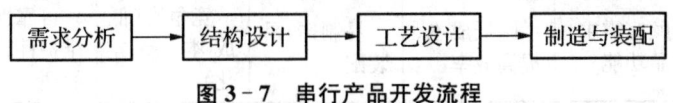

图 3-7 串行产品开发流程

串行产品开发的工作流程是:由熟悉顾客需求的市场人员提出产品构想,产品设计人员完成产品的精确定义之后,交制造工程师(包括零部件供应商)确定工艺工程计划,确定产品总费用和生产周期,质量控制人员做出相应的质量保证计划,最后形成完整的产品设计制造方案。

(1) 串行产品开发流程的弊端:一是工程进度慢。各专业职能部门各自为政,难以形成合力,妨碍了产品开发的速度和质量。二是设计产品可制造性差。产品设计人员在设计过程难以考虑到顾客的需求、制造工艺、质量控制、零部件供应等约束因素,易造成设计和制造脱节,可制造性差。三是周期长、成本高。由于产品可制造性、可装配性差,使产品的开发过程变成了设计、加工、试验、修改的多重循环,从而造成设计改动过大,产品开发周期长,产品成本高。

(2) 产生弊端的原因:一是下游开发部门所具有的知识难以融入早期设计中。从前面的内容介绍可知修改发生在设计的早期阶段,修改费用较少;而发现问题的时间越晚,修改费用越大,费用随着时间成指数增加。二是各部门对其他部门的需求和能力缺乏理解,各部门的目标和评价标准的差异易产生冲突,降低了产品整体开发过程的效率。

要提高产品质量、减少产品成本、缩短产品上市时间,必须采用新的产品开发策略,改进新产品开发过程,消除部门间的隔阂,集中企业的所有资源,在产品设计时同步考虑产品生命周期中所有因素,以保证新产品开发一次成功。

2) 面向可制造性的设计之一——并行工程

(1) 并行工程的概念。

并行工程是指对产品及其相关过程(包括制造过程和支持过程)进行并行的一体化设计的一种系统化的工作模式。这种工作模式力图使开发者们从一开始就考虑到产品全生命周期(从概念形成到产品报废)中的所有因素,即质量、成本、价值、功能和工艺需求等(见图 3-8)。

并行工程(Concurrent Engineering,CE)是集成地、并行地设计产品及其零部件和相关各种过程(包括制造过程及其他相关过程)的一种系统方法。也就是融合公司的一切资源,在设计新产品时就前瞻性地考虑和设计与产品的全生命周期有关需求内容。在设计阶段就预见到产品的制造、装配、质量检测、可靠性、成本等因素。具体考虑因素如表 3-3 所示。

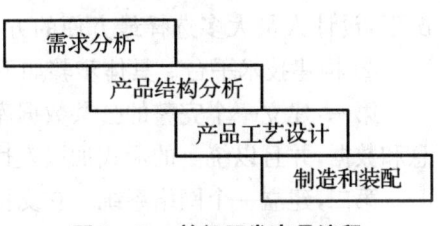

图 3-8 并行开发产品流程

表 3-3　产品设计时考虑的因素

过　　程	需求阶段	设计阶段	制造阶段	营销阶段	使用阶段	终止阶段
产品设计时考虑的因素	顾客需求、产品功能	降低成本、提高效率	易制造、易装配	竞争力(低成本、差异化)	可靠性、可维护性、操作简便	环境保护

并行工程是基于产品整个生命周期的具备高度预见性和预防性的设计,其最大特点是所有的设计工作要在生产之前完成。

(2) 并行工程的实施方法。

从前述可知,在设计阶段就要考虑产品整个生命周期中从概念形成到产品报废处理的所有因素。要想开展并行的产品开发设计工程,必须从如下几个方面来努力:

① 采用团队工作方式。并行工程在设计的开始就应该把产品整个生命周期所涉及的人员都集中起来,依据顾客需求和可制造性要求确定产品性能,对设计方案进行全面评估,集中众人智慧,得到全面优化的结果。这种方式使各方面的知识(包括潜在的用户知识)都汇集在设计小组里,协同工作,以便从一开始就能够设计出便于加工、装配、维修、回收、使用的产品。因此,并行工程需要成员具备团队合作精神,这样不同专业人员才能在一起协同工作,如图 3-9 所示。

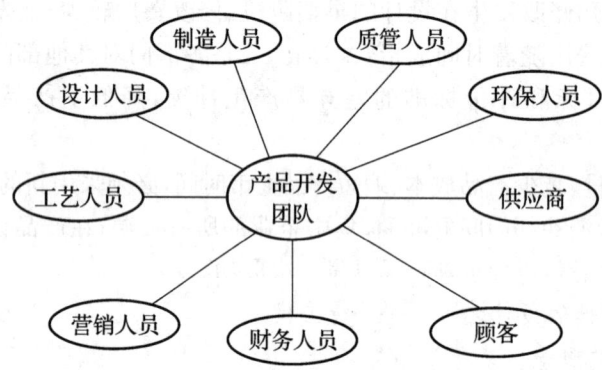

图 3-9　并行工程中产品开发团队

这样的工作方式在极大程度上克服了原来串行开发模式的弊病:由于单个设计人员知识经验的局限性,很难全面地考虑到产品生产中各个阶段的要求;加上设备、工艺、材料的复杂性和多样性,难以对多个设计方案进行充分的评价和筛选,在时间紧迫的情况下,设计人员大多选择最方便的方案,而不是最适宜的方案,于是返工现象在所难免。

② 构建技术平台。具体步骤如下:

第一,建立一个完整的公共数据库。它必须集成并行设计所需要的各方面的知识、信息和数据,并且以统一的形式加以表达。

第二,建立一个网络系统。它支持各方面人员并行工作,甚至异地工作,它可以实时、在线地提供设计人员之间沟通信息、发现并调解冲突的平台。

第三,建立一套计算机仿真模型和软件。它可以对设计方案进行预测,推断产品的制造及使用过程,发现所隐藏的阻碍并行工程实施的问题。

③ 开展并行工程管理。技术平台仅仅是并行工程的物质基础，它不会自然而然地产生效益，还要对并行过程进行管理。由于每个专家受其专业知识的限制，往往对产品的某方面因素考虑得较多，而忽视了产品整体，因此要确定一个全面的设计方案，需要各专家多次的交流、沟通和协商。在设计过程中，团队队长发挥领导作用，强化协同合作，按照团队管理模式组织讨论，畅所欲言，对设计出的产品和零件从各个方面进行审查，使产品不仅外观美、成本低、易使用；且便于加工、装配、维修、运送，在产品的综合指标方面达到一个较满意值。

④ 强调设计过程的系统性。并行设计将设计、制造、管理等过程纳入整体的系统来考虑，比如在设计阶段就可同时进行工艺（包括加工工艺、装配工艺和检验工艺）过程设计，同时考虑质量和成本甚至进度要求等，并对工艺设计的结果进行计算机仿真，直至生产出产品的样件。

⑤ 基于网络进行快速反馈。并行工程采用团队工作方式，包括虚拟团队。专家成员既有内部专家，也有外部专家。专家利用网络可以对设计结果进行及时审查与反馈。不仅缩短了设计时间，还将错误消灭在"萌芽"状态，因此数据库和网络是并行工程必不可少的支撑环境。

(3) 并行工程的实施效益。

① 缩短产品投放市场的时间。并行工程技术缩短了产品开发和生产准备时间。由于实施了虚拟产品开发策略，福特和克莱斯勒将新型汽车的开发周期由 36 个月缩短至 24 个月，仅为原来的 50%。

② 降低成本。一是通过将错误限制在设计阶段来降低成本。通过前述可知在产品生命周期中，错误发现的愈早造成的损失就愈小；二是通过"一次达到目的"来降低成本。这种"一次达到目的"的要求是靠软件仿真和快速样件生成实现的，省去了昂贵的样机试制阶段；三是通过产品的整体成本优化来降低。在设计时考虑加工、装配、检验、维修等因素，整体优化，产品的全生命周期成本就降低了，对顾客、制造商均有利。

③ 提高质量。采用并行工程技术尽可能地将所有质量问题消灭在设计阶段，使所设计的产品便于制造，易于维护，为质量的"零缺陷"打下扎实基础，制造出的产品用不着检验就可上市。验证了质量是设计出来的不是检验出来的理念，从根本上保证了质量的提高。如福特与 IBM 合作开发的虚拟制造环境用于其新型车的研制。在样车生产之前发现其定位系统控制的设计缺陷，避免了公司损失。

④ 增强功能的实用性。在设计过程中销售人员、顾客均参加，设计的产品紧贴市场，反映顾客的需求，去除顾客不需要的冗余功能，降低设备的复杂性，提高产品的可靠性和实用性。

并行工程在国内外的应用

一、在国外的应用

AT&T 公司在生产计算机配套印刷机产品时，原来设计中未考虑生产工艺问题，试制时产品合格率仅为 5%。采用并行设计以后，利用计算机虚拟检测，找出了设计的缺陷,合格率高达 90%。

HP 公司采用并行工程改进产品质量,实施要点:管理部门支持、对用户的关注、统计过程控制、系统的问题解决过程以及全体人员等。结果是产品综合故障和制造成本分别为 83%、42%,开发周期缩短 35%。

二、在中国的应用

齐车公司是我国一家专门生产铁路货车的大型工业企业。公司在产品开发中实施并行工程,一是建立开发团队,在原来设计处、冷工艺处、热工艺处的基础上组建产品开发中心,建立包含设计、工艺、制造等部门技术人员的集成化产品开发团队,建立以产品为中心的开发模式;二是建立产品数据管理系统,实现产品数据的集成化管理;三是采用了先进的产品性能分析软件,降低冲压模具和铸造模具制造的返工次数,仅产品试验和模具制造费用就节约 129 万元,还缩短 30%~40%的产品开发周期。

(资料来源:网络收集,编者改写)

3) 面向可制造性的设计之二——减少变化方案

在 20 世纪 80 年代后期,日本学者 Toshio Suzue 和 Akira Kohdate 提出了"减少变化方案(variety reduction program,VRP)"。VRP 是一种面向多品种生产的有效方法。其核心思想是变产品的多样性为零部件的少变化,从而达到简化生产和管理、降低成本的目的。它提出了"变化是成本增加的根源",从产品的变化性入手,分析了产品结构变化性和制造结构变化对产品制造成本的影响,创造性地将产品成本分成"功能成本""变化成本"和"控制成本"加以考虑,通过三种成本间的均衡来达到控制产品成本、生产多样化产品的目的。

VRP 以产品系列为研究对象,系统地归纳了减少变化的五项技术:固定/可变技术、模块化技术、功能复合和集成技术、范围划分技术、趋势分析技术。

(1) 固定/可变技术。将零部件划分成固定件和可变件。用固定的零部件来满足产品系列中不同型号产品的某些基本功能,提高零件、工艺的通用性和效率,使用可变零部件满足市场多样化的需求。

(2) 模块化技术。按功能将产品分解成若干模块,通过模块的不同组合得到不同品种、规格的产品。

(3) 功能复合和集成技术。利用组合、删除和交换等方法,将多个功能的零件复合集成为一个零件,以减少零件的数目和加工工序数,降低成本,如集成电路。

(4) 范围划分技术。将零件的各项数值尺寸、设计参数进行分析,使之能在尽可能多的产品中适用。

(5) 趋势分析技术。对由品种带来的规格和尺寸的变化进行数据分析,得出产品发展趋势的统计规律,设计和开发符合这一规律的产品系列,保证现有零件在未来产品中的适应性和继承性。

注意点

以上介绍的产品开发策略对提高产品的市场竞争力和开发速度、效率,降低成本均有重要意义。

知识延伸

生态设计

生态设计是在产品或服务的设计和开发过程中加入对环境因素的考虑,是设计过程中要考虑的重要方面(如质量、成本、可制造性等)的延伸。因此,生态设计下的产品是创新型的,有着更好的环境友好性且质量水平至少与市场所要求的标准等同,打造了新的竞争优势。生态设计涉及产品、服务与环境三个层次关系:一是产品与服务全生命周期。产品对环境影响涉及产品制造所需资源的获得和运输、制造、配送、使用和维护以及再利用直至废弃处理。二是将产品视作一个系统。产品功能开发的所有要素(能源消耗、包装)都要考虑。三是多标准权衡。产品系统在生命周期内对环境产生的所有影响(如资源消耗、温室效应等)都要评价,并做权衡。

(资料来源:F.罗伯特·雅各布斯,理查德 B.蔡斯.运营管理.第15版.苏强,霍佳震,邱灿华,译.北京:机械工业出版社;编者改写)

3.3 产品工艺流程的设计与选择

3.3.1 生产流程的分类

根据生产类型的不同,生产流程有三种基本类型。

1. 对象(产品)专业生产流程

按不同的加工对象(产品、零件)分别建立不同的生产单位称为产品对象专业化。在按对象专业化原则建立的生产单位里配备了为加工某种产品(零件)所需的全套设备、工艺装备和各有关工种的工人,使该产品(零件)的全部(或大部分)工艺过程能在该生产单位内完成,又称流水线生产。例如,利用流水线生产形式建立的汽车厂、发动机分厂、电机车间、曲轴工段等生产单位(见图3-10)。其优缺点如表3-4所示。这种形式适用于品种比较少而需求量大的大批量生产类型。

表3-4 按对象(产品)专业化建立生产单位的优缺点

优 点	缺 点
可减少运输距离,缩短运输路线	按特定的产品对象建立的生产单位,对品种变化的适应性差
协作关系简单,简化了生产管理	不同设备构成生产系统,一台设备出故障,没有替代,生产单位的可靠性较差
对象固定,可用专用设备和工艺设备	不同的设备安置在同一地点,造成工艺及设备管理较复杂
在制品少,生产周期短	

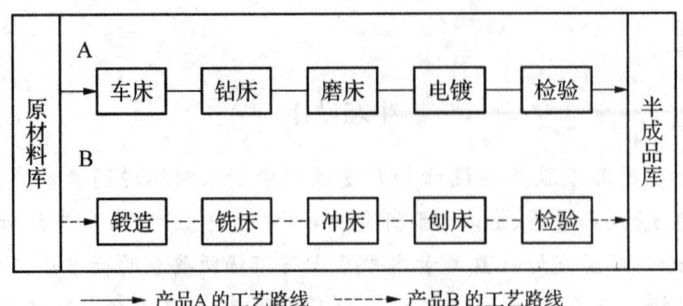

图 3-10 对象专业化示意图

2. 工艺专业生产流程

按照不同的生产工艺内容分别建立不同的生产单位称为工艺专业化。在按工艺专业化建立的生产单位里,集中了相同类型的设备和相同工种的工人,可以对不同种类的加工对象从事相同工艺方法的加工。如铸造厂、锻造厂、热处理厂、车工工段、铣刨工段等生产单位(见图 3-11、图 3-12)。其优缺点如表 3-5 所列,对于人的组织,按照工艺专业化建立的是职能部门,如计划处、财务处、设备处等。此适用于多品种中小批量或单件生产类型。

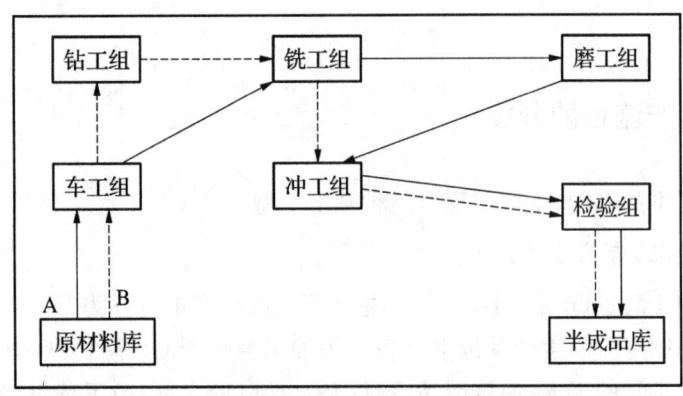

图 3-11 工艺专业化示意图

图 3-12 某企业车工车间(工艺专业化)

表3-5 按工艺专业化建立生产单位的优缺点

优 点	缺 点
对品种变化适应性强,不论何种产品只要加工工艺的范围不变,都有相应加工单位对其加工,保证产品全部加工的需要	加工对象在加工过程中要经过不同的加工车间或工段,转运次数多,运输线长
工人利用同种设备,完成工艺相同的加工任务,操作熟练,可以缩短操作时间	不同加工单位之间的协作关系复杂,协调任务重,管理复杂
相同的机器设备放在一起,工艺及设备管理比较方便,如将铸造设备、锻造设备分别安装在不同的车间,比将它们混合安装在一起管理要方便得多	由于任务经常变化,只能使用通用机床和通用工艺装备,通用设备的生产效率低
生产系统可靠性较高,某台机器出现故障或者某个工人缺勤,相同的机器或相同技能的工人可以顶替,生产单位不会因为个别原因而停产	运输路线和等待加工时间长,造成在制品库存数量大,生产周期长

3. 项目生产流程

对有些任务,如拍一部电影、组织一场音乐会、盖一座建筑物等,每一项任务没有重复性,所有的工序或作业环节都按一定的秩序进行,有些工序可以并行作业,有些工序必须顺序作业。三种生产流程的特征比较分析如表3-6所示。

表3-6 不同生产流程特征比较分析

特征标记	对象专业化	工艺专业化	项目型
产品			
订货类型	批量较大	成批生产	单件、单项定制
产品流程	流水型	跳跃型	无
产品变化程度	低	高	很高
市场类型	大批量	顾客化生产	定制化生产
产量	高	中等	单件生产
劳动者			
技能要求	低	高	高
任务类型	重复性	没有固定形式	没有固定形式
工资	低	高	高
资本			
投资	高	中等	低
库存	低	高	中等
设备	专用设备	通用设备	通用设备
目标			
柔性	低	中等	高
成本	低	中等	高
质量	均匀一致	变化更多	变化更多
按期交货程度	高	中等	低
计划与控制			
生产控制	容易	困难	困难
质量控制	容易	困难	困难
库存控制	容易	困难	困难

3.3.2 产品—生产流程矩阵

生产流程设计的一个重要内容就是要使生产系统的组织与市场需求相适应。生产过程的成功与失败和生产过程组织有直接关系。什么样的需求特征,应该匹配什么样的生产流程,由此构成产品—生产流程矩阵,如图3-13所示。产品—生产流程矩阵最初由 Hayes 和 wheelwright 提出,后来得到了广泛应用。具体反映在:一是根据产品结构性质,沿对角线选择和配置生产流程,可以达到较好的技术经济性,换言之,偏离对角线的产品结构—生产流程匹配战略,不能获得好的效益;二是那种传统的、根据市场需求变化仅仅调整产品结构的战略,往往不能达到预期目标,因为它忽视了同步调整生产流程的重要性。因此,产品—生产流程矩阵可以帮助管理人员选择生产流程,对制定企业生产战略起辅助作用。

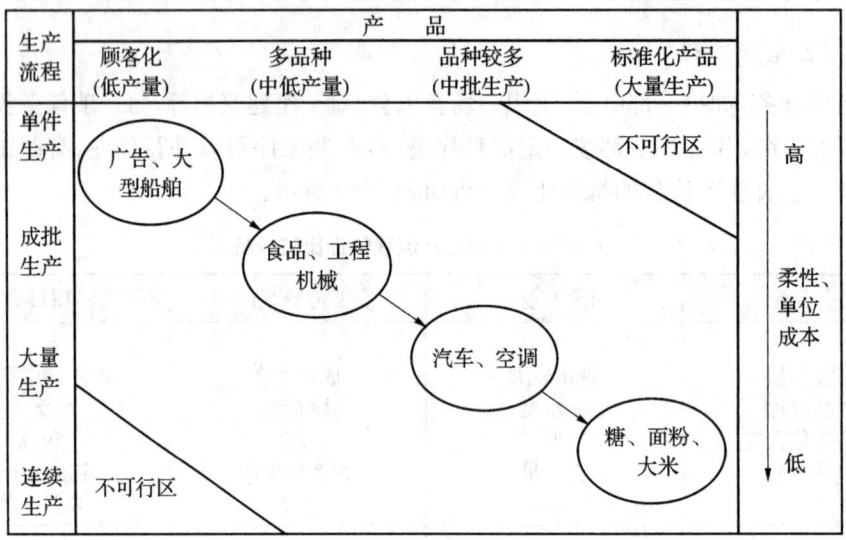

图 3-13 产品—生产流程矩阵

3.3.3 影响生产流程设计的主要因素

1. 产品/服务需求性质

生产系统要有足够的能力满足顾客需求。要了解产品/服务需求的特点,从需求的数量、品种、季节波动性等方面考虑对生产系统能力的影响,从而决定选择哪种类型的生产流程。有的生产流程具有生产批量大、成本低的特点,而有的生产流程具有适应品种变化快的特点,如空调、冰箱通常生产量大而品种变化不是很大,而广告和建筑设计则是产量小、定制化的,因而两者选择的生产流程类型就不同。因此生产流程设计要考虑产品/服务特征。

2. 自制—外购决策

从产品成本、质量、生产周期、生产能力和生产技术等方面综合考虑,企业通常要考虑构成产品所有零件的自制—外购问题,本企业的生产流程主要受自制件的影响。如果企业加工所有的零件,不仅种类多,批量又不同,对生产系统的能力和规模要求高,那么企业不仅投资额度强,而且生产准备周期长。因此,现代企业为了提高生产系统的响应能力,只抓住战略性、对竞争力构建有重要影响的关键零部件的生产和整机产品的装配,而将大部分标准化零件的生产外包出去,利用其他企业的生产资源,既可降低本企业的生产投资,又可缩短产品设计、开发与生产周期。所以说自制、外购决策影响着企业的生产流程设计。

3. 生产柔性

生产柔性是指生产系统对顾客需求变化的响应程度。表现在两个方面:一是品种柔性,是指生产系统从生产一种产品快速地转换为生产另一种产品的能力。在多品种、中小批量生产的情况下,品种柔性具有十分重要的实际意义。为了提高生产系统的品种柔性,生产设备应该具有较大的适应产品品种变化的加工范围。二是产量柔性,是指生产系统快速增加或减少所生产产品产量的能力。在产品需求数量波动较大,或者产品不能依靠库存调节供需矛盾时,产量柔性具有特别重要的意义。在这种情况下,生产流程设计必须考虑到具有快速且低廉地增加或减少产量的能力。

4. 产品/服务质量水平

产品质量过去是、现在是,将来还是市场竞争的武器。生产流程设计与产品质量水平有着密切关系。生产流程中的每一个加工环节的设计都受到质量水平的约束,不同的质量水平决定了采用什么样的生产设备。

5. 接触顾客的程度

对于绝大多数的服务业企业和某些制造业企业,顾客是生产流程设计中需要考虑的一个组成部分,主要是顾客对生产的参与程度影响着生产流程设计。例如,理发店、医院的运营,顾客参与程度高,产品的生产与消费同时进行,在这种情况下,顾客在参与活动过程中的各种体验就成了生产流程设计的中心,营业场所和设备布置都要把方便顾客放在第一位。而另外一些服务企业,如银行、快餐店等,顾客参与程度很低,企业的服务可以是标准化的,生产流程的设计则应追求标准、简洁、高效。

3.3.4 生产流程决策分析方法

1. 定性分析方法

按不同生产流程构造的生产单位形式有不同特点,企业应根据具体情况选择最为恰当的一种。在选择生产单位形式时,影响最大的是品种数的多少和每种产品产量的大小。图 3-14 给出了不同品种——批量水平下生产单位形式的选择方案,一般而言,随着图中的 A 点到 D 点的变化,单位产品成本和产品品种柔性都是不断增加的。在 A 点,对应的是单一品种的大量生产,在这种极端情况下,采用高效自动化专用设备组成的流水线是最佳方案。它的生产效率最高、成本最低,但柔性最差。随着品种的增加及产量的下降(B

点),采用对象专业化形式的成批生产比较适宜,品种可以在有限范围内变化,系统有一定的柔性,而在具体实践中难度较大。另一个极端是 D 点,对应的是单件生产,采用工艺专业化形式较合适。C 点是多品种中小批量生产,采用成组生产单元和工艺专业化混合形式较好。

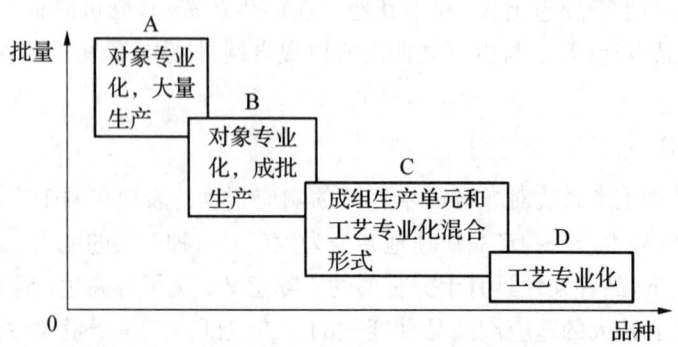

图 3-14　品种—产量的变化与生产流程方式关系图

2. 定量分析方法

1) 产量—费用分析法

图 3-14 给出的是一种定性分析的示意图,据此确定出生产流程方案后,还应从经济上做进一步分析,如图 3-15 所示。在产品产量一定下,每种形式生产流程的构建都需要一定的固定投资,在运行中还要支出变动费用,这时要考虑这些费用对生产流程设计的影响。

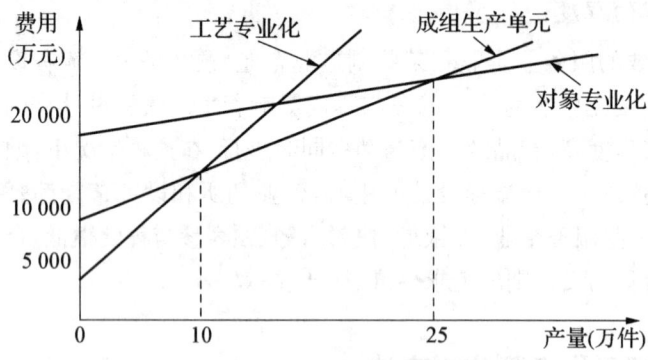

图 3-15　不同生产流程方案的费用变化

图 3-15 中的纵轴表示费用,横轴表示产量,产量等于零时的费用是固定费用,通常指生产流程的初始投资。从图中可以看出对象专业化生产流程方案的固定费用最高,这是因为对象专业化生产系统一般采用专用设备、专用工艺装备,且有可能采用的是自动化加工设备和物料搬运设备。由于对象专业生产流程的生产效率很高,单位时间出产量很大,劳动时间消耗少,因此单位产品的变动费用相对最低(成本曲线变化最平缓)。以图中的数字为例,生产同一种产品采用对象专业化的生产流程投资额为 20 000 万元,采用成组生产单元的生产流程投资额为 10 000 万元,采用工艺专业化的生产流程投资额为 5 000 万元。当产量在 10 万件以下时,选择工艺专业化最为经济,当产量在 10 万~25 万件之

间时,采用成组生产单元最经济,当产量在 25 万件以上时采用对象专业化最经济。

当然这里是将问题简化后得出的结论,实际工作中还应考虑产量上升时原材料价格的变化、经验曲线影响等一系列问题,这里不做讨论。

2) 经营杠杆分析法

经营杠杆反映年总费用一定的情况下和销售收入的关系。总费用在销售收入中所占比重越高,则经营杠杆的作用越大。在其他条件不变的情况下,这意味着销售收入很小的变化都会给企业带来很大的净收益,图 3-16 是经营杠杆在生产系统选择中的示意图。图中的 A 点是采用成组生产单元时的总收入等于总费用的产量水平(盈亏平衡点)。A 左侧是亏损区,A 右侧是赢利区。经营杠杆就是成本函数和销售收入之间的夹角,夹角小,经营杠杆的作用小,利润或亏损的变化率也小;夹角大,经营杠杆的作用大,利润或亏损的变化率也大。例如,采用流水线生产的销售收入与总费用之间的夹角比采用成组生产单元的大,说明流水生产方式的经营杠杆作用大。

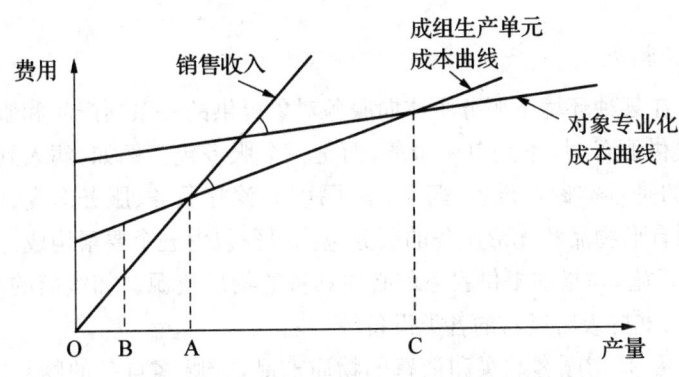

图 3-16 不同生产流程方案下的经营杠杆

经营杠杆在选择生产流程时的作用有以下几个方面:

(1) 产量达到一定水平后(如 C 点),经营杠杆作用越大,从生产流程中获得的长期收益越大。所以在 C 点右侧宜采用对象专业化形式生产产品。

(2) 如果产量没有达到盈亏平衡点,经营杠杆作用越大,则长期损失越大。所以在 C 点的左侧宜采用成组生产单元生产产品。

(3) 经营杠杆作用越大,未来预期利润的不确定性也越大。

(4) 销售预测的不确定性越高,经营杠杆作用大的生产流程产生损失的风险越高。由于流水线生产投资大,经营杠杆作用大,应该是在产品生产、销售稳定的情况下采用。

在生产流程决策时,如所生产的产品销售不确定性大,则采用经营杠杆作用小的生产方式。

 中国要求

坚持绿色发展是发展观的一场深刻革命

习近平在 2014 年 12 月中央经济工作会议上强调:"生态环境问题归根到底是经济发

展方式问题,要坚持源头严防、过程严管、后果严惩,治标治本、多管齐下,朝着蓝天净水的目标不断前进。这是利国利民利子孙后代的一项重要工作,决不能说起来重要、喊起来响亮、做起来挂空挡。"其中坚持源头严防、过程严管,就是要求企业树立从产品设计和流程设计上就要考虑绿色环保的理念,而不是过去那种先污染再治理的思维模式。从宏观来讲,是一个国家的发展观的深刻革命;从微观上来看,它要求每个企业的经营理念来一次深刻变革,这样才能真正实现绿色发展。

3.4 服务设计

3.4.1 服务设计的概述

1. 服务包及构成

服务包是指在某种环境下服务主体向服务对象提供的一系列产品和服务的组合。顾客在享受企业提供服务时,不是单一服务,而是一个服务包。例如,病人到医院接受医疗服务,医院提供的是各类诊疗设备、药品、电子病历、诊疗服务、服务态度、设施、环境甚至停车位等一系列有形物品和无形服务的服务包。服务包由五个要素构成。

(1) 支持性设施,是指在提供服务前必须具备的物质资源。如饭店的地理位置、建筑风格、装修、布局、支持饭店经营的各类设备等。

(2) 辅助物品,是指顾客购买和消费的物质产品,或顾客自备的物品。如饭店食物、酒等。

(3) 显性服务,是指那些可以用感官察觉到的和构成服务基础或本质特性的利益。如饭店提供给顾客的不同种类的菜系或自己开发的特色菜,满足了顾客的食欲;服务人员提供满意的一致性的全流程服务。

(4) 隐性服务,是指顾客感到服务带来的精神上的收获,或服务的非本质特性。如饭店服务员的态度、气氛、便利性和保密性等。

(5) 信息,是指由享受高效服务和向其具体要求定制服务的顾客提供的运营数据或信息。如饭店空余包厢、老顾客的偏好等。

所有这些要素都要顾客经历,并形成他们对服务的感知,共同构筑起顾客服务的体验。

2. 服务设计

服务设计是有效的计划和组织一项服务中所涉及的人、基础设施、沟通交流以及物料等相关因素,从而提高用户体验和服务质量的设计活动。

服务设计为客户设计策划一系列以易用、满意、信赖、有效地服务为目标的,将人与其他(诸如沟通、环境、行为、物料等)相互融合,并将以人为本的理念贯穿始终。

3. 成功服务设计的方针

(1) 详细定义一揽子服务和服务蓝图。
(2) 从顾客视角的设计运营,在服务中和服务后管理好顾客的期望和知觉。
(3) 明确将呈现在顾客和预期顾客面前一揽子服务的形象。
(4) 确保管理者参与进来,设计一旦实施就要予以支持。
(5) 给可见和不可见的质量下定义,并明确标准。
(6) 确保招聘、培训和奖励政策与服务期望相一致。
(7) 建立解决可预测和不可预测事件的紧急预案。
(8) 建立监控、维修、改进服务的系统。

3.4.2 服务设计的要素

服务设计的要素可以划分为结构性要素和管理要素,它们向顾客和员工传递了预期服务与实际得到的服务的概貌。

1. 结构性要素

传递过程设计:前台和后台、流程、服务自动化与标准化、顾客参与。
设施设计:大小、艺术性、布局。
地点设计:地点特征、顾客人数、单一或多个地点、竞争特征。
能力设计:顾客等待管理、服务者人数、调节一般需求和高峰需求。

2. 管理要素

服务情境:服务文化、激励、选择和培训员工、对员工的授权。
服务质量:评估、监控、期望和感知、服务承诺。
能力和需求管理:需求/产能计划、调整需求和控制供应战略、顾客等待的管理。
信息设计:竞争性资源、数据收集。

3.4.3 服务设计的一般流程

服务设计的一般流程如图 3-17 所示,具体内容如下:

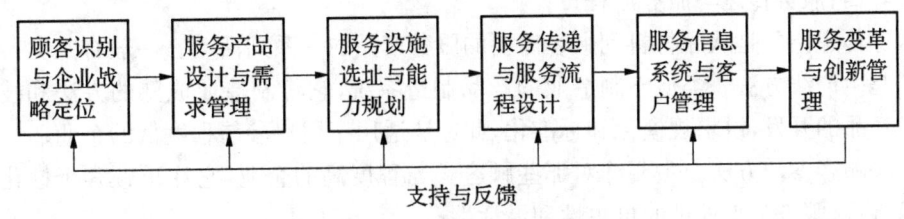

图 3-17 服务设计流程图

步骤一:顾客识别与企业战略定位

顾客需求是多样化的,且随时间、地点的变化而变化,因此组织应该在认识自己能力的基础上寻找与其能力适配的客户需求,提供服务;由于服务产品的隐性因素关系到客户满意度的提高,所以识别客户的隐性需求尤其重要。分析市场宏观环境和微观的客户需要之后,结合自身能力,确定服务目标市场,并进行市场战略定位。

步骤二:服务产品设计与需求管理

服务产品的设计,对于显性部分一般提供标准化服务,且要制订相应的标准,它是提供一致性质量的保证。对于隐性部分提供顾客个性化服务,则是提高服务"有形"产品附加值的重要手段,它主要依靠员工自身工作态度和工作能力,这就要通过提高员工工作满意度来解决。另外需要权衡服务质量和价格之间的关系,"鱼和熊掌难兼得",针对具体的客户群体处理好两者关系。

许多服务生产和消费同时进行,无法用库存的方式来应对需求的波动性,因此要加强需求管理。需求管理包括数量和类型两方面。数量管理就是预测客户对服务需求随时间、地点乃至环境变化的规律,按规律调节能力和服务需求,达到相互匹配。类型管理就是对服务市场进行细分,针对细分市场顾客需求开发相应的服务产品,类型管理对改善服务质量和提高流程效率非常重要。

步骤三:服务设施选址与服务能力规划

顾客参与消费的方式决定了服务设施选址。对于顾客参与程度高的服务业,如医疗和餐饮等行业,设施的选址必须以目标客户为中心。餐饮业注重商业利益,相应设施选址应该考虑客户的"质点"位置,即优质客户的位置;但是医疗或者消防部门更关注公共利益,相应设施选址应该考虑让最远的用户也可以在尽可能短的时间内享受到服务。对于用户参与程度很低的设施选址,如邮政快件则考虑以降低运营成本为主要目标,快件分拣中心一般选择靠近主要交通枢纽中心,而不是用户。

服务能力受到服务需求波动性的影响,它包括设施和人员的能力。如对于电信业早晨八点到晚上十二点之间的通话高峰和其他时段的低谷,按照波峰、波谷或平均需求来确定服务能力均不合适。因此服务能力和需求要配合,可从以下方面考虑:

一是通过主动的需求引导,降低需求的波动性。如在不同时段提供不同的消费价格。

二是能力补偿与多元化。能力补偿主要体现在服务产品流程的分解,按顾客参与程度的大小实现流程分类,尽可能让顾客参与程度不高的流程在需求不足的阶段完成。多元化是指利用不同产品的消费时段的差异化来平衡服务能力。多元化实现的前提是提供产品的流程的差异化不能有大的差别,而且对人员的能力要求也不能太高。

步骤四:服务传递与服务流程设计

服务传递指的是从原材料到顾客需要的服务产品的一系列活动。一般有三类:

一是生产线方法。类似于制造业的产品制造系统,它将制造业成熟的方法和技巧用于服务产品的开发,讲求规模化和标准化,此方法适用于用户参与程度低的企业;

二是顾客参与方法。主要针对那些顾客参与程度高的企业,它注重顾客个性化的服务需求,讲求服务员工处理的自主性和灵活性;

三是分离方法。整合前两种方法的优势,把服务产品分为"前台"和"后台"两个环节,"后台"活动用户不参与,因此采用生产线方法;"前台"与用户共同完成,因此采用顾客参与方法。这是最常用的服务传递设计办法。此外传递系统应平衡好顾客的服务水平、员工授权和支持设施能力三者之间的关系。

流程设计是服务传递系统的细化,它和传统的制造业流程设计具有很高的相似度。由于服务产品无形性和个性化因素的存在,在流程设计时不仅要关注标准化的问题,更要重视柔性设计。柔性的概念存在流程内部和流程之间两个层次,前者需要给服务操作人员授予一定的自由处理权限,而后者需要给中层人员类似的权利。

步骤五:服务信息系统与客户管理

服务信息系统构建是以提高服务效率和效益或以提高竞争优势为目的,具体有:① 构建行业进入壁垒。如俱乐部会员卡系统。② 提升质量,降低成本。如自动化售票系统,提高了工作效率和质量,也节省了人工成本。③ 增加服务知识资产。数据库建设不仅是提供信息支持功能服务,关键是利用数据挖掘新的知识资源,如通过对客户需求偏好和规律以及衍生需求研究,形成新的知识资源,用来进行预测和改进服务质量。信息系统可以按事务处理系统和辅助决策支持系统两个部分来构建,逐步建设完善。

服务产品个性化的特点,使得客户管理对于服务业具有特殊的意义。通过对客户个性化资料的深入分析,挖掘个性化需求,开发相匹配的服务项目,提高服务竞争力。具体的有客户分类、忠诚度分析、满意度和消费模式分析等。针对具体的业务需求开发和完善不同的客户管理数据库。

步骤六:服务变革与创新管理

服务变革源于两个层面,一是业务变革的需求,二是技术变革的需求。随着时代的发展,服务变革开展方式已由被动方式转为主动方式,是企业维持自己竞争优势的必然选择。业务变革主要源于对顾客消费内容、方式的观察和前瞻性预测,及时开展业务调整和新业务流程再造。技术变革则为提高流程效率和效益服务。

创新管理主要包括目标创新和过程创新。目标创新意味着服务组织必须能够识别并引导服务发展的方向,比如绿色环保型的消费方式的倡导,不仅能够节约组织的资源消耗,同时满足了社会环境的可持续发展的要求。过程创新包括两个层面的内容,一是改善具体服务操作细节的质量,二是采用更为先进的技术和方式提高过程的效率。

以上六个步骤不是简单的次序关系,而是相互迭代、互为依赖的关系。每一个步骤的改变,都应该考虑对其他环节的影响。

本章小结

本章首先介绍了新产品的概念、类型、开发新产品的动力模型、内容和责任以及涉及的关键问题;对新产品的开发程序,产品设计对成本、质量和制造效率影响做了分析。其次对提高新产品的开发效率的管理方法做了详细介绍,对产品的生产流程进行了分类,对不同流程特征做了比较说明,介绍了产品流程矩阵、影响生产流程设计的主要因素、生产流程的决策方法。最后介绍了服务包及构成,服务设计的概念,成功设计的方针和要素,服务设计的一般流程。

思考题

一、判断题(正确的打"√",错误的打"×")

1. 顾客是上帝,他们需要什么,企业就生产什么,所以市场驱动是新产品开发的唯一动力。( )
2. 产品开发主要是由运营部门负责,与其他部门没有什么关系。( )
3. 所谓新产品,就是市场没有出现过的产品。( )
4. 产品成本主要是由生产制造过程材料消耗多少决定的。( )
5. 新产品在市场上表现不佳的根本原因是营销工作不得力。( )
6. 产品的模块化设计为延迟设计策略提供了技术上的可行性。( )
7. 顾客住进宾馆客房时,发现客房与自家卧室物品陈列一样,这满足了客户的期望型需求。( )
8. 饭店干净、菜味道可口、服务周到,这些是顾客对饭店的期望型需求。( )
9. QFD是一种技术驱动的产品开发方式。( )
10. 顾客需求要转化成产品设计、零部件特性、工艺要求才能真正体现企业顾客至上的理念。( )
11. 串行工程强调各个部门各阶段的独立性、封闭性,导致在开发产品过程中需要不断修改。( )
12. 并行工程强调在产品设计时尽量考虑产品生产制造中所有可能出现的问题,并加以解决。( )
13. 为了使新产品便于制造,新产品中零部件尽量多采用固定件,少采用可变件。( )
14. 经营杠杆作用越大,未来预期利润的不确定性也越大。( )
15. 工艺专业化适用于大量大批生产的生产组织模式。( )
16. 产品成本和质量决定于产品设计。( )
17. 对象专业化适用于多品种小批量生产。( )
18. 员工素质和服务态度属于隐性服务。( )
19. 产品设计团队成员不包括顾客和财务人员。( )
20. 在服务设计中,以人为本的理念贯穿始终。( )

二、单项选择题

1. 下列情况属于全新产品的是( )。
   A. 海尔推出节能冰箱   B. 苹果推出智能手机
   C. 格力推出环保空调   D. 某公司将商品重新分装在市场销售
2. 市场上目标顾客需要什么我们就开发生产什么,这奉行的产品动力模型是( )。
   A. 技术驱动型   B. 市场驱动型   C. 竞争驱动型   D. 以上都不对
3. 新产品开发的责任不涉及( )部门。
   A. 运营   B. 人力资源   C. 营销   D. 财务

4. 新产品的成本决定因素在（　　）。
　A. 产品研发阶段　　B. 生产阶段　　C. 销售阶段　　D. 采购阶段
5. （　　）阶段改变产品设计造成的损失最大。
　A. 概念设计　　B. 制造装配　　C. 工艺设计　　D. 产品使用
6. 在20世纪七八十年代中国人口虽然最多，但汽车市场却很小，其原因是（　　）。
　A. 厂商营销不力　　　　　　　B. 市场潜在需求小
　C. 产品与需求不匹配　　　　　D. 以上都不对
7. 下列不是产品实行延迟设计的技术途径的是（　　）。
　A. 工艺重构　　B. 模块化　　C. 标准化　　D. 大规模定制
8. 惠普公司推出了一种"为本地化而设计"的策略，是延迟策略中的（　　）。
　A. 时间延迟　　B. 形式延迟　　C. 技术延迟　　D. 设计延迟
9. 某顾客下榻的酒店为他准备了他所喜爱的硬板床和香味枕头，为此他感到非常意外，此酒店提供给顾客的需求是（　　）。
　A. 基本型需求　　B. 期望型需求　　C. 兴奋型需求　　D. 满足型需求
10. 宾馆为顾客提供清洁的床单、安全的环境、必备的生活日用品，此宾馆提供给顾客的需求是（　　）。
　A. 基本型需求　　B. 期望型需求　　C. 兴奋型需求　　D. 满足型需求
11. 下列不属于QFD分解阶段的是（　　）。
　A. 产品规划　　B. 工艺规划　　C. 工艺质量控制　　D. 营销规划
12. 城市道路常被"开肠破肚"埋设管线，说明中国对道路埋设管线设计采用的是（　　）。
　A. 串行工程　　B. 并行工程　　C. 首长工程　　D. 便民工程
13. 采用并行工程开发新产品，（　　）不应包括在开发团队中。
　A. 营销人员　　B. 顾客　　C. 环保人员　　D. 公关人员
14. 在应用并行工程进行产品设计时，不应考虑的因素是（　　）。
　A. 产品差异性　　B. 产品易制造　　C. 产品操作简便性　　D. 产品战略规划
15. 为了设计出可制造性强的产品，在产品设计过程中应尽量采用（　　）。
　A. 复杂件　　B. 可变件　　C. 固定件　　D. 专用件
16. 广告属于（　　）的产品。
　A. 顾客化　　B. 成批生产　　C. 标准化　　D. 中批产量
17. 经营杠杆对生产过程设计的作用是：产品预测不确定性大，选用经营杠杆作用（　　）生产方式。
　A. 小的　　B. 大的　　C. 不变的　　D. 以上都不对
18. 下列属于服务设计的管理要素的是（　　）。
　A. 传递过程设计　　B. 地点设计　　C. 服务情境　　D. 能力设计
19. 下列属于服务设计的结构性要素的是（　　）。
　A. 信息设计　　B. 需求管理　　C. 设施设计　　D. 服务情境

20. 饭店的( )服务属于显性服务。
A. 地理位置　　　B. 员工精神状态　　　C. 工作气氛　　　D. 包厢私密性

三、基本概念

新产品　技术驱动型　市场驱动型　延迟设计策略　时间延迟　形式延迟
基本型需求　期望型需求　兴奋型需求　质量功能展开　并行工程　串行工程
服务包　对象专业化　工艺专业化　经营杠杆

四、问答题

1. 新产品开发涉及的责任部门有哪些，从企业角度来讲需要回答的关键问题是什么？
2. 实施延迟差异的重要途径是什么，延迟设计的策略实施是什么？
3. 质量功能展开原理是什么？
4. 并行工程实施方法是什么？
5. 简述卡诺模型。
6. 产品—生产流程矩阵是什么？
7. 影响生产流程设计的主要因素是什么？
8. 生产流程决策方法有哪些？
9. 服务包的构成要素有哪些，服务设计的要素是什么？
10. 服务设计的一般流程是什么？

五、计算题

某工厂进行工艺流程技术改造，有三种投资方案可供选择：工艺专业化、成组生产单元和流水线生产，其固定成本、可变成本和产出能力如表 3-7 所示。

表 3-7　三种不同方案的数据

工艺流程方案	固定成本投资（万元）	单位可变成本（元/吨）	最大产出能力（万吨）
工艺专业化	5 000	1 000	10
成组生产单元	9 000	900	25
流水线生产	16 000	500	40

根据市场调研，当前产品市场销售价格是 1 500 元/吨。

（1）确定三种投资方案的盈亏平衡点。

（2）如果年需求是 20 万吨，应该选择哪种方案？如果是 50 万吨呢？

第4章　生产与服务设施的选址与布置

 **学习目标**

1. 理解选址的影响因素。
2. 了解厂址选择的主要步骤,理解选址的分析评价方法。
3. 了解生产与服务设施内部布置的原则和程序,掌握设施布置的方法。
4. 理解流水线的概念、主要特征,组织流水线生产的前提条件,单一流水线和多品种流水线的组织设计。
5. 理解成组技术的含义、依据、基本原理,了解零件分类编码的基本原理和零件成组的方法。
6. 理解成组生产的含义、基本思想、成组技术在生产管理中的应用。
7. 理解柔性制造系统的含义,了解柔性制造系统的基本组成、类型、优点。

 **引　例**

快餐店的选址

一、快餐店选址的重要性

美国著名餐饮业企业家爱尔斯沃斯·密尔顿·斯塔勒在讲述饭店成功要素时说:"对任何饭店来说,成功的三个根本要素是地点、地点、地点。"因为餐饮业与制造业不同,不是将产品从生产地向消费地输送,而是将顾客吸引到快餐店购买餐饮产品,因此餐饮业的地点是其经营成败的关键之一。

1. 快餐店选址与长期投资密不可分

由于租赁或者购买的店铺一旦被选定,就需要投入大量的资金,当外部环境发生变化时,餐厅的地址不能像人、财、物等其他经营要素一样可以做相应的调整,它具有长期性、固定性等特点,经营者在选择店址时一定要谨慎。

2. 快餐店选址与市场选择息息相关

根据市场需求来决定店址。店址在某种程度上决定了餐厅客流量的多少、顾客购买力的大小、顾客消费结构、餐厅对潜在顾客的吸引程度以及竞争力强弱等。

3. 快餐店选址是制定经营战略的重要依据

影响快餐店制定经营战略及目标的因素主要是餐厅地址环境,它包括地理环境、人口、交通状况等因素。事实表明经营方向、食品结构和服务水平基本相同的快餐店会因为选址不同,效益有明显差异。

二、影响快餐店选址的因素

所谓黄金店址,就是占尽地利优势,能使快餐店经营者坐收涌门之财的地段。"黄金店址"特征有四个。

1. 商店会聚

快餐店的黄金店址应该是商业气氛浓的区域,它适合于快餐店的发展,如商业区。商业区前来购物的人较多,而且这些购物、逛街的人因为要忙着娱乐,所以希望就餐时间短,就会选择物美价廉、方便快捷的快餐。比如南京新街口会聚了新街口百货商店、中央商场、金鹰国际购物中心等,每天来此购物的达几十万人次,在此开快餐店一定会有很大市场。

2. 人口流量大

快餐店的服务对象是人,有人吃,快餐店才能赢利。所以大众化的快餐店应该开在人口流量密度大的车站或者居民区,人口流量大的车站是绝佳的选择地点。但是,经营者必须清楚客源绝对不等同于交通的频繁程度,如在交通要道,尽管交通极为频繁,但过往的旅客根本没有就餐的机会,只有有就餐机会和欲望的过路人才会成为客源。

3. 人流动线长

"一步差三市",是指差一步就有可能差三成的买卖。这跟人流动线有关,可能有人走到这,该拐弯,则这个地方就是客人到不了的地方,差不了一个小胡同,但生意差很多。例如,北京西单是很成熟的商圈,但不可能西单任何位置都是聚客点。肯德基开店的原则是:努力争取在最聚客的地方和其附近开店。区域里人流动线怎么样,人从地铁出来后是往哪个方向走等,要派人去观察、测量。比如在店门前人流量的测定,是在计划开店的地点观察记录经过的人流,测算单位时间内多少人经过该位置。除了该位置所在人行道上的人流外,是否算马路对面的人流量要看马路宽度,路较窄就算,路宽超过一定标准,一般就是隔离带,顾客就不可能再过来消费,就不算对面的人流量。

4. 同行聚集密度强

常言道:"同行密集客自来。"快餐业需要合声才能热闹繁荣起来。原因是扎堆开店会产生聚集效应,容易扩大影响,凝聚人气,形成"某某餐饮专业街",生意必定比单枪匹马更容易做。假如一条街上只有一家餐馆,或许来这儿的人会进这家餐馆,但是这样很难吸引成群成批的客人上门,客人云集的地方才是餐饮业成长的好地方。例如,在北京西单商业圈附近,聚集了30多家风味各异的快餐店铺,4家肯德基、2家必胜客、2家麦当劳、1家真功夫,数不清的麻辣烫、酸辣粉、土掉渣、铁板烧等。

(资料来源:业勤.开一家赚钱的快餐店.博锐管理在线;编者做适当修改)

4.1 生产与服务设施的选址

4.1.1 制造性企业设施选址的影响因素

设施选址包括两个问题：一是选择地区，即选择在什么地区建厂，是南方、北方、沿海、内地，还是国外、国内？二是选择位置，即在地区确定后选定具体的一片土地作为厂址具体位置。

1. 选择地区时主要影响因素

(1) 市场条件。厂址选择的地区一般应靠近产品和服务的目标市场，便于产品迅速投放市场，降低运输成本，减少分销费用，提供快捷服务。当然，这里讲的市场是广义的市场，也许是一般消费者，也许是某种商品批发市场中心，也可能是作为用户的其他厂家。许多发达国家选择在第三世界国家建厂，除了成本因素外，靠近市场是一个重要原因。另外对一些不便长途运输产品或服务业应靠近消费市场布置。具体来讲，下列情况下企业应该接近消费市场：

① 产品运输不便，如家具厂、预制板厂。
② 产品易变化和变质，如制冰厂、食品厂。
③ 大多数服务业，如商店、消防队、医院等。
④ 生产中不断增重的产品。

(2) 原材料供应条件。出于对保证供应与成本方面的考虑，那些对原材料依赖性较强的企业应当尽可能地靠近原材料产地。例如，火力发电厂应尽可能地建在煤矿附近地区以减少运输费用，而对新鲜蔬菜、水果进行冷藏或加工的企业更应靠近蔬菜、水果供应地，以避免长途运输引起腐败变质而增加成本。下列情况下企业应该接近原料或材料产地：

① 原料笨重而价格低廉的企业，如砖瓦厂、木材厂、钢铁厂等。
② 原料易变质的企业，如水果、蔬菜罐头厂。
③ 原料笨重，产品由原料中的一小部分提炼而成，如金属选矿和制糖及其他失重产品。
④ 原料运输不便，如屠宰厂。

(3) 交通运输条件。根据产品及原材料、零部件的运量大小和运输特点，应尽量选择靠近铁路、海港、高速公路或其他交通运输条件较好的地区。例如，运输量较大的企业如钢铁、煤炭、石油化工等工厂则应考虑建在铁路、河流或高速公路等运输较为有利的地方。

(4) 人力资源条件。不同地区的人力资源状况是有很大差别的，其教育水平、文化素质、劳动技能、工资都不同，这些也是企业选址时要考虑的重要因素之一。例如，知识密集型的高科技企业，需要高水平的科技人员，应在教育发达的地区选址。劳动密集型企业，人工费用在成本中占比较高，应选择熟练劳动力多、人力费用低的地区。因此，美国、日本和欧盟出于降低人工成本的考虑,把劳动密集型产品转移到发展中国家进行生产制造。

(5) 基础设施条件。对于任何企业来说,基础设施都是在选址时需要认真考虑的必要条件。基础设施条件主要指企业生产运作所必需的水、电、气以及排水等的保证。从广义上讲包括"三废"处理、通信、金融保险、生活服务设施等。例如,造纸、化工、食品、电镀等企业用水量大,应优先选择在水源充足的地方建厂。而电炉炼钢、电解铝厂的加工等用电量非常大,应选择电力丰富且电价较低的地区建厂为宜。

(6) 气候条件。温度、湿度、气压、风向等气候条件因素对某些产品制造会带来不利影响,如精密仪器、半导体元器件、大规模集成电路对这方面的要求就比较高。许多企业愿意在气候适宜的地方建厂,不仅可以降低通风、采暖、除湿、降温的费用,还能避免由于气候原因造成的停工待料、延误交货、无法正常生产的损失。

(7) 社会文化及生活条件。厂址所在地区有良好的住房条件、学校医院、体育娱乐设施,能给职工提供良好的家居、购物、教育、交通、娱乐、治安、消防和医疗保健服务的生活环境,无疑使职工减少许多后顾之忧,提高工作效率,也减轻了企业办社会的负担。

(8) 政治、经济、法律和政策条件。从全球化生产角度来看,选择政治稳定、经济发展速度快、市场潜力大的地区建厂是非常有利的。在某些国家和地区建厂办企业,还会得到一些特殊的法律法规和政策上的优惠待遇,如减免税收、低息贷款、土地使用费低、自由兑换外汇等,也是选址时要考虑的重要因素。

2. 选择具体位置的主要影响因素

(1) 扩展条件。除了根据企业规模规划所需面积外,还应留有扩展的余地。一开始建设就到容积极限,不留余地是不明智的。要考虑到将来企业发展,进行技术改造,改建或扩建所要的土地面积。

(2) 环境保护条件。选择具体厂址位置时应认真考虑企业对周围环境造成的危害,尽量把工厂建在对环境影响最小的地方。例如,有严重噪声,排放有毒废气、废水和废渣的企业就不应建在居民区和风景名胜区内。由于人们对环境保护日益关注,若不能很好地解决保护环境和生态平衡问题,将会受到居民的普遍反对和排斥,因此这些企业在选位时应优先考虑"三废"治理问题,否则将来会造成成本上升,甚至被迫关、停、并、转的严重后果。

(3) 地质条件。例如,地面是否平整,地层结构、负重水平是否符合未来工厂的布置要求。如钢铁厂的大型重型设备对地质条件就有相当要求。

此外,厂址选择还有其他影响因素,如与配套供应商的远近、公共设施费用负担、社区人文条件等。例如,汽车制造,由于零部件众多,供应厂商应布置在总厂周围。

知识链接

制造业紧邻竞争者(集群)选址

现在有一种趋势是制造业和服务业一样也喜欢在竞争者附近选址。这种趋势称作为集群,通常发生在某个地区有一种重要资源的时候。这种资源包括自然资源、信息资源、风险资本资源和人才资源等。表4-1列举了具有集群特征的行业以及集聚原因。

表 4-1 产业的集群

行业	选址	集群的原因
酿酒	波尔多和茅台镇	土地和气候等自然资源
软件公司	硅谷、波士顿	高科技人才资源和附近大量风险资本家
主题公园	奥兰多	娱乐热点地区、温暖的气候、游客和廉价劳动力
计算机	新加坡、昆山	较高的技术普及率、大量工程师和技术工人
飞机制造	戚奇托	大量的航空技术人员(飞机生产量约占西方国家生产量的60%)

(资料来源:杰伊·海泽,巴里·伦德尔,查克·蒙森.运作管理.李果,张祥,译.北京:中国人民大学出版社;经编者改编)

4.1.2 服务业选址的影响因素

制造业的选址决策重点在于追求成本极小化,而服务业的目标是实现收入最大化。这是因为制造成本往往随着地区不同而有很大的差异,而服务业的成本在一个市场范围内变动相对较小。因此对一个服务企业而言,特定的选址更多的是影响其收入,而不是成本,因此选址决策的重点是确定销售量和销售收入的多少。其影响因素如下:

(1) 所选地区的消费者购买力。消费者收入高,人数众多且消费欲望强烈,则该地区购买力强,服务消费量大则收入高。

(2) 所选地区竞争情况。服务业在竞争企业集中化程度很高的地区选址以增加销售量,竞争企业集中在某一地区会形成知名度很高的大市场,能够吸引众多的消费者前来购物,且有利于货比三家,使消费者有很大的选择余地。这种"聚集效益"会给商家带来大量收入。例如,上海的南京路、南京的新街口,尽管商家云集,竞争激烈,还是有商家向往占有一席之地。

(3) 与消费者接触程度的高低。与消费者接触的程度是指接受服务的消费者是否出现在服务系统中及在系统中停留时间占服务时间的比例。对于那些与消费者接触程度高的服务业,如百货商场、超级市场、餐厅,选址应靠近消费群集中地区;而对那些与消费者接触程度低的服务业,如银行、邮局等则应选择交通便利、人力资源充足的地区。

注意点

制造业与服务业选址追求的重点不一样,服务业追求的是收入最大化,制造业追求的是成本最小化。

4.1.3 设施选址的主要步骤

1. 确定选址目标

大体有三种情况:一是新建企业选址;二是由于生产经营发展需要改建或扩建,需要另选新址或在原地扩建；三是企业需要搬迁，另选一个合适的厂址。这三种情况的选址目标是不同的,考虑的因素重点也有区别。第一种情况比较单纯,往往以投入最少、产出最大、效益最好为选址的决策目标。第二种情况因为受到企业现有经营因素的影响,除了要考虑费用效益外,还要权衡与原有的生产运作设施之间的关系,以如何整体优化布局为目标。第三种情况则应分析迁厂的具体原因是什么,要达到什么样的目标(如是扩大规模、获取资源、降低成本还是环境保护问题),因此选址目标应与解决问题相联系。

2. 收集数据、分析各种影响因素,拟定初步候选方案

这里要收集的数据是多方面的,除了上面提到的选址、选位的各种影响因素的资料数据外,还要掌握当地政府部门有关经济发展规划、土地征用、工商税务、资源使用方面的情况和信息。在收集数据的基础上,对各种影响因素逐一加以分析,分清主次,进行权衡取舍,找出最重要的因素并分析对实现目标的影响程度,然后拟出初步的候选方案。候选方案的个数应根据可供选择的地区范围、具体条件、存在问题、解决的难易程度来决定,如三个、五个或者更多。为了便于方案的比较选择应列出各候选方案明显的优点和突出的问题。

3. 对候选方案进行详细的分析和评价

为了比较各候选方案的优劣,要运用定性、定量的分析方法或者两者相结合进行方案评价。厂址选择的评价方法有优缺点比较法、专家意见法、费用效益分析法、分级加权法、重心法、选址度量法、线性规划法等。采用哪种方案要视评价的因素而定,如社会文化、政治、法律、政策、扩展性等,难以用明确的数值表示,则只能进行定性分析；而涉及费用、成本、效益、税金等因素则可用定量方法来进行分析；而有些定性评价因素,如市场、原材料、人力资源、基础设施等,为了便于比较则可以将其转化为量化数值进行分析。

4. 综合分析,选定最终选址方案

对每个候选方案进行详细评价之后,就可以得出各个方案优劣程度的结论,或者找到一个方案明显优于其他方案。选定方案后应准备详细的论证材料,报请有关上级部门批准。

4.1.4 选址的分析评价方法

1. 因素加权评分法

对于定性分析的因素,可转为定量分析方法进行处理。具体步骤如下：

(1) 列出影响企业选址的主要因素,形成一个可以比较的项目清单。

(2) 赋予这些主要影响因素以权重,如权重系数以 0.05 为级差反映它在选址中的相对重要程度,其总和为 1。

(3) 确定每个影响因素评分的取值范围,如以 10 为级差从 10 到 100 表示由高到低评分。

(4) 请相关专家和领导对每个候选地址方案进行评价、打分,计算各方案总分。

(5) 组成企业选址决策组进行定性分析,通常选择总分数最高者为最优推荐方案。

【例 4-1】 某百货商场准备扩大业务,拟在某城市商业中心区域建立新的分店,现有甲、乙、丙三个候选地址;现将评价候选地址方案需考虑的因素和各方案评分值列于表 4-2,可选取总分最高方案为优选方案。

表 4-2 候选地址方案评分表

考虑因素	权重系数	甲方案		乙方案		丙方案	
		评分值	加权得分	评分值	加权得分	评分值	加权得分
政策法律	0.1	80	8	80	8	75	7.5
人口	0.15	90	13.5	90	13.5	90	13.5
配套设施	0.15	80	12	90	13.5	90	13.5
购买能力	0.2	70	14	85	17	90	18
地理位置	0.2	85	17	80	16	85	17
成长性	0.1	60	6	70	7	75	7.5
空间扩展	0.1	75	7.5	80	8	70	7
合 计	1		78		83		84

从表 4-2 中各方案的得分情况看,丙方案得分最高,可以确定为选中方案。

2. 盈亏平衡点法

企业经营中总成本分为固定成本(F)和可变成本(V)。在一定条件下,固定成本不随经营规模的变化而变化,如管理费、固定资产折旧等;可变成本随经营规模的变化而变化,如材料费、单位服务或加工费等。当在一定范围内经营规模扩大时,单位产品分摊的固定成本在减少,总成本将等于或小于总销售收入;当总销售收入等于总成本支出时,成本曲线与收益曲线的交点即为盈亏平衡点(Q_0)(见图 4-1)。当组织生产规模低于盈亏平衡点产量时(图中 Q_1),则出现亏损(图中 Q_1);当高于盈亏平衡点产量时(图中 Q_2)则赢利。计算盈亏平衡点公式为:

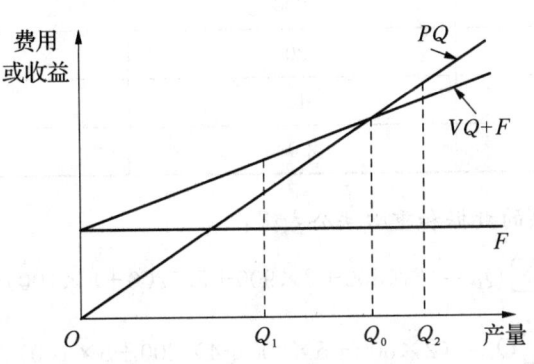

图 4-1 企业生产规模盈亏平衡点图

$$P \times Q_0 = V \times Q_0 + F \tag{4-1}$$

$$Q_0 = F/(P-V) \tag{4-2}$$

式中,F 为固定成本;V 为单位可变成本;P 为单位产品售价;Q_0 为盈亏平衡点产量。

3. 重心分析法

重心分析法是布置单个设施的一种方法,它要考虑现有设施之间的距离和货物的运量。假定成本与距离和运量成正比,当运量一定时,理想的选址是选择能够使配送中心和各零售店之间的加权距离最小的地点,此法用于确定配送中心、仓库或服务设施的选择。

重心法是将一个坐标系重叠在地图上来确定各点的相应位置,这个坐标系的$(0,0)$位置及其刻度的大小并不重要,关键是要在坐标中标出各个地点的位置,以确定各点相对距离。然后求出运输成本最低配送中心位置坐标,再对照地图找出相应位置。计算公式为:

$$X_0 = \sum X_i Q_i \Big/ \sum Q_i$$

$$Y_0 = \sum Y_i Q_i \Big/ \sum Q_i$$

式中,X_0 和 Y_0 分别为配送中心的 X 轴坐标值和 Y 轴坐标值;X_i 和 Y_i 分别为第 i 配送对象(如连锁店、分厂等)的 x 轴坐标值和 y 轴坐标值;Q_i 为向第 i 配送对象的运送物流量;$i=1,2,3,\cdots,n$,n 为总的配送对象数量。

【例 4-2】 某商品连锁公司将在四个地方(A、B、C、D)建立连锁店。最近管理人员决定,建一个配送中心仓库 E 为四个连锁店提供商品,各连锁店对商品预计的每月需求量和位置如表 4-3 所列。试问在何处筹建配送中心 E 使运送成本最低?

表 4-3 连锁店每月预计商品需求量及位置

连锁店	预计每月需求量	位置(X,Y)坐标值
A	800	(2,2)
B	900	(3,5)
C	200	(5,4)
D	100	(8,5)
合 计	2 000	

解:根据表中提供的数据和重心法公式得:

$$X_0 = \sum X_i Q_i \Big/ \sum Q_i = (2\times800+3\times900+5\times200+8\times100) \div 2\,000 = 3.05$$

$$Y_0 = \sum Y_i Q_i \Big/ \sum Q_i = (2\times800+5\times900+4\times200+5\times100) \div 2\,000 = 3.7$$

所以重心坐标是在$(3.05,3.7)$的位置,在这个位置上建一个配送中心 E 运送成本最低。

4.2 生产与服务设施内部布置

企业设施内部布置是在企业选定位置和组织内部组成单位确定后进行的,它应根据已选定区域的环境条件,对组织内的组成单位进行合理布置,确定位置,并相应地确定组成单位的内部布置。

4.2.1 设施内部布置的原则

1. 以基本生产或服务单位为中心布置

对生产与服务经营协作密切的组成部分应相互靠近,保持各要素之间的协调配合,使主要服务空间、厂房、建筑物和各种设施的配置满足企业运作过程的要求,使辅助生产或服务工作及时满足基本生产经营或主体服务功能需要。

2. 科学合理划分生产或主要服务功能区域

主要服务用房、厂房、建筑物的布置需符合安全、防火和环境保护的要求,应把功能相近或对防火等条件要求相同或相近的单位集中布置在同一区域内。

3. 工作路线和物流流动距离最短

在企业范围内规划合理的物流路线,围绕运作过程合理组织各种物资或人员流动,尽量缩短空间距离,避免物流交叉运输或人流相向来回往复。在符合运作过程要求的前提下,使布置达到时间短、费用低、便于管理的目的。

4. 企业平面布局应尽量紧凑

在符合安全、卫生、防火要求的条件下,尽量把服务用空间、厂房建筑物和各种设施布置得紧凑,应尽量采用多层的立体布置,这样不仅可以节约用地,节省投资费用,同时也可节省日后的运行费用。

5. 开展绿化和美化布置,注意与周围环境相协调

企业内部布局要符合环保的要求,并要搞好绿化和美化,这对服务企业尤其重要,它为员工和顾客创造一个良好优美环境。还应注意使工作环境、建筑群的布置和式样与周围的社区环境相协调,尤其是在历史名城或风景区附近。

6. 企业内部布局要考虑企业的远景发展

在技术、资金允许的前提下,根据企业的长远发展规划,在现有的面积上为企业今后的发展预先留出必要的空间。

4.2.2 设施内部布置的流程

设施内部布置流程如图 4-2 所示,各环节的具体内容如下:

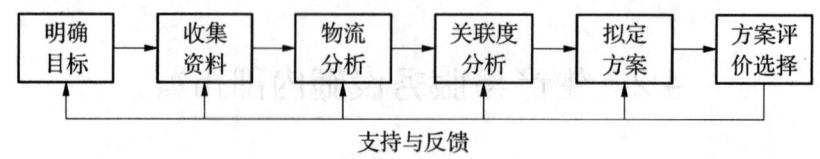

图 4-2 设施内容布置的流程图

1. 明确企业设施内部布置目标

通过合理的布局,应使企业各个组成部分井然有序,整齐美观,同时还要有效利用工作空间,节约投资,合理组织物流或人力资源流,提高工作效率,降低运作费用。

2. 收集企业设施内部布置资料

(1) 基础资料包括企业所处地形地貌、水文地质、厂区面积、自然条件、交通运输条件、当地的政策法规、经济情况以及有关建厂的各种协议文件,或者商业区域环境等。

(2) 企业各生产单位和部门的组成及其开展运作活动涉及专业化组织形式。

(3) 工作系统流程方案图表:该图表简要地说明了企业的产品生产过程或服务流程及其各主要工作部门之间的联系。

3. 物流分析

对各生产单位物流分析主要是依照产品与产量特征,运用不同的分析方法研究流程,如大批量生产的产品可以用程序图和流程分析图来分析物流,多品种小批量生产的产品流程,可以用从至表法和运量图法进行分析,使搬运距离、搬运时间和占用面积最小,并考虑将来的扩充或缩小空间,初步设定布置。

4. 各单位间的关联程度分析

对于全厂各服务部门单位的布置,要根据各部门之间的联系和协作交流密切的程度,对相关单位进行关联程度分析,绘制出各单位的关联线图。

5. 拟定布置方案

计算需要的空间和可供使用的空间,绘制空间关系图,据此图设计理想的布置方案。

6. 方案的评价

由于现实有许多限制因素,故需要考虑几个备选方案,对备选方案的成本、安全、效率、投资等,做出综合评价,选择方案,实施布置的方案。

4.2.3 设施内部布置的方法

1. 作业活动的相关图布置法

由穆德提出,它是根据企业各个职能部门之间的活动关系的密切程度来布置其相互位置。

方法:首先明确各部门之间关系程度,主要是将各部门之间密切程度划分为 A、E、I、O、U、X 六个等级;其次列出导致不同程度关系的原因(见表 4-4);最后使用以上两种资料,将确定出相互关系待布置的部门,根据它们相互关系的重要程度,按重要等级高的部门相邻布置的原则,安排出合理的布置方案。

表 4-4 各部门关系密切程度分类表

关系密切程度		关系密切程度的原因	
关系符号	关系密切程度	关系密切程度代号	关系密切程度原因
A	绝对重要	1	使用共同的原始记录
E	特别重要	2	共用人员
I	重要	3	共用场地
O	一般	4	人员接触频繁
U	不重要	5	文件交换频繁
X	不予考虑	6	工作流程连续
		7	做类似的工作
		8	共用设备
		9	其他

【例 4-3】 某快餐店为业务需要共分成 6 个部门,将这 6 个部门计划布置在一个 2×3 的区域内。已知 6 个部门间作业关系密切程度如图 4-3 所示,请根据图 4-3 做出合理布置。

解:第一步,列出关系密切程度分类表(只考虑 A 和 X)
A　1-2、1-3、2-6、3-5、4-6、5-6
X　1-4、3-4、3-6

第二步,根据列表编制主联系簇(见图 4-4)。原则是从关系"A"出现最多的部门开始,如本例的部门 6 出现 3 次,首先确定部门 6,然后将与部门 6 的关系密切程度为 A 的一一联系在一起。

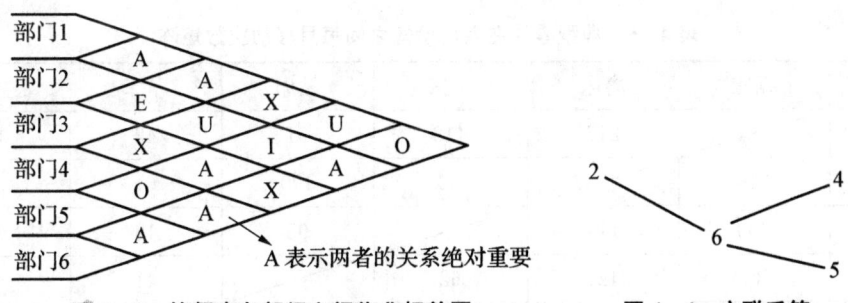

图 4-3　快餐店各部门之间作业相关图　　图 4-4　主联系簇

第三步,考虑其他"A"关系部门,如能加在主联系簇上就尽量加上去,否则画出的是分离的子联系簇。本例中所有的部门都能加到主联系簇上去(见图 4-5)。

第四步,画出"X"关系联系图(见图 4-6)。

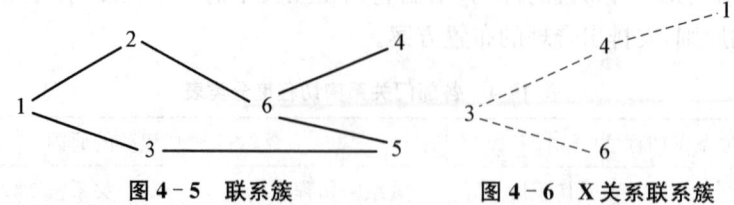

图 4-5 联系簇　　　　图 4-6 X 关系联系簇

第五步，根据联系簇图和可供使用的区域，用实验法安置所有部门（见图 4-7）。

1	2	6
3	5	4

图 4-7 各部门最后安排结果

2. 从至表法

从至表是一种常用于生产车间内部设施，即设备的布置方法。利用从至表列出车间各设备机器之间的相对位置，以对角线元素为基准计算工作地之间的相对距离或移动次数，从而找出整个车间或生产单元物料总运量最小的布置方案。这种方法比较适合于多品种、小批量生产的工艺专业化车间内部设备的布置。其基本步骤如下：

（1）选择典型的零件，制定典型的零件工艺路线，确定所用机床设备。

（2）制定设备布置的初始方案，统计出典型零件在设备之间的移动次数或距离。

（3）确定典型零件在设备之间的移动次数或距离和单位次数或单位距离运输成本。

（4）用实验法确定典型零件的满意布置方案。

【例 4-4】　某企业机加工车间有六台设备，已知其生产的典型零件加工路线，并据此给出如表 4-5 所示的典型零件在设备之间的每月移动次数，表 4-6 给出了单位次数运输成本（这些数据应当根据布置方案进行搜集）。请用这些数据确定该车间加工典型零件的六台设备合理的布置方案。

表 4-5 典型零件在六台设备之间每月移动次数矩阵

	锯床	磨床	冲床	钻床	车床	插床
锯床		217	418	61	42	180
磨床	216		52	190	61	10
冲床	400	114		95	16	68
钻床	16	421	62		41	68
车床	126	71	100	315		50
插床	42	95	83	114	390	

表 4-6　典型零件在设备之间单位次数运输成本　　　　　　　　单位：元/次数

	锯床	磨床	冲床	钻床	车床	插床
锯床		0.15	0.15	0.16	0.15	0.16
磨床	0.18		0.16	0.15	0.15	0.15
冲床	0.15	0.15		0.15	0.15	0.16
钻床	0.18	0.15	0.15		0.15	0.16
车床	0.15	0.17	0.16	0.20		0.15
插床	0.15	0.15	0.16	0.15	0.15	

解：(1) 计算典型零件在设备之间每月单向运输成本。

用表 4-5 中的典型零件在六台设备之间每月移动次数乘以表 4-6 中相应的单位次数运输成本得出每月运输相应成本，如：

锯床到磨床每月运输成本＝217×0.15＝32.6(元)

磨床到锯床每月运输成本＝216×0.18＝38.9(元)

其余依此类推得出表 4-7 中相应的典型零件在设备之间每月单向运输成本数据。

表 4-7　典型零件在设备之间每月运输成本

	锯床	磨床	冲床	钻床	车床	插床
锯床		32.6	62.7	9.8	6.3	28.8
磨床	38.9		8.3	28.5	9.2	1.5
冲床	60.0	17.1		14.3	2.4	3.2
钻床	2.9	63.3	9.3		6.2	10.9
车床	18.9	12.1	16.0	63.0		7.5
插床	6.3	14.3	13.3	17.1	58.5	

(2) 计算典型零件在设备之间每月运输总成本。

以对角线为对称轴对两个相应的数据进行相加计算，表明在两台设备之间进行来回运输，如锯床到磨床运输总成本为 32.6＋38.9＝71.5(元)，其余依此类推得到表 4-8 中数据。

表 4-8　典型零件在设备之间每月运输总成本

	锯床	磨床	冲床	钻床	车床	插床
锯床		71.5③	122.7①	12.7	25.2	35.1
磨床			25.4	91.7②	21.3	15.8
冲床				23.6	18.4	16.5
钻床					69.2④	28.0
车床						66.0⑤
插床						

(3) 布置设备。

依据总运输成本的大小,从大到小降序排列,就得到了六台设备之间的紧密相邻程度。根据表4-8中的①②③④⑤的顺序,应将锯床与冲床相邻布置,磨床与钻床相邻布置,锯床与磨床相邻布置,钻床与车床相邻布置,车床与插床相邻布置。最后结果如图4-8所示。

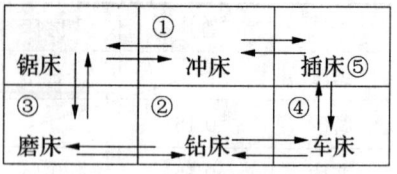

图4-8 六台设备最后的布置方案

3. 物料运量图法

物料运量图法是按照生产过程中物料的流向及生产单位(车间)之间运输量布置企业的车间及各种设施的相对位置。其步骤如下:

(1) 根据原材料、在制品在生产过程中的流向,初步布置各个生产车间和生产服务单位的相对位置,绘出初步物流图;

(2) 统计车间之间的物料流量,制定物料运量表(见表4-9)。

表4-9 车间之间运量表　　　　　　　　　　　　　单位:10吨

	1	2	3	4	5	总计
1		7	2	1	4	14
2			6	2		8
3		4		5	1	10
4			6		2	8
5				2		2
总计	0	11	14	10	7	

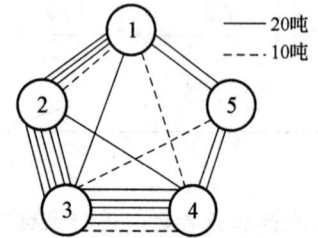

图4-9 车间之间运量布置图

(3) 按运量大小进行初试布置,将车间之间运输量大的安排在相邻位置,并考虑其他因素进行改进和调整。

(4) 从表可以计算出车间1和2、2和3、3和4之间来回运量较大,分别为70吨、100吨、110吨,它们应该相邻布置。最后结果如图4-9所示布置。

4.3 流水线生产与成组生产的组织

4.3.1 流水线生产的组织设计

1. 流水线生产设计概述

1) 流水线生产的产生

20世纪初,美国人亨利·福特首先采用了流水线生产方法,在他的工厂内专业化分工非常细,仅一个生产单元的工序竟然多达 7 882 种,为了提高工人的劳动效率,福特反复试验,确定了一条装配线上所需要的工人,以及每道工序之间的距离,这样一来每个汽车底盘的装配时间从 12 小时 28 分钟缩短到 1 小时 33 分钟,大大提高了劳动生产率(见图 4-10)。

图 4-10 福特汽车生产线

大量生产的主要生产组织方式为流水线生产,它是由设备、工作地和传送装置构成的设施系统。最典型的流水生产线是汽车装配生产线。流水生产线是为特定的产品和预定的生产大纲所设计的;生产作业计划、工艺、质量控制等主要决策问题在流水线的设计阶段中就已做出规定。

2) 流水线生产的概念

流水线生产是指劳动对象按照一定的工艺路线顺序依次地通过各个工作地,并按照统一的速度连续地完成产品生产的所有工序作业的生产方式。流水线属于对象专业化的设备布置,适用于大量大批单一品种的生产。

3) 流水线生产的主要特征

(1) 专业化程度高。在流水线上每个工作地只固定生产一种或少数几种产品或零部件,每个工作地只固定地完成一道或几道工序。

(2) 单向性。在流水线上的加工对象按工艺加工路线顺序从一个工作地加工完毕后传送到下一个工作地进行加工,加工对象在流水线上做单向流动。

(3) 节奏性。加工对象在各道工序之间按一定的时间间隔(节拍)投入或产出,两批相同的制品之间也按一定的时间间隔投入流水线或从流水线产出,保持一定的节奏。

(4) 连续性。加工对象在各工作地之间做平行或平行顺序移动,最大限度地减少了停工等待时间。

(5) 比例性。流水线上各道工序的生产能力是平衡的、成比例的,即各道工序的工作地(设备)数同各道工序单件制品的加工时间比例大致相等。

4) 流水线生产的设计

流水生产线的设计划分为技术设计和组织设计:

技术设计是指制造产品的工艺路线、工艺规程等设计和技术参数方案的制定,以及专用设备和工夹具的技术设计等,通常称为"硬件"设计,是由工程技术人员来完成。

组织设计是指生产节拍、设备负荷的平衡与核算、工序同期化设计、流水线平面布置等,通常称为"软件"设计,是由管理工程师来完成。流水生产线的设计应符合技术上先进、经济上合理、工作上可行的原则,生产运作管理讲的是组织设计。

5) 组织流水生产线的前提条件

(1) 产品结构和工艺相对先进稳定,在一定时期内产品和加工方式不会被淘汰;在具体组织生产时可对产品结构做适当设计调整后才能适合于流水线生产。

(2) 工艺过程能合并与分解,开展工序同期化,可使各工序加工时间与节拍基本相等,或与节拍成倍数关系。

(3) 产品产量足够大,能保证设备有足够的负荷,以确保流水生产组织经济合理。

(4) 产品质量和工作质量必须符合质量标准要求。

(5) 原材料、零部件要标准化、系列化,并能按时供应。

 注意点

不是所有的产品在任何情况下都可以组织流水线生产的。

2. 单一产品流水线的组织设计

1) 确定流水生产线的节拍

节拍是指流水生产线上连续出产两个相同制品的时间间隔。它是流水生产线最重要的工作参数,是设计流水生产线的基础。

流水生产线节拍的计算公式如下:

$$R = T_{有效时间}/Q$$

式中,R 为流水生产的节拍(分钟/件);$T_{有效时间}$ 为计划期内有效的工作时间(分钟);Q 为计划期产品产量(件)。

有效的工作时间是指实际真正用于生产产品的时间,它由制度工作时间减去休息时间和准备与结束时间等停歇时间,也可以根据制度工作时间和时间有效利用系数求得。计划期产品产量包括计划出产合格品产量和预计的废品量,它实际是计划期内的投料量。

【例 4-5】 某流水线计划年产某产品 36 000 件,该流水线每天工作两班,每班 8 小时,全年工作天数为 300 天,每天工作时间有效利用系数为 0.95。

(1) 试计算该流水生产线的节拍。

(2) 若在加工工艺上尚存在某些质量问题,目前在生产过程中仍有一定的废品发生;如果把废品率定为 5.0%,则该流水生产线的节拍应是多少?

解:(1) 计划期内有效的工作时间为:

$T_{有效时间} = 300 \times 2 \times 8 \times 0.95 \times 60 = 273\ 600$(分钟)

计划期节拍:$R = T_{有效时间}/Q = 273\ 600 \div 36\ 000 = 7.6$(分/件)

(2) 如果考虑废品的影响,为保证全年能提供 36 000 件合格产品,则应加大零部件的投入量,因此流水生产线实际加工的工件数为:

$Q = 36\ 000 \div (1 - 5.0\%) = 37\ 895$(件)

计划期节拍:$R = T_{有效时间}/Q = 273\ 600 \div 37\ 895 = 7.3$(分/件)

2) 工序同期化

工序同期化是通过技术和组织措施调整流水线各工序加工时间，使各工序加工时间与节拍基本相等或成倍数关系。它是组织连续流水线的必要条件。

工序同期化采取的措施如下：

(1) 通过改进设备提高生产效率。

(2) 改进工艺装备。采用快速安装卡具、模具，减少装夹具零件的辅助时间。

(3) 改进工作地布置与操作方法，减少辅助作业时间。

(4) 加强对工人的培训，提高工人的工作熟练程度和效率。

(5) 详细地进行工序的合并与分解。首先将工序分成几部分，然后根据节拍重新组合工序，以达到同期化的要求，这是装配工序同期化的主要方法。

通过工序同期化后，流水线的设备负荷系数达到 0.85～1.05，一般可组织连续流水线；在 0.75～0.85，组织间断流水线。

工序同期化实质是一种组合问题，可以使用分支定界法（将在运筹学中讲解）来求解。分支定界法就是利用分支定界寻找最新活动结点的原理，首先求出可行的工序组合方案，然后，一方面依靠回溯检查，消除明显不良的工作步骤组合方案，一方面求出能使装配工序数最少的工作步骤组合方案。

3) 流水线的平衡

(1) 确定装配流水线节拍（略）。

(2) 计算装配线上需要的最少设备（工作地数）和设备负荷系数。

$$S_{\min} = \left[\sum t_i / R \right]$$

式中，$\sum t_i$ 为产品经过所有工序实际加工的总时间，[ ]代表取最小整数（工作地不能为小数）。

设备负荷系数是指理论计算出的设备数 S_i（工作地数）与实际采用设备数 S_{ei}（工作地数）之比。

各工序的设备负荷系数：$K_i = S_i / S_{ei}$（K_i 为第 i 道工序设备负荷系数）。

总设备负荷系数 K：$K = \sum S_i / \sum S_{ei} (i=1,2,3,\cdots,m)$。

(3) 组织工作地。按以下条件向工作地分配各小工序：

① 保证各工序之间的先后顺序。

② 每个工作地分配到的小工序作业时间之和不能大于节拍。

③ 各工作地的作业时间应尽量接近或等于节拍。

④ 应使工作地数目尽量少。

⑤ 在相同工序数时以新安排工序时间越接近节拍为优先选择。

⑥ 全部工作地合理组合划分为工序，且各工序的时间损失最少且比较均匀。

4) 安排合适员工人数

在流水生产线上安排员工时主要考虑以下几方面因素：每个岗位工作时同时所需要人数、工作班次、检验人员数、管理人员和辅助人员数。整条流水生产线的员工人数是所有岗位员工人数之和。

5) 确定流水生产线运输工具的选择

流水生产线采用什么样的节拍,主要根据工序同期化的程度和加工对象的重量、体积、精度、工艺性等特征而定。

按运输设备将流水生产线划分为无专业运输设备的流水生产线、具有非机动专用运输设备的流水生产线和机械化运输设备的流水生产线。

按照流水生产线传送方式可分为分配式传送和工作式传送两种。

6) 流水生产线的平面布置

流水生产线的平面布置应当有利于员工操作,产品运输路线最短,生产空间充分利用。同时,要考虑流水生产线之间的相互衔接,从而使所有流水生产线的布置符合产品生产过程的流程。流水线的平面布置形状有直线形、直角形、开口形、环形等,如图 4-11 所示。

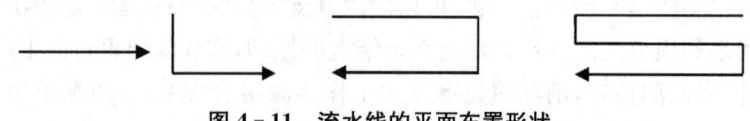

图 4-11 流水线的平面布置形状

7) 流水线标准计划指示图表的制定

流水线上每个工作地都按一定的节拍重复地生产,所以可制订出流水线的标准计划指示图表,表示出流水线生产的期量标准、工作制度和工作程序等,为生产作业计划的编制提供依据。连续流水线的标准计划指示图表比较简单,只要规定整个流水线的工作时间与程序就可以了。间断流水线的标准计划指示图表比较复杂,要规定每一工序的各工作地工作的时间与程序。

3. 多品种流水线设计

多品种可变流水线的特征有:① 成批轮番生产多种产品,更换产品时,需调整,但调整不大;② 每种产品在流水线所有工序上的设备负荷系数应大致相同;③ 整个计划期内成批轮番地生产多种制品,但在计划期的各段时间内只生产一种制品。

可变流水线节拍应分别按每种制品计算。设某种可变流水线加工 A、B、C 三种零件,其计划年产量分别为 Q_A、Q_B、Q_C,流水线上加工各零件的单件时间定额为 T_A、T_B、T_C。可以使用代表产品法计算节拍:

在流水线所生产的制品中选择一种产量大、劳动量大、工艺过程复杂的制品为代表产品,将其他产品按劳动量换算为代表产品的产量,之后以代表产品来计算节拍。

假设 A 为代表产品,则换算后的总产量为:

$$Q = Q_A + Q_B m_b + Q_C m_c$$

式中,$m_b = T_B/T_A$,$m_c = T_C/T_A$。

则各制品的节拍为:

$$R_A = T_{有效时间}/Q = T_{有效时间}/(Q_A + Q_B m_b + Q_C m_c)$$

$$R_B = R_A m_b \quad R_C = R_A m_c$$

【例 4-6】 设可变流水线加工 A、B、C 三种零件，其计划月产量分别为 2 000 件、1 875 件、1 857 件；每种产品在流水线上各工序单件作业时间之和分别为 40 min、32 min、28 min。流水线按两班制生产，每月有效工作时间为 24 000 min。用代表产品法计算每种产品的节拍。

解： 选 A 为代表产品，用 A 表示计划期总产量，则

$$Q = Q_A + Q_B m_b + Q_C m_c$$

式中，$m_b = T_B/T_A$，$m_c = T_C/T_A$

得 $m_b = T_B/T_A = 32 \div 40 = 0.8$ $m_c = T_C/T_A = 28 \div 40 = 0.7$

$Q = Q_A + Q_B m_b + Q_C m_c = 2\,000 + 1\,875 \times 0.8 + 1\,857 \times 0.7 = 4\,800$（件）

A、B、C 零件的节拍分别为

$R_A = T_{有效时间}/Q = T_{有效时间}/(Q_A + Q_B m_b + Q_C m_c) = 24\,000 \div 4\,800 = 5$（分钟/件）

$R_B = R_A m_b = 5 \times 0.8 = 4$（分钟/件）

$R_C = R_A m_c = 5 \times 0.7 = 3.5$（分钟/件）

节拍计算出来以后，按照前面所述单一产品流水线组织设计过程来开展多品种设计。

4.3.2 成组生产的组织

1. 成组技术（Group Technology-GT）

在现代机械制造领域中，由于新工艺新技术的飞速发展，需求的多样化，产品更新周期的日益缩短，使得多品种小批量生产的企业大量增加。而单件、小批量生产的生产率低、成本高、制造周期长、工艺手段比较落后、管理也复杂。为改变此状况就需要利用成组技术。

1）成组技术的含义

成组技术就是将企业的多种产品、部件或零件，按一定的相似性原理，分类编组，以组为基础组织生产，从而实现多品种、小批量生产在产品设计、制造和管理上的优化，克服传统小批量生产方式的缺点，使小批量生产能获得接近大批量生产的技术经济效果。

自 20 世纪 50 年代成组技术在机械制造业中应用以来，应用范围已由单纯的成组加工延伸到产品设计、制造工艺及生产管理等整个生产系统。成组技术已不再是单纯的工艺组织方法问题，它涉及产品设计、工艺设计、标准化工作、计划管理等多方面，成组技术已经发展为一种生产组织管理技术。

2）成组技术的依据

机械产品尽管品种繁多，用途和功能各异，但构成不同产品的零件却有着极大的相似性。机械产品零件可分为以下三类：一是复杂件（专用件）。这类零件在产品中数量不多，约占零件总数的 5%～10%，但结构复杂，产值高，再用性低，如机床床身、溜板等。二是相似件。这类零件在产品中种数多、数量大，约占零件总数的 70%左右。各种零件虽然并不相同，但它们在结构、工艺、材质等方面存在大量的相似性特征，如各种轴、齿轮、法

兰、支座、盖板等。三是标准件。这类零件结构简单，产值低，再用性高，一般都已组织大量生产，如螺钉、螺帽、垫圈等。随着标准化工作的开展，这类零件数量逐步增加。例如，一台车床有1 000种左右的零件，以这些零件的复杂性为横坐标，不同零件的出现数量为纵坐标，可得到数量分布曲线和零件的再用性与复杂性同数量关系图（见图4-12、图4-13）。零件的分类统计表明机械产品的绝大多数零件有着相似的特征，且在同类产品系列中，各类相似零件的出现和零件类型分布是稳定的、有规律的，这就是成组技术的理论依据。

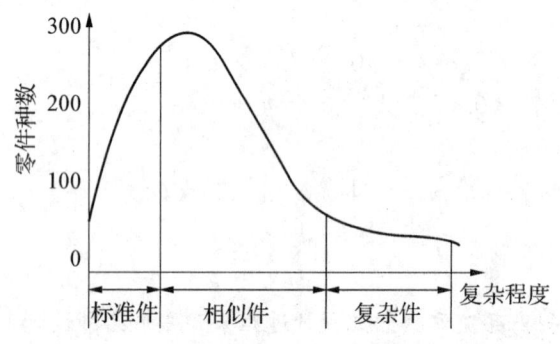

图4-12　车床不同复杂程度零件数量的分布　　图4-13　零件再用性和复杂性的分布

3）相似性的表现

（1）零件设计相似性。由于许多零件都具有相似的形状，那些相似的零件就可以归并成设计族，如要设计一个新零件，它属于在族内的，就可以通过修改一个现有的同族零件设计而形成。应用这个概念，还可以确定出复合零件。复合零件是包含一个设计族的所有特征的零件，它由设计族内零件所有几何要素组合而成，以后要设计一个如属于族内新零件，直接在复合零件上修改设计就行了。

（2）制造工艺相似性。成组技术在制造工艺上的应用观点认为不仅结构特征相似的零件制造可归并成组，结构不同的零件也可能有类似的制造过程。例如，大多数箱体零件都具有不同的形状和功能，但它们都要求镗孔、铣端面、钻孔等制造工艺，因此可以得出它们制造工艺相似的结论。如果把具有相似加工特点的零件也归并成族，这样工艺过程设计工作便可得到简化。

4）成组技术的基本原理和做法

加工零件虽然千变万化，但客观上存在着大量的相似性。有许多零件在形状、尺寸、精度、表面质量和材料等方面具有相似性，从而在加工工序、安装定位、机床设备以及工艺路线等各个方面都呈现出一定的相似性。成组技术就是对零件的相似性进行标识、归类和应用的技术。其基本原理是根据多种产品各种零件的结构形状特征和加工工艺特征，按规定的法则标识其相似性，按一定的相似程度将零件分类编组，再对成组的零件制定统一的加工方案，实现生产过程的合理化。

成组技术具体做法：通常是找出一个代表性零件（代表零件也可以是假设的），即主样件，通过主样件解决全组（族）零件的加工工艺问题，设计全组零件共同能采用的工艺装备，并对现有设备进行必要的改装等。

所以成组加工就是将划分为同一组的零件按相同的工艺路线在同一设备、生产单元或生产线上完成全部机械加工。一般加工工件的改变只需进行少量的调整工作。

**注意点**

成组技术中包含的基本原理是普遍存在的,在各种管理活动中都可借鉴。

5) 成组技术的核心

成组技术的核心是成组工艺,它是把结构、材料、工艺相近似的零件组成一个零件族(组),按零件族制定工艺进行加工,从而扩大了批量,减少了品种,便于采用流水线生产,提高劳动生产率。零件的相似性是广义的,一般把在几何形状、尺寸、功能要素、精度、材料等方面的相似性称为基本相似性,以此基本相似性为基础所导出生产、经营、管理的方面相似性,称为二次相似性或派生相似性。因此将成组哲理用于设计、制造和管理等整个生产系统,改变多品种、小批量生产方式,以获得最大的经济效益。

随着计算机技术和数控技术的应用和发展,成组技术又成为计算机辅助工艺设计、柔性制造系统、计算机集成制造系统的基础,现在已把成组技术与计算机技术、自动化技术融合起来发展成柔性制造系统,使多品种、中小批量生产实现高度自动化。

6) 零件分类编码的基本原理简介

成组技术应用首先要对零件进行分类编码,即对机械零件的各种特征给予不同的代码。这些特征包括零件的结构形状,各组成表面的类别及配置关系、几何尺寸、零件材料及热处理要求,各种尺寸精度、形状精度、位置精度和表面粗糙度等要求,对这些特征进行抽象化、格式化,就需要用一定的代码(符号)来表述。所用的代码可以是阿拉伯数字、拉丁字母,甚至汉字,以及它们的组合。最方便、最常见的是数字码。

对于工艺过程设计,希望代码是能唯一区分产品零件族的标志,因此当设计或确定一种编码方案时,有两种性质必须保证,即代码必须是:① 不含糊的;② 完整的。这就需要对代码所代表的意义做出明确的规定和说明,这种规定和说明就称为编码法则,也称为编码系统。将零件的各种有关特征用代码表示,实际上也是对零件进行分类。所以零件编码系统也称为分类编码系统。目前使用的编码系统中有三种不同类型:

一是层次式,也称为单元码,每一代码的含义都有前一级代码限定。其优点是用很少的码位能代表大量信息;缺点是编码系统很复杂,难于开发。

二是链式,又称多元码,码位上每一代码都代表某种信息,与前面码位无关。在代码位数相同的条件下,链式结构容量比层次式的少,编码系统较简单。

三是混合式。层次式和链式的混合,大多数编码系统采用此式。目前已有一百多种成组技术编码系统在应用。JLBM-1分类编码系统是我国组织制订并执行成组技术编码系统。

7) 零件分类成组的方法

(1) 视检法。视检法是由有经验的工艺师根据零件图样或实际零件及其制造过程,直观地凭经验判断零件的相似性,对零件分类成组。这种方法简单,如将零件划分成回转体类、箱体类、杆件类等,但要做详细分类比较困难。目前这种方法应用得较少。

(2) 生产流程分析法。它是按工艺路线相似性的分类方法。根据每种零件的工艺路线卡,列出表 4-10("○"表示某零件要在该机床上加工),表中各个零件加工工艺路线各不相同,每个零件看起来只能单个加工,不经济。但通过对各零件生产流程分析、归纳、整理,可将表 4-10 转换成表 4-11。从表 4-11 中可以明显地看出,给出的 20 种零件可编为三组,每组都有相似的工艺路线,加大了生产批量,形成规模经济。目前此法应用广泛。

表 4-10 零件工艺路线

机床	零件号																			
	1	2	3	4	5	6	7	8	9	10	11	12	13	14	15	16	17	18	19	20
车床	○	○		○	○		○	○	○		○	○		○	○		○	○	○	○
立式铣床	○	○				○		○												○
卧式铣床				○			○				○		○				○			
插床				○			○			○			○		○					
钻床			○		○	○	○		○		○			○			○			○
外圆铣床	○	○							○					○						
平面钻床				○			○						○		○					
镗床				○						○			○							

表 4-11 调整后的零件工艺路线

机床	零件号																			
	1	2	20	7	11	14	9	5	4	18	12	8	17	15	19	3	13	6	16	10
车床	○	○	○	○	○	○	○													
立式铣床	○	○	○																	
钻床			○	○	○	○	○	○												
外圆磨床	○	○						○												
车床									○	○	○	○	○	○	○					
卧式铣床									○	○	○									
钻床									○			○	○							
插床																○	○	○	○	○
钻床																○	○	○	○	○
平面磨床																○	○	○	○	
镗床																○	○			

(3) 编码分类法。按编码分类,首先制定零件分类编码系统,将零件的有关设计、制造等方面的信息转译为代码(代码可以是数字或数字、字母兼用),把分类的零件进行编码,待零件有关信息代码化后,就可以根据代码对零件进行分类,零件有关生产信息代码

化将有助于应用计算机辅助成组技术的实施。

8) 应用成组技术的效益

实践证明在中小批量生产中采用成组技术,可取得较好的综合经济效益。具体如下:

(1) 将中小批量的生产变为大批大量或近似于大批大量的生产,提高生产率,稳定产品质量和一致性。

(2) 减少加工设备和专用工装夹具的数目,降低固定投入,降低生产成本。

(3) 促进产品设计标准化和规格化,减少零件的规格品种,减轻产品设计和工艺规程编制工作量。

(4) 利于采用先进的生产组织形式和先进制造技术,实现科学生产管理。

2. 成组技术在生产管理中的应用

1) 成组生产的含义

成组生产是多品种、中小批量生产的一种科学的生产组织形式。它是利用零件结构、形状、工艺上相似性等特性,把所有的产品零件、部件分类归组,并以组为对象组织和管理生产的方法。实际上是把许多各不相同,但又具有部分相似的事物集中起来统一加以处理,以达到减少重复劳动、节省人力和时间、提高工作效率的目的。

2) 成组生产基本思想

应用大量大批的生产和专业化技术方法,对多品种、中小批量组织生产。主要通过对零件分组,减少每个工作地加工的零件种类,扩大了零件生产批量,提高了专业化程度。这就使单件小批量生产企业,能够采用先进的工艺方法,运用高效率的自动机床和数控机床,这些机床可以成组布置,使用成组夹具,按成组零件编制工艺,各组零件都在各自的成组生产单元和成组流水线内加工。

3) 成组技术在生产管理中的应用

(1) 在产品设计中的应用。据统计当设计一种新产品时,往往有 3/4 以上的零件设计可参考借鉴或直接引用原有的产品图纸,从而减少新设计零件的工作量。这不仅可免除设计人员的重复性劳动,也可以减少工艺准备工作和降低制造费用。

用成组技术思想为指导进行设计,在满足产品功能的情况下要求设计人员尽量设计采用已有的相同或相似零件,减少复杂件(专用件),这就为后来实施成组生产奠定了较好的基础。此外由于新产品具有继承性,使往年累积并经过考验的有关设计和制造的经验再次应用,这有利于保证产品质量的稳定。以成组技术为指导的设计合理化和标准化工作为实现计算机辅助设计(CAD)奠定基础;由于设计信息最大限度地重复使用,为加快设计速度、节约时间做出贡献。具体的应用如图 4-14 所示。

(2) 在工艺中的应用。在机械加工方面实行成组技术时,其工艺准备工作包括下述 5 个方面的内容。

① 零件分类编码、划分零件组。根据各类产品的工艺设计资料,按照拟定的分类编码法则对零件编码。在实行成组加工的初始阶段也可以对近期产品在小范围内进行,再逐步扩大到各种产品的零件。

② 拟定成组工艺路线。选择或设计主样件,按主样件编制工艺路线,它将适合于该

零件组内所有零件的加工;但对结构复杂的零件,要将组内全部形状结构要素综合而形成一个主样件,通常是困难的,此时可采用流程分析法,即分析组内各零件的工艺路线,综合成为一个工序完整、安排合理、适合全组零件的工艺路线,编制出成组工艺卡片。

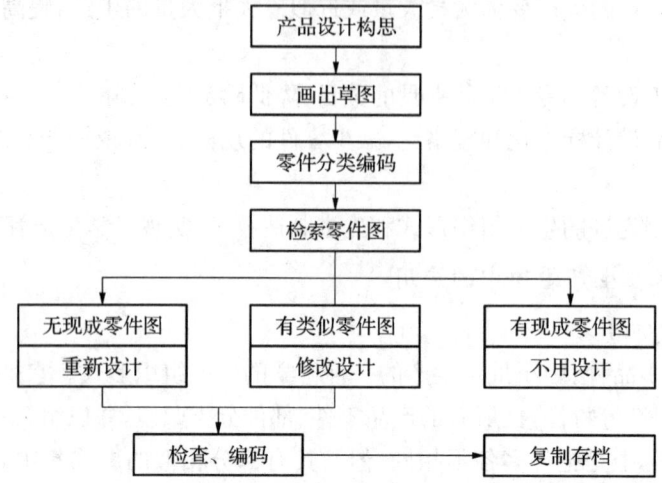

图 4-14　成组技术在产品设计中的应用示意图

③ 选择设备并确定生产组织形式。成组加工的设备可以有两种选择:一是采用原有通用机床或适当改装,配备成组夹具和刀具;二是设计专用机床或高效自动化机床及工装。这两种选择相应的加工工艺方案差别很大,所以拟定零件工艺过程时应考虑到设备选择方案。各设备的台数根据工序总工时计算,应保证各台设备首先是关键设备达到较高负荷率,一般可以留 10%～15% 的负荷量供扩大相似零件加工之用。此外设备的利用率不仅是指时间负荷率,还包括设备能力的利用程度,如空间、精度和功率负荷率。

④ 设计成组夹具、刀具的结构和调整方案。对成组夹具、刀具的设计要求是改换工件时调整简便、迅速、定位夹紧可靠,能达到生产的连续性,而且调整工作对工人技术水平要求也不高。这是实现成组加工的重要条件,将直接影响到成组加工的经济效果。因为改变加工对象时,要求对工艺系统只需最少的调整。如果调整费事,相当于生产过程中断,准备终结时间延长,就体现不出"成组批量"的好处了。

⑤ 进行技术经济分析。成组加工应做到在稳定地保证产品质量的基础上,达到较高的生产率和较高的设备负荷率(60%～70%)。因此根据以上制订的各类零件的加工过程,计算单件时间定额及各台设备或工装的负荷率,若负荷率不足或过高,则可调整零件组或设备选择方案。

(3) 在生产组织中应用。

① 成组单机。它是把一些工序相同或相似的零件族集中在一台机床上加工。它的特点主要是针对从毛坯到成品多数工序可以在同一类型的设备上完成的工件,也可以用于仅完成其中某几道工序的加工。

这种组织形式是成组技术的最初形式,由于相似零件集中加工,批量增大,减少了机床调整时间,获得了一定的经济效果。对于较复杂的零件加工,需要在多台机床上加工时,效果就不显著了。但随着数控机床和加工中心机床的应用,特别是柔性运输系统的发展,成组加工单机的组织形式又变得重要起来。

② 成组生产单元。它是指一组或几组工艺上相似零件的全部工艺过程,由相应的一组机床完成,该组机床即构成车间的一个封闭的生产单元。如有 A、B、C、D、E、F 六个零件,它们都是由车床、铣床、磨床、刨床来完成六个零件组全部工序,构成一个生产单元。

成组生产单元的主要特点是由几种类型机床组成一个封闭的生产系统,完成一组或几组相似零件的全部工艺过程。它有一定的独立性,并有明确的职责,提高了设备利用率,缩短了生产周期,简化了生产管理等一系列优点,所以为各企业广泛采用。

③ 成组生产流水线。它是成组技术的高级组织形式。它与一般流水线的主要区别在于生产线上流动的不是一种零件,而是多种相似零件,在流水线上各工序的节拍基本一致,其工作过程是连续而有节奏的,但对于每一种零件而言,它不一定经过流水线上的每一台机床加工,所以它能加工的工件较多,工艺适用范围较大。

注意点

应用成组技术目的是为了能够尽量扩大生产批量,组织高效的流水线生产。

4.3.3 柔性制造系统

1. 柔性制造系统的概念

柔性制造系统(Flexible Manufacturing System,FMS)是由统一的信息控制系统、物料储运系统和一组数字控制加工设备组成,能适应加工对象变换的自动化机械制造系统。FMS 的工艺基础就是成组技术,它按照成组的加工对象确定工艺过程,选择相适应的数控加工设备和工件、工具等物料的储运系统,并由计算机进行控制。故能自动调整并实现在一定范围内对多种工件的成批量的高效生产,以适应市场多样化的品种需求。FMS 兼有加工制造和部分生产管理两种功能,因此能综合地提高生产效益。FMS 的工艺范围正在不断扩大,包括毛坯制造、机械加工、装配和质量检验等。

2. 柔性制造系统基本组成部分

典型的柔性制造系统由数字控制加工设备、物料储运系统和信息控制系统组成。加工设备主要采用加工中心和数控车床,前者用于加工箱体类和板类零件,后者则用于加工轴类和盘类零件。中、大批量少品种生产中所用的柔性制造系统,常采用可更换主轴箱的加工中心,以获得更高的生产效率。为了实现制造系统的柔性,FMS 组成部分有:

(1) 加工系统。柔性制造系统采用的设备由待加工工件的类别决定,主要有加工中心、车削中心或计算机数控(CNC)车、铣、磨及齿轮加工机床等,用以自动地完成多种工序的加工。磨损了的刀具可以逐个从刀库中取出更换,也可由备用的子刀库取代装满待换刀具的刀库。车床卡盘的卡爪、特种夹具和专用加工中心的主轴箱也可以自动更换。

(2) 物料系统。物料系统是指用以实现工件及工装夹具的自动供给和装卸,以及完成工序间的自动传送、调运和存贮工作。包括各种传送带、自动导引小车、工业机器人及

专用起吊运送机等。储存和搬运系统搬运的物料有毛坯、工件、刀具、夹具、检具和切屑等;储存物料的方法有平面布置的托盘库,也有储存量较大的巷道式立体仓库。

(3) 计算机控制系统。计算机控制系统是指用以处理柔性制造系统的各种信息,输出控制 CNC 机床和物料系统等自动操作所需的信息。柔性制造系统的信息控制系统的结构组成形式很多,如群控方式的递阶系统,第一级为各个工艺设备的计算机数控装置(CNC),实现过程的控制;第二级为群控计算机,负责把来自第三级计算机的生产计划和数控指令等信息分配给第一级中有关设备的数控装置,同时把它们的运转状况信息上报给上级计算机;第三级是 FMS 的主计算机(控制计算机),其功能是制订生产作业计划,实施 FMS 运行状态的管理,以及各种数据的管理;第四级是全厂的管理计算机。

(4) 系统软件。系统软件用以确保柔性制造系统有效地适应中小批量多品种生产的管理、控制及优化工作,包括设计规划软件、生产过程分析软件、调度软件、系统监管软件。

柔性制造系统发展史

1967 年,英国莫林斯公司首次根据威廉森提出的 FMS 基本概念,研制了"系统 24"。其主要设备是六台模块化结构的多工序数控机床,目标是在无人看管条件下,实现昼夜 24 小时连续加工,但最终由于经济和技术上的困难而未全部建成。同年美国的怀特·森斯特兰公司建成 Omniline I 系统,它由八台加工中心和两台多轴钻床组成,工件被装在托盘上夹具中,按固定顺序以一定节拍在各机床间传送和进行加工。这种柔性自动化设备适于在少品种、大批量生产中使用,在形式上与自动生产线相似,也叫柔性自动线。

1976 年,日本发那科公司展出了由加工中心和工业机器人组成的柔性制造单元(简称 FMC),为发展 FMS 提供了重要的设备形式。柔性制造单元(FMC)一般由 1 到 2 台数控机床与物料传送装置组成,有独立的工件储存站和单元控制系统,能在机床上自动装卸工件,甚至自动检测工件,可实现有限工序的连续生产,适于多品种、小批量生产应用。70 年代末期,柔性制造系统在技术上和数量上都有较大发展,80 年代初期已进入实用阶段,其中以由 3～5 台设备组成柔性制造系统为最多,但也有规模更庞大的系统投入使用。

1982 年,日本发那科公司建成自动化电机加工车间,由 60 个柔性制造单元(包括 50 个工业机器人)和一个立体仓库组成,另有两台自动引导台车传送毛坯和工件,此外还有一个无人化电机装配车间,它们都能连续 24 小时运转。这种自动化和无人化车间是向实现计算机集成的自动化工厂迈出的重要一步。与此同时,还出现了若干仅具有柔性制造系统的基本特征,但自动化程度不很完善的经济型柔性制造系统 FMS,使柔性制造系统 FMS 的设计思想和技术成果得到普及应用。目前全世界有大量的柔性制造系统投入了应用,国际上以柔性制造系统生产的制成品已经占到全部制成品生产的 75% 以上,而且比率还在增加。

(资料来源:编者收集互联网相关资料整理)

3. 柔性制造系统的类型

(1) 柔性制造单元。它是指由一台或数台数控机床或加工中心构成的加工单元。该单元根据需要可以自动更换刀具和夹具,加工不同工件。柔性制造单元适合加工形状复杂、加工工序简单、加工工时较长、批量小的零件。它有较大的设备柔性,但人员和加工柔性低。

(2) 柔性制造系统。它是指以数控机床或加工中心为基础,配以物料传送装置组成的生产系统。该系统由电子计算机实现自动控制,能在不停机的情况下满足多品种的加工。它适合加工形状复杂、工序多批量大的零件。其加工和物料传送柔性大但人员柔性仍然较低。

(3) 柔性自动生产线。它是指把多台可以调整的机床(多为专用机床)联结起来,配以自动运送装置组成的生产线。该生产线可以加工批量较大的不同规格零件。柔性程度低的柔性自动生产线,在性能上接近大批量生产用的自动生产线;柔性程度高的柔性自动生产线,则接近于小批量、多品种生产用的柔性制造系统。

4. 柔性制造系统的优点

柔性制造系统是技术复杂、高度自动化的系统,解决了机械制造高自动化与高柔性化之间的矛盾。具体优点如下:

第一,设备利用率高。一组机床编入柔性制造系统后的产量比这组机床在分散单机作业时的产量提高数倍。

第二,在制品减少 80% 左右。

第三,生产能力相对稳定。自动加工系统由一台或多台机床组成,发生故障时,有降级运转的能力,物料传送系统也有自行绕过故障机床的能力。

第四,产品质量高。零件在加工过程中,装卸一次完成,加工精度高,质量稳定。

第五,运行灵活。有些柔性制造系统的检验、装卡和维护工作可在第一班完成,第二、第三班可在无人照看下正常生产。在理想的柔性制造系统中,其监控系统还能处理诸如刀具的磨损调换、物流的堵塞疏通等运行过程中不可预料的问题。

第六,产品应变能力大。刀具、夹具及物料运输装置具有可调性,且系统平面布置合理,便于增减设备,满足市场需要。

本章小结

本章首先介绍了生产与服务设施选址的影响因素,选址的主要步骤和分析评价方法;其次介绍了生产与服务设施内部布置的原则和程序,设施布置的基本方法;最后介绍了流水线的概念和主要特征,单一流水线和多品种流水线的组织设计,成组技术的含义、依据、基本原理和零件的分类编码基本原理和零件成组的方法,成组生产的含义、基本思想和在生产管理中的应用,以及柔性制造系统的含义、基本组成、类型和优点。

思考题

一、判断题(正确的打"√",错误的打"×")

1. 服务业的选址决策重点是成本最小化。 ( )

2. 钢铁厂应该靠近原材料产地。（   ）
3. 火力发电厂应该接近用户。（   ）
4. 预制板厂应该接近消费者市场。（   ）
5. 作业相关图布置法是以各部门之间的密切程度为布置依据的。（   ）
6. 从至表布置法是以各车间之间的运输成本为布置依据的。（   ）
7. 生产与运作管理主要是从技术设计角度研究流水线设计的。（   ）
8. 流水线的"硬件"设计是由管理工程师来完成的。（   ）
9. 大型船舶也可组织流水线生产。（   ）
10. 新产品在质量和工艺不稳定之前不适宜组织流水线生产。（   ）
11. 工序同期化是组织流水线生产的必要条件。（   ）
12. 建立成组生产单元的前提是将零件按照加工工艺的相似性构成零件族。（   ）
13. 成组技术克服了多品种小批量的缺点，利用了大批量的优点。（   ）
14. 柔性制造系统的工艺基础是成组技术。（   ）
15. 重心分析法是用来确定配送中心和仓库的地址。（   ）
16. 服务业选址强调聚集效应。（   ）
17. 从至表法应用于大量生产方式中车间内部设备布置的。（   ）
18. 多品种小批量产品的主要生产组织形式是流水线。（   ）
19. 复杂件的再用性较高。（   ）
20. 零件分类成组的常用方法是视检法。（   ）

二、单项选择题

1. 跨国公司往往将劳动密集型企业选址在越南、印度等国家，主要考虑这些国家的（   ）。

   A. 劳动力成本低   B. 消费市场大   C. 市场竞争不激烈   D. 靠近市场

2. 高科技企业往往是选址在超大城市或特大城市，如上海、南京等，主要考虑的是它们的（   ）。

   A. 人力资源丰富   B. 高等教育发达   C. 基础设施完善   D. 员工生活方便

3. 钢铁、煤炭、石化等大企业选址的决策重点是（   ）。

   A. 交通运输条件   B. 经济条件   C. 人力资源丰富   D. 员工生活方便

4. 下列属于服务业选址影响因素的是（   ）。

   A. 消费者购买力   B. 服务能力   C. 劳动力数量   D. 商品供应

5. 下列不属于影响制造业企业设施选址因素的是（   ）。

   A. 气候条件   B. 交通运输条件   C. 消费者的购买力   D. 原材料供应

6. 企业设施内部布置遵循的原则之一是（   ）。

   A. 以基本生产单位或服务单位为中心布置

   B. 以行政单位为中心布置

   C. 以领导办公室为中心布置

   D. 以基本辅助单位为中心布置

7. 作业活动相关图、从至表法、物料运量图法均强调企业内部设施布置应遵循（   ）。

A. 工作路线和物流距离最短或成本最小　B. 交通运输条件最好
C. 平面布局尽量美观　D. 按工艺顺序布置

8. 下列产品不能组织流水线生产的是（　　）。
A. 汽车　　　B. 拖拉机　　　C. 万吨水压机　　　D. 手机

9. 流水线生产的特征是（　　）。
A. 节奏性　　B. 适应性　　C. 生产性　　D. 可变性

10. 下列不属于工序同期化采取的措施是（　　）。
A. 改进设备　　B. 改进工艺装备　　C. 加班加点　　D. 工序的合并与分解

11. 成组技术的依据是（　　）。
A. 零部件的相似性　B. 零部件的标准性　C. 零部件的复杂性　D. 零部件的通用性

12. 成组技术的核心是（　　）。
A. 成组流水线　　B. 成组工艺　　C. 成组生产单元　　D. 柔性制造系统

13. 下列不属于柔性制造系统优点的是（　　）。
A. 设备利用率高　　B. 生产能力稳定　　C. 运行灵活　　D. 产品单一

14. 一组或几组工艺上相似零件的全部工艺过程，由相应的一组机床完成，该组机床构成车间的一个封闭生产单元。这种生产组织方式是（　　）。
A. 成组单机　　B. 成组流水线　　C. 成组生产单元　　D. 柔性制造系统

15. 下列适用于单一品种产品的生产组织方式是（　　）。
A. 成组技术　　B. 工艺专业化　　C. 柔性制造系统　　D. 流水生产线

三、基本概念

流水线　节拍　工序同期化　成组技术　成组生产　成组单机　成组生产单元
成组流水线　柔性制造单元　柔性制造系统　柔性自动生产线

四、问答题

1. 生产和服务设施选址的影响因素有哪些？
2. 生产和服务设施选址的评价方法有哪些，如何开展选址？
3. 流水线的主要特征是什么，组织流水线的条件是什么？
4. 如何设计单一品种的流水线？
5. 成组技术的依据、基本原理是什么？
6. 成组生产基本思想是什么，成组技术在生产管理中应用是如何开展的？
7. 柔性制造系统的组成部分有哪些？

五、计算分析题

1. 下面两表（表4-12、表4-13）分别表示A、B、C、D、E、F位置之间的距离，部门1、2、3、4、5、6之间的工作流量（每天的行程次数）的情况，其中运输费用是每米2元。请将5个部门分配到如下分布的位置B—F（由于技术的原因，部门6必须分到位置A，如表4-14所示），使总运输费用最低，要求先分配相互间的工作流量最大部门。

表4-12 A、B、C、D、E、F各位置之间的距离

从＼至	位置间的距离(英尺)					
	A	B	C	D	E	F
A	—	50	100	50	80	130
B		—	50	90	40	70
C			—	140	60	50
D				—	50	120
E					—	50
F						—

表4-13 各部门之间每天的行程次数

从＼至	部门间每天的行程次数					
	A	B	C	D	E	F
A	—	125	62	64	25	50
B		—	10	17	26	54
C			—	2	0	20
D				—	13	2
E					—	5
F						—

表4-14 各部门最终布局

A(部门6)		

2. 请将下列9个汽车服务部门分配到分布为3×3网格的9个位置中去,其位置要满足下面相关图布置要求的相应接近程度(为了简化起见,这里略去了不重要和一般这两个类别,如图4-15所示。按照城镇规章制度要求,部门4的位置必须安排在右上角,如图4-16所示。

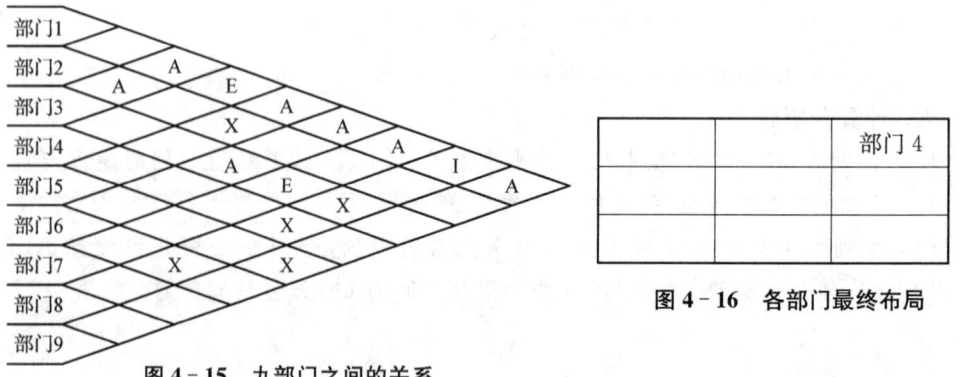

图4-15 九部门之间的关系

图4-16 各部门最终布局

3. 根据表 4-15,试确定以下位置的重心。

表 4-15 确定位置重心数据表

目的地	坐标(X,Y)	每周数量
D1	(3,5)	20
D2	(6,8)	10
D3	(2,7)	15
D4	(4,5)	15

第 5 章　工作设计与作业测量

**学习目标**

1. 理解工作设计定义，工作设计决策，工作设计内容；了解工作设计的行为理论，理解工作扩大化、丰富化、职务轮换。
2. 理解工时消耗的分类，工时定额的构成与计算。
3. 了解测时法和工时抽样法。

**引　例**

王强到底需要什么样的工人

"王强，我一直想象不出你究竟需要什么样的操作工人，"江山机械公司人力资源部负责人李进说，"我已经给你提供了 4 位面试人选，他们好像都还满足工作说明中规定的要求，但你一个也没有录用。"

"什么工作说明？"王强答道，"我所关心的是找到一个能胜任那项工作的人。但是你给我提供的人都无法胜任，而且，我从来就没有见过什么工作说明。"

李进递给王强一份工作说明，并逐条解释给他听。他们发现，要么是工作说明与实际工作不相符，要么是规定以后，实际工作又有了很大变化。例如，工作说明中说明了有关老式钻床的使用经验，但实际工作中所使用的是一种新型数字式钻床。为了有效地使用这种新机器，工人必须掌握更多的数字知识。

听了王强对操作工人必须具备的条件及应当履行职责的描述后，李进说："我想我们现在可以写一份准确的工作说明，以其为指导，我们就能找到适合这项工作的人。我们今后加强工作联系，这种状况就再也不会发生了。"

问题：王强认为人力资源部找来的 4 位面试人选都无法胜任工作，根本原因在哪里？

5.1　工作设计

5.1.1　工作设计的定义、决策和内容

1. 工作设计的定义

工作设计是指详细说明在组织中个人或者团体工作活动的内容。工作设计的目标是

制定工作合理的结构,以满足组织和技术的要求以及员工生理和个人的需求。

2. 工作设计决策

工作设计决策是要回答工作有关的内容,即 5W1H,如图 5-1 所示。它把工作内容、工作资格条件、工作方法与激励等结合起来,做到人与事相匹配,目的是满足员工和组织双重需要。工作设计问题主要是组织如何向其员工分配工作任务和职责的方式问题,工作设计恰当与否对于激发员工的积极性、增强员工满意感以及提高工作绩效都有重大影响。

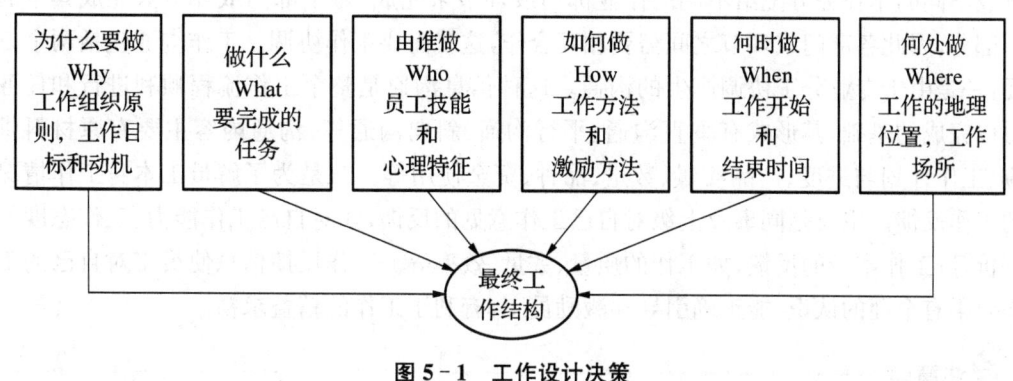

图 5-1　工作设计决策

注意点

通过这 5W1H 的顺序可以看出应该如何进行工作安排。

3. 工作设计的内容

针对生产运作管理中的工作设计而言,其主要内容如下:

(1) 工作目标设计。工作设计总的目标是高生产率和高满意度,其具体目标有:减少不必要的作业,减少作业时间或空闲时间,降低物耗水平,提高产品质量的稳定性;增强工作的安全性,改善工作条件、工作环境,降低劳动的疲劳程度,提高职工的工作兴趣,提高技术水平和工作能力等。

(2) 工作内容与方法设计。工作内容是指某个岗位要完成什么样的工作任务,这就需要按照工作专业化的原则,将作业流程中的全部活动进行合理划分,做出明确的规定。

工作方法是指根据人的生理条件和心理特征,为完成规定的工作任务设计先进合理的工作程序、操作方法和作业动作,规定相应的作业标准和工时消耗标准。工作方法对生产率、质量、成本、交货期和经济效益有直接影响,是工作设计的重点之一。

(3) 工作责任与权限设计。工作责任设计就是员工在工作中应承担的职责及压力范围的界定,也就是工作负荷的设定。责任的界定要适度,工作负荷过低、无压力,会导致员工行为轻率和低效;工作负荷过高、压力过大,又会影响员工的身心健康,会导致员工的抱怨和抵触。权限与责任是对应的,责任越大权限范围越广,否则二者脱节,影响员工的工作积极性。

(4) 工作场所与环境设计。对从事一线工作员工来说,工作场所就是指工作地,工作地是由工人、加工设备、工位器具与一定的生产面积和某些专用设施组成的。工作地的设计就是要使工人完成作业任务时容易操作、有最佳的视界、活动方便、安全性最好等。工作环境的设计是指对作业活动过程的相关环境进行的设计,其目的是使操作者有适宜的照明、色彩、温度、湿度、通风以及最少的噪声、振动、有害射线、有害物质等良好的工作条件。

(5) 工作协调与沟通设计。由于组织内部实行的是专业化分工,一项工作任务被分解成不同的子任务分配给不同的作业部门或环节来完成,每个部门或环节只完成其中的一部分,因此各部门或环节之间需要相互合作,这就需要工作协调。工作沟通包括两个方面:一是由于专业分工协调产生的沟通。这种信息沟通是整个工作流程顺利进行和任务得以完成的基础,其形式有垂直沟通、平行沟通、斜向沟通等,沟通内容主要有原材料供应、工作计划与进度、产品质量、数量、品种、资金使用等。二是为了解员工本身工作情况的工作反馈。主要是同事及上级对自己工作意见的反馈,如对自己工作能力、工作态度的评价等;工作本身的反馈,如工作的质量、数量、效率等。工作反馈信息使员工对自己的工作效果有全面的认识,能正确引导和激励员工,有利于工作的精益求精。

 注意点

工作设计包括工作本身以及为了有利于工作有效开展的相关内容设计。请同学们选择一个熟悉的岗位来设计一下。

5.1.2 工作设计中的行为因素的影响

1. 劳动专业化对行为的影响

劳动专业化是工作设计中的一把"双刃剑",一方面,专业化使高效率、低成本生产成为可能;另一方面,专业化又对工人产生负面影响,这些影响又依次传递到工作中去,直至影响工作效率。专业化的有利与不利影响如表5-1所示。

表5-1 劳动专业化的有利影响和不利影响

	专业化的有利影响	专业化的不利影响
对管理	① 能迅速培训劳动力; ② 使招聘新工人变得容易; ③ 工作单一且重复,故生产率高; ④ 更换劳动力比较容易,从而可以降低工人工资; ⑤ 对工作流和工作负荷可以严密控制	① 由于无人对整个生产负有责任,所以质量控制比较困难; ② 工人不满意,从而导致了潜在的成本,这些成本来自由于员工流失,经常缺勤、动作拖沓、情绪低落和生产过程中的故意中断等; ③ 由于员工缺乏创新的视角,从而降低了改善流程可能性; ④ 在改变生产流程方面缺乏灵活性,从而很难生产出新的或者改进性产品

续表

	专业化的有利影响	专业化的不利影响
对劳动者	① 为了获取工作只需很少或不需要受教育； ② 比较容易学会做一项工作	① 重复同一性质的工作容易产生厌烦感； ② 由于对每一项任务贡献小，从而对工作本身难以产生满足感； ③ 对工作进度很少或没有控制权，从而意志消沉而且容易疲倦； ④ 由于只能对专门工作的某个部分来学习，所以很少有机会能获得更好的工作

近来研究显示，专业化引起的不利影响超出了有利影响的程度比我们过去想象的要多。对中国来讲，80后、90后工人和他们的父辈相比较，更加注重工作的挑战性和个人价值的实现，以及生活质量的提高，为了改变现状，有必要通过不同方法来做工作设计。

2. 工作动机对行为的影响

行为理论的主要内容之一是研究人的工作动机。该理论对工作设计有直接的指导作用。由于人的工作动机对人如何进行工作以及对工作结果有很大的影响，所以有效的工作设计需要研究人的工作动机和行为，考虑人的心理因素和个人需要。人们的工作动机有多种，需要也有很大的不同，根据马斯洛的需要层次论，人的需求是多层次的，从低到高依次为生理的需求、安全的需求、社交的需求、尊重的需求、自我实现的需求。随着人们收入的提高和社会保障体系的完善，人们的低层次的需求基本得到满足，对较高层次的需求开始显现，因此现在的年轻人要求工作内容适合个人的合理要求，承担更多的责任，拥有更多的决策权，从事更具挑战性的工作，以实现自我发展的需要等。

当一个人的工作内容和范围较狭窄或工作的专业化程度较高时，人往往无法控制工作速度（如装配线），也难以从工作中感受到一种成就感、满足感，此外与他人的交往、沟通较少，进一步升迁的机会也几乎没有（因只会很单调的工作）。因此，像这样专业化程度高、重复性很强的工作往往容易使人产生单调感，易导致人对工作变得冷漠，从而影响到工作效率。

为了改进员工的工作和生活质量，满足职工的心理需求，克服工作专业化过细带来的弊端，国内外已经提出和应用了如下一些工作设计的新概念和新方法。

1) 工作扩大化

工作扩大化是指工作的横向扩大，即增加每个人工作任务的种类，从而使他们能够完成一项完整工作的大部分程序，这样他们可以看到工作对顾客的意义，从而提高工作积极性。例如，工人过去只是专业从事的车工工序，现在增加了铣工和磨工工序，工人每天所做的工作内容增加了。这在20世纪60年代盛行一时，但实施一段时间之后，工人对增加一些简单的工作内容仍不满足。其原因是虽然工作范围扩大增添了工作内容，但是在"参与、控制与自主权"方面没有增加任何新东西，必须寻求新的专业化与分工方式。

2) 工作职务轮换

工作职务轮换是指允许员工定期轮换所做的工作。这种方法可以给员工提供更丰富、更多样化的工作内容。职务轮换是通过横向的交换，使管理人员或员工从事另一岗位工作,使他们在逐步学会多种工作技能的同时,也增强其对不同的工作之间、部门之间相互依赖关系的认识,并产生对组织活动的更广阔的视野。最典型的是各部门管理人员定期进行轮换任职,职务轮换后的部门经理不但由专才变成通才,更具有全局观,从整体上把握企业的运作,在为企业共同的总目标而工作,还有助于互相激发,充分发挥其创造力。职务轮换一般来说主要有以下几种类型:

(1) 新员工巡回轮换。新员工在就职训练结束后,根据最初的适应性考察被分配到不同部门去工作。为了使员工在部门内尽早了解到工作全貌,同时也为了进一步进行适应性考察,不立即确定他们的工作岗位,而是让他们在各个工作岗位上轮流工作一定时间(一般一年左右),亲身体验各个不同岗位的工作情况,为以后工作中的协调配合打好基础。新员工每一岗位轮换结束时还有岗位考评评语,这样企业对新员工的适应性有了更清楚的了解,最后才确定他们的工作岗位。

(2) 培养"多面手"员工轮换。为了适应日益复杂的经营环境,企业都在设法建立"灵活反应"式的组织结构,要求员工具有较宽的适应能力,当经营方向或业务内容发生转变时,能够迅速实现转移。于是员工不能只满足于掌握单项专长,必须是"多面手""全能工"。所以,企业在日常情况下必须有意识地安排员工轮换做不同的工作,开发其潜在能力,以取得多种技能,适应复杂多变的经营环境。

(3) 培养经营管理骨干轮换。从企业长远发展考虑,培养经营管理骨干的轮换是十分重要的。对于高层管理人员来说,应当具有对企业业务工作的全面了解和对全局性问题的分析判断能力。培养这种能力必须使管理人员在不同部门间横向移动,开阔眼界,扩大知识面,并且与企业内各部门的同事有更广泛的交往接触。这种培养以班组长、科长、部门经理级干部为最多,轮换周期一般为2~5年不等。

在部门经理轮换的同时为了保持员工情绪稳定,必须通过确立正确的观念和制度体系,在员工心中建立一个清晰而稳定的组织结构概念,这一概念不会因为部门经理轮换而产生模糊或误解。与此同时要员工树立企业一体化的观念,强调跨部门协作的精神。为此,建立一套与职务轮换相配套的制度体系是十分必要的,清晰而标准的工作说明、一套全行业通行的员工绩效评估标准体系、一套员工福利制度和报酬体系、培训开发计划等。这样,员工的绩效不会出现因为不同的上司而不同等问题。

3) 工作丰富化

工作丰富化是指工作的纵向扩大,即给予职工更多的责任,更多参与决策和管理的机会。工作丰富化与工作扩大化、工作轮换都不同,它不是水平地增加员工工作的内容,而是垂直地增加。这样员工会承担更多重的任务、更大的责任,有更大的自主权和更高程度的自我管理,还有对工作绩效的反馈。工作丰富化的具体做法如下:

(1) 在工作方法、工作程序和工作进度的选择等方面给下属以更大的自由,或让他们自行决定接受还是拒绝某些任务。

(2) 鼓励下属人员参与管理,鼓励员工之间相互交往。

(3) 放心大胆地任用下属,以增强其责任感。

(4) 采取措施以确保下属能够看到自己为工作和组织做的贡献。

(5) 最好是在基层管理人员得到反馈以前,把工作完成的情况反馈给下属。

(6) 在改善工作环境和工作条件方面,如办公室或厂房、照明和清洁卫生等,要让员工参与并提出自己的意见或建议。

注意点

工作扩大化、工作职务轮换、工作丰富化,要和员工的绩效评价体系及报酬制度体系结合起来使用才有效。

5.2 工时定额与作业的测定

5.2.1 工时消耗分类

为了科学测定活劳动消耗量,研究制度工作时间的利用情况,对工作班内工时消耗进行科学分类是十分必要的。企业员工的制度工作时间(通常为 8 小时)可分为定额时间和非定额时间两部分。图 5-2 表示定额时间的详细分类。

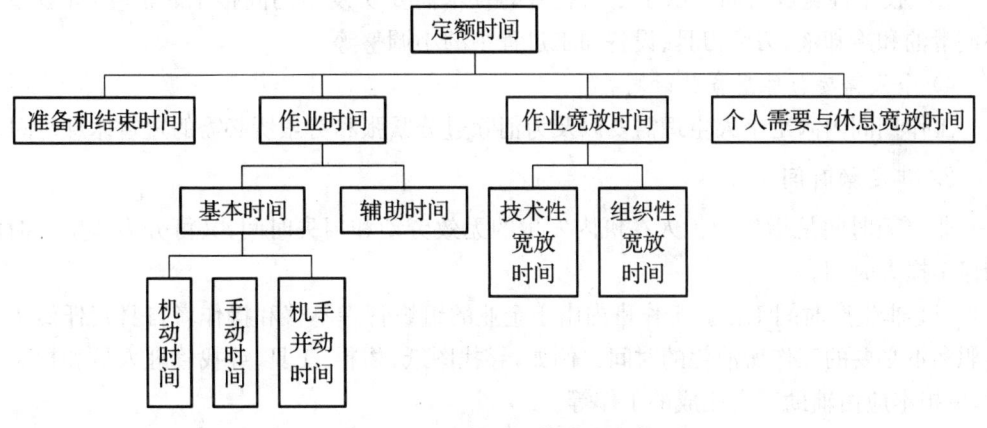

图 5-2 定额时间的详细分类

1. 定额时间

定额时间是指生产工人在工作班内完成生产任务直接或间接的全部工时消耗,具体又可分为准备与结束时间、作业时间、作业宽放时间和个人需要与休息宽放时间等。

1) 准备与结束时间

为执行一项作业或加工一批产品,事先准备和事后结束工作,如熟悉图纸和工艺要求、设备调整、准备专用工艺装备、零件及成批交付检验等所消耗的时间。

2) 作业时间

直接用于完成生产作业和零件加工所消耗的时间,如手工产品装配的时间、手工造型时间等,具体包括:

(1) 基本时间。直接用于改变加工对象的形状、尺寸、性能、外表及零件组合等所消耗的时间,如刀具直接切削加工工件的时间、热处理工件加热的时间等。它又分为:

① 机动时间。在工人看管下由设备自行完成基本工艺过程或辅助操作所消耗的时间。

② 手动时间。工人手工或借助简单工具完成基本工艺过程或辅助操作所消耗的时间。

③ 机手并动时间。工人直接操纵工艺设备实现基本工艺过程或辅助操作所消耗的时间。

(2) 辅助时间。为执行基本作业而进行的各项辅助操作所消耗的时间,主要包括操纵设备进入加工状态,在加工设备上装卸工件、工件测量时间等。辅助时间通常都是通过人体的活动来实现的。它又可分为两种:与基本时间交叉的和不与基本时间交叉的。

作业时间是定额时间中最主要的组成部分,是决定定额时间长短的重要因素。一般来说,加工同样的产品,单位产品所消耗的作业时间越少,劳动效率就越高。对一个工作日来说,作业时间占的比重越大,则表明工时有效利用程度越高。

3) 作业宽放时间

完成生产作业和零件加工过程中,由于工作现场组织管理和工艺装备的技术需要所发生的间接工时消耗,产生了组织性宽放时间和技术性宽放时间。

(1) 组织性宽放时间。工作现场组织管理需要所发生的间接工时消耗,如清扫工作地、擦拭机床、整理工具或毛坯、填写工票以及工作中不可避免地中断时间。

(2) 技术性宽放时间。由于工艺装备的技术需要所发生的间接工时消耗,如设备加注润滑油和冷却液、刃磨刀具、设备加工过程中的小调整等。

4) 个人需要与休息宽放时间

工作期间内满足个人生理需要以及为消除过分紧张和劳累所必需的短暂休息时间。

2. 非定额时间

非定额时间是指生产工人在班内发生的无效劳动和损失时间,又可分为非生产时间和停工损失时间。

(1) 非生产时间工作。工作班内由于企业的组织管理不善和操作者自身责任做了非本职和不必要的工作所消耗的时间。例如,寻找图纸、物料、工具、寻找管理人员和检验人员,承担本应由辅助工人完成的工作等。

(2) 停工时间。工作班内由于组织和管理不善或者外部因素影响,工人的操作和个人原因而损失的时间,如停电、停工待料、迟到早退、旷工等。

员工在班内花费非定额时间不但消耗了员工精力,还增加了企业的成本,且不为顾客创造任何价值,应该尽量避免。

注意点

丰田公司认为:我正在忙,我正在为工作而忙,我正在为顾客创造价值而忙。这三句话是有区别的。只有为顾客创造价值而忙才是应该计算在定额时间内的,否则是浪费。

5.2.2 工时定额(标准工时)的构成

1. 工时定额(标准工时)的定义

工时定额是指具有平均熟练程度的操作者,在标准作业条件和环境下,以正常的作业速度和标准的程序方法,完成某一项作业所需要的总时间。根据定义可以看出工时定额不是随意制定的,它有许多限制性条件,需要采用科学的作业测定方法制定完成作业的劳动量消耗才是工时定额。科学作业测定强调用科学的方法进行工作,这样才能得出科学的工时定额。

2. 工时定额(标准工时)的构成

标准时间从工作消耗的科学性和合理性出发,包含的工时消耗内容只能是定额时间内的各项内容,非定额时间不应包括在标准时间之内。标准时间的构成如图5-3所示。工时定额指完成单个零件加工(或单项作业)所需的全部时间,它由单件时间、准备和结束时间构成。

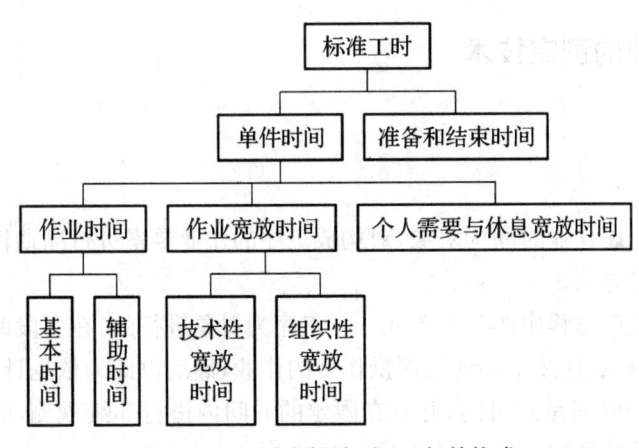

图5-3 工时定额(标准工时)的构成

3. 工时定额(标准工时)的计算

1) 大量生产

大量生产条件下,每个工人在工作地固定完成同样的工作,由于产量大,平均分摊到每件产品的准备与结束时间很少,因此可以忽略不计。大量生产的单件产品的时间定额可以按照如下公式计算:

单件工时定额=作业时间+作业宽放时间+个人需要与休息宽放时间

2) 成批生产

成批生产条件下,每件产品分摊的准备与结束时间比较多,需要考虑准备与结束时间,因此其单件时间定额如下:

$$\text{单件工时定额} = \text{作业时间} + \text{作业宽放时间} + \text{个人需要与休息宽放时间} + \frac{\text{准备与结束时间}}{\text{每批产品数量}}$$

3) 单件生产

单件生产条件下,每件产品都需要考虑准备与结束时间,因此其单件时间定额如下:

$$\text{单件工时定额} = \text{作业时间} + \text{作业宽放时间} + \text{个人需要与休息宽放时间} + \text{准备与结束时间}$$

其中:

$$\text{宽放时间} = \text{作业时间} \times \text{宽放率}$$

科学地制定工时定额是为提高生产效率服务的,减少工作方法中存在的浪费。效率是衡量工作的唯一标准,忙碌并不等于高效。

5.2.3 作业的测定技术

1. 测时法

1) 定义

测时法是以工序作业时间为对象,对构成工序的作业要素进行周期性重复观察,测定其工时消耗的一种方法。

测时法是以生产过程中的基本单元——工序为对象进行的,在一段时间内,按照预定的观察次数,利用秒表连续不断地观测操作者的作业,然后以此为依据计算该作业的标准时间。由于观测的时间是随机的,并且在限定的时间内进行连续观测,因此,可以将测时法看成一次密集性的抽样。

为了准确地测定工时定额,有必要将测定对象——工序分解成一系列作业要素。作业要素是工序的细分。由于测时的目的和要求的不同,作业要素的划分可粗可细,粗至操作或综合性操作,细至可以是动作要素。例如,某车床加工某零件,该工序可分解成以下五个作业要素:置零件于卡盘并紧固、开车与进刀、车削、关车与退刀、卸下零件。

由于作业要素的时间消耗是短暂的,而且操作者在重复完成这些操作活动时,其前后的时间消耗不可能完全一致(除了由机械控制完成的操作外),为此进行测时研究时,要求多次重复观察和记录。这是测时方法的重要特点。

2) 用途

从 20 世纪初泰罗提出秒表测定以来,已近百年。但至今普遍认为用秒表测定进行时间研究,它仍然是一种比较可靠、比较经济的方法。现在观察和记录的手段可以用先进的摄、录像设备替代秒表,但作为测时的基本原理和应用并没有因此而改变。测时的用途主要在以下几个方面:

(1) 精确测定操作者完成工序,及其各个作业要素的工时消耗量。
(2) 研究合理的工序结构,为方法研究提供工时消耗数据,为制定作业标准提供依据。
(3) 制定作业时间定额和标准时间。
(4) 为制定时间标准资料提供依据。
(5) 总结先进生产者的操作经验,指导和培训工人。

3) 测时步骤

测时步骤:分为3个,即准备工作、测时观察、整理和分析。

(1) 准备工作。具体如下:

① 选择测时对象。根据测时的目的选择测时对象,如果测时是为了制定定额,应当选择介于先进和一般之间的工人为对象;如果是为了总结先进操作经验,应选择先进工人作为对象;如果是为了找出完不成定额的原因,则应选择完不成定额的工人为对象。测时对象确定后,测定人员要将测时的目的、意义和要求,向工人讲清楚,以便取得工人的配合。

② 明确被测对象和加工作业方面的情况,如工人工种、技术等级、工龄、设备、工具、工作地布置、环境条件等。如果测时是为制定时间标准提供资料,还需要在作业现场建立良好的生产秩序,如工作地服务、技术服务和合理布置工作地等。

③ 划分操作或操作组。一般是根据实际操作步骤将工序划分为操作或操作组。原则是:把基本时间和辅助时间、机动时间、机手并动时间和手工操作时间分开。在划分操作的基础上,确定定时点,作为区分上下操作之间的界限,以保证每次观察记录的一致性和正确性。定时点应选择声音或视觉上容易识别的标志。

④ 测时时间选择。测时最好在上班后一两个小时,待生产稳定后进行。测时观察的次数,要根据生产类型、作业性质(机动、机手并动、手动操作)和工序延续时间长短等条件来确定。在大批量生产条件下,测时精确度要求高,观察次数比单件小批生产类型多些;工序的延续时间长,每次测定的结果出现的误差相对小些,观察次数可以少一些。一般机动操作比手动操作稳定,观察次数也可少些。以上各项准备工作都要填写在测时卡片上。

(2) 测时观察。

测时应在生产进入稳定状态时开始。测时过程中要求观测人员注意力要集中,记录要认真,如出现作业中断或不正常情况,应在测时记录表中注明。测时可采取不同的计时方法,通常有连续测时法、反复测时法(亦称交替测时法)等。

① 连续测时法。观察人员以秒表为工具,按先后顺序对工序各操作单元逐一观察,连续记录其起止时间的一种测时方法。

本方法的特点是:按预定的总观察次数,在整个工序作业的测时过程中,秒表自始至终不停顿,累计计时,在划分各操作单元的定时点处读秒表,并记录下时间。对于各操作单元以及每次观察的延续时间,待全部测定完成后再进行计算。连续测时法的主要优点是:使用简便,数据完整,测时中即使漏记个别单元,对工序作业总时间的测定也无影响。它主要用于研究完整工序内部操作结构和各部分作业时间消耗情况,为确定定额提供依据。

② 反复测时法。观察人员用秒表对工序每个操作单元独立进行观测,直接记录各操

作延续时间的一种测时方法。

本方法的具体步骤是：测定每个操作单元时，秒表由零位开始，本单元终止记下延续时间后，表针立即返回，再从零位开始记录下一单元的延续时间，故此法又称为归零法。采用反复测时法虽能及时获得各操作单元独立的延续时间数据，但每次秒表归零时都会有时间损失，特别是当操作单元延续时间很短时，表针归零可能会占去操作单元的部分或大部分时间，使测时准确性降低。因此，在时间研究中这种测时法主要用于抽测一个工序的某些重点操作单元的延续时间，以达到特定的目的。为了弥补上述缺陷，在采用此法测定延续时间较短的作业时可采用：一是双表法，即在测时板上装两支秒表，借助杠杆作用，交替使用秒表进行测定记录；二是交替法，测定时将各操作单元间隔分成奇、偶项两部分，奇次观察奇项操作，偶次观察偶项操作，如此反复测定多次可取得较为全面的资料。

(3) 测时资料整理和分析。在实地观测取得测时数据之后，应完成以下几项工作：

① 检查核实全部测时记录，删去异常数值。

② 根据正常操作延续时间和有效的观察次数，计算出每一操作的平均延续时间。

③ 计算稳定系数，检验每项操作平均延续时间的准确、可靠程度。稳定系数是测时数列中最大数值和最小数值之比。稳定系数越接近 1，说明测时数列波动小，比较可靠；反之，说明数列波动性大，可靠性小。稳定系数超过规定的程度，就需要重新测定。标准的稳定系数是根据生产类型、操作时间和作业性质决定的。

④ 经过资料的汇总、整理和工时评定以及作业宽放时间，计算出工序的标准作业时间，并以此为依据对现行劳动定额及操作方法做出评价，提出具体改进意见。

a. 工时评定是将个别工人的实测时间，调整为平均工人的正常速度操作时间的一种方法。

所谓"平均工人的正常速度"是指具有平均技术熟练程度的工人，在正常的作业环境条件下，以标准工作速率进行操作。工时研究人员通过对实际操作活动的观察，和自己头脑中的"标准"进行比较，做出判断，并通过评定系数加以调节。正常操作时间公式为：

$$正常操作时间 = 实测时间 \times 评定系数$$

通常把平均工人的正常操作水准定为 100，若观察对象的操作水准高于正常水平，评定系数大于 100；反之则评定系数小于 100。

【例 5-1】 观测某车床加工某种零件的标准工作时间，根据测时法的基本要求将该作业分解为 5 个作业要素进行观测，然后求出每个作业要素的平均时间（单位：秒）。

置零件于卡盘并紧固	13
开车与进刀	3
车削	27
关车与退刀	12
卸下零件	12

测时人员认为工人是在以 110% 的速度工作，也就是比正常速度（100%）快 10%，试计算作业正常时间。

解： 正常操作时间 = 实测时间 × 评定系数 = (13+3+27+12+12) × 110% = 73.7(秒)

在使用工时测定方法制定时间定额时,个别工人的实测时间不能直接当作标准时间使用。这是因为个别工人的操作水准和操作时间未必能代表普通工人的操作水准和操作时间。通过工作评定将实测时间调整为标准时间,以确保定额水平的先进合理和平衡统一。

b. 宽放时间标准发生在净作业时间(正常操作时间)以外但又是完成生产作业所必需的时间消耗标准。

宽放时间和净作业时间的主要区别在于前者的消耗并无固定周期,其发生的次数很难正确预测,而后者的时间消耗和生产作业紧密联系,并带有周期性。由于合理的宽放时间是完成生产作业所必需消耗的,正确制定宽放时间标准,对于科学合理制定作业的标准时间和定额时间具有重要意义。

宽放时间主要有作业宽放时间和个人生理需要与休息宽放时间。宽放时间标准通常用宽放率的形式来表示。宽放率是由某类宽放时间和被宽放对象(时间)之比计算的。

制定作业标准时间时,按照标准宽放率确定相应的宽放时间。例如,作业疲劳宽放时间的确定。

$$作业疲劳宽放时间 = 作业中手工操作时间 \times 疲劳宽放率$$

将各项宽放时间和净作业时间相加,便得到作业(即工序)的标准时间。

$$工序的标准作业时间 = 正常操作时间 + 宽放时间$$

2. 工时抽样法

亦称瞬间观察法或称工作抽样法。运用随机抽样原理,通过对工作地上的操作者和机器设备进行随机的瞬间观察,以局部(样本)事项的发生次数及发生率来推断总体的一种时间研究方法。

工时抽样法的主要用途是:① 调查工时利用和设备开动情况,以便提出切合实际的改进措施;② 调查研究工作班内各类工时消耗的情况,掌握布置工作地、休息与生理需要等定额时间正常的百分比,为制定工时消耗规范提供依据;③ 调查研究单件产品工序加工的情况,为制定产品的工时定额提供资料。

工时抽样法的实施步骤分为三步。

1) 准备工作

(1) 根据调查目的,对工时消耗按具体事项进行详细分组并规定代码符号。

(2) 根据调查的精度要求,确定观察次数。

设 P 为观测某事件发生率;n 为观测总次数;m 为事件实际发生的次数;E 为允许误差。

$$P = m/n$$

在瞬间观察中一般取 $\pm 2\sigma$ 的偏差范围,表示所取资料的可靠度为 95.5%,要确定允许误差,即确定在 $\pm 2\sigma$ 的控制数值。允许误差小,控制范围小,观测次数就要多,资料精度高,允许误差定多少,依据所取资料精度要求而定。

计算次数的公式如下：

$$\sigma^2 = P(1-P)/n, E = \pm 2\sigma, n = 4P(1-P)/E^2$$

【例 5-2】 假设某事件发生率为 0.5，允许误差为 ±0.01，即发生率必须控制在 0.49～0.51，求观测次数。

$n = 4P(1-P)/E^2 = 4 \times 0.5 \times (1-0.5) \div 0.01^2 = 10\ 000(次)$

注意点

这里事件发生率 P 是一个估计数。估计的方法：一是凭经验；二是事先进行 100～200 次的预备观测，在此基础上推算。如情况有变化，P 值还可以修正。

在正式观测前，先按调查的项目分类、观测方法、调查表格等进行一段时间的试抽样，并用随机方法确定每天观测的具体时刻。在实际抽样过程中，一般需要增加观测的天数，以便于在之后的数据整理过程中剔除无效数据补充之用。另外，在观测中遇到休假、学习、培训等情况均不作为有效数据使用，因此也要相应增加观察的天数。

（3）确定观测时刻。根据随机的原则，借助随机数字表、骰子等工具，确定每天的观测时刻。观测时刻可分两类：一类是不等间隔的观测时刻，每一观测时刻都是随机确定的；另一类是等间隔的观测时刻，第一次观测时刻是随机数，而以下各次观测时刻是按一定时间间隔确定，如 10 分钟、15 分钟观测一次。

（4）设计印制调查表格并做好其他准备工作。

2）实时观测

进行现场观察时，应按预先确定的观测时刻沿一定的行走路线巡视。当观察人员到达固定的观测位置时，立即将此一瞬间看到的作业活动事项记录在工时抽样调查表对应的项目上。对于观测瞬间之前和以后被测对象的其他活动不予记录。

（1）整理汇总评价观测结果。汇总整理工时抽样观测结果时，首先应计算各事项的发生次数和发生率，并删除异常数值，同时结合现场观察到的情况，做出必要说明。然后对观测结果进行全面深入的分析研究，找出问题和存在的原因，提出对策。

（2）确定工时定额标准。

① 计算实际作业时间。

实际作业时间＝总工作时间×（实际作业次数÷总的观测次数）

注意：这里也存在一个评定系数的确定问题，如果实测工人工作速度比正常的快，评定系数则大于 1；反之则小于 1。

② 计算正常工作时间。

正常工作时间＝实际作业时间×评定系数

③ 计算单件产品正常作业时间。

单件产品正常作业时间＝正常工作时间÷产量

④ 计算单件产品工时定额。

单件产品工时定额＝单件产品正常作业时间×(1＋宽放率)

以上仅是对作业测定技术的两种基本方法进行的简要介绍,详细内容请同学们参阅相关资料学习。

本章小结

本章首先介绍了工作设计的概念,工作设计决策,工作设计的内容,工作设计的行为影响因素;其次对工时消耗进行了分类,给出了工时定额的构成和计算方法;最后给出测定工时的两种方法:测时法和工时抽样法。

思考题

一、判断题(正确的打"√",错误的打"×")

1. 工作扩大化就是让从事操作的工人也做一些计划和协调方面的工作。（　　）
2. 工作丰富化是让员工工作向垂直方向扩展。（　　）
3. 由于生产中存在管理不善而产生等待时间,所以在劳动定额中要考虑宽放时间。（　　）
4. 为了制定工时定额,测时法应该选择非常熟练的员工作为观测对象。（　　）
5. 工作设计与工作测量的基础理论之一就是泰罗提出的科学管理四原则。（　　）
6. 测时法和工作抽样法都需要考虑作业宽放时间。（　　）
7. 寻找图纸、物料,停工等待时间是不能计算在定额时间内的。（　　）
8. 人的工作动机对其工作行为是有影响的。（　　）
9. 专业化分工,不但工作简单了,而且劳动生产率也提高了。（　　）
10. 工作设计的内容不包括工作场所和工作环境设计。（　　）

二、单项选择题

1. 下列工作形式给予员工更多的责任和参与决策的机会的是(　　)。
   A. 工作扩大化　　B. 工作丰富化　　C. 工作职务轮换　　D. 工作专业化

2. (　　)不是工作专业化分工带来的弊端。
   A. 工作的厌烦感　　　　　　B. 没有控制权
   C. 工作中责任心强　　　　　D. 工作中难产生满足感

3. 在工作设计中考虑的因素有(　　)。
   A. 只考虑技术因素　　　　　B. 只考虑人际因素
   C. 两个因素均考虑　　　　　D. 以上答案均不对

4. 工人在工作时间干私活属于(　　)。
   A. 基本工作时间　　B. 非生产时间工作　　C. 停工时间　　D. 定额时间

5. 在制定劳动定额时应该选择(　　)类型的员工作为考察对象。

A. 技术一般的员工　　　　　　　B. 技术先进的员工
C. 技术落后的员工　　　　　　　D. 专门受过培训的员工

6. 下列（　）工时定额不包括准备与结束时间。
A. 大量生产　　B. 成批生产　　C. 单件生产　　D. 手工生产

7. 在制定工时定额时不考虑（　）时间。
A. 机动　　　　B. 休息　　　　C. 寻找图纸　　D. 手动

8. 下列花费（　）时间属于非定额时间。
A. 生理需要　　B. 机手并动　　C. 参加义务劳动　　D. 工件测量

9. 工时评定是指（　）。
A. 评定测时工作质量
B. 评定工人工作质量
C. 将个别工人实测时间调整为平均工人的正常速度操作时间
D. 以上答案均不对

10. 稳定系数越接近于1说明测定的数据（　）。
A. 越不稳定　　B. 越稳定　　C. 可靠性差　　D. 准确度不高

11. 工时定额制定的主要目的是（　）。
A. 公平考核工人业绩　　　　　　B. 惩罚工人
C. 应付上级检查　　　　　　　　D. 工人控诉资本家

12. 下列（　）时间不属于作业宽放时间。
A. 擦试机床　　B. 整理工具　　C. 设备加油　　D. 寻找工具

13. 下列不属于工作职务轮换的是（　）。
A. 新员工巡回轮换　　　　　　　B. 培养多面手轮换
C. 培养管理人员轮换　　　　　　D. 给员工更多的决策权

14. 专业化给管理带来的有利影响是（　）。
A. 生产效率高　　B. 质量控制好　　C. 员工舒适度高　　D. 工作创新多

15. 专业化给管理带来的不利影响是（　）。
A. 工作易学习　　B. 培训量不大　　C. 劳动力成本低　　D. 流程灵活性差

三、基本概念

工作设计　工作扩大化　工作丰富化　工作职务轮换　工时定额

四、问答题

1. 工作设计从哪些方面进行决策，工作设计的内容有哪些？
2. 职务轮换和工作丰富化的方法有哪些？
3. 工时消耗可分为哪些类型，工时定额由哪些方面构成，如何计算不同生产类型的工时定额？
4. 专业化分工的优缺点分别是什么？

五、实训题

根据本章学习的工作设计理论，请你找一个相对熟悉的岗位试着进行岗位设计。

第3篇　生产与运作系统的运行和控制

第6章　综合生产与运作计划

 学习目标

1. 理解综合生产与运作计划体系的构成及它们之间的关系。
2. 理解综合生产与运作计划的基本决策方式以及制定策略,掌握综合生产计划的优化方法。
3. 理解生产能力的基本概念,掌握生产能力的核算方法。
4. 理解学习效应,掌握生产能力规划过程中应该考虑的主要因素以及基本思路。

 引　例

综合生产与运作计划为菲多利带来竞争优势

像世界上其他大公司一样,菲多利公司凭借有效的综合生产与运作计划,使其旗下的36家北美工厂的产能与波动幅度达数十亿美元市场需求保持平衡,其中中期计划(3～18个月)是核心。有效的综合生产与运作计划加上紧凑的生产流程、有效的设备维护、高效率员工及设备运转计划是提高工厂产能利用率的关键。

菲多利是拥有30多个品牌的休闲食品和薯类制品的公司,其中15个品牌年销售额超过1亿美元,7个品牌年销售额超过10亿美元。生产这些产品需要专门的流程和专用设备,因此形成很高的固定成本,所以需要采用大批量生产方式,并使产能和市场需求相匹配,保持较高的设备利用率,才能盈利。

在美国达拉斯附近的菲多利公司总部,计划人员利用产品的历史销售数据、新产品预测数据、促销数据、大客户经理对当地需求波动的预测数据等,先确定总公司总需求,然后计划人员将现有产能、产能扩张计划及成本与总需求相匹配,形成总综合生产与运作计划。根据总计划,36家工厂制订各自生产与运作计划。每个季度总部会与各工厂一起根据市场情况和工厂生产能力来调整每个工厂的计划。工厂根据季度计划来编制每个月4

个周计划,使特定产品在特定生产线上进行批量生产,最后原材料和劳动力按周分配到相应的生产流程中。

综合生产运作计划是提高设备利用率、降低成本的主要因素,菲多利60%的市场占有率表明,卓越的综合生产与运作计划为其带来了竞争优势。

(资料来源:杰伊·海泽,巴里·伦德尔,查克·蒙森.运作管理.李果,张祥,译.北京:中国人民大学出版社,2020;经编者改编)

计划管理是企业管理的首要职能,企业内部的分工协作十分精细,需要通过统一的计划来组织、指挥协调各部门的生产与运作活动。综合生产与运作计划是企业经营计划的重要组成部分,是企业对生产与运作任务做出的统筹安排,是企业组织生产与运作活动的依据。本章主要阐述生产与运作计划体系的构成、综合生产与运作计划、生产与运作能力需求与规划等。

6.1 生产与运作计划概述

6.1.1 生产与运作计划体系

生产与运作计划工作是由一系列不同类别的计划所组成,按计划期的长度分为长期、中期、短期计划三个层次。它们之间相互紧密联系、协调配合,构成企业生产运作计划的体系。图6-1表示了这三层计划的组成以及各种计划之间的联系。

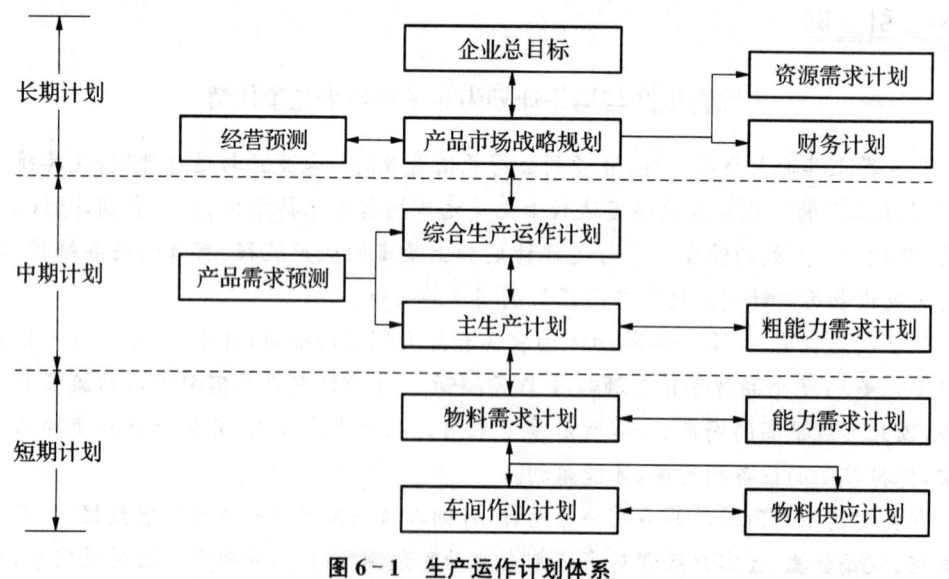

图6-1 生产运作计划体系

1. 长期计划

长期计划的计划期长度一般为3~5年,也可长达10年。它是企业在生产、技术、财务等方面重大问题的规划,提出了企业的长远发展目标以及为实现目标所制订的战略规划。它在企业经营预测基础上制订包括产品与市场发展战略计划、资源需求计划以及财务计划等计划。制订长期计划,首先要结合对经济、技术、政治等环境的分析,确定企业的发展总目标以及战略规划。总目标如在总产量、总产值、利润、质量、品种等方面的增长速度和应该达到的水平;战略规划则要确定企业的经营方向和经营领域、产品门类和系列、体现竞争战略的产品质量和价格水平,以及市场渗透战略,通常表现为产品与市场发展战略计划。接着,制订资源需求计划,它要确定为实现企业发展目标和战略计划所需要增加的各类生产资源和相应的生产方式的变革,以及生产能力发展的规划。长期计划中的财务计划将从资金需要量和投资回报等方面对以上各种计划的可行性和经济有利性进行分析,使这些计划在财务上成为可行,并且取得良好的效益。

2. 中期计划

中期计划的时间期一般为一年。它就是通常的年度生产计划。中期计划主要包括两种计划:综合生产与运作计划(生产计划大纲)和主生产计划(产品出产进度计划)。

1) 综合生产与运作计划(生产计划大纲)

综合生产与运作计划规定企业在计划期内应达到的生产目标。它用一系列指标来表示,以规定企业在品种、质量、产量和产值等方面应达到的水平。

(1) 品种指标包含两方面的内容:① 企业在计划期内生产的产品名称、规格等的规定性;② 企业在计划期内生产的不同品种、规格产品的数量。品种指标能够在一定程度上反映企业适应市场的能力,一般来说品种越多就越能满足不同的需求,但是过多的品种会分散企业生产能力,难以形成规模优势,应综合考虑合理确定产品品种,加快产品的更新换代,努力开发新产品。

(2) 质量指标是指企业在计划期内生产的产品应该达到的质量标准。它包括内在质量与外在质量两个方面。内在质量是指产品的性能、使用寿命、安全性、可靠性和可维修性等因素;外在质量是指产品的颜色、式样、包装等因素。在我国,产品的质量标准分为国家标准、部颁标准和企业标准三个层次。产品的质量标准是衡量一个企业的产品满足社会需要程度的重要标志,是企业赢得市场竞争的关键因素。

(3) 产量指标是指企业在计划期内应当生产的合格的工业品实物数量或应当提供的合格的工业性劳务数量。产品的产量指标常用实物指标或假定实物指标表示,如钢铁用"吨",发电量用"千瓦小时"等表示。它是制定其他物量指标和消耗量指标的基础。

(4) 产值指标是指用货币表示的企业生产产品的数量。它解决了企业生产多种产品时不同产品产量之间不能相加的问题。

综合生产运作计划是根据长期计划对当年提出的任务要求和市场对企业产品需求的预测数据来编制的。它的作用是通过总量指标来初步核算检查全年的生产能力能否满足需要,以便在计划任务与生产能力之间进行平衡,保证生产运作计划的完成。

2) 主生产计划(产品出产进度计划)

主生产计划是将综合生产与运作计划具体化为按产品品种、规格来规定的年度分阶段的产量计划。这种计划一般每隔半年编制一次,也可按更短的时间周期进行滚动更新。

制订出主生产计划之后,仍需进行生产能力的核算平衡,以保证计划达到可行性。但在这一层次上生产能力核算和平衡都是粗略的,只分车间,或按设备大组(大类)的总台时与人员的总工时去检查和核校生产能力,故属于粗能力需求计划。检查生产能力的同时,也要检查其他资源的供应能力,如原材料及配件供应、能源、物流等的供需平衡情况。

企业编制生产计划,不仅要科学确定全年生产任务,而且要把全年的生产任务按时间逐期分解,这就是产品生产进度的安排工作。合理安排企业的生产进度,一方面有利于进一步落实企业的销售计划,满足市场需求,履行经济合同;另一方面有利于企业平衡生产力,有效利用设备和人力。

3. 短期计划

短期计划的计划期长度在 6 个月以下,一般为月或跨月计划,它包括物料需求计划(MRP)、生产能力需求计划以及在这些计划实施过程中车间内的作业进度计划和控制工作。物料需求计划是指产品出产计划分解为构成产品的各种物料的需要数量和需要时间的计划,以及这些物料投入生产或提出采购申请的时间计划,还有最终产品的短期出产进度计划。生产能力需求计划即通常所说的设备负荷计划,它根据零件的工艺路线和工时定额,来预计各工作中心(设备组)各时间周期中应提供的生产能力数量;然后经过与实际能力的平衡,编制出车间的生产作业计划。车间内的作业计划工作包括作业分派、调度和生产进度的监控与统计工作。对外购的物料则编制物料供应计划,并对其执行情况进行控制。

6.1.2 各类生产计划的特点

长期计划、中期计划和短期计划各有自己的特点。表 6-1 列出三种类型计划的主要特点。从表中可以看出,由于所面临的环境因素不同,各类计划有各自不同的任务、管理层次、计划方式和要处理的问题。

表 6-1 三种类型计划的不同特点

	长期计划	中期计划	短期计划
主要任务	制定总目标及获取所需资源	有效利用现有资源,满足市场需求	合理配置生产能力,执行厂级计划
实施角色	高层	中层	基层
时间跨度	3～5 年或更长	1～1.5 年	小于 6 个月
详细程度	非常概括	概略	具体、详细
不确定程度	高	中	低
决策问题	产品线 工厂规模 设备选择 供应渠道 员工培训 生产系统选择 库存系统选择	工厂工作时间 劳动力数量 库存水平 外包/外协能力 生产速率	生产品种 生产数量 生产顺序 生产地点 生产时间 物流库存控制方式

长期计划要处理的是企业的发展与外部环境的关系问题,因此要由企业的高层领导负责。其主要任务是确定发展的总目标和实现总目标获取所需的资源。这类计划所面临的都是不确定性因素,只能规定出一些非常概括的指标作为指导。它要做的决策都是关系企业长远利益而又需巨大投资的重大的战略性问题。故这类计划又称战略层计划。

中期计划要处理的是将已知的或预测的市场需求细化为企业的生产指标和产品任务计划。它们应由企业主管生产的部门负责。其主要任务是如何有效地利用现有资源最大限度地满足市场需求并取得最佳的经济效益。这类问题中也有相当一部分是不确定的因素,如未来一年中的市场需求。故仍包含一部分粗略性指标。他们要做的决策是如何适应需求的变动安排好生产能力的利用问题,这里可以调节的生产能力因素有工厂工作时间、劳动力数量、库存水平、外包量和每月的产量水平,即生产速率等。

短期计划所处理的问题基本上纯属企业内部的作业管理问题。这时生产的任务、能力和物资供应都是确定且已知,计划工作的任务是要将设备和人力最适当地配置给各项已投产的任务项目,以保证上层计划实现。因此要求他们制订出详细的时间进度计划。在计划中要做好生产的品种、批量、顺序和时间进度的决策,也要做好设备与人力负荷的决策,它们是作业层的计划。

6.1.3 制订生产与运作计划的一般步骤

制订生产与运作计划的一般步骤如图6-2所示。

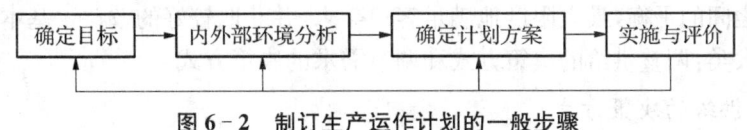

图6-2 制订生产运作计划的一般步骤

1. 确定目标

通常根据企业经营的使命和愿景确定企业总目标。

2. 内外部因素分析

图6-3列出了生产与运作计划环境的内外部主要影响因素。其中市场需求包括了合同订购量、市场预测量。外部供应能力包括供应商在人力、物资、资金、技术等方面所能提供的保证。从某种意义上讲内外部因素分析实质上是"需要"与"可能"分析。

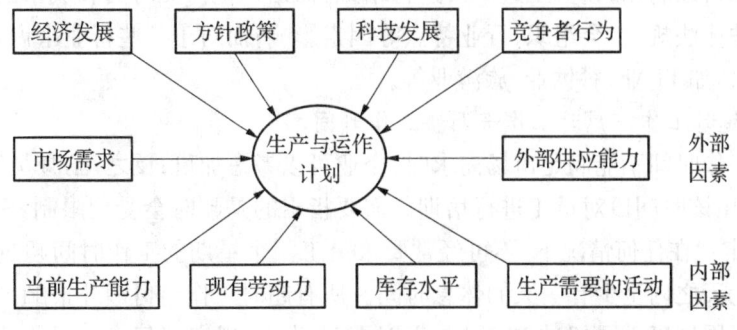

图6-3 生产与运作计划环境的内外部主要影响因素

3. 确定计划方案

确定计划方案包括拟定多个实现目标的可行计划方案,并按一定的标准从中选择一个计划方案,其中主要是综合生产运作计划方案和主生产计划方案。实质上是一个综合平衡和选优的过程,目标是处理好"需要"与"效益"的关系。

4. 实施与评价

实施与评价即对确定的计划方案组织实施,并检查目标是否达到。如未达到,是什么原因,是目标制定、环境分析还是计划方案问题,要采取什么措施,是否要修改计划等?

6.2 综合生产与运作计划决策、策略及优化

综合生产与运作计划决策是根据企业所拥有的资源能力和需求预测对企业未来较长一段时间内的产出内容、产出率、劳动力水平、库存投资等问题做出的综合性决策。

6.2.1 综合生产与运作计划的基本决策方式

综合生产与运作计划的目标就是在给定的计划期内以最少的成本实现企业资源能力和预期需求之间的平衡,最大限度地满足客户需求,并获取较好的效益。基本决策方式一般可分为两大类:调整供给的决策方式和调节需求的决策方式。

1. 调整供给的决策方式

调整供给的决策方式的基本思路是根据市场需求制订相应的综合计划,即将预测的市场需求视为给定条件,从企业供给方面寻求满足市场需求的解决方案,通过有效地调整企业的生产能力,使得企业能够稳妥地应变市场需求的波动,故这种决策模式下的综合生产计划策略常被称为"稳妥应变型策略"。常用的方法有以下几种。

1) 通过新聘或解聘员工来改变劳动力水平

企业可以通过新聘或解聘一批员工来适应市场需求的波动,此法的缺点是容易造成劳资关系疏远。同时对于很多企业来说,符合其特殊技能要求的人员来源是非常有限的,并不是随时都可以聘用;新员工进厂要进行培训,而培训是需要时间和成本的。此外解聘员工会受到法律法规、工会组织、行业特点等因素影响;而对于某些行业来说,解聘再聘则是很平常的事,如IT业、餐饮业、旅游业等。

2) 通过超时工作或减时工作来调整工作时间

当正常工作时间不能满足市场需求时,企业可以考虑加班;反之,酌减员工工作时间,或调休,或利用该时间段对员工进行培训。需要指出的是超时会受到限制,SA 8000 标准(2001版)规定:"在任何情况下,不可经常要求员工一个星期的工作时间超过 48 小时,并且员工每周七天之内至少有一天的休息时间。所有超时工作应付额外报酬。在任何情况下每个员工每周加班不得超过 12 小时。"我国《劳动法》规定:"每人每日加班不得超过 3

小时,每月加班的总时数不得超过 36 小时。"此外,超时工作需付额外报酬,而且太多的超时工作过度消耗员工精力,会降低平均产出及产品质量。

> **知识介绍**

社会责任标准(SA 8000)介绍

社会责任标准(SA 8000)是国际标准化组织经济优先认可委员会(CEPAA)出台的国际标准,是继 ISO 9000、ISO 14000 之后发布的又一个涉及体系的认证标准。SA 8000(2001 版)由四个主要部分构成,第四部分"社会责任之规定"含有以下 9 个要素:① 童工;② 强迫性劳动;③ 健康与安全;④ 组织工会的自由与集体谈判的权利;⑤ 歧视;⑥ 惩戒性措施;⑦ 工作时间;⑧ 薪酬;⑨ 管理体系。

SA 8000 是一个通用标准。任何企业或组织可以通过 SA 8000 认证,向客户、消费者和公众展示其良好的社会责任表现和承诺。它的颁布和实施对企业的人力资源管理、对外贸易等会产生较大的影响。

(资料来源:编者根据相关资料整理汇编)

3) 改变库存水平

企业可以在需求淡季增加库存水平,以满足将来高峰时期的需求。此法可以保持产出均衡,人员稳定,但是会造成库存成本增加、资金积压以及销售风险的增加。因此应该尽量储备零部件、半成品,当需求高峰到来时,再迅速进行组装。

4) 外包

企业可以通过业务外包来弥补短期生产能力不足,以适应动态的市场需求。但企业在外包时会失去部分控制权,可能会带来能否按期交货和质量风险问题,导致顾客流失。因此,企业必须寻找合适的合作者,进行必要监控,以保证按时保质地提供产品和服务。

5) 聘用非全日制雇员

聘用非全日制雇员可以满足对非技术雇员的需求(尤其在服务业),或者对有特殊技能而又无须永久拥有雇员的需求。聘用非全日制雇员在企业有超额工作时作用显著,这样企业可以缩减过量的经常性开支,降低成本,同时提高劳动力的柔性。

6) 通过顾客参与调节产能

顾客参与是服务运作的特点。有些服务可以通过顾客自我服务来增加服务能力,如自助餐、自助银行等。顾客自我服务使产能随时与需求同步,不需要额外增加产能。同时顾客自我服务使顾客得到体验,可以增加顾客的满意度。

2. 调节需求的决策方式

调节需求的决策方式的基本思路是主动出击,通过调节顾客需求模式,对需求进行有效管理,以此来寻求能够有效地满足需求的解决方案,故这种决策下的综合生产计划策略常被称为"积极进取型策略"。常用的方法有以下几种。

1) 通过调节价格转移需求

通过价格差别刺激低谷时的需求和分流高峰时的需求。一般通过在低谷时降低价格的方式来刺激需求,在高峰时提高价格来抑制需求,使需求趋于平稳,使得生产能力与之匹配。但是,消费者的心理趋向是复杂的,有时也会买高不买低,价格下降反而消费减少。所以企业应该根据具体情况,合理调整价格,以刺激需求。

2) 高峰需求时期的推迟交货

推迟交货是指顾客向企业订购了产品或服务而企业不能及时提供,需要等待一段时间才能兑现的交易方式。推迟交货策略仅在顾客愿意等待且不减少其效用或不取消订货的条件下才适用。否则,就有失售的损失和失去顾客的风险。

3) 开发和采用预定(约)系统

随机需求不可避免地产生排队现象,预定(约)系统可以将随机需求转化为计划需求,可以减少甚至消除排队现象,对顾客是有利的。同时,预定(约)系统可以将需求转移到低谷期或其他设施上,对企业充分利用产能也是有利的。但是,当顾客未按预定(约)时间履行,又不承担经济责任时会造成损失。为了控制"未出现者",往往会收取定金。

4) 采用固定时间表

如果完全按照顾客的需要来安排服务,会造成企业资源的浪费。例如,随时都有顾客要出门远行,乘坐交通工具,如果运输部门无条件满足,则需要无数班次的航班、汽车和火车,不切合实际。若采用固定时间表,使顾客按固定时间表出行,既可以满足大多数顾客的需要,又可以减少服务能力的浪费。

5) 导入互补产品

设法使不同产品需求的"峰"和"谷"错开。例如,伊利集团通过导入互补产品——牛奶和冷饮产品,根据消费需求,进行战略调整,实现冷饮产品连续七年产销量居全国第一,超高温灭菌奶产销量居全国第一,奶粉产销量居全国前三位。这一方法的关键在于找到合适的互补产品,既能充分利用现有资源能力,又可以使不同需求的峰、谷错开,使产出保持均衡。

 注意点

无论调节供给还是调节需求只能部分地解决生产计划与需求波动之间的矛盾,要想彻底解决它们之间的矛盾是不可能的,因为企业要考虑成本和效益之间的平衡问题。

6.2.2 综合生产与运作计划的制订策略

在企业生产与运作管理的实践中,可以组合使用上述两类基本决策方式。在已经采取"积极进取型策略"调节需求的情况下,接下来需要考虑的问题就集中在"稳妥应变型策略"的各种调整生产与运作能力的方法上。在制订综合生产与运作计划过程中,在既定的需求量的前提下,主要针对产出率、劳动力水平和库存水平进行综合决策。一般可以采用以下三种策略。

1. 追逐策略

如图 6-4 所示,追逐策略是指在综合运作计划的时间跨度内通过调节产出率或劳动

力水平来适应市场需求波动。实施该策略的优点是,可以使企业更好地适应需求的变化,抓住市场机会,库存水平低;缺点是生产安排与组织比较复杂,导致生产效率和产品质量的下降,同时要支付解聘或新聘人员、加班、委托加工等方面的额外费用。

2. 平准策略

如图6-5所示,平准策略是指在综合运作计划时间跨度内保持产出率或劳动力水平不变,均衡生产,通过库存、推迟交货、外包等方法适应需求波动。此策略优点是人员稳定,产出均衡,有利于生产效率和产品质量提高;缺点是库存水平较高、降低了顾客服务水平。

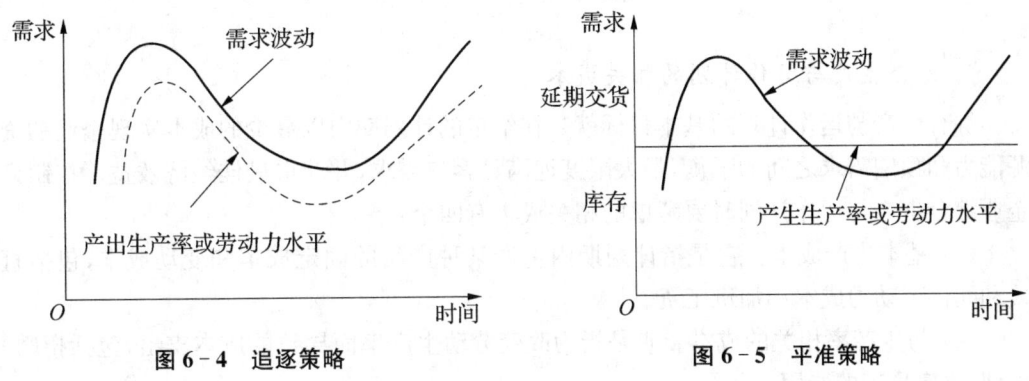

图6-4 追逐策略　　　　　　　　图6-5 平准策略

3. 混合策略

混合策略就是将以上两种策略结合起来。例如,一年四个季度的需求是20、30、60、50,采用追逐策略一年变动4次,采用平准策略今年按40组织生产。采用混合策略,前两个季度按30均匀生产,后两个季度按50生产。这样变化次数减少了,库存也大大降低了。

案例分析

阿根廷鲍吉斯·罗易斯公司的泳装生产计划

鲍吉斯·罗易斯公司(Porges Ruiz)是布宜诺斯艾利斯的一家泳装生产厂商。由于它是一个很受季节影响的企业,该公司必须在夏季的三个月将其产品的3/4销往海外。鲍吉斯·罗易斯管理层还是像传统方式一样依靠超时工作、聘用临时工、集聚存货来应付需求的大幅上升。但是这种方式带来的问题很多。一方面,由于公司提前几个月就将泳装生产出来,其款式不能适应变化的需求情况;另一方面,在这繁忙的三个月,顾客的抱怨、产品需求告急、时间安排变动及出口使得管理人员十分烦恼。

鲍吉斯·罗易斯公司的解决办法是在维持工人正常的每周42小时工作的报酬的同时,相应改变生产计划,从8月到11月中旬改为每周工作52小时(南美洲是夏季时北半球冬季)。等到高峰期结束,到第二年4月每周工作30小时。在时间宽松的条件下,进行款式设计和正常生产。

这种灵活的调度使该公司的生产占用资金降低了40%，同时使高峰期生产能力增加了一倍。由于产品质量得到保证，该公司获得了竞争优势，因而销路很广，扩大到巴西、智利和乌拉圭等国家。

启示：该公司正是通过分析产品需求的特点，改变生产计划方案，采取了混合策略，从而使企业生产更好地满足了市场需求，同时也降低了成本，提高了产品质量，竞争优势得到了体现。

（资料来源：编者根据相关资料整理改编）

6.2.3 综合生产与运作计划的优化方法

1. 综合生产与运作计划的相关成本

综合生产与运作计划的基本目标就是在给定的计划期内以最少的成本实现企业的资源能力和预期需求之间的平衡，最大限度地满足客户需求，并获得最佳经济效益。在制订企业综合生产与运作计划时要考虑的相关成本有四个：

（1）基本生产成本。它是指计划期内生产某种产品的固定成本和变动成本，包括直接和间接劳动力成本和加班工资。

（2）与生产率相关的成本。它是指为改变劳动生产率而导致的成本支出，包括招聘、培训、解雇员工的费用。

（3）库存成本。库存占用资金的成本是一个主要部分，其他包括仓储保管费、保险费、税收、损坏与产品过时造成的损失等。

（4）延期交货成本。通常这类成本很难计算，包括由于交货延迟引起的赶工生产费用、合同违约罚金、企业商业信誉损失等。

2. 综合生产与运作计划的优化方法

综合生产与运作计划的优化方法有很多，诸如试算法、线性规划法、计算机仿真技术、决策搜索规则等。下面介绍最常用的试算法的具体做法。

试算法，也称作反复试验法或试错法（The Trial-and-Error Method），是在管理实践中应用最广的方法。该方法用于制订综合生产与运作计划，是在拟定可行的初选方案基础上，通过试算不同初选方案的成本，从而确定成本最优的综合计划方案。试算法虽然不一定得到最优解，但是一定可以得到可行的且令人满意的结果。

【例6-1】某公司将预测的市场需求转化为生产需求，如表6-2所示。该产品每件需加工20小时，工人每天工作8小时。招收工人需要广告费、考试费和培养费，折合雇一个工人需300元，裁减一个工人需付解雇费200元。假设生产中无废次品和返工。为了应付需求波动，有1 000件产品作为安全库存。单位维持库存费为6元/(件·月)。设每年的需求类型相同。因此，在计划年度开始时的工人数等于计划年度结束时的工人数，相应地库存量也近似相等。现比较以下不同策略下的费用。

表 6-2 预测的需求量

(1)月份	(2)预计月生产需求量(件)	(3)累计需求量(件)	(4)每月正常工作日数(天)	(5)累计正常工作日数(天)
4	1 600	1 600	21	21
5	1 400	3 000	22	43
6	1 200	4 200	22	65
7	1 000	5 200	21	86
8	1 500	6 700	23	109
9	2 000	8 700	21	130
10	2 500	11 200	21	151
11	2 500	13 700	20	171
12	3 000	16 700	20	191
1	3 000	19 700	20	211
2	2 500	22 200	19	230
3	2 000	24 200	22	252

(1) 仅改变工人的数量。

采取这种策略需假定随时可以雇到工人,这种策略可见表 6-3,总费用为 200 000 元。

表 6-3 仅改变工人数量的策略

(1)月份	(2)预计月生产需求量(件)	(3)所需生产时间 20×(2)	(4)月生产天数	(5)每人每月生产小时 8×(4)	(6)需工人数 (3)÷(5)	(7)月初增加工人数	(8)月初裁减工人数	(9)变更费 300×(7) 或 200×(8)
4	1 600	32 000	21	168	190		37	7 400
5	1 400	28 000	22	176	159		31	6 200
6	1 200	24 000	22	176	136		23	4 600
7	1 000	20 000	21	168	119		17	3 400
8	1 500	30 000	23	184	163	44		13 200
9	2 000	40 000	21	168	238	75		22 500
10	2 500	50 000	21	168	298	60		18 000
11	2 500	50 000	20	160	313	15		4 500
12	3 000	60 000	20	160	375	62		18 600
1	3 000	60 000	20	160	375			0
2	2 500	50 000	19	152	329		46	9 200
3	2 000	40 000	22	176	227		102	20 400
合计			252			256	256	128 000

注:表中第六栏计算数据均取整数。

维持1 000件安全库存成本＝1 000×6×12＝72 000(元)

总费用＝128 000＋72 000＝200 000(元)

(2) 仅改变库存水平。

这种策略需允许迟交货。由于252天内需生产24 200件产品，则平均每个工作日生产96.03件，需1 920.6小时(＝96.03×20)，每天需工人240.08人(＝1 920.6÷8)，取241人，则每天平均生产96.4件(＝241×8÷20)产品。仅改变库存水平的策略如表6-4所示。总费用为209 532元。

表6-4 仅改变库存水平的策略

(1) 月份	(2) 累计生产天数	(3) 累计产量 (2)×96.4	(4) 累计生产需求	(5) 月末库存 (3)−(4)+ 1 000	(6) 维持库存费 (月初库存＋ 月末库存)÷2×6
4	21	2 024	1 600	1 424	7 551
5	43	4 145	3 000	2 145	10 707
6	65	6 266	4 200	3 066	15 633
7	86	8 290	5 200	4 090	21 468
8	109	10 508	6 700	4 808	26 694
9	130	12 532	8 700	4 832	28 920
10	151	14 556	11 200	4 356	27 564
11	171	16 484	13 700	3 784	24 420
12	191	18 412	16 700	2 712	19 488
1	211	20 340	19 700	1 640	13 056
2	230	22 172	22 200	972	7 836
3	252	24 293	24 200	1 093	6 195
合计					209 532

(3) 一种混合策略。

混合策略可以多种多样，考虑到需求的变化，在前一段时间采取相对低的均匀生产率，在后一段时间采取相对高的均匀生产率。在这里生产率的改变通过变更工人的数量实现。4月初需生产1 600件，每天需生产76.19件。设前一段时间采用每天80件的生产率，则每天需200个(＝80×20÷8)工人。生产到8月底，累计109天生产了8 720件(＝109×80)。在余下143天(＝252−109)内，要生产15 480件(＝24 200−8 720)产品，平均每天生产108.25件(＝15 480÷143)，需270.6人(＝108.25×20÷8)，取271人。因此，9月初要雇71人，每天可生产108.4件(＝271×8÷20)产品。年末再裁减71人。这种混合策略的总费用为179 338元(＝143 838＋35 500)(见表6-5)。

表 6-5 一种混合策略

(1)月份	(2)累计生产天数	(3)生产率	(4)累计产量	(5)累计需求	(6)月末库存(4)−(5)+1 000	(7)维持库存费(月初库存+月末库存)÷2×6	(8)变更工人数费用
4	21	80	1 680	1 600	1 080	6 303	
5	43	80	3 440	3 000	1 440	7 560	
6	65	80	5 200	4 200	2 000	10 320	
7	86	80	6 880	5 200	2 680	14 040	
8	109	80	8 720	6 700	3 020	17 100	
9	130	108.4	10 996	8 700	3 296	18 948	71×300=21 300
10	151	108.4	13 273	11 200	3 073	19 107	71×200=14 200
11	171	108.4	15 441	13 700	2 741	17 442	
12	191	108.4	17 609	16 700	1 909	13 950	
1	211	108.4	19 777	19 700	1 077	8 958	
2	230	108.4	21 836	22 200	636	5 139	
3	252	108.4	24 221	24 200	1 021	4 971	
合计						143 838	35 500

反复试验法不能保证获得最优策略,但可以不断改善所采取的策略,读者还可改变混合策略来减少总费用。

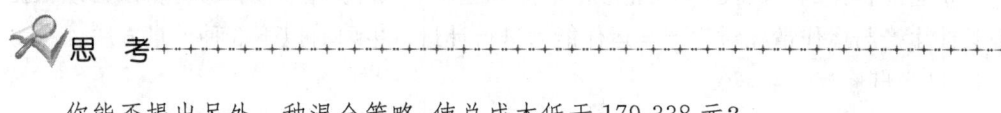

你能否提出另外一种混合策略,使总成本低于 179 338 元?

6.3 生产与运作能力需求和规划

生产与运作能力也是企业制订生产与运作计划的重要依据之一。做好生产与运作能力需求与规划工作,一方面有利于企业充分地利用生产与运作能力,避免资源的闲置;另一方面有利于企业抓住市场机会,更好地满足市场需求,提高经济效益。

6.3.1 生产与运作能力概述

1. 生产与运作能力的概念及类型

1) 生产与运作能力的概念

生产与运作能力是生产与运作系统在一定时期内可以实现的最大产出量。对制造业而言,生产能力是指在一定时期内,在先进合理的技术组织条件下所能生产一定种类产品的最大数量。对服务业来讲,生产能力可以表现为一定时间内被服务的人数。

2) 生产与运作能力的类型

(1) 设计能力。它是指制造性企业在基本建设或改扩建时,设计任务书与技术文件中所规定的生产能力。它是按照建厂时设计规定的产品方案、技术装备和各种设计数据要求确定的。通常情况下,设计能力要在企业建成后经过一段试生产,劳动者和劳动对象都按规定的质量和数量得到充分保证的前提下,通过配备必要的固定资产,正式生产趋于正常后才能实现。它是新建、改建和扩建后企业达到的最大生产能力。因此,设计能力是一种潜在生产能力。

(2) 查定能力。它是指企业生产了一段时间以后,由于企业的产品方向、资源条件、劳动状况、协作关系、技术改造、固定资产等方面发生了重大变化,原设计能力已不能反映实际情况,重新调查核实的生产能力。这是在新假设条件下的生产能力,也是一种潜在能力。

(3) 现实能力又称为计划能力。它是指企业在计划期内,依据现有的生产技术组织条件,充分考虑了已有的条件和能够实现的各种措施后,实际能够达到的生产能力。这种能力才是作为编制生产计划的依据。

国外有的人将生产与运作能力分成固定能力(Fixed Capacity)和可调整能力(Adjustable Capacity)两种,前者指固定资产所表示的能力,是生产与运作能力的上限;后者是指以劳动力数量和每天工作时间和班次所表示的能力,是可以在一定范围内调整的。

2. 生产与运作能力的计量

由于企业种类的广泛性,不同企业的产品和生产与运作过程差别很大,所以必须根据企业具体生产与运作情况对生产与运作能力进行计量。主要有以下3种计量方法。

1) 以产出量为计量单位

从生产能力的定义可知,生产能力与产出量和投入量有关,因此有些企业的生产与运作能力可以用产出量直接表示。例如,钢铁厂、水泥厂,都以产品吨位作为生产与运作能力的计量单位;家用电器生产厂,如彩电、冰箱、洗衣机等是以产品台数作为生产与运作能力的计量单位,这类企业的产出数量越大,产能也越大。

2) 以原料处理量为计量单位

有的企业使用单一原料生产多种产品,这时以工厂年处理原料的数量作为生产与运作能力的计量单位是比较合理的,如炼油厂以一年加工处理原油吨位作为它的生产与运作能力的计量单位。

3) 以投入量为计量单位

有些企业是以投入量的大小来计算生产与运作能力的,如糖厂以榨多少吨甘蔗、甜菜来表示其生产与运作能力,发电厂用装机容量来表示其生产与运作能力。这种情况在服务业中更为普遍,如航空公司以飞机座位数量而不以运送的客流量为计量单位;医院以病床数而不是以诊疗的病人数为计量单位;零售商店以营业面积或者标准柜台数来计量,而不用接受服务的顾客数作为计量单位;电信局以交换机容量来计量,而不用接通电话的次数来作为计量单位。

3. 影响生产与运作能力的因素

影响生产与运作能力的因素很多,归纳起来,主要受到以下因素的影响:

(1) 设备或设施的数量和效率。设备或设施是决定企业生产与运作能力的重要因素,设施的数量包括生产面积、设备数量等;设备或设施的效率包括生产设备的工作效率、生产面积可利用系数等。

(2) 计划期内的有效工作时间。在不同企业,由于生产条件和工作制度的不同,工作时间也是不同的。

在连续生产企业中,有效工作时间一般等于日历时间减去设备修理所需要的停工时间。

在间断生产的企业中,设备的有效工作时间,是在日历时间中扣除节假日停工的时间以后,按企业规定的工作班次来计算的,同时也要扣除设备修理停工时间。计算公式如下:

$$F_e = F_s - D_t$$

式中,F_e 为设备有效工作时间;F_s 为设备制度工作时间;D_t 为设备停修时间。

除了设备修理停工时间以外,由于其他原因造成的设备停工时间,如停工待料时间、动力供应中断的停工时间等,在计算时一般不予考虑。

(3) 产品的技术工艺特征。生产与运作能力是综合平衡各个生产环节后确定的,而对各环节能力起决定作用的除资源的可利用量外,就是产品的技术工艺特征。对于不同的产品、不同的加工方法,各个生产环节的能力是不同的。

(4) 劳动组织与生产组织条件。这包括劳动者的技术以及熟练程度,它主要会影响加工单位产品的时间;生产组织方式的合理性,它会影响系统各环节的平衡、流程的结构和时间,以及系统中的存储、瓶颈等。

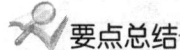

企业的生产能力受内外部多种因素制约,如何最大限度挖掘生产能力是检验管理者能力的尺度。

6.3.2 生产与运作能力的计算

正确计算生产能力既是企业经营决策的前提,也是落实生产计划的基础。企业生产运作能力的计算,应当在技术组织条件比较合理、定额水平比较先进的条件下进行。各种企业的生产方式和生产技术条件差别很大,以机器设备生产为主的企业,其产量基本上取决于各种机器设备、流水线、自动线的生产率;以手工操作为主的企业,很少使用或基本不用机器设备进行生产,如铸件造型、手工焊接、设备维修、果品分级等,其产量基本上取决于劳动力和作业面积的数量及利用率。因此,计算生产运作能力时,分别按设备生产与运作能力、作业场地生产与运作能力和劳动运作能力三种计算方法。

1. 设备生产运作能力的计算

1)单一品种生产与运作能力的计算

当只生产一种产品时,生产能力可以直接采用以产品的实际产量计算。计算公式:

$$M = F_e \cdot S / t$$

式中,M 为设备组的生产与运作能力;F_e 为计划期单台设备的有效工作时间;S 为设备组内的设备数量;t 为单位产品的台时定额。

【例 6-2】 某工厂的工作中心有 10 台相同的设备,生产单一的 A 产品,如果生产一件 A 产品所需该中心的加工时间为 2 小时,每年按 250 个工作日计算,每天两班制,每班按 8 小时计算,设备计划停修率为 2%,计算该中心的年生产运作能力。

解:$F_e = 250 \times 8 \times 2 \times (1 - 2\%) = 3\ 920$(小时)

$M = F_e \cdot S / t = 3\ 920 \times 10 \div 2 = 19\ 600$(件)

2)多品种生产运作能力的计算

对于按工艺专业化原则组织的生产单位而言,较多的情况是加工多种产品,即给定一个产品组合求其生产能力。虽然可以采用能够提供的最大工时数表示生产能力,但这种方法不直观,与计划和市场需求的表示不一致。所以实际管理工作中仍需计算以产量表示的生产运作能力,此时可以采用代表产品法与假定产品法来计算生产运作能力。

(1) 代表产品法。代表产品法的基本特点是确定某种产品为代表产品,将其他产品按工作量折算成代表产品,计算出设备组的生产运作能力。实际工作中企业一般选择在结构或工艺具有代表性的主导产品或者产量最大的产品作为代表产品。

【例 6-3】 某车床组有 8 台车床,生产 A、B、C、D 四种产品,各产品的计划年产量、单位产品台时定额的数据如表 6-6 所示,试计算该车床组的生产运作能力。

表 6-6 代表产品法

产 品	年计划产量	单位产品台时定额	折换成代表产品 A 的产量
A	280	25	280
B	200	50	400
C	120	75	360
D	100	100	400
合 计	700		1 440

解:本题中 A 产品的产量为 280 台,产量最大,故可选择该产品作为代表产品来计算车床组的生产运作能力。

首先,分别将单位 B、C、D 折算成 A 产品,其方法是生产单位产品台时与生产单位 A

台时(25 台时)进行比较,计算出折算系数。具体计算如下:

单位 B 产品的折算系数＝50÷25＝2

单位 C 产品的折算系数＝75÷25＝3

单位 D 产品的折算系数＝100÷25＝4

其次,用折算系数乘以各自的产品产量就可得出以 A 产品为代表性产品计算车床组的生产运作能力,计算方法为:280×1＋200×2＋120×3＋100×4＝1 440(台)。

当然上述只是粗略的计算生产运作能力,请同学思考这是为什么。

(2) 假定产品法。在多品种生产企业里,有时产品结构、工艺、劳动量差别很大,难以确定代表性产品,这时可采用假定产品。假定产品就是按各种具体产品工作量比重构成的一种实际上不存在的产品。具体计算方法如下:

设 t_{pj} 为我们所假定的产品 p 在机床 j 加工的台时定额,n_i 为具体产品 i 的年计划产量,t_{ij} 为机床 j 加工产品 i 的单位产品台时定额,则假定产品 p 在机床 j 加工的台时定额为 $t_{pj} = \sum n_i t_{ij}/N$,$N$ 为各种产品年产量总和。

【例 6-4】 某车床组有 8 台车床,生产 A、B、C、D 四种产品,各产品的计划年产量、单位产品台时定额的数据如表 6-7 所示,试计算该车床组的生产能力。

表 6-7 假定产品法

产　品	年计划产量	单位产品台时定额	折换成假定产品的产量
A	280	25	136.11
B	200	50	194.44
C	120	75	175
D	100	100	194.44
合　计	700		700

解:以表 6-6 所示的产品组合为对象,用假定产品法来计算企业生产能力。

首先,计算假定产品的台时定额:

根据公式假定产品的台时定额

$$t_{pj} = \sum n_i t_{ij}/N = (280 \times 25 + 200 \times 50 + 120 \times 75 + 100 \times 100) \div 700 = 51.43(台时)$$

其次,将各产品的计划产量折合成假定产品的产量,它们分别为:

A:280×25÷51.43＝136.11(台)

B:200×50÷51.43＝194.44(台)

C:120×75÷51.43＝175(台)

D:100×100÷51.43＝194.44(台)

最后,按假定产品计算得出的产品年产量为:

136.11＋194.44＋175＋194.44＝700(台)

计算结果与具体产品得出的年产量之和相等,这不是巧合,因为:

$$\sum n_i t_{ij}/t_{pj} = \sum n_i t_{ij}/\sum n_i t_{ij}/N = N$$

于是只要知道各种具体产品的年产量之和,就能知道假定产品的年产量。

2. 作业场地生产运作能力的计算

当作业组的生产运作能力主要取决于作业面积时,其生产运作能力的计算公式如下:

$$M_0 = (F_e \cdot A)/(a \cdot t)$$

式中,M_0 为某作业组的生产运作能力;F_e 为作业面积的有效利用时间;A 为作业面积;a 为单位产品占用的生产面积(平方米/台或件);t 为单位产品占用的时间。

3. 劳动运作能力的计算

当作业组的生产运作能力主要取决于劳动力时,公式如下:

$$M_0 = F_e \cdot N/t$$

式中,M_0 为作业组的生产运作能力(台或件);F_e 为计划期每个工人的有效工作时间(工时);N 为作业组的工人数;t 为单位产品的工时定额。

6.3.3 生产与运作能力的综合平衡

企业的生产与运作能力是企业内部各环节生产与运作能力综合平衡的结果。各环节生产与运作能力的不平衡是绝对的。所以在计算各环节生产与运作能力后,要由下而上地逐级平衡,即先平衡计算设备组或作业组生产与运作能力,再平衡计算车间生产与运作能力,最后进行全厂生产与运作能力的综合平衡。生产与运作能力综合平衡还应包括基本车间之间生产与运作能力的平衡,基本车间生产与运作能力和辅助车间生产与运作能力的平衡,生产与运作能力和生产与运作准备能力的平衡,生产与运作能力和储运能力的平衡等。通过平衡就可发现生产过程中的薄弱环节和瓶颈环节,然后根据企业计划期内可以调动资源条件以及所能采取的组织技术措施,克服薄弱环节,使企业的生产与运作能力得到充分发挥,以保证生产与运作计划任务完成。

6.3.4 生产与运作能力需求

对生产与运作能力需求的计算是将产品的市场需求转换为能力需求的度量指标。在制造企业中,生产与运作能力通常是用可以利用的设备数量来表示的。在这种情况下,管理人员必须把市场需求(通常是用产品产量来表示的)换算为所需的设备数量。下面是一种把市场需求换算为设备数量的方法。

首先,通过下式计算出每年所需的设备小时数:

$$R = \sum D_i P_i$$

式中,R 为每年所需的全部设备小时数;D_i 为每年所需的产品 i 或服务 i 的数量;P_i 为单

位产品 i 或服务 i 所需的平均加工(处理)时间。

其次,计算每台设备可提供的最大工作小时数。这首先需要计算该设备的制度总工作时数,可以用下式计算:

$$N=每天制度工作时数\times每年制度工作日数$$

这里得到的是理论上总工作时数,在此基础上还要再考虑其实际利用率进行调整。如下式:

$$H=N(1-C)$$

式中,H 为某设备一年可提供的实际工作时数;N 为某设备一年的制度工作时数;C 为设备的停修率。

最后,根据用设备时数表示的市场需求量和每台设备所能提供的实际工作时数,计算出所需的设备数量:

$$M=R/H$$

需要指出的是,一个制造业的生产系统一般是由多种设备构成的,分别计算所有设备的需求量会很困难,而且可能出现数量之间的矛盾,所以可以根据对系统流程的分析找出关键设备,确定关键设备的需求量后,再根据设备之间的连接关系确定其他设备的数量。

在其他类型的组织中,如服务类型的企业,也可以用类似的方法来计算生产能力需求。例如,医院的生产需求可转换成对手术室或床位的需求;银行的顾客需求可转换为对服务窗口设置数的需求;运输企业的市场需求可转换为对车辆的需求等。但一般来说,在相同的计划期内,服务需求比产品需求更难预测,它们往往在一天的不同时段内就有很大变化。

【例 6-5】 某企业的一个面包生产车间的关键设备为烤炉,如果该车间能够生产两种产品(A 和 B),每种产品的需求量及相关数据如表 6-8 所示,该生产车间每年的工作日为 250 天,每天工作 8 小时,设备利用率为 90%。为预防需求波动,需要保持 20% 的能力缓冲,那么至少需要多少台烤炉?

表 6-8 面包生产车间产品的需求量及相关数据

	产品 A	产品 B
年需求量(箱)	10 000	12 500
每箱烤制时间(小时,烤炉每次烤制一箱)	0.5	0.8

解: 首先,计算全年所需的设备小时数:

$R=(10\,000\times0.5+12\,500\times0.8)\times(1+20\%)=18\,000(小时)$

其次,计算一台设备的年工作时数:

$H=8\times250\times90\%=1\,800(小时)$

最后,计算所需设备数:

$M = 18\,000 \div 1\,800 = 10(台)$

所以，该车间至少要配置10台烤炉才能满足目前的需求，至于其他资源的配置，如人员、辅助设备等可以根据流程对各环节的时间要求确定。

6.3.5 生产与运作能力规划

1. 生产与运作能力规划的影响因素

企业进行生产与运作能力规划时，必须综合考虑多方面的影响因素，主要包括备用生产能力、生产的经济规模、扩展生产与运作能力的时机与规模、生产设施的小型化和集中化等。

1) 备用生产与运作能力

在制定生产与运作能力时，首先要对企业现有的能力有一个明确的把握，同时为保证在市场的需求发生短期的增加（或出现高峰）时有足够的生产与运作能力做保障，这就要求对企业生产能力的平均利用率和备用生产与运作能力进行考虑。

能力的利用率指生产运作能力被利用的平均程度，其基本表达式为：

$$生产能力利用率 = 平均产出率 \div 生产能力$$

能力的利用率通常不是百分之百，而应留有一定余地，即备用生产能力。公式表示为：

$$备用生产能力 = 1 - 生产能力利用率$$

备用生产能力低，则意味着企业对生产能力利用率高；备用能力高，则说明企业生产与运作能力利用率低。不同行业、不同企业甚至产品未来有不同的需求时，其最佳备用生产与运作能力的确定也有差异。

对于服务行业来说，每天接待顾客的业务能力是一定的，但顾客的到达是非均匀分布的，在一周甚至一天内的不同时段的顾客量差别很大，如火车客运，在节日、周末与平常的客流量差别很大。而服务性行业的特点决定了不可能通过库存调节或长时间等候的方式使之均匀一些，此时就要求企业必须有较高的备用能力来满足顾客到来高峰期的需要，否则就有可能失去顾客。

当企业资本密集型较高时，由于设备造价昂贵，备用生产与运作能力通常较小，低于10%。但也有例外的，如电力行业，其资本密集较高，但其备用发电能力往往达到15%～20%，以避免用电高峰时供电不足。

当企业未来需求不确定时，有必要保留较大的备用生产与运作能力，特别是可供生产或服务调用的资源缺乏灵活性的情况下，需求的不确定性程度越大，所拥有的备用生产与运作能力应越高。但也并不是说企业的备用能力越充分越好，因为过高的备用能力如果不能得到充分利用就会使其资源浪费，成本增加。不同企业应根据其实际情况来定。

2) 生产的经济规模

企业在生产与运作过程中，单位产品成本的高低同其生产设备或设施规模有直接关系。在一定条件下，生产规模越大，单位产出的平均成本越低（即规模经济现象）。因为随着生产规模的扩大，企业固定费用和最初的投资费用可被更多的产品分摊，从而使其成本降低；此外，大规模生产在制造工艺方面有很多可减少成本的机会。例如，规模越大，专业化程度越高，分工越细，学习效应越明显，同时还可以减少作业交换时间、采用高效专用设备和专用工艺装备的流水线生产，减少许多中间库存等。但在一定条件下，并不是生产规模越大越经济。相反，当规模扩大到一定程度时，会导致一系列非经济因素的滋生。比如过大的规模会使生产过程的管理与协调变得复杂，间接成本急剧增加，生产效率也可能下降，从而使产品成本不降反升。因此在一定时期内，每个企业都要确定适度经济规模（见图6-6）。

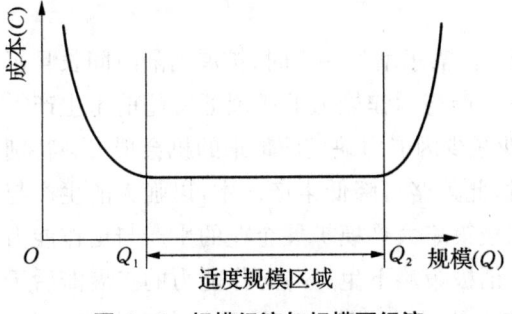

图6-6 规模经济与规模不经济

企业所处行业的不同，决定其产品结构、生产运作技术条件及市场条件等具体因素也各不相同，在规模经济上会存在较大差别。确定企业规模经济性的大小，无疑会对生产能力决策提供重要帮助。一般而言，资本密集型企业规模经济效应更加突出，适宜选择较大的生产规模。例如，汽车、电力、冶金、石油化工等企业，被认为存在明显的规模经济性。

3）扩展生产与运作能力的时机与规模

企业在制订生产与运作能力计划时，还必须考虑今后需求增长而扩大生产与运作能力问题，这主要是指什么时间扩大能力，扩大多少。图6-7给出能力扩大时间与规模的不同策略。

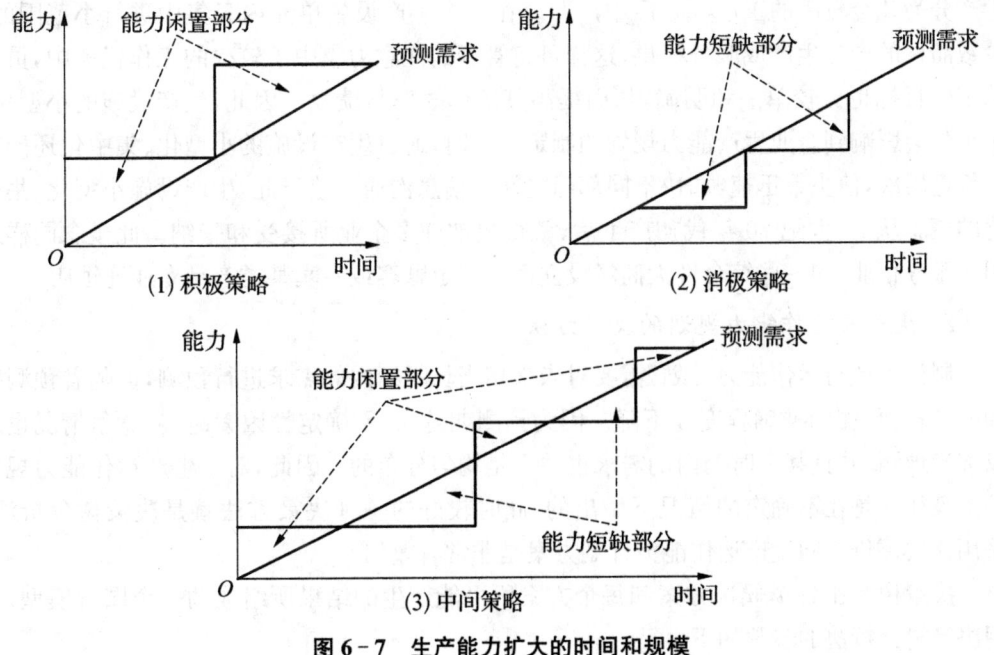

图6-7 生产能力扩大的时间和规模

① 积极策略,即生产与运作能力扩展的时间超前于需求,每次扩展的规模较大,而两次扩展的时间间隔较长;

② 消极策略,即每次扩展的规模较小,持续时间短而扩展次数较多,且扩展时间滞后于需求;

③ 中间策略,即介于二者之间的策略。

能力扩展的时间和规模是相互联系的,当预测需求增长一定时,扩展间隔时间长且每次扩展的量也必然大,反之亦然。积极策略下生产与运作能力的扩展通常超前于生产需求,可使企业拥有较多的备用生产能力,使企业减少因能力缺乏而带来的机会损失。特别是在学习效应比较强、规模经济有较大优势时,此策略可降低生产成本,以强大的生产与运作能力占领市场,提高市场份额。但采用积极策略大规模扩展企业的生产与运作能力会在一定时期内形成过剩,使生产成本增加。消极策略下生产与运作能力的扩展滞后于需求,能力不足部分可以采取一些短期措施来弥补,如加班加点、雇用临时工、任务外包、租赁设备等。企业在短期内可以较低的资本投入来保持较高的投资回报率,降低经营的风险。但采用该策略,较为频繁的设备更新会增加生产设施的置换成本和人员培训费用。因此,在制订生产与运作能力计划时必须结合实际合理选择能力扩展的时机和规模,既保证经营的需要,增强竞争力,又能降低成本,提高效益。

4) 设施的小型化、集中化

大规模生产虽有助于形成规模经济,降低成本,但有柔性低和对市场需求变化应变能力差等缺点。随着市场竞争特点的变化和消费者需求的多样化,个性化趋势的发展,仅有经济生产规模不再能完全确保竞争优势,因此在生产经营中出现了生产设施小型化、集中化的趋势。即一个大规模生产的企业转向缩小生产设施的规模及范围,或将整个企业的生产分为几个较小的工厂(即"厂中厂")。在一个生产设施单元内只集中进行小范围的、少数品种的产品生产或服务提供,这样可将管理的注意力集中于较少的工作任务中,员工的工作目标也比较单一和明确,从而提高其工作效率与绩效。因此,生产设施的小型化、集中化会影响到企业生产能力规划的制定。同时,通过生产设施的小型化、集中化还能减少管理层次,使决策迅速,加快不同部门之间的信息沟通。鉴于此,生产设施小型化、集中化的概念从20世纪70年代初产生后,就很快被许多企业所接受和采纳。此概念同样适用于服务行业,如一些综合性大商场设立面向特定顾客或专卖某类产品专业连锁店。

2. 生产与运作能力规划的决策方法

制订生产与运作能力计划,需要对未来相当长时期内的需求进行预测,但随着预测时期的延长,预测的准确程度在下降。因为预测期越长,不确定性因素越多,竞争情况也难以准确预测,并且某一时期内的需求也并不是均匀分布的。因此,对于生产运作能力规划的决策往往是在不确定的情况下做出的,此时较好的一种决策方法就是决策树分析法。采用该法评价不同生产运作能力计划方案是非常有效的。

决策树是由各个候选方案和每个方案所可能产生的结果所组成的一个图解模型;应用决策树分析法的步骤如下:

(1) 给出决策点(以"□"表示)。

(2) 按不同方案从决策点绘出方案枝。

(3) 在方案枝末给出自然状态结点,用"○"表示。

(4) 由自然状态结点绘出若干概率分枝(每一概率分枝代表一种可能发生的事件状态)。

(5) 若某一状态下仍有进一步候选的方案,则重复上述的(1)~(4)步骤。

(6) 将各事件状态出现的概率(即出现的可能性大小)标于各概率分枝上,将每一候选方案在各状态出现时的结果标在各概率分枝之后。

(7) 计算每一候选方案的期望收益值,即期望收益值=Σ事件收益值×事件概率,然后比较后选出期望收益值最大的方案,将其他方案舍弃。

【例 6-6】 某企业准备在一个选定的新地区开设一家工厂,产品主要供应该地区市场。现有两个关于新建工厂规模的方案——大规模方案和小规模方案;根据预测分析该地区的商场需求也有两种可能——需求很大和需求较小,概率分别为 0.6 和 0.4。因此可能的结果有:

① 小规模方案,需求很大。在这种情况下,还需要进一步选择,是维持该规模还是进一步扩大。预计两种选择的经营结果分别是:维持规模,所获得利润为 22.3 万元;进一步扩大规模,可获得利润为 27 万元。

② 小规模方案,需求也较小。这种情况无须进一步选择,因为没有必要扩大规模,预计可获得利润为 20 万元。

③ 大规模方案,需求较小。这种情况有两种选择:不进行促销,所获得利润为 14 万元;进行促销活动,可获得利润为 16 万元。

④ 大规模方案,需求很大。可获得利润 50 万元。

解:这一规划问题的决策树模型如图 6-8 所示。根据决策树模型的相关计算方法有:

小规模方案期望收益值=270 000×0.6+200 000×0.4=242 000(元)

大规模方案期望收益值=160 000×0.4+500 000×0.6=364 000(元)

由此可见应该选择大规模方案。

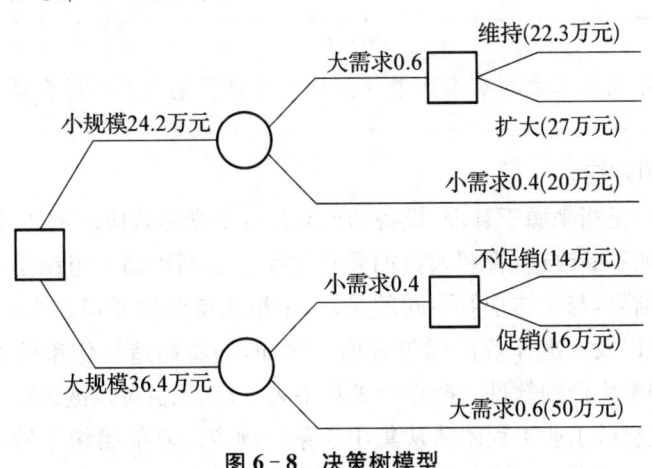

图 6-8 决策树模型

3. 学习曲线

1) 学习效应

学习效应是指当一个人或一个组织重复地做某一产品(或工作)时,完成单位产品(或工作)所需的时间会随着产品生产(或工作)数量的增加而逐渐减少,然后趋于稳定。它一般包括两个阶段:一是学习阶段,单位产品的生产时间会随着产品产量的增加而逐渐减少;二是标准阶段,学习效应逐步减弱,可忽略不计,用标准时间生产。学习效应来源于个人学习效应和组织学习效应。

(1) 个人学习效应。

个人学习效应是指一个人重复生产某一产品时,由于动作逐渐熟练,或者摸索到更为有效的操作方法,而使单件产品的生产作业时间随着产量的积累而减少。有许多因素影响个体的表现和学习率,其中的两个因素是学习率和初始时的水平。通过比较图6-9所示的两个不同个体完成一项简单的机械检验某件产品的测试时间,可以发现申请人 A 开始起点高但学习慢,而申请人 B 虽然起点低但学习快,这项测试是人事部门用来评估装配线上雇用申请人员的一部分。通过这个图就可以发现泰勒强调要选择一流的工人的重要性。

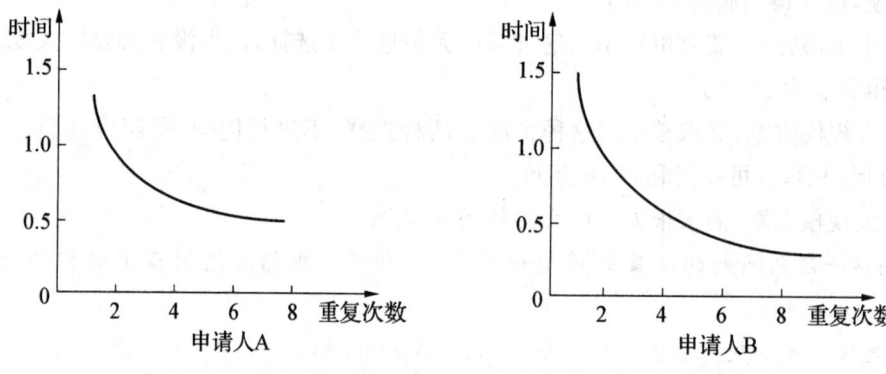

图6-9 两个申请人用机械检验单位产品所花测试时间趋势

个体学习在不同员工之间有很大差异。这在估计预期生产率时会带来挑战。

(2) 组织学习效应。

组织学习效应是指来源于管理、设备和产品设计等学习效应。例如,随着管理经验的积累和管理方法的不断改进,管理人员的管理效率会逐渐提高。组织学习不仅来自所有员工个体学习的结果,与个体学习不同的是,一个组织得到的知识还来自它的技术、组织结构、保存的文件以及标准作业流程等方面。例如,随着制造运作单位的经验越来越丰富,知识就嵌入用来生产的软件和操作的工具中去了;知识也可以嵌入组织结构中去。例如,当一个组织把它的工业工程团队从集中于某一地点的功能组织中转移到工厂所属的各地组织中时,如何提高生产率这些方面的知识将会嵌入组织结构中去。

学习效应只有在本组织才能发挥效用,如果个体离开了此组织,这些经验知识将会贬值或无用。当知识嵌入设计、技术、设备或流程中,如果技术水平达不到或难以使用,知识也会贬值。例如,斯特威钢琴公司决定重新生产某种钢琴时,该公司发现它已经没有了该种钢琴的记录和设计图了。

2) 学习曲线及模型

(1) 学习曲线的含义。

学习曲线是用来表示单位产品生产时间与所生产的产品总数量之间关系的一条曲线。它是个体学习效应和组织学习效应共同作用的结果,其理论在商业中有着非常广泛的应用。其实人们很早就从直觉上感觉到学习曲线的存在,真正进行研究并应用是在第二次世界大战后。第二次世界大战时,人们发现在飞机生产中每架飞机所需的直接劳动时间随着飞机累积数量的增加而有规律地减少。研究显示,随着产量增为原来的2倍,工人生产一件产品的直接生产小时数将会下降20%,比如生产第1架飞机的人工工时数为100 000工时,那么生产第2架只需要80 000工时,生产第4架只需要64 000工时,依此类推。因为20%的降低率意味着生产产品第2架飞机所需要的工时数仅为第1架的80%,在产量—时间坐标系中的这条曲线就称为"80%学习曲线",学习率就是0.8,表6-9所表示的是80%学习曲线的生产单位产品所需要的工时数据。当然这种趋势只是处在学习阶段有这样的规律,不是无限制下去,到了一定时间后就进入了标准化阶段,学习效应基本消失。把这种过程描绘成图形可得到如图6-10所示的曲线,称为学习曲线。后来在其他产业也都发现了类似现象,尽管不同产品或企业的工时下降速率不同,但每当累积产量增加一倍时,产品直接人工工时会按同样的百分比有规律递减的现象却是相似的。

表6-9 80%学习曲线所需要的单位、累计直接劳动时间、累计平均直接劳动时间

单位:工时

生产产品数量	单位产品直接劳动时间	累计直接劳动时间	累计平均直接劳动时间
1	100 000	100 000	100 000
2	80 000	180 000	90 000
4	64 000	314 210	78 553
8	51 200	534 591	66 824
16	40 960	892 014	55 751
32	32 768	1 467 862	45 871

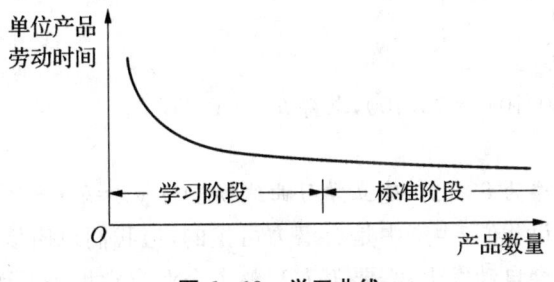

图6-10 学习曲线

(2) 学习曲线模型。

学习曲线的建立基于以下一些基本假设：

① 生产第 $n+1$ 件产品所需的直接人工总是少于第 n 件产品。

② 当累积生产数量增加时，所需直接人工劳动时间按照一个递减的速率下降。

③ 时间的减少服从指数分布。

在这样的假设下，给定第1件产品的直接人工工时和学习率，可建立下面的数学模型描述学习曲线现象的规律，通过这一函数即可描绘出学习曲线。

$$y_x = k \cdot x^b$$

$$r = 1 - 工时变化率$$

式中，y_x 为生产第 x 件产品所需的直接劳动时间(工时)；k 为生产第1件产品所需的直接劳动时间(工时)；x 为生产的累积数量；b 为幂指数 $\lg r / \lg 2$；r 为学习率。

3) 学习率的确定

如果企业各项数据齐备且合理，那么学习率就可利用前述模型来求解；如果产品生产中数据缺乏，则学习曲线的学习率可利用相同或相似产品的历史资料来估计。当产品的工艺过程与相似产品的工艺过程相同时，就可认为两种产品具有相同的学习率；若产品不尽相似，则在利用历史资料时，考虑产品设计、生产数量、使用工艺装备等的差别来进行调整。

【例6-7】 若企业甲产品在结构、加工工艺等方面与原来所生产的老产品相似，已知该老产品的学习率为80%，甲产品在生产时第1件的直接工时为10 000小时。试确定第8件产品的直接工时。

解：因为甲产品在结构、加工工艺等方面与各产品相似，确定甲产品的学习率亦为80%，则：

$$y_8 = 10\ 000 \times 8^{\lg 0.8/\lg 2} = 10\ 000 \times 8^{-0.322} = 5\ 120 (小时)$$

即生产第8件产品的直接工时为5 120工时。

有时，在生产某产品的开始阶段，由于多种因素的干扰，取不到确切的反映学习曲线效应的数据，经过一段时间的生产，生产状况渐趋于稳定才开始收集资料。这时需利用部分历史资料来估计学习率。下面结合实例介绍在这种情况下估计学习率的方法。

【例6-8】 已知生产第10件产品的人工工时为100小时，生产第40件产品的人工工时为70小时，求该产品的学习率，并建立起学习曲线模型。

解：由已知条件可得：

$$y_{10} = k \cdot 10^b = 100$$

$$y_{40} = k \cdot 40^b = 70$$

则：$y_{40} / y_{10} = (40/10)^b = 70/100$，求得 $b = -0.257\ 3$。

$$r = 2^b = 83.7\%$$

故该产品的学习率为83.7%，建立学习曲线模型为 $y_x = k \cdot x^{-0.257\ 3}$。

学习曲线现象告诉我们，生产中是有潜力可挖的，但我们也应该认识到，沿着学习曲线改进生产的过程不会自动发生，需要工人和整个企业自觉地不断改进生产方法和组织管理方法,从而获得学习曲线的效果。同时,可以运用学习曲线推算出产量增加到任一水平时的时间消耗,这对于生产能力规划,以及工时定额管理都是非常有用处的。

学习曲线原理主要适用于新产品,特别是没有相似产品的复杂产品。但学习效应的获得却相应地带来了生产系统的刚性化,使得生产系统变得缺乏适应变化和更新产品的能力。因此,只有当产品定型、需求增长时,才可能有必要利用学习曲线来促进各部门不断提高生产效率。

4) 学习曲线的应用

(1) 在员工个体上的应用。

为了提高个体的工作业绩,基于学习曲线的一般指导方针如下:

① 员工选择。为了发挥学习效应,应根据岗位能力要求选择相匹配的员工。例如,操作类工作应选择灵巧性的员工,脑力劳动类工作应选择智力强的员工,前台类型工作应选择沟通能力强的员工。

② 培训。针对不同工种要求进行有针对性的培训,培训越有效,个体学习率越高。

③ 激励。没有报酬激励,基于学习曲线的生产任务很难完成。报酬激励可以多样化。

④ 工作专业化。任务越简单,学习越快。但要注意工作单调性对学习曲线产生的影响。

⑤ 作业少量化。一次只完成一项工作比同时完成所有的工作学习要快。

⑥ 使用辅助或支持操作的工具或设备。如开发、改进一些有助于提高学习效应的科学规范的工作手册、工具及设备等。

⑦ 重新设计工作。激励员工通过工作重新设计来提高学习效应,能使学习曲线向下倾斜的速度更快。

(2) 在生产与运作工作上的应用。

① 避免运营能力富余。如果企业在制订生产能力规划时考虑了学习效应,利用学习曲线模型就可以更科学地预测未来的生产能力变化趋势,避免过多的富余能力,降低固定资产投资,并能更准确地估计未来成本发展趋势,为编制预算提供科学依据。

② 制订合理的生产计划与进度。利用学习曲线模型可以更准确地估计产品生产周期,进而帮助企业制订更合理的生产计划和安排作业进度。

③ 制订准确的劳动定额。由于存在个体学习效应,随着产量的增加,个体劳动熟练程度增加,单位产品消耗的劳动时间在减少,劳动定额要及时地调整。学习曲线模型为准确制订或调整定额提供了科学依据。

④ 制订合理的新产品价格。当新产品的工艺流程和类似产品相同或相似时,可利用这类产品的学习率来估计新产品的劳动成本,从而为新产品的价格制订提供依据。

5) 管理者应用学习曲线应考虑的影响因素

(1) 激励。大量研究表明对员工和组织有足够的激励能够提高员工的学习效应。

(2) 新工作与老工作。工作越新,员工的工作时间和成本的降低也越明显,越能显现学习效应;相反,当生产已经持续了较长的时间时,学习效应难以显现。

(3) 更聪明地工作与更努力地工作。对个体员工,通过激励的方式鼓励员工采取更好的方法和更有效率的方法来提高产量,所以学习效应是员工更聪明工作的结果,而不是简单地通过提升员工努力程度来提高产量的。

(4) 确立明确的目标。利用学习效应,通过明确的目标来提升产量,而不是作为实际学习的度量。

(5) 管理方式。对员工的监管、激励方式等管理手段对学习曲线产生影响。

学习效应的时间可以持续多久呢?有些领域的改进可以持续几年甚至几十年,如收音机、计算机等电子产品,但对于高度自动化系统,其学习效应可能近似为1,因为系统安装后,它们很快就达到了一个稳定的生产水平。

本章小结

本章首先讲述了生产计划体系的构成以及它们之间的关系;其次详细介绍了为了适应市场需求,综合性生产计划的如何决策和制定相应的策略;再次介绍了生产能力的基本概念和核算方法,通过能力的核算目的是强调计划能否得到很好落实;最后介绍了学习效应现象,说明生产能力在实际运作过程中是有潜力可挖的。

思考题

一、判断题(正确的打"√",错误的打"×")

1. 长期计划比较粗,短期计划则比较细。( )
2. 工厂规模和供应链系统构建的决策属于长期计划决策。( )
3. 短期计划决策主要集中于如何完成品种、数量、顺序、生产进度时间等问题。
( )
4. 企业通过增加或减少劳动力的方式是调节产品供给手段之一。( )
5. 顾客参与是企业调节需求的一种手段。( )
6. 企业可利用价格杠杆来调节市场需求。( )
7. 导入互补产品决策属于调节供给的决策之一。( )
8. 企业将部分业务外包的决策属于调节供给的决策之一。( )
9. 平准策略就是在综合计划时间跨度内保持产出率或劳动力水平不变。( )
10. 追逐策略和平准策略、混合策略相比较更有优势。( )
11. 生产与运作能力是生产与运作系统在一定时期内可以实现的实际产量。( )
12. 设计能力指的是企业理论的生产与运作能力。( )
13. 企业生产与运作能力是以企业内部某环节最大能力为基准计量的。( )
14. 由于生产规模越大,成本越低,因此企业应该尽量扩大生产规模。( )
15. 备用生产与运作能力是企业制定生产能力规划的影响因素之一。( )
16. 工人在重复生产某种产品时,随着熟练程度提高而使生产率提高,这是个人学习效应。( )
17. 学习效应来源于管理、产品设计和设备中,这是组织学习效应的表现。( )

18. 个人学习效应高低与工作的重复性有关,与个人的能力几乎无关。（　　）
19. 为了提高员工的学习效应积极性,企业必须给员工提供相应的激励措施。
（　　）
20. 员工工作越努力,学习效应效果越好。（　　）

二、单项选择题

1. 生产车间作业计划是（　　）。
   A. 长期计划　　　B. 中期计划　　　C. 短期计划　　　D. 战略计划
2. 下列不属长期计划决策问题的是（　　）。
   A. 产品线决策　　　　　　　　　B. 劳动力数量决策
   C. 库存控制系统决策　　　　　　D. 产量决策
3. 在制订生产与运作计划中,下列因素不属于外部影响因素的是（　　）。
   A. 竞争者行为　　B. 经济发展　　C. 外部供应能力　　D. 当前生产能力
4. 下列属于调节供给能力决策方式的是（　　）。
   A. 调整产品价格　B. 临时聘用工人　C. 推迟交货　　D. 采用预约系统
5. 下列属于调节需求决策方式的是（　　）。
   A. 外包　　B. 峰谷电价格差异　C. 加班加点　　D. 改变库存水平
6. 下列不属于综合生产计划相关成本的是（　　）。
   A. 基本生产成本　B. 合同违约金　　C. 商业信誉损失　　D. 营销费用
7. 编制生产与运作计划的依据是（　　）。
   A. 设计能力　　B. 查定能力　　C. 现实能力　　D. 以上都不对
8. 现实能力和设计能力的关系是（　　）。
   A. 小于　　　　　　　　　　　　B. 大于
   C. 等于　　　　　　　　　　　　D. 以上几种情况都有可能
9. 影响生产与运作能力的因素很多,具体有设备数量、计划期内（　　）、产品技术工艺特征、劳动组织和生产组织条件这四个方面。
   A. 有效工作时间　B. 日历工作时间　C. 工作时间　　D. 实际工作时间
10. 企业生产与运作能力是内部各环节能力（　　）的结果。
    A. 综合平衡　　B. 相互妥协　　C. 综合计算　　D. 以上都不对
11. 学习曲线存在于（　　）。
    A. 新产品　　B. 老产品　　C. 成熟产品　　D. 竞争力强的产品
12. 生产与运作能力规划的影响因素包括备用生产与运作能力、生产的经济规模、扩展生产与运作能力的时机与规模、设施的（　　）。
    A. 小型化、集中化　B. 大型化　　C. 自动化　　D. 数字化
13. 员工个人的学习效应与员工的（　　）有关。
    A. 起点高低　　　　　　　　　　B. 努力程度
    C. 领导重视　　　　　　　　　　D. 能力与岗位要求匹配性
14. 通过学习曲线可以看出,学习效应明显表现在曲线的（　　）。
    A. 学习阶段　　B. 标准阶段　　C. 所有阶段　　D. 以上均不正确

15. 学习效应在生产与运作工作上应用，主要体现在避免运营能力的富余、制订合理生产计划与进度、制订（　　）、制订合理的新产品价格。

A. 准确劳动定额　　B. 合理激励措施　　C. 员工工资　　D. 劳动生产率

三、基本概念

追逐策略　平准策略　生产能力　学习效应　学习曲线　个人学习效应　组织学习效应

四、问答题

1. 阐述生产与运作计划体系的构成及不同层次计划的特点。
2. 调节供给和需求的决策方式有哪些？
3. 制订综合生产与运作计划应考虑哪些相关成本？
4. 影响生产与运作能力的因素有哪些？
5. 什么是规模经济，为什么在企业生产与运作过程中存在规模经济现象？
6. 企业在进行生产与运作能力规划时应该综合考虑哪些因素？
7. 学习曲线在员工管理和生产与运作工作中的应用表现在哪些方面？
8. 管理者应用学习曲线应考虑的影响因素是什么？

五、计算题

1. 某化工车间有10台反应器，每台平均年有效工作时间为2 500小时，加工A、B、C三种化工产品，年计划产量分别为100吨、200吨和250吨。每吨产品所需反应器台时分别为20小时、30小时和40小时。

要求：

(1) 该车间以C产品为代表产品的年生产能力；

(2) 该车间以假定产品为计量单位的年生产能力。

2. 某企业生产甲产品的设备在技术上已落后，需要马上更新。现有两种方案：方案一是在更新设备的同时扩大规模，总共需投资60万元，若遇高需求，前三年每年可收益12万元，后七年每年可收益15万元；若遇低需求，每年只能收益3万元。方案二是目前只更新设备，需投资35万元，若遇高需求，每年收益6万元；若遇低需求，每年收益4.5万元。三年后企业再决定是否在更新设备的基础上继续扩大规模。若扩大规模，则需追加投资40万元，若遇高需求，后七年每年可收益15万元；若遇低需求，后七年每年仅能收益3万元。目前对前三年预测出现高需求的概率为70%，低需求的概率为30%；在前三年出现高需求时，后七年出现高需求的概率为85%，出现低需求的概率为15%；在前三年出现低需求时，后七年出现高需求的概率仅为10%，出现低需求的概率为90%。此时，企业应选用哪种能力扩展方案更优？

第 7 章 物料需求计划与企业资源计划

 学习目标

1. 理解独立需求和相关需求以及订货点法的局限性。
2. 了解 MRP 的产生与发展;理解 MRP 的基本思想与原理。
3. 理解 MRP 的系统结构及相关计算。
4. 理解企业资源计划(ERP)的核心管理思想及功能构成。

 引 例

应该如何计算零部件需求?

宏宇汽车制造厂是一个装配轻型卡车的小型工厂,专门承接大型汽车制造商不愿承接的、用户有一定特殊要求的轻型卡车。这种轻型卡车生产批量小,品种较多,适合宏宇公司生产。

今年 2 月份,宏宇公司接到生产 100 辆某种型号轻型卡车的订单。生产科李科长要新来的科员小张安排生产和采购计划。由于过去该公司生产过这种车型,尚有余下的零部件。经小张查点,库房里还有该车型可以使用的零部件。其中变速箱 2 件,该变速箱用的齿轮箱组件 15 件,用于齿轮箱的最大齿轮 7 个以及制造这种齿轮的毛坯 46 件。

小张看了零件清单和图纸,发现 1 辆轻型卡车除了其他零部件以外,还包含变速箱 1 件,每个变速箱包括齿轮箱组件 1 件,每个齿轮箱中有最大齿轮 1 个,而制造这种最大齿轮需要锻件毛坯 1 件。

小张计算了一下,生产 100 辆轻型卡车还需要 98 件(=100-2)变速箱,需要 85 件(=100-15)齿轮组件,需要 93 个(=100-7)最大齿轮,需要 54 件(=100-46)毛坯。

当小张兴致勃勃地找到李科长,告诉他需要生产和采购的零部件数量后,李科长连连摇头,说:"错了!错了!"小张顿时感到不解,难道我连最简单的算术都不会了吗?

(资料来源:陈荣秋,马士华.生产与运作管理.3 版.北京:高等教育出版社)

前面讲述的生产运作的综合计划是一个总的产品需求计划,此计划确定以后,还要制订生产产品所需的零部件和原材料计划,这样车间才组织生产。由于企业面临着生产多个品种的产品,不仅生产量大,而且零部件、原材料需求品种多。据估计一辆汽车一般是由 2 万多个零部件组合而成的,对它们需求数量和时间的管理不仅要精确无误,还要面对

在不同的加工工序之间进行转换,因此涉及库存管理的问题极其复杂。同样,在服务业(如餐饮、医院和电力公司等)的运作过程中也要库存大量不同类型的物品,以支持他们的服务交付系统和为顾客提供服务,这些库存也都难以管理。面对这些复杂的库存管理问题,基于计算机技术的计划和控制系统的物料需求计划(Material Requirements Planning, MRP)可以解决这些问题。

7.1 物料需求计划的产生与基本思想、基本原理

7.1.1 独立需求与相关需求

1. 独立需求

独立需求是指当对某项物料的需求不依赖于其他需求的自主需求时,这种需求称为独立需求。例如,汽车制造厂在1月份顾客对某种型号的汽车订货需求量是10 000辆,4S店用于汽车维修的轮胎订货需求量是500只,要求是月底交货,这种需求就是独立需求。它独立于企业控制能力之外,其数量与出现的概率是随机的、不确定的,是一种不确定性需求,所以需求的数量和时间是无法预先精确确定和控制的,一般只能通过预测方法初步测算。

独立需求的库存量变化的特性如图7-1所示,处理独立需求的库存问题采用的是订货点法,通过构建经济订货批量模型来计算每一批订货量。它基于以下假设条件(部分,详细假设条件见库存管理):

(1) 对物料的需求是相互独立的(独立需求);

(2) 物料的需求是连续且均匀发生的;

(3) 订货提前期是已知的且固定的;

(4) 库存消耗后,应被重新填满。

主要解决的是订什么、订多少以及何时订货三个基本问题。

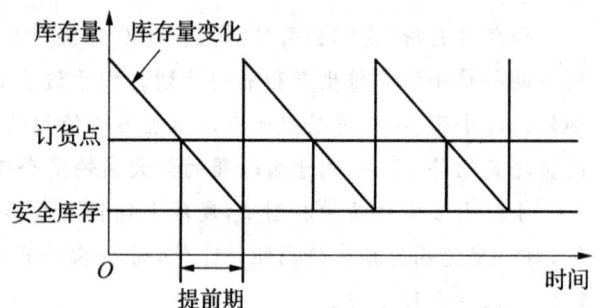

图7-1 独立需求库存量的变化

订货点法采用控制库存产品数量的方法来降低库存成本,通常是为需求的每种产品设置一个最大库存量和安全库存量,当库存量降低到订货点时,就按照经济订货批量法确定的订货量再订购一批。其实质是基于库存补充的原则,目的是在需求不确定的情况下(独立需求),为了保证供应,而将库存留有一定的储备。在物料需求连续且均匀的情况下,这种方法对降低库存成本确实起到了一定的作用。

2. 相关需求

相关需求是指当对某项物料的需求与其他需求有内在关联的需求时,这种需求称为

相关需求。例如,汽车制造厂1月份顾客对某种型号的汽车需求量是10 000辆,约定是1月31日交货。这时与汽车相关联的方向盘、刮雨器的需求量和时间也就随之确定,对这些零部件、原材料的需求就是相关需求。因此,在顾客的订货量和交货时间确定的情况下,根据产品与零部件的关联性和生产提前期要求,企业可以精确地计算出相关需求的需求数量和需求时间。相关需求是一种确定性需求。

相关需求的库存量变化的特性与独立需求不同,在制造过程中顾客对产品的需求而形成的对零部件和原材料的相关需求,一般都是非均匀的"块状需求",即一旦在某个时间点需求就是一批需求量,不需要的时候为零,从直观上来看如表7-1所示。假设企业对某种产品零部件的订货形成的最大库存量是80件。对于情况1:第1周仅需要30件,余下50件还需存放3周,到第4周消耗30件,余下的20件一直存放到第8周,而且还满足不了第8周的需要,因此在第8周前又要提出数量为80件的订货;对于情况2:库存量不足以满足前3周的需要;对于情况3:第1周和第3周各需要30件,剩余的20件要存放到9周,第10周才用,而且还不能满足第10周的需要。

表 7-1 企业产品对某个零件的需求量表

周 次	1	2	3	4	5	6	7	8	9	10
情况1	30	0	0	30	0	0	0	30	0	0
情况2	30	0	60	0	0	0	0	0	0	0
情况3	30	0	30	0	0	0	0	0	0	60

图示7-2显示了某产品零部件或原材料(相关需求)的库存水平变化情况。由于对最终产品的需求是由企业外部大量顾客的需求所决定的,因此对产品的需求比较均匀,产品的库存水平变化呈锯齿状,当产品的库存量下降到订货点以下时,就要组织该产品的生产。而产品是按批量生产的,对零部件和原材料的需求量是由产品生产批量所决定的,没有组织产品生产前,零部件和原材料库存维持高的水平,开始生产后,零部件和原材料从库中取出的量是在一个时间点上的需求量,其余时间点上就没有需求量。此时如果库存水平未降到订货点以下,不必提出新的订货。随着时间的推移,下一次组织产品的装配后,又要消耗一批零部件或原材料,如果这时零部件和原材料的库存水平降到订货点以下,就要组织原材料的订购。所以即使在产品的需求率均匀变化的条件下,对零部件和原材料的需求率却是不均匀,呈"块状"需求,不符合订货点处理库存问题的假设条件;如果用订货点法处

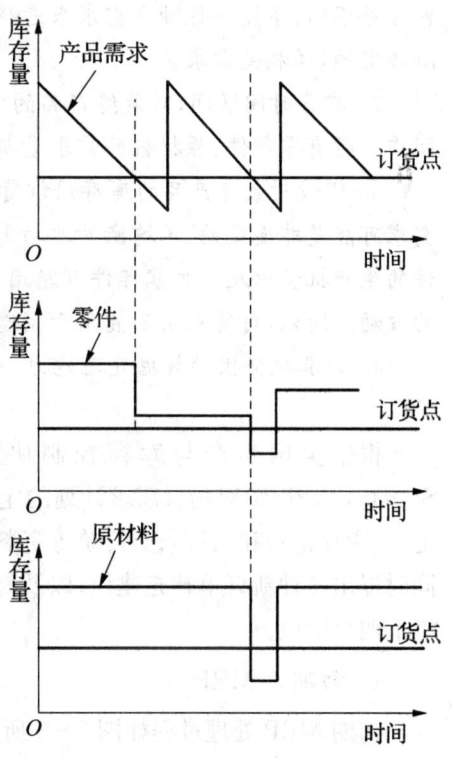

图 7-2 相关需求库存量的变化

理,根据实际测算,平均库存水平几乎提高一倍,资金占用量很大,并且还加剧了这种需求的不均匀性,无助于问题的解决,同时还会恶化问题。因此必须寻找新方法来解决。

注意点

不同类型的需求采用不同的处理方法,用处理独立需求的方法来处理相关需求,不但无助于问题解决,还带来了一系列新问题。

7.1.2 物料需求计划的产生和发展

为了解决上述的相关需求提出的库存问题,在 20 世纪 60 年代初期,人们就提出了 MRP 理论的雏形。1975 年,美国管理专家约瑟夫·奥里奇(Joseph Orlicky)出版发表的《物料需求计划:生产与库存管理的新方式》,提出了具有重要影响的新观点,标志着 MRP 理论与方法体系的成熟。

知识介绍

奥里奇主要观点

1. 装配制造业生产中的零部件、原材料的库存管理,与产品或用于维修服务的零部件库存不同,不能当作独立需求来看待,它们的需求是由它们装配而成的最终成品的需求所决定的,属相关需求。

2. 在各时间区间,对最终产品的需求一经确定(即确定了主生产计划),有关时间区间中对所有零部件、原材料的需求量都能计算出来。

3. 假设对最终产品的库存用订货点法进行控制,由它引起的相关零部件(原材料)的需求可能是非连续的、不均衡的波动需求。即使在产品需求量均衡的情况下,考虑到零部件的生产批量以及一种零部件可能用于生产不同的最终产品,这些都引起对零部件需求的波动。所以,订货点法不宜用于制造装配业生产中的零部件的库存控制。

4. 计算机提供的数据处理能力,可以迅速地完成对零部件需求的计算。

(资料来源:编者整理)

根据美国生产与库存控制协会(American Production and Inventory Control Society,APICS)对物料需求计划的定义:物料需求计划就是依据主生产计划、物料清单记录、库存记录和已订未交订单等资料,经由计算而得到各种相关需求物料的需求状况,同时提出各种新订单补充建议,以及修正各种已开出订单的一种实用技术。MRP 经历了以下四个阶段。

1. 初期的 MRP

初期 MRP 处理过程如图 7-3 所示,它通过产品结构文件将主生产计划中对产品的需求进行分解,生成对部件、零件以及材料的毛需求量计划,进而利用毛需求量、库存情

况、计划期内各零部件订购或在制品情况等数据进行计算,以确定在产品结构各层次上零部件的净需要量以及零部件的生产(或订购)计划。初期 MRP 将产品计划转化为零部件生产(订购)计划,它计算出为完成生产计划应该生产哪些零部件,生产多少数量,何时下达零部件生产任务,何时交货。

初期 MRP 能根据有关数据计算出相关物料需求的准确时间与数量,对制造业库存管理有重要意义。但是,它还不够完善,其主要缺陷是没有解决好保证零部件生产计划成功实施的问题:它缺乏对完成计划所需的各种资源进行计划与保证的功能(即资源保证能力),也缺乏根据计划实施情况的反馈信息对计划进行调整的功能。因此,初期 MRP 主要应用于订购的情况,涉及的是企业与市场的界面,而没有深入到企业生产管理核心中去。

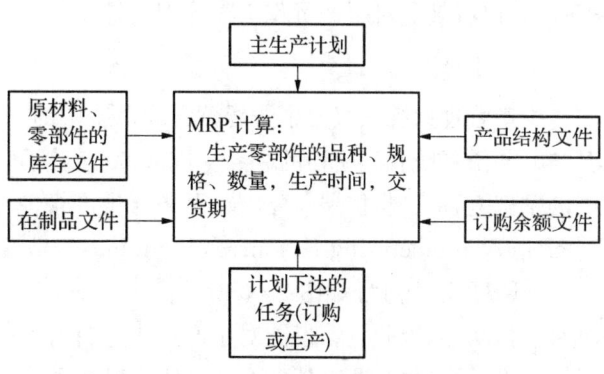

图 7-3 初期 MRP 的逻辑流程

2. 闭环 MRP

在初期 MRP 的基础上,引入资源计划与保证、安排生产、执行监控与反馈等功能,形成闭环的 MRP 系统,其处理过程如图 7-4 所示。

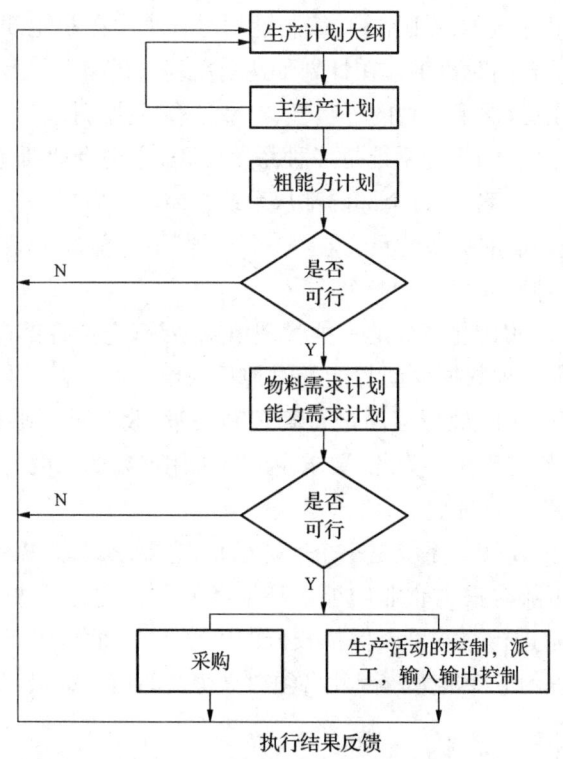

图 7-4 闭环 MRP 系统的逻辑流程

在闭环 MRP 中,主生产计划及物料需求计划计算以后,要通过物料需求计划、能力需求计划等模块与生产能力进行平衡。若生产能力不能满足计划要求,应根据能力调整相应的计划。同时,它还能收集生产(采购)活动执行结果以及外界环境变化的反馈信息,作为调整计划的依据。由于增加了上述功能,使之形成"计划→执行→反馈"的生产管理循环,可以有效地对生产过程进行计划与控制。

3. MRPⅡ

生产管理系统仅仅是企业经营管理系统中的一个子系统,它与其他子系统,尤其是经营与财务子系统有着密切的联系。进入80年代后,在闭环 MRP 完成对生产的计划与控制的基础上,进一步扩展,将经营、财务与生产管理子系统相结合,形成制造资源计划——MRPⅡ(Manufacturing Resources Planning,制造资源计划)。

MRPⅡ处理过程如图7-5所示。由于 MRPⅡ将经营、财务与生产系统相结合,并且具有模拟功能,因此它不仅能对生产过程进行有效的管理和控制,还能对整个企业计划的经济效果进行模拟,这对帮助企业高级管理人员进行决策具有重要的意义。由图7-5可知,MRPⅡ系统实际上已将企业的生产管理系统与企业的管理信息系统(MIS)直接联系起来,在一定程度上发挥了 MIS 系统的作用。

MRPⅡ是以 MRP 为核心,覆盖企业生产制造活动所有领域、有效利用制造资源的人/机应用系统。与闭环 MRP 相比,它具有以下一些特点:

(1) 计划的一贯性和可行性。MRPⅡ系统是一种计划主导型的管理模式,计划层次从宏观到微观,从战略到战术,由粗到细逐层细化,但始终保持与企业经营战略目标一致。"一个计划"是 MRPⅡ系统的原则精神,编制计划尽管集中在职能部门,但要做到车间执行计划、调度和反馈信息同时提供。在计划下达前反复进行能力平衡,并根据反馈信息及时调整,处理好供需矛盾,保证计划的一贯性、有效性和可执行性。

(2) 管理的系统性。MRPⅡ系统是一种系统工程,它把企业所有与生产经营直接相关部门的工作连接成一个整体,每个部门都从系统整体出发做好本岗位工作,每个人都清楚自己的工作同其他职能的关系。只有在"一个计划"下才能成为系统,条框分割各行其是的局面将被团队精神所取代。

(3) 数据共享性。MRPⅡ系统是一种管理信息系统,企业各部门都依据同一数据库的信息进行管理,任何一种数据变动都能及时地反映给所有部门,做到数据共享,在统一数据库支持下按照规范化的处理程序进行管理和决策,改变过去那种信息不通、情况不明、盲目决策、相互矛盾的现象。为此,要求企业员工用严肃的态度对待数据,专人负责维护,保证数据的及时、准确和完整。

(4) 动态应变性。MRPⅡ系统是一个闭环系统,它要求跟踪、控制和反馈瞬息万变的实际情况,管理人员可随时根据企业内外部环境条件的变化迅速做出响应,及时决策调整,保证生产计划正常进行。它可以保持较低的库存水平,缩短生产周期,及时掌握各种动态信息,因而有较强的应变能力。因此必须树立全员的信息意识,及时准确地把变动了的情况输入系统。

(5) 模拟预见性。MRPⅡ系统是生产经营管理客观规律的反映,按照规律建立的信息逻辑必然具有模拟功能。它可以解决"如果……将会……"的问题,可以预见相当长的计划期内可能发生的问题,事先采取措施消除隐患,而不是等问题已经发生了再花几倍的精力去处理。这将使管理人员从忙忙碌碌的事务中解脱出来,致力于实质性的分析研究和改进管理工作。

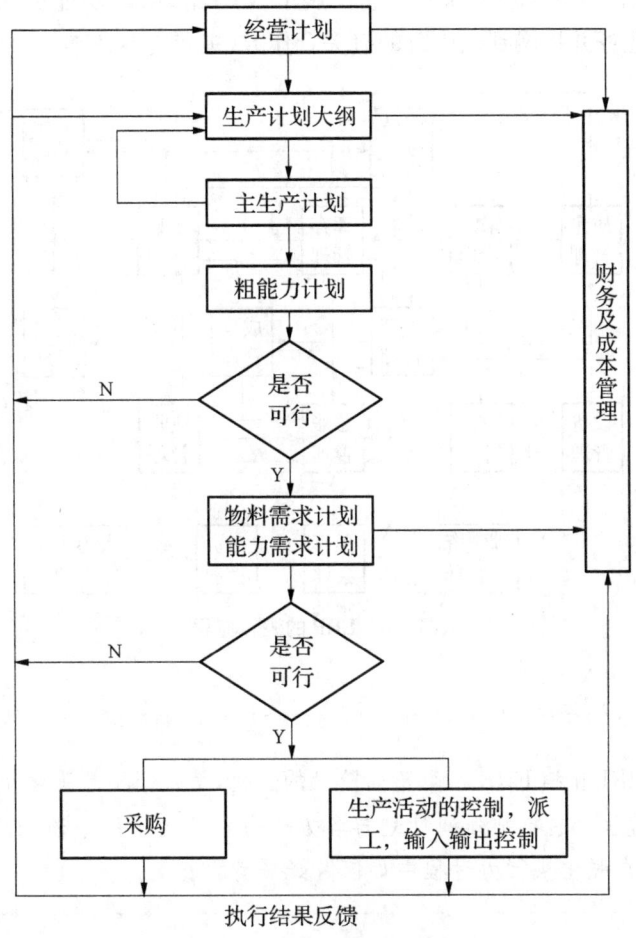

图 7-5 MRPⅡ的逻辑流程

(6) 物流、资金流的统一。MRPⅡ系统包括了成本会计和财务功能,可以由生产经营活动直接产生财务数字,把实物形态的物料流动直接转换为价值形态的资金流动,保证生产和财会数据一致。财会部门及时得到资金信息用来控制成本,通过资金流动状况反映物流和生产作业情况,分析企业的经济效益。

4. ERP(Enterprise Resources Planning,企业资源计划)

20世纪90年代以来,由于经济全球化的发展趋势,市场竞争进一步加剧。以顾客为中心、基于时间、面向整个供应链,成为新形势下制造业发展的新动向。1990年4月,美国加特纳集团公司(Cantner Group INC.)发表了一篇题为《ERP:下一代MRPⅡ的远景设想》的报告,首次提出了ERP的概念,认为企业资源计划是以市场和客户需求为导向,以实现企业内外资源的优化配置,消除生产经营过程中资源的浪费,实现信息流、物流、资金流、价值流和业务流的有机集成和提高客户满意度为目标,以计划与控制为主线,以网络和信息技术为平台,集客户、市场、销售、采购、计划、生产、财务、质量、服务、信息集成和业务流程重组等功能为一体,面向供应链管理(Supply Chain Management,SCM)的现代企业管理思想和方法。

ERP 的逻辑流程如图 7-6 所示。它扩展了 MRP Ⅱ 功能,功能更加强大、更加完善,可覆盖企业全部业务并扩展到供应链的有关合作方(主要内容在本章第三节讲述)。

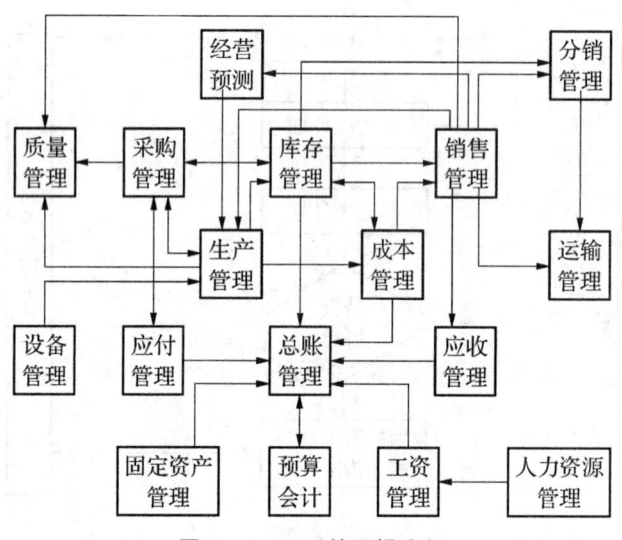

图 7-6 ERP 的逻辑流程

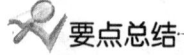要点总结

闭环 MRP、MRP Ⅱ 和 ERP 三个不同阶段的进化,是人们不断强化生产与运作管理的计划制订与落实过程。它特别强调计划与各方能力资源之间的平衡,计划与各方管理要求的吻合,是企业在强化执行力过程中如何做好平衡的表现。

7.1.3 物料需求计划(MRP)的基本思想和原理

1. 物料需求计划的基本思想

MRP 的基本思想是:围绕物料转化组织企业制造资源,实现按顾客需求量准时生产。

在生产过程中物料不断改变其形态和性质,从原材料逐步转变为产品。企业很大一部分流动资金被物料所占用,同时企业的固定资金主要为设备所占用。因此管好设备和物料对于提高企业的经济效益有举足轻重的作用。

是以设备为中心还是以物料为中心来组织生产,代表了两种不同的指导思想。

以设备为中心来组织生产,即有什么样的设备就生产什么样的和多少数量的产品,这是传统的以产定销思想的体现。

以物料为中心组织生产体现了为顾客服务的宗旨。物料的最终形态是产品,它是顾客所需要的东西,物料的转化最终是为了提供使顾客满意的产品,因此围绕物料转化组织生产是按需定产思想的体现。同时以物料为中心来组织生产,要求一切制造资源围绕物料转,即要生产什么样的产品,决定了需要什么样的设备和工具,决定了需要什么样的人员,这样可以把企业内各项活动围绕顾客的需求有目的地组织起来。显然,以物料来组织生产能够更好地适应现代市场环境。

另外还要按需组织准时生产。因为准时生产是最经济的手段,既消除了误期完工,又可以避免因为提前完工所造成的库存成本的增加和资金积压等问题。

2. 物料需求计划的基本原理

物料需求计划的基本原理是根据产品的主生产计划所确定的产品生产量和时间,在明确物料清单、库存状态、提前期等信息的基础上,用反工艺顺序地求出相关需求的物料需求量和时间。

知识链接

表7-2 物料需求计划(MRP)应用领域及期望收益

行业类型	例子	期望收益
面向库存装配	将零部件组装成产品,用库存满足顾客需求,如家电	高
面向库存生产	产品是由机器制造而成的,不是由零件组装的,保存标准产品以备预期的顾客需求,如活塞环、电子手表	中等
面向订单装配	根据顾客选择标准进行最终组装,如发电机、发动机	高
面向订单制造	根据顾客的订单用机器生产产品,如轴承、齿轮	低
面向订单生产	产品根据顾客特定要求进行加工或组装,如水轮发电机组	高
流程型	包括玻璃、橡胶、药品、食品、化工产品等	中等

资料来源:[美]罗伯特·雅各布斯,理查德 B.蔡斯.运营管理.苏强,霍佳震,邱灿华,译.北京:机械工业出版社,2020。

7.2 物料需求计划系统结构

物料需求计划(MRP)系统是指仅涉及物料需求的基本MRP系统,是MRP的核心部分,不涉及能力问题和反馈环节。MRP系统由输入、处理、输出部分构成,如图7-7所示。

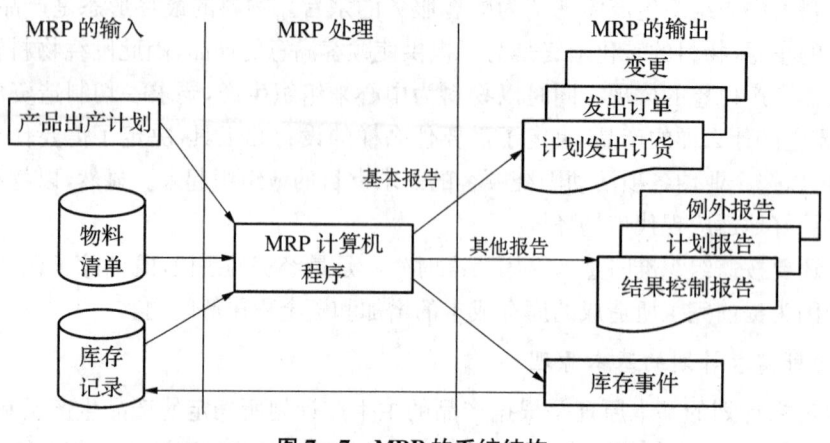

图 7-7 MRP 的系统结构

7.2.1 MRP 的输入

MRP 的输入主要有三个部分：产品出产计划、产品结构文件和库存状态文件。

1. 产品出产计划

产品出产计划，或称产品主生产计划（Master Production Schedule，MPS），是按时间段（通常按周）来确定各种独立需求的物料（即产成品、备品备件和维修件等）的需求数量和需求时间。这些独立需求是不确定的，不是企业内部可以控制的，而是建立在实际的客户订单和市场需求预测基础上的，所以说 MPS 是生产、营销部门的信息沟通纽带。

MPS 是对综合生产计划的分解和细化，如表 7-3 所示。因此，MPS 首先必须满足的约束条件是，MPS 所确定的生产总量必须等于综合生产计划确定的生产总量；其次，MPS 必须考虑资源的约束，如设备能力、人员能力、库存能力、流动资金总量等，根据产品的轻重缓急来分配资源，将关键资源用于关键产品。

表 7-3 综合生产计划和主生产计划

月 份	一 月				二 月			
综合生产计划 （产品大类：放大器）	1 500				1 200			
周次	1	2	3	4	1	2	3	4
主生产计划（MPS）								
240 瓦特放大器	100		100		100		100	
150 瓦特放大器		500		500		450		450
75 瓦特放大器			300			100		

2. 产品结构文件

产品结构文件，又称为物料清单（Bill Of Materials，BOM），是一个包含完整产品描述，罗列所有物料、零部件与配件及产品生产顺序的计算机文件。它不只是所有元件的清单，还反映了产品项目的结构层次以及制成最终产品的各个阶段的先后顺序。

在产品结构文件中，各个元件处于不同的层次，每一层次表示制造最终产品的一个阶段。通常，最高层为零层，代表最终产品项；第一层代表组成最终产品项的元件；第二层为组成第一层元件的元件……依此类推，最低层为零件和原材料。各种产品由于结构复杂程度不同，产品结构层次数也不同。BOM 详细说明了一个最终产品项是由哪些原材料、零件、组件、部件所构成以及这些构件相互之间的从属关系和数量关系，对于具有从属关系的相邻两级，上一级被称为父项，下一级被称为子项，通常用产品结构树表示。如图 7-8(a)所示，最终产品 P 由一个 A、2 个 C 以及 1 个 B 构成；而 1 个 A 又是由 1 个 D 和 2 个 B 构成(注意：物料清单中的每个物料都必须具有唯一的标识码)。

由图 7-8(a)可以发现，相同的元件 B 出现在不同的层次上，这固然可以清楚地表示各个不同的生产阶段，但也给计算机处理带来了麻烦。为了便于计算机处理，通常采用低层编码原则(Low-Level Coding)，即凡是遇到同一元件出现在不同层次上的情况时，取其出现的最低层次号，作为该元件的低层码。基于低层编码原则，就应该将构成产品 P 的元件 B 调整至第二层，如图 7-8(b)所示。

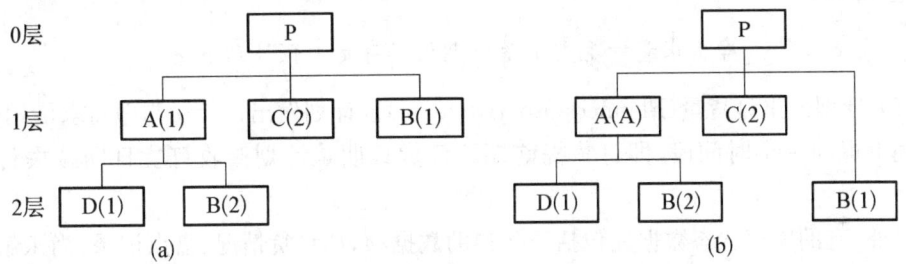

图 7-8 基于低层编码原则的物料清单

> **知识介绍**
>
> ### 产品结构树
>
> 产品结构树(Product Structure Tree，PST)是描述某一产品的物料组成及各部分文件组成的层次结构树状图。它是将产品数据管理中产品信息结合各个零部件之间层级关系，组成一种有效的属性管理结构。
>
> 产品结构树根据该产品的层次关系，将产品各种零部件按照一定的层级关系组织起来，可以清晰地描述产品各个部件、零件之间的关系，树上的节点代表部件、零件或者组件，每个节点都会与该部件的图号、材质、规格、型号等属性信息以及相关文档有所关联。在 PST 中，根节点代表产品或部件，枝节点代表部件或子部件，叶节点代表零件。
>
> (资料来源：百度百科)

3. 库存状态文件

库存状态文件的数据主要有：

一是静态数据,在运行 MRP 之前就确定的数据,如物料编号、提前期、安全库存等;二是动态数据,有毛需求量、期末库存量、预计到货量、净需求量、计划发出订货量等(见表 7-4)。毛需求量是对某一产品总的需求量。这些需求可能是来自外部需求,也可能源于内部制造需求。预计到货量又称在途量,是指那些已经发出订单或已经运输并预计在本期将会到货的产品。期末库存量是某一时期结束时预计的库存量,又称预计可用库存量。这些数据在运行时是不断动态变化的,具体说明如下:

(1) 毛需求量(Gross Requirements)。如果是产品级物料,则毛需求量由 MPS 决定;如果是零件级物料,则毛需求量来自上层物料(父项)的计划发出订货量。

(2) 预计到货量(Scheduled Receipts),又称在途量,即本期内在某一时刻入库,但尚在生产、采购或运输途中,可以作为 MRP 使用。

(3) 期末库存量。表示本期末预计可用库存量(On Hand)。

$$期末库存量=本期期初库存数+本期预计到货量-毛需求量$$

(**注**:本期期初库存量等于上期期末库存量)

(4) 净需求量(Net Requirements)。当期初的库存量加上预计到货量不能满足需求时产生净需求。

$$净需求量=毛需求量-期初库存量-预计到货量$$

(5) 计划发出订货量(Planned Order Release)。计划发出订货量与净需求量相等,但是时间上提前一个时间段,即订货提前期。订货日期是计划接收订货日期减去订货提前期。

另外,有的库存状态数据还包括一些辅助数据项,如订货情况、盘点记录、尚未解决的订货、需求的变化等。

【**例 7-1**】 某企业生产 A 零件,计划期初现有库存量 20 件,仅有第 2 周预计到货量为 400 件,其余为 0 件;第 6、9、11 周毛需求量均为 300 件,订货提前期为 2 周。请计算各周期末库存量、净需求量和订货量。

解:毛需求量分别是:第 6 周 300 件、第 9 周 300 件、第 11 周 300 件。

计划期初现有库存量 20 件,预计到货量只有第 2 周有 400 件,则第 2、3、4、5 周期间的毛需求量均为 0。

第 2、3、4、5 周期间的期末库存量:

期末库存量=本期期初库存数+本期预计到货量-毛需求量
$$=20+400-0=420(件)$$

第 2 到第 5 周期末库存量均为 420 件,净需求量为 0,计划发出订货量为 0。

第 6 周:期末库存量=本期期初库存数+本期预计到货量-毛需求量
$$=420+0-300=120(件)$$

第 6 周的期末库存量为 120 件,净需求量为 0,计划发出订货量为 0。

第 9 周:净需求量=毛需求量-期初库存量-预计到货量
$$=300-120-0=180(件)$$

计划发出订货量180件,提前2周,第7周发出订货,第9周到货。
期末库存量＝本期期初库存数＋本期预计到货量－毛需求量
＝120＋180－300＝0(件)

第10周:期末库存量＝0,净需求量为0件,计划发出订货量为0件。

第11周:净需求量＝毛需求量－期初库存量－预计到货量
＝300－0－0＝300(件)

计划发出订货量300件,提前期2周,第9周发出订货,第11周到货。
期末库存量＝本期期初库存数＋本期预计到货量－毛需求量
＝0＋300－300＝0(件)

以上各数据生成表7-4。

表7-4 A零件的库存状态文件　　　　提前期:2周　单位:件

周次	1	2	3	4	5	6	7	8	9	10	11
毛需要量						300			300		300
预计到货量	0	400	0	0	0	0	0	0	0	0	0
期末库存量	20	420	420	420	420	120	120	120	0	0	0
净需求	0	0	0	0	0	0	0	0	180	0	300
计划发出订货量							180		300		

7.2.2 MRP 的处理过程

物料需求计划的计算过程是按产品结构层次由上而下逐层进行的。按照此法,先处理所有产品的零层,再处理第一层,按产品层的需要量和时间来计算确定第一层各部件、零件的需要量,查询各部件、零件的预计可用库存量后计算它的净需要量,并根据产品层对第一层各物料的需要时间,并结合该物料的提前期确定其投产时间。然后处理第二层、第三层……一直到最低层。

【例7-2】 假设某厂要在第10周生产出A产品500件,产品结构如图7-9所示。表7-5是从库存记录中读到的各项物料的计划期初现有库存量和提前期的资料。试为该厂制订每项物料在计划期内的物料需求计划。

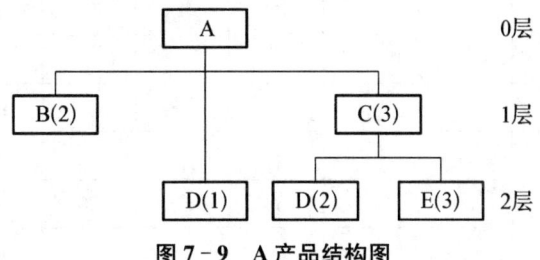

图7-9 A产品结构图

表7-5 产品A及所属物料期初库存与提前期　　　　　　　　　　　　　单位:件

物料项目	期初现有库存量	提前期(周)
A	10	2
B	50	1
C	80	2
D	100	1
E	80	2

解:将上述A产品的物料需求计划的生成过程表示为表7-6所示的处理过程。

第一步,从第0层物料开始,A产品在第10周的毛需要量为500件,由于A预计期初现有库存量10件,故其净需求量为490件。因A的提前期为2周,按直接批量法确定应在第8周(=10-2)投入A产品490件的订货。

第二步,根据产品结构图计算A的子项物料,即B、C、D、E的毛需要量和净需求量。

B的毛需求量=490×2=980(件)

B的净需求量=980-50=930(件)

C的毛需求量=490×3=1 470(件)

C的净需求量=1 470-80=1 390(件)

D的毛需求量来自两个方面的需求:

零件C对它的需求=1 390×2=2 780(件)

零件A对它的需求=490×1=490(件)

D的净需求量=2 780+490-100=3 170(件)

E的毛需求量是由C的需求而产生,具体为E的毛需求量=1 390×3=4 170(件)

E的净需求量=4 170-80=4 090(件)

根据净需求量和提前期分别确定出各物料的计划订货量和订货时间。计算结果如表7-6所示。

表7-6 产品A的物料需求计划进度表

物料	项目	时间(周)							
		3	4	5	6	7	8	9	10
A (0层)	毛需求量								500
	期末库存	10	10	10	10	10	10	10	0
	净需求								490
	计划订货量						490		
B (1层)	毛需求量						980		
	期末库存	50	50	50	50	50	0		
	净需求						930		
	计划订货量					930			

续 表

物料	项目	时间(周)							
		3	4	5	6	7	8	9	10
C (1层)	毛需求量						1 470		
	期末库存	80	80	80	80	80	0		
	净需求						1 390		
	计划订货量				1 390				
D (2层)	毛需求量				2 780		490		
	期末库存	100	100	100	0	0	0		
	净需求				2 680		490		
	计划订货量			2 680		490			
E (2层)	毛需求量				4 170				
	期末库存	80	80	80	0				
	净需求				4 090				
	计划订货量		4 090						

7.2.3　MRP 的输出

既然 MRP 程序可以接受主生产计划、库存状态文件和物料清单，所以其输出的形式与范围几乎是无限的。这些报告通常分为主要报告和辅助报告。

1. 主要报告

主要报告是用于库存和生产控制的最普遍和最主要的报告。包括以下方面：

(1) 零部件投入出产计划。零件和部件投入出产计划规定了每一个零件和部件的投入数量和投入时间、出产数量和出产时间。如果一个零件要经过几个车间加工，则要将零部件投入出产计划分解成"分车间零部件投入出产计划"。分车间零部件投入出产计划规定了每个车间一定时间内投入零部件的种类、数量及时间，出产零部件的种类、数量及时间。

(2) 原材料需求计划。规定了每个零件所需的原材料和种类、需要数量及需要时间，并按原材料品种、型号、规格汇总，以便供应部门组织订购。

(3) 互转件计划。规定了互转零件的种类、数量、转出车间和转出时间、转入车间和转入时间。

(4) 库存状态记录。提供各种零部件、外购件及原材料的库存状态数据，随时供查询。

(5) 工艺装备和机器设备需求计划。提供每种零件不同工序所需的工艺装备和机器设备的编号、种类、数量及需要时间。

(6) 计划将要发出的订货。

(7) 对已发出订货的调整,包括改变交货期、取消和暂停某些订货等。

(8) 零部件完工情况统计及外购件原材料的到货情况统计。

(9) 对生产及库存费用进行预算的报告。

(10) 交货期模拟报告。

(11) 优先权计划。

2. 辅助报告

(1) 计划执行情况报告:评价系统运作状况,帮助管理者衡量实际偏离计划的程度。如送货遗漏与缺货等。

(2) 计划报告:帮助预测未来库存需求,包括采购约定以及其他用于评价未来物料需求的信息。

(3) 例外报告:唤起人们对重大差异的注意,包括最新订单与到货延迟、过多的残次品率、报告失误、对不存在部件的需求等。

7.2.4　MRP 系统的决策参数

要运行 MRP 系统,除了需要主生产计划、产品结构以及库存状态等反映生产情况的信息外,还涉及一系列参数,如计划展望期、周期、提前期、批量等。

1. 计划展望期

系统生成物料需求计划所覆盖的未来时间区间,称为计划展望期。计划展望期内,又分为许多时间段或周期。计划展望期的长度要足以覆盖计划中物料的最长累计提前期。最长累计提前期是产品结构各层次上最长提前期之和。通过层层提前期求和,找出最长路径,才能决定计划展望期。

2. 时间段(周期)

计划展望期再被分成小的时间区域称为时间段,把各项目的需求量、预计到货量、可利用库存量、生产指令下达等一系列活动的连续时间,分割为时间段,按时间段组织生产作业。规定各时间段的生产活动,一定要在该时间段内完成。对生产活动的调整,也要在时间段交界处进行。在整个计划展望期内,通常采用相等的时间段,时间段可采用周、日等。

3. 提前期

MRP 中使用的提前期与我们通常所讲的提前期在含义上有差别。前者实际上是指零件的加工周期和产品的装配周期;后者是以产品的出产时间作为计算起点,来确定零件加工和部件装配何时开始的时间标准。

MRP 使用的提前期按周计,这是比较粗糙的。例如,提前期为 5 个工作日时,按 1 周计;提前期为 1 天,也按 1 周计。这是因为必须与计划时间段保持一致。同时,确定提前期要考虑的因素有排队(等待加工)时间、运行(切削、加工、装配等)时间、调整准备、等待运输、检查时间和运输时间等,在现实中,特别是在自动化程度不高的情况下,要精确地计算出提前期也是不可能的。但尽管这样,MRP 采用固定提前期,即不论加工批量如何变化,事先确定的提前期均不改变,这也是 MRP 的一大根本缺陷。

4. 批量

在 MRP 计算中,计划订购的数量并不一定正好等于净需求量,需要按调整的批量生产。常用决定批量的方法有静态和动态两类。

静态方法有:① 经济订货批量(将在本书有关章节学习);② 将生产能力定为固定批量;③ 按运输能力及包装容器大小定为批量;④ 逻辑上的订货倍数(如打、箱等)。

动态方法有两个:

(1) 直接批量法。它是将每个时期对项目的净需求量直接作为订货批量。直接批量法比较适用于价格昂贵的项目,因为它们不保存无用的批量库存。一般来说,直接批量法不适用于标准件和通用件。

(2) 固定周期批量法。它是将生成订单的订货量等于固定的几个周期的净需求之和,如表 7-7 所示。表 7-7 所使用的固定周期为 3 周。使用固定周期批量法,订货间隔期保持相对稳定,但订货量可能随需求的不同而变化。

表 7-7　固定周期批量示意表

时间(周)	1	2	3	4	5	6	7	8	9	合计
净需求	35	25		25		30	30	20	15	180
计划	60			55			65			180

另外还有最小批量总费用法、最小单位费用法等多种动态方法。

5. 安全库存

一般来说,相关需求库存不需要设置安全库存,因为一旦产品出产计划确定,对零部件的需求量都可以准确地计算出来,这是 MRP 的主要优点之一。然而,在使用 MRP 的企业生产过程中仍存在着不确定性,如不合格品的出现、设备故障、停电、工人缺勤等,所以还应该持有一定的安全库存量。不过一般仅对产品结构中的最低层项目设置安全库存,不必对其他层次项目设置安全库存。

7.3　企业资源计划(ERP)

7.3.1　企业资源计划(ERP)的核心管理思想

ERP 给企业带来的核心管理思想是供应链管理。供应链实质上就是链上每一个环节都含有供与需两方面的双重含义,供与需总是相对而言。ERP 系统把客户需求和企业内部的制造活动以及供应商的制造资源整合在一起形成一个完整的供应链,并对供应链上的所有环节进行有效管理,这样就形成了以供应链为核心的 ERP 管理系统思想。供应链跨越部门与企业,形成了以产品或服务为核心的业务流程。这种以供应链管理为核心的管理思想，主要体现在以下 3 个方面。

1. 体现对整个供应链资源进行管理的思想

现代企业的竞争已经不是单一企业与单一企业间的竞争，而是一个企业供应链与另一个企业供应链之间的竞争，即企业不但要依靠自己的资源，还必须把经营过程中的有关各方中的供应商、制造工厂、分销网络和客户纳入一个紧密的供应链中，才能在市场上获得竞争优势。ERP 系统正是适应了市场竞争的需要，实现了对整个企业供应链的管理。

2. 体现精益生产、同步工程和敏捷制造的思想

ERP 系统支持混合型生产方式的管理，其带给企业新的管理思想表现在两个方面：其一是精益生产的思想，即企业把客户、销售代理商和供应商协作单位纳入生产体系，同他们建立起利益共享的合作伙伴关系，进而组成一个企业的供需链。其二是敏捷制造的思想，当市场上出现新的机会，而企业的基本合作伙伴不能满足新产品开发生产的要求时，企业组织一个由特定的供应商和销售渠道组成的短期或一次性供应链，形成"虚拟工厂"，把供应和协作单位看成是企业的一个组成部分，运用"同步工程"组织生产，用最短的时间将产品打入市场，时刻保持产品的高质量、多样化和灵活性，这即是敏捷制造的核心思想。

3. 体现事先计划与事中控制的管理思想

ERP 系统中的计划体系主要包括主生产计划、物流需求计划、能力计划、采购计划、销售执行计划、利润计划、财务预算和人力资源计划等，而且这些计划功能与价值控制已完全集成到整个供应链系统中。另一方面，ERP 通过定义与事务处理相关的会计核算科目与核算方式，在事务处理发生的同时自动生成会计核算分录，保证了资金流与物流的同步记录和数据的一致性，从而实现了根据财务资金现状可以追溯资金的来龙去脉，并进一步追溯发生的相关业务活动，以便于实现事中控制和实时做出决策。

7.3.2 企业资源计划(ERP)的功能构成

探讨 ERP 的功能要从基本功能、扩展功能两方面来看。基本功能是所有 ERP 系统软件必须提供的入门功能，强调将企业"内部"价值链上所有功能活动加以整合；扩展功能则是将整合的触角由企业内部拓展到企业的后端厂商和前端顾客，与后端厂商信息系统加以整合的是属于供应链管理(Supply Chain Management，SCM)方面的功能，加强整合前端顾客信息的则是属于顾客关系管理(Customer Relationship Management，CRM)和销售自动化(Sales Force Automation，SFA)方面的功能。目前最受瞩目的则是推出了电子商务(Electronic Commerce，EC)方面的解决方案。

1. 基本功能

一般至少应提供 5 个基本功能。

(1) 物料管理。协助企业有效地控制物料，以降低存货成本。包括采购、库存管理、仓储管理、发票验证、库存控制、采购信息系统等。

(2) 生产规划系统。让企业以最优水平生产，并同时兼顾生产弹性。包括生产规划、物料需求计划、生产控制及制造能力计划、生产成本计划、生产现场信息系统。

(3) 财务会计系统。提供企业更精确、跨国且实时的财务信息。包括间接成本管理、产品成本会计、利润分析、应收应付账款管理、固定资产管理、作业成本、总公司汇总账等。

(4) 销售、分销系统。协助企业迅速地掌握市场信息，以便对顾客需求做出最快速的反应。包括销售管理、订单管理、发货运输、发票管理、业务信息系统。

(5) 企业情报管理系统。提供决策者更实时有用的决策信息。包括决策支持系统、企业计划与预算系统、利润中心会计系统。

除这 5 个功能模块外，很多厂商也提供了其他基本模块来加强企业内部资源整合的能力，如 SAP 提供了 13 个基本功能模块。

2. 扩展功能

一般 ERP 软件提供的最重要的四个扩展功能模块是：供应链管理(SCM)、顾客关系管理(CRM)、销售自动化(SFA)以及电子商务(E-commerce)。

(1) 供应链管理(SCM)。供应链管理是将从供应商的供应商到顾客的顾客中间的物流、信息流、资金流、程序流、服务和组织加以整合化、实时化、扁平化的系统。SCM 系统可细分为三个区隔：供应链规划与执行、物流管理系统、仓储管理系统。

(2) 顾客关系管理(CRM)及销售自动化(SFA)。这两者都是用来管理与顾客端有关的活动。销售自动化系统指能让销售人员跟踪记录顾客详细数据的系统；顾客关系管理系统则指能从企业现存数据中挖掘所有关键的信息，以自动管理现有顾客和潜在顾客数据的系统。CRM 及 SFA 都是强化前端的数据仓库技术，其通过分析、整合企业的销售、营销及服务信息，以协助企业提供更客户化的服务及实现目标营销的理念，因此可以大幅改善企业与顾客间的关系，带来更多的销售机会。目前提供前端功能模块的 ERP 厂商数、相关的功能模块数都不多，且这些厂商几乎都是将目标市场锁定在金融、电信等拥有客户众多、需要提供后续服务多的几个特定产业。

(3) 电子商务(E-commerce)。电子商务(EC)一般指具有共享企业信息、维护企业间关系及产生企业交易行为等三大功能的远程通信网络系统。有学者进一步将电子商务分为企业与企业间、企业与个人(消费者)间的电子商务等两大类。目前 ERP 软件供应商提供的电子商务应用方案主要有三种：一是提供可外挂于 ERP 系统下的 SCM 功能模块，如让企业依据整合、实时的供应链信息去自动订货的模块，以协助企业推动企业间的电子商务；二是提供可外挂于 ERP 系统下的 CRM 功能模块，如企业和经营网络商店的构建模块，以协助企业推动其与个人间的电子商务；最后则提供中介软件来协助企业整合前后端信息，使其达到内外信息全面整合的境界。

7.3.3 成功实施 ERP 的关键

1. 最高管理层的重视和积极参与

ERP 常被称为"头脑工程"或"一把手工程"。实施 ERP，势必会对企业原有的管理思想和管理模式带来冲击,也会对原有的利益体系进行一次新的组合。大量的研究与实践表明,ERP 成功实施的关键因素是企业最高领导必须明确实施 ERP 的目的和战略意义。ERP 是企业的战略工具,其作用范围广、影响深远、自身庞大复杂。因此,最高领导需要从企业长期发展的战略高度来研究和审视实施 ERP 的目的和意义,正视 ERP 实施过程中可能遇到的各种阻力和困难,坚定信心,勇于承担责任,才能更好地降低成本、提高产品质量和客户满意度,实现对市场的快速反应等预期目标。

在实施 ERP 过程中,最高领导层的工作职责主要包括以下方面:

(1) 提出系统的目标、开发策略和开发计划。

(2) 组织协调 ERP 系统与其他计算机应用系统,如计算机辅助设计(CAD)、计算机辅助工艺(CAPP)、计算机辅助制造(CAM)等的接口与系统集成问题。

(3) 调动与组织有关管理部门和信息管理机构逐步实施 ERP 系统。

(4) 组织调整不合理及与新系统不相适应的机构、体制与制度。

(5) 在系统实施的主要阶段,组织方案审批和成果技术鉴定。

2. 企业必须建立有效、规范的管理基础

包括建立科学的管理模式、完善的管理制度、合理的业务流程、可靠的基础数据、齐全的文件档案等,为成功实施 ERP 创造一个适宜的管理环境。否则,ERP 将成为无源之水,无本之木。尤其重要的是企业组织结构的变革,ERP 模块跨越了传统部门界限,需要企业业务流程重组,许多部门甚至合作伙伴一起共享信息、协调工作。

3. 企业全体员工的支持

"人"的因素对于 ERP 系统能否成功实施至关重要。ERP 的实施关系到每个部门及人员,如果只凭少数管理人员和技术人员的摸索与努力,那么企业 ERP 系统是绝对不可能成功的。首先,必须在思想上理解和接受这种先进的管理思想和管理模式;其次,各部门及人员必须通力配合、紧密合作,对照本职工作,学习和掌握 ERP 知识和操作技能。因此,企业需要建立相应的竞争机制、激励机制和约束机制,把实施 ERP 与制定企业长期发展战略和企业全员绩效考核有机地结合起来,促使他们自主地投入到 ERP 的实施中来。

4. 企业必须建立 ERP 项目管理体系和运作机制

与其他固定资产设备投入产出相比较,ERP 的投入产出不是一朝一夕、立竿见影的,而是一个具有系统复杂、实施难度大、应用周期长和投资大等特点的系统工程。因此,实施 ERP 需要循序渐进,需要长期不断地运用 ERP 辅助业务流程重组、贯彻先进的管理思想、变革管理机制、提高管理水平,才能凸显经济效益。因此,企业在 ERP 应用过程中必须从系统工程和科学管理的角度出发,建立和健全项目管理体系和运作机制,采取"分步实施、逐步过渡"的实施策略,确保 ERP 项目的成功实施。主要内容包括制定明确的、量化的 ERP 应用目标,进行 ERP 等现代科技知识的培训教育,引入管理咨询,进行 ERP 项目需求分解,开展企业管理创新,实行业务流程重组,建立 ERP 项目风险管理机制,实行 ERP 项目监理制和评价制等。

 案 例

许继集团 ERP 项目被迫暂停

河南许继集团是一家以电力系统自动化、保护及控制设备的研发、生产及销售为主的国有控股大型企业,国家 520 户重点企业和河南省重点组建的 12 户企业集团之一。许继集团在坚持把主业做强、做大的同时,不失时机地跻身于民用机电、电子商务、环保工程、资产管理等行业,并取得了喜人的业绩。多年来,许继集团坚持"一业为主,多元发展"的经营战略,支撑着企业的快速发展。

20 世纪 90 年代后期,该公司决定上 ERP 项目。许继上 ERP 希望能解决三个方面的问题:一是希望通过 ERP 规范业务流程;二是希望信息的收集整理更通畅;三是使产品成本的计算更准确。

许继公司接触过包括 SAP、Symix、浪潮通软、利玛等国内外 ERP 厂商。一开始许继想用 SAP 的产品,但是 SAP 的出价是 200 万美元:软件费 100 万美元、服务费 100 万美元。而当时许继上 ERP 的预算只有 500 万元人民币。国外 ERP 软件用不起,许继并没有把目光转向国内软件企业。因为在考察了浪潮和利玛等几家国内厂商之后,许继觉得国内软件厂商的设计思路和自己企业开发设计软件已实现的功能相差不大。最终许继选择了 Symix(现更名 Frontstep 公司),一家面向中型企业的美国管理软件厂商。许继当时的产值是 15 亿元,与美国的中小型企业相当,而 Symix 在中小型企业做得不错,价位也比较适中。而且按照一般的做法,签单的时候,一般企业的付款方式分三笔:5∶3∶2 模式;而 Symix 开出的条件非常优惠:分 7 步付款的方式。从 1998 年年初签单,到同年 7 月份,许继实施 ERP 的进展都很顺利。包括数据整理、业务流程重组,以及物料清单的建立都很顺利。厂商的售后服务工作也还算到位,基本完成了产品的知识转移。另外,在培养许继自己的二次开发队伍方面也做了一定的工作。如果这样发展下去,或许许继会成为国内成功实施 ERP 企业的典范。

然而,计划赶不上变化。到了 1998 年 8 月份,许继内部为了适应市场变化,开始发生重大的机构调整。原来,许继没有成立企业内部事业部,而是以各个分厂的形式存在。而各个分厂在激烈的市场竞争中,出现了这样的怪现象:许继自己制造的零部件,如每个螺钉在公司内部的采购价格是 5 分钱,在市场上却 3 分钱就可以拿到。这样必须进行大调整。大调整的结果是将这些零部件分厂按照模拟法人的模式来进行运作。许继的想法是给这些零部件厂商两到三年的时间,如果还生存不下去,再考虑其他办法,如工人下岗、企业转产、倒闭等。

实施 ERP 在先,公司结构大调整在后。但是,许继高层在调整的过程中,更多的是关注企业的生存,企业经营的合理化和利润最大化,显然没有认真考虑结构调整对 ERP 项目的影响。企业经营结构变了,而当时所用的 ERP 软件流程却已经定死了,Symix 厂商也似乎无能为力,想不出很好的解决方案。于是许继不得不与 Symix 公司友好协商,项目暂停,虽然已经运行了 5 个月,但是继续运行显然已经失去了意义。Symix 的 ERP 只是在许继一些分公司的某一些功能上还在运行。

本章小结

本章首先介绍了独立需求和相关需求，MRP 的产生与发展的历程，MRP 的基本思想与原理；其次详细介绍了 MRP 系统的结构及相关计算，MRP 系统的决策参数；最后介绍了 ERP 的核心管理思想、功能，成功实施 ERP 的关键。

思考题

一、判断题（正确的打"√"，错误的打"×"）

1. 订货点法适用于相关需求的库存管理。（   ）
2. 顾客对电视机的需求属于独立需求。（   ）
3. 由于顾客购买电脑，而引申出生产厂商对 CPU 的需求，此需求是相关需求。（   ）
4. 独立需求是块状需求。（   ）
5. 相关需求是块状需求。（   ）
6. 闭环 MRP 与初期 MRP 相比强调计划与能力平衡，以及外部环境变化对计划进行调整。（   ）
7. 初期 MRP 将产品计划转为零部件生产或订购计划，并确定其生产种类、产量、交货期等。（   ）
8. MRP 体现了按顾客需求量组织企业生产的思想。（   ）
9. MRP 的基本思想就是强调围绕设备的生产与运作能力来组织生产。（   ）
10. MRP 采用反工艺顺序法求出相关需求的物料需求量和时间。（   ）
11. 产品结构文件明确了生产某种需要的零部件品种、规格和数量。（   ）
12. 在产品结构文件中，同一元件在不同层次上出现时，采用就高不就低的层次处理原则。（   ）
13. ERP 核心思想之一是对整个供应链的资源进行管理。（   ）
14. ERP 要成功地实施，只要有合理的业务流程、可靠的基础数据、齐全的文件档案就行。（   ）
15. 主生产计划是按一定的时间段来确定各种相关需求物料的需求数量和时间的。（   ）

二、单项选择题

1. 下列对（   ）的需求属于独立需求。
   A. 生产面条的面粉   B. 生产汽车的轮胎   C. 造纸厂的纸浆   D. 市场上的手机膜

2. 下列对（   ）的需求属于相关需求。
   A. 汽车   B. 冰箱   C. 洗衣机   D. 汽车装配用的轴承

3. 相关需求属于（   ）。
   A. 恒定需求   B. 块状需求   C. 均匀需求   D. 波动需求

4. 独立需求属于( )。
   A. 恒定需求　　　B. 块状需求　　　C. 连续且均匀需求　D. 波动需求
5. 控制独立需求产品库存数量的基本方法是( )。
   A. 订货点法　　　B. ABC分类法　　C. MRP　　　　　　D. 定期盘点
6. 相关需求是一种( )需求。
   A. 不确定性　　　B. 确定性　　　　C. 不可预测　　　　D. 波动性
7. 下列最适合应用MRP来制订物料需求计划的是( )。
   A. 医院　　　　　B. 机床厂　　　　C. 学校　　　　　　D. 政府机关
8. 所谓闭环MRP,主生产计划及物料需求计划计算以后,要通过物料需求计划与( )平衡,形成计划—执行—反馈的生产管理循环。
   A. 生产与运作能力　B. 销售能力　　　C. 经营能力　　　　D. 运输能力
9. MRPⅡ与MRP相比较增加了( )与生产管理子系统相结合。
   A. 经营、财务　　B. 销售、财务　　C. 物流、财务　　　D. 客户关系管理
10. 以设备为中心来组织生产的指导思想是( )的体现。
    A. 以产定销　　　B. 以销定产　　　C. 以顾客为中心　　D. 以需求为中心
11. ( )不是MRP的输入。
    A. 生产大纲　　　B. 主生产计划　　C. 产品结构文件　　D. 库存状态文件
12. 某种零件的毛需要量如果是产品级,则由MPS决定;如果是零件级,则由( )决定。
    A. 净需要量
    B. 库存量
    C. 上层元件毛需要量
    D. 上层元件计划发出订货量
13. 一般来说( )不是相关需求。
    A. 原材料　　　　B. 在制品　　　　C. 产成品　　　　　D. 产品说明书
14. 在绘制产品结构树的过程中,如果相同的元件出现在不同的层次上,则通常采用( )处理。
    A. 高层编码原则　B. 低层编码原则　C. 计算机自动识别　D. 随机原则
15. ERP的核心管理思想是( )。
    A. 需求链管理　　B. 降低库存管理　C. 供应链管理　　　D. 提高计划适应性

三、基本概念
独立需求　相关需求　MRP　闭环MRP　MRPⅡ　ERP　物料清单　毛需求量

四、问答题
1. 用订货点法能解决相关需求的库存问题吗,为什么?
2. 阐述MRP的发展历程。
3. MRP的基本思想是什么,MRP的基本原理是什么?
4. 与闭环MRP相比较MRPⅡ的特点有哪些?
5. 阐述ERP的核心管理思想是什么?
6. 简述ERP的功能构成。
7. 成功实施ERP的关键条件是什么?

五、计算题

1. 产品 X 由 2 个单位的 Y 和 3 个单位的 Z 组成，Y 由 1 个单位的 A 和 2 个单位的 B 组成，Z 由 2 个单位的 A 和 4 个单位的 C 组成。X 的提前期是 1 周，Y＝2 周，Z＝3 周，A＝2 周，B＝1 周，C＝3 周。

要求：

（1）画出产品结构树；

（2）如果第 10 周需要 100 单位的 X，试计算每一种物料的订货数量和发出订货时间，并制定进度计划表。

2. 某公司生产销售奥森扬声器组合套装 A，A 由 2 个 B 工件和 3 个 C 工件组成。而每个 B 工件包括 2 个 D 工件和 2 个 E 工件，每个 C 工件包括 2 个 F 工件和 2 个 E 工件，每个 F 工件又包括 1 个 G 工件和 2 个 D 工件。各工件库存均为零，第九周准备销售 50 个奥森扬声器组合套装，各工件的提前期如表 7-8 所示。

表 7-8 奥森扬声器产品提前期

零部件	A	B	C	D	E	F	G
提前期（周）	1	2	1	1	2	3	2

要求：

（1）画出产品结构树。

（2）根据销售数量和提前期的数据，计算扬声器组合套装所需要的每种工件发出订购数量和时间。

3. 假设奥森扬声器组合套装 A 在第九周销售仍然为 50 件，提前期仍然采用是第 2 题数据，各工件库存数据如表 7-9 所示，计算扬声器组合套装所需要的每种工件发出订购数量和时间，并制定进度计划表。

表 7-9 奥森扬声器组合套装库存

零部件	A	B	C	D	E	F	G
现有库存（件）	10	15	20	10	10	5	0

第 8 章 生产作业计划与控制

 **学习目标**

1. 了解生产作业计划的重要性和制订生产作业计划的基本要求。
2. 理解作业排序的目标、优先准则、假设条件和绩效考核指标;掌握作业排序技术。
3. 理解服务业生产作业计划的编制。
4. 了解生产作业控制的含义、原因、条件,理解生产作业控制的内容,掌握控制方法。

 **引　例**

**医院缩减急救等待时间:新的"快速轨道"单位、
高科技身份识别提高访问速度**

几年前,密歇根州迪尔伯恩 Oakwood 医疗中心承诺送到急诊部的每个患者都将在 30 分钟内接受诊断处理,如果医院没有做到这点,患者会收到书面道歉和两张电影入场券。一些雇员将此奉为廉价营销方式。

在今天,30 分钟的承诺已经获得了巨大的成功。所有 Oakwood 医疗体系的 4 家医院全面推行了这个承诺。患者的满意率直线上升,少于 1‰ 的患者会索取电影票。

最近该中心宣布一项零等待的项目,在 4 家医院急诊部门和医疗中心实行。目前这项开创先例的服务能否成功还不得而知,但是这些流程已被重新设计过,一些棘手的工作安排正在进行中。

越来越多的医院开始采取措施减少患者的不满,那些原先要在候诊室苦等的患者被安置到"快速轨道"单位,帮助他们更为迅速地上下急诊床位。还有些运用精密的计算机系统向管理者提供急诊室里每张病床上的每个患者精确到分的状态报告。在某些地区可以通过医疗身份卡来提高患者注册和及时向急诊医护人员提供重要信息。为减少急诊室的等待时间,还有其他变革,如对结账、登记、实验室运营进行重组,提升技术人员的水平,为急诊治疗团队配备新的可以长时间工作的人员。

(来源:[美]F.罗伯特·雅各布斯,理查德 B.蔡斯.运营管理.苏强,霍佳震,邱灿华,译.北京:机械工业出版社,2020)

通过 MRP 确定各个车间的零部件投入出产计划,从而将全厂性的生产计划变成了各车间的生产任务。各车间要完成既定的生产任务,必须将零部件投入出产计划转化成车间生产作业计划,将车间的生产任务变成各个班组、各个工作地的任务。只有将计划安排到每个工作地,或每台设备,或每个员工,任务才能真正落到实处。这样,每个工作地生产作业计划的完成,保证了车间生产作业计划的完成,从而保证了厂级生产作业计划的完成。厂级生产作业计划的完成又保证了全厂的生产计划完成。排序理论与方法则是编制车间生产作业计划的基础。

但是,由于各种因素的影响,如外部供应不及时、生产过程中出现质量不稳定、设备故障、员工操作不规范等一系列问题,生产作业计划并不能保证按期完成,还必须实行生产控制。

8.1 作业计划与作业排序

8.1.1 作业计划的重要性

企业通过制订作业计划来组织生产以满足顾客需求,而制订作业计划的能力侧重于使零部件生产达到准时生产的效果,调整准备时间少,在制品占用较低,设备利用率较高。高效地制订和完成各种作业计划有助于公司降低成本的同时按照顾客的要求准时交货。因此制订作业计划的重要性体现在以下两个方面:一是从企业方面来说,通过制订作业计划,企业可以更加高效地利用各种资源,发挥最大效用,与同行业相比成本更低。二是从顾客方面来说,通过制订作业计划,企业可提供更快的交货、更高的灵活性和更可靠的交付,提高服务顾客水平。

8.1.2 制订生产作业计划的基本要求

1. 确保按期交货

生产计划中规定的生产任务都有不同的交货期要求,为了保证按期交货,需要在生产作业计划中精心策划和安排,确定产品或零部件在各个生产环节的投入产出时间,尽可能满足所有任务的交货期限。如果因生产能力的限制或其他条件的制约不能保证所有任务按期完成,也应使延期的损失最小。

2. 减少作业人员和设备的等待时间

提高生产效率的有效方法是使人员和设备能够满负荷工作,增加作业时间,减少非作业时间,特别是等待时间。因此,生产作业计划要妥善地做好各生产环节的衔接,保证各工序连续作业或平行作业,缩短加工周期,减少时间损失。

3. 使作业加工对象的流程时间最短

流程时间是指作业加工对象(如产品、零件或部件)投入某个工艺阶段起始,直到被加工完为止的全部时间。在制订生产作业计划时,运用科学方法进行合理的作业排序,可以明显地缩短流程时间,给按期交货创造有利条件。

4. 减少在制品的数量和停放时间

在制品是指从原材料投入开始到成品产出为止，处于生产过程中尚未完工的所有毛坯、零件、部件和产品的总称。在制品数量越多、在车间停放时间越长，流动资金的周转速度越慢，造成的损失就越大，同时还会增加搬运作业量和在制品管理业务，占用场地。因此，制订生产作业计划必须考虑在制品的影响，确定合理的占用量。

8.1.3 作业排序

生产作业排序是落实生产作业计划的基本方法，它既包括确定工件的加工顺序，还包括确定每台机器设备加工每个工件的开始和完成时间。单件小批量生产的作业计划就是作业排序问题，如工艺专业化中油漆、热处理、车工、钻工等生产作业排序。在服务业中也涉及排序问题，如大学里的排课就是典型的作业排序，在大学开课之前一定要把班级、课程、老师、教室和时间段全部确定下来才能维持好正常教学秩序。

1. 排序的目标和任务

依据生产作业计划的基本要求，排序的目标可总结为：准时交货；流程时间最短；在制品库存最小；劳动力和设备利用率最高。当然，不可能也不需要同时满足所有这些目标。如果保持所有机器设备和人员的满负荷生产，可能会导致太多的在制品库存。例如，在100次的交货中，保证了99%的准时交货，仍有一次延迟，为了满足这一次的准时交货有可能导致很高的库存，结果成本又上升了。因此，目标内部存在一定程度的冲突。从系统的角度来讲，关键在于要保持作业中心的目标和组织的运营战略相匹配。

排序的任务：

(1) 分配作业、机器、人员到作业中心或者其他的特定地点（如教室）。

(2) 决定作业执行的顺序。

2. 作业排序的优先准则

按照上述目标要求，为了得到比较满意的排序方案，人们提出了许多排序准则，迄今人们已提出了上百种，在实际中常用的有以下几种，如表8-1所示。

表8-1 作业排序的优先准则

准 则	描 述
先到先服务（First Come First Served, FCFS）	根据任务到达先后次序安排加工顺序，先到的优先加工
最短作业时间（Shortest Processing Time, SPT）	把工件作业加工时间按照从短到长进行排序，优先选择加工时间最短的任务
交货期最早（Earliest Due Date, EDD）	按照交货期对工件作业进行排序，优先安排完工期限最紧的任务
最短松弛时间（Shortest Slack Time, SST）	所谓松弛时间，是指当前时点距离交货期的剩余时间与该项任务的加工时间之差。根据松弛时间从短到长进行排序，优先选择松弛时间最短的作业

续表

准则	描述
最长剩余作业时间（Most Work Remaining, MWKR）	优先选择余下作业时间最长的作业任务
最短剩余作业时间（Least Work Remaining, LWKR）	优先选择余下作业时间最短的作业任务
最多剩余作业数（Most Operations Remaining, MOPNR）	优先选择余下作业数最多的工件
最小临界比（Smallest Critical Ratio, SCR）	优先选择临界比最小的作业。临界比是指距离到期日的时间除以剩余的工作日
随机（Random）	主管或操作员随机挑选出一项作业优先处理

3. 排序问题基本假设条件

为了便于分析研究，建立数学模型，有必要对排序问题给出一些假设条件，其基本假设条件如下：

(1) 一项工件不能同时在几个作业中心上加工。

(2) 作业在加工过程中一般采取平行移动方式，即当上一个作业中心加工完成后，立即转移到下一个作业中心进行加工。

(3) 不允许中断。一项作业一旦开始加工，连续进行加工直至完工，中途不得停止插入其他作业。

(4) 每个作业过程只在一个作业中心完成。

(5) 作业数、作业中心数和加工时间已知，作业时间与加工顺序无关。

(6) 每个作业中心同时只能加工一项作业。

此外，在考虑排序问题时，还假定作业中心数量有限、劳动力充足，不考虑由于劳动力不足而使作业中心无法运转的现象。

4. 排序问题的数学表示

1967年康维（Conway R. W.）等人首先提出用4个参数表示排序问题的方法，即4参数表示法：$n/m/A/B$。

式中，n 表示作业数；m 表示作业中心数；A 表示车间类型；B 表示目标函数。

在 A 的位置若标以"F"，则表示流水作业问题；若标以"P"，则表示流水作业排序排列问题；若标以"G"，则表示一般单件作业排序问题。当 $m=1$ 时，则 A 处为空白。在 B 的位置，通常是目标函数达到最小，如目标函数用 C_{max} 表示，则最长完工时间最短，用 L_{max} 则表示最长延迟时间最短。

用这四个符号，可以简明扼要地表示不同的排序问题。如 $n/3/P/C_{max}$ 表示：n 项作业经3个作业中心的流水作业排列排序问题，目标函数是使最长完工时间 C_{max} 最短。

5. 作业排序绩效考核指标

主要指标如下：

$$平均流程时间 = 累计流程时间 \div 作业数$$

$$累计流程时间 = 各作业流程时间之和$$

$$平均延迟时间 = 延迟时间总和 \div 作业数$$

$$利用率 = \frac{累计加工时间}{累计流程时间} \times 100\%$$

6. 作业排序技术

1) n 项作业在单一作业中心的排序($n/1$)

对于多个作业在单个作业中心(如单台机器、单一工作地、单一工作中心)加工的情况,无论以什么样的顺序把待加工作业安排到作业中心,都不会影响作业中心的负荷,即作业中心的资源占用都是一样的。但是,如果考虑全部作业的平均完工时间、平均作业的延迟时间等指标,就有了作业排序问题。

【例 8-1】 表 8-2 是某企业热处理中心等待加工的 A、B、C、D、E 5 个工件的作业加工时间(包含换产时间)与预定的交工日期。假设工件到达先后次序与表中字母的顺序一致。试根据:FCFS 准则、SPT 准则、EDD 准则确定作业顺序,并用平均完工时间、平均延迟时间和利用率这三个指标对排序方案进行评价。

表 8-2 某企业热处理中心作业信息

工 件	作业加工时间(天)	预定交工日期(天)
A	6	8
B	2	6
C	8	18
D	3	15
E	9	23

注:预定交工日期为相对天数,如 A 的预定交工日期为 6 天,即以作业开始时间为第 1 天,第 6 天交工。

解:(1) 按 FCFS 准则,根据任务到达先后次序安排加工顺序,先到的优先加工,因此其作业排序方案为 A—B—C—D—E,其作业信息如表 8-3 所示。

表 8-3 按 FCFS 准则排序方案

作业次序	加工时间(天)	实际交工日期(天)	预定交工日期(天)	延迟时间(天)
A	6	6	8	0
B	2	8	6	2
C	8	16	18	0
D	3	19	15	4
E	9	28	23	5
合 计	28	77		11

对此方案的评价：

平均流程时间＝累计流程时间÷作业数＝77÷5＝15.4（天）

平均延迟时间＝延迟时间总和÷作业数＝11÷5＝2.2（天）

利用率＝（累计加工时间÷累计流程时间）×100％＝（28÷77）×100％＝36.4％

（2）按 SPT 准则，把工件作业加工时间按照从短到长进行排序，优先选择加工时间最短的任务。因此其作业排序方案为 B—D—A—C—E，其作业信息如表 8-4 所示。

表 8-4 按 SPT 准则排序方案

作业次序	加工时间（天）	实际交工日期（天）	预定交工日期（天）	延迟时间（天）
B	2	2	6	0
D	3	5	15	0
A	6	11	8	3
C	8	19	18	1
E	9	28	23	5
合计	28	65		9

对此方案的评价：

平均流程时间＝累计流程时间÷作业数＝65÷5＝13（天）

平均延迟时间＝延迟时间总和÷作业数＝9÷5＝1.8（天）

利用率＝（累计加工时间÷累计流程时间）×100％＝（28÷65）×100％＝43.1％

（3）按 EDD 准则，按照交货期对工件作业进行排序，优先安排完工期限最紧的任务。因此其作业排序方案为 B—A—D—C—E，其作业信息如表 8-5 所示。

表 8-5 按 EDD 准则排序方案

作业次序	加工时间（天）	实际交工日期（天）	预定交工日期（天）	延迟时间（天）
B	2	2	6	0
A	6	8	8	0
D	3	11	15	0
C	8	19	18	1
E	9	28	23	5
合计	28	68		6

对方案的评价：

平均流程时间＝累计流程时间÷作业数＝68÷5＝13.6（天）

平均延迟时间＝延迟时间总和÷作业数＝6÷5＝1.2（天）

利用率＝（累计加工时间÷累计流程时间）×100％＝（28÷68）×100％＝41.2％

对以上三种方案进行比较，如表 8-6 所示。

表 8-6 按 FCFS、SPT、EDD 准则三种方案评价指标比较

排序准则	平均流程时间(天)	平均延迟时间(天)	利用率(%)
FCFS	15.4	2.2	36.4
SPT	13.0	1.8	43.1
EDD	13.6	1.2	41.2

从表中可以看出：按 SPT 准则的排序方案有两项(平均流程时间、利用率)评价指标较好，按 EDD 准则的排序方案平均延迟时间最短。因此，在实际情况中没有哪种排序方案能够在所有方面具有优势，只是根据当前规定要求相机抉择。

2) n 项作业在两个作业中心的排序($n/2$)

在这种情况下，作业序列中有 n 项待确定加工顺序的作业，这些作业以相同的顺序分别经过两个作业中心，即都是先在第一个作业中心加工，然后移动到第二个作业中心加工。

解决 n 项作业由两个作业中心来加工的排序，用约翰逊准则，此准则的目标是加工周期最短。其算法步骤如下：

(1) 列出每项作业分别在两个作业中心加工的时间。

(2) 选出所需加工时间最短的作业，如果加工时间最短的作业发生在第一个作业中心，则把相应的作业排在第一位；如果加工时间最短的作业发生在第二个作业中心，则把相应的作业排在最后一位。如果相同，则可以任意排。

(3) 一项作业排好序后，从作业序列中去掉，再重复步骤①和步骤②，直至确定了全部作业的加工顺序为止。

需要说明的是，按照此准则确定的排序方案可能不止一个，当然所确定的排序方案所对应的加工周期都是相等且最短。

【例 8-2】 某机械厂有 5 个特殊的工件需要进一步加工，加工过程需要经过两个加工中心：钻床和车床，每个工件在这两个加工中心的加工时间如表 8-7 所示。试给出这些工件最优的加工顺序。

表 8-7 工件在两个加工中心的加工时间　　　　　　　　　　单位：小时

工件	工作中心 1(钻床)	工作中心 2(车床)
A	5	2
B	3	6
C	8	4
D	10	7
E	7	12

解：运用约翰逊算法进行排序：

(1) 从 5 个工件中选出的最短加工时间是 2 小时，它是工件 A 在工作中心 2 处加工的时间。根据约翰逊准则，工件 A 应排在最后进行加工。然后将 A 从排序的作业中去掉。

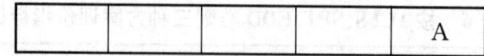

（2）B的加工时间（3小时）为次短，由于B出现在工作中心1处，因此首先加工B。然后将B从排序的作业中去掉。

B			A

（3）下一个加工时间最短的是C（4小时），出现在工作中心2处，因此C的加工尽可能靠后。然后将C从排序的作业中去掉。

B		C	A

（4）剩下的工件加工时间最短的有两个，均为7小时，分别是E在加工中心1处和D在加工中心2处，我们将E先加工，然后将D排在后面加工，最终排序方案为：B—E—D—C—A。

B	E	D	C	A

用示意图表示作业排序的时间顺序：

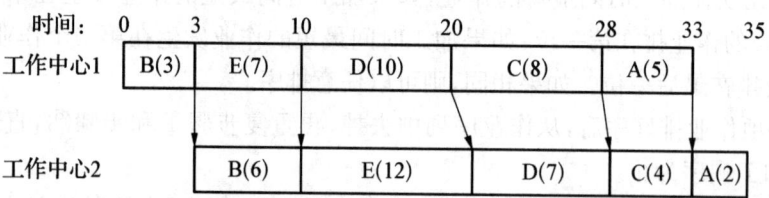

由上可知共用35小时完成这5个工件的加工任务。工作中心2花费3小时等待第一项任务，在它加工完B后又等待1小时才加工E件。

3）n项作业在n作业中心的排序（n/n）

一些生产车间拥有足够的机器设备在同一时间内开始所有的作业，这里要解决的不是先做哪项工作，而是哪项特定的作业或任务应该指派特定的机器来完成，可以达到总体最优。

这种情况下，我们可以运用指派方法。

指派方法是将任务或工作指派给相应的资源，适用于所有那些提供n项资源解决n项需求。例如，将5个项目任务分派给5个员工来完成，将5个工件的加工任务分配给5台设备进行加工，要求是完成任务的总费用最少或花费时间最少。

指派原则被用于解决具有以下特征的问题：

① 有n项事物要被分配到n个目的地；
② 每个事物有且仅被分配给一个目的地；
③ 评价标准仅有一个（如成本最小化、利润最大化等）。

解决员工任务指派问题用匈牙利算法，它是求解极小值型指派问题的一种方法，该算法适用于一对一配对组合，要求每项任务都必须只分配给一位员工，每位员工都有能力完成任务，各分配方案的成本是已知的，且固定不变。其计算步骤如下：

(1) 找出每行的最小数,每行的数减去最小数,得到一个新表;

(2) 根据新表,找出每列的最小数,每列的数减去最小数,又得到一个新表;

(3) 用总数最小的横线或竖线覆盖最新得到的表格中所有的零,如果横线与竖线的数量之和等于表的行数或列数(行列相等),得到最优表,转向(6),否则转向(4);

(4) 把表中所有未被覆盖的数减去其中的最小数,并将这个最小数加到横线与竖线交叉点上的数上,被覆盖的其他非交叉点上的数不变,得到一个新表;

(5) 重复(3)和(4),直到获得最优表,即覆盖其中所有零的横线与竖线之和等于表的行数或列数;

(6) 从只有1个零的行或列开始,这个零所对应的行与列就给了一个分配方案,把这个零所对应的行与列划去,重复这一步骤,直至把全部任务都分配完毕为止。

【例 8-3】 表 8-8 中数据为不同员工完成不同任务所需要的时间,从表中可知员工 A 完成第一项任务需要 8 个工时,完成第二项任务需要 6 个工时,其余类推,表中任务数和员工数相等,是标准的任务指派问题。求最优任务的指派(即用时最少)。

表 8-8 员工任务指派矩阵　　　　　　　　　　　　　　　单位:工时

任务＼员工	A	B	C	D
1	8	6	2	4
2	6	7	11	10
3	3	5	7	6
4	5	10	12	9

解:(1) 找出每行的最小数,每行的数减去最小数,得到一个新表 8-9。

表 8-9 每行减去对应行的最小数所得新表

任务＼员工	A	B	C	D	行最小数
1	6	4	0	2	2
2	0	1	5	4	6
3	0	2	4	3	3
4	0	5	7	4	5

(2) 根据新表 8-9,找出每列的最小数,每列的数减去最小数,得到一个新表 8-10。

表 8-10 每列减去对应列的最小数所得新表

任务＼员工	A	B	C	D
1	6	3	0	0
2	0	0	5	2
3	0	1	4	1

任务＼员工	A	B	C	D
4	0	4	7	2
列最小数	0	1	0	2

(3) 用总数最小的横线或竖线覆盖最新得到的表格中所有的零,得新表 8-11,线条总数为 3,小于表中的行数或列数,转向第 4 步。

表 8-11　用横线与竖线覆盖表中的 0

任务＼员工	A	B	C	D
1	6	3	0	0
2	1	0	5	2
3	0	1	4	1
4	0	4	7	2

(4) 把表中所有未被覆盖的数减去其中的最小数(表 8-11 中此数为 1),并将这个最小数加到横线与竖线交叉点上的数上,被覆盖的其他非交叉点上的数不变,得到一个新表 8-12。

表 8-12　未被覆盖的数减去其中的最小数所得新表

任务＼员工	A	B	C	D
1	7	3	0	0
2	1	0	5	2
3	0	0	3	0
4	0	3	6	1

(5) 用总数最少的横线与竖线覆盖表中所有的 0,如表 8-13 所示,此时线条总数为 4,等于表中行数或列数(4),得到新表。

表 8-13　总数最少的横线与竖线(总数为 4)覆盖表中所有的 0

任务＼员工	A	B	C	D
1	7	3	0	0
2	1	0	5	2
3	0	0	3	0
4	0	3	6	1

(6) 从只有1个零的行或列开始,这个零所对应的行与列就给出了一个分配方案,把这个零所对应的行与列划去;重复这一步骤,直至把全部任务都分配完毕为止,便是本例最优分配方案,即分别把第1、2、3、4项任务分别指派给C、B、D、A四位员工完成。

按此分配方案,完成此任务最优方案所需的总工时为:2+7+6+5=20(工时)。

8.1.4 服务业生产作业计划的编制

许多服务业生产作业计划也涉及作业排序问题,即利用前面讲述的方法进行编制。但服务业更多的是通过员工与顾客直接接触为顾客服务的,顾客参与程度高,服务活动的顾客化程度较高,由于顾客的参与使得制订服务作业计划变得很复杂;而且许多服务只有在明确了服务对象之后,才能设计相应服务内容、服务方式、服务时间,标准化、规范化程度低,如医生给病人看病,看病所要花去的时间因病人的病情而异。所以制订作业计划时需要确定的作业人员、作业时间、作业标准和方法就很难做到如制造业那样标准化、规范化。而且顾客参与导致服务效率降低,因此在制订作业计划时,除非必要,如病人就诊、顾客饭店就餐、理发等顾客必须参与的服务,要考虑尽量避免顾客参与,或者将员工服务与顾客参与相分离。

1. 减少顾客参与的具体方法

(1) 通过服务标准化减少服务品种。顾客需求的多样性会造成服务品种无限多,服务品种增加会降低效率。服务标准化可用有限的服务满足不同的需求。最典型的是麦当劳快餐。

(2) 通过自动化减少同顾客的接触。有的服务业通过自动化操作限制同顾客的接触,如银行使用自动柜员机、商店使用自动售货机、手机银行等。将员工服务与顾客参与相分离,降低了劳动力成本。

(3) 将部分操作与顾客分离。服务业提高效率的一个常用方法就是将不需要和顾客接触的部分操作与顾客分离。例如,在酒店,服务员在顾客不在时才清扫房间,这样做不仅避免了打扰顾客,而且可以减少顾客的干扰,提高清扫的效率。另一种方法是设置前台和后台,前台直接与顾客打交道,后台专门从事生产运作,不与顾客直接接触。例如,麦当劳快餐店,前台服务员接待顾客,采用顾客化服务方式;后台对快餐的生产可以不与顾客直接打交道,采用流水作业或机械化作业的形式。这样做的好处是既可改善服务质量,又可提高效率。此外,前台服务设施可以建在交通方便、市面繁华的地点,这样可以吸引更多的顾客,是以顾客为导向;相反,后台设施可以集中建在地价便宜的较为偏僻的地方,是以产品生产为导向。

(4) 设置一定量库存。总的来说,服务是难以通过库存来调节生产和需求矛盾的,特别是纯服务生产的产品是不能库存的,如理发、看病、律师服务等,但也有一些服务还是可以通过库存来调节生产活动的。例如,批发和零售服务,都可以通过库存来调节。

2. 服务作业计划制订的一般方法

(1) 设立固定的服务时间表。如汽车和火车客运、民用航空、电影、歌舞等,如果完全按照顾客的需要来安排服务，会造成巨大的浪费。例如，随时都有顾客要出门旅行，如果要满足他们的要求，则需要无数次航班、汽车和火车。采用固定时间表来满足顾客的需要，使顾客按固定时间表行动，既可以满足绝大多数顾客的需求，又可以减少服务能力的浪费。

(2) 使用预约系统。对于那些顾客参与程度较高的服务业，为了正确处理服务能力制约与需求波动的关系，可采用预约系统，使顾客的需求和服务的时间与能力之间矛盾得到一定程度的协调。如医生看病，通过预约，既满足了病人的需要，又可使其不致因排队浪费时间，还使得医生和病人的时间都得到充分利用。

(3) 推迟交货。由于服务能力有限，无论采用什么方法都会有一些顾客的要求得不到及时满足，这时就要推迟交货。比如家用电器突然出现故障需要修理是难以预约的，如果维修站无任务，则可及时修理，如果有很多，就需要排队，这是作业排序问题。按一定的优先顺序修理，某些修理任务就要推迟。

(4) 利用价格进行调节。许多服务业需求的波动太大，如果按照最高负荷配置服务设施，其投资将很大，成本太高，最为典型的是铁路航空客运、饭店、空调的安装服务等在需求旺季时企业服务能力很难与之匹配。为了使有限的服务设施得到充分利用，可以采用转移需求的策略，即在需求处于低潮时，通过价格打折或其他优惠手段以吸引更多顾客来消费。例如，铁路客运、航空客运在淡季时半价优惠，电信公司在晚上 9 点钟之后电话费实行半价优惠，这些就是通过价格来调节需求，分流顾客，使得服务设施在淡季时也能得到较为充分的利用。

3. 应对服务作业中非均匀需求的措施

由于服务需求具有非均匀性，且服务企业为了自身的利益不可能建立适应最大需求时的生产能力，因此在制订服务作业计划时需要采取针对性措施以应对各种非均匀需求。其措施从以下几个方面考虑。

1) 人员安排上改进

(1) 改善人员班次安排。很多服务是每周 7 天，每天 24 小时进行的。如医院，不论白天或晚上，都必须有医生和护士，其中有些时间是负荷高峰，有些时间是低峰。完全按高峰负荷安排人员，会造成人力资源的浪费；完全按低峰负荷安排人员，又会造成供不应求，丧失顾客。因此，要对每周和每天的负荷进行预调，在不同的班次或时间段安排数量不同的服务人员。这样既保证了服务水平，又减少了人员数量。

(2) 利用临时工作人员。采用临时工作人员可以减少全职工作的固定人员的数量。对一天内需求变化大的服务业或者是季节性波动大的服务业，都可以雇用临时工作人员。在服务业采用临时工作人员来适应服务负荷的变化，如同制造业采用库存调节生产一样。

(3) 雇用多技能员工。相对于单一技能员工，多技能员工具有更大的柔性。当负荷不均匀时，多技能员工可以到任何高负荷的地方工作，从而较容易地做到负荷能力平衡。

2) 顾客服务手段上改进

(1) 让顾客自己选择服务水平。设置不同的服务水平供顾客选择，既可满足顾客的不同需求，又可使不同水平的服务得到不同的收入。如邮寄信件，可采用普通平信或特快专递，顾客希望缩短邮寄时间，就得多花邮费。

(2) 顾客自我服务。如果能做到顾客自我服务,则需求一旦出现,服务能力也就有了,就不会出现能力与需求的不平衡。如顾客自己加油和洗车、银行自动处理业务柜机、自助餐、手机银行等,都是顾客自我服务。

3) 生产能力提高上改进

(1) 业务外包。即对于服务需求量波动大但本企业又很难达到规模经济要求的服务类型,可以将此类业务外包给专业服务公司,这样既减少了本单位设施和设备的投资,又降低了服务成本。如机场、火车站,可以将运输货物的任务交给物流公司去做。

(2) 流水线生产。一些准制造式的服务业,如麦当劳、肯德基,采用生产线方法来满足顾客需求。在前台,顾客仍可按菜单点他们所需的食品;在后台,则采用流水线生产方式加工不同的零件(食品),然后按订货型生产方式,将不同的食品组合,供顾客消费。这种方式下生产效率非常高,从而做到成本低、效率高和及时服务。

注　意

服务业本身的特点,决定了其无论采用何种作业计划和针对性措施都不可能像制造业那样实现均衡生产,只能在一定程度上缓解服务业困境;供需矛盾是无法调和的,铁路客运的供需就是鲜明的例子。

8.2　生产作业控制

8.2.1　生产作业控制的含义

生产作业控制就是对制订作业计划的实施情况进行监控,发现作业计划要求与实际完成情况之间存在的偏差,采取调整和校正措施,以确保计划目标如期完成。从广义上来讲,生产作业控制是根据制订的作业计划对生产作业过程中的产品产量、质量、进度、成本、交货期等各种指标完成情况进行监测,发现异常实时调整,保证生产作业计划完成。从狭义上来讲,生产作业控制就是指生产进度控制。

8.2.2　实行生产作业控制的原因和条件

1. 控制的原因

生产作业计划是在作业活动发生之前制订的,尽管制订计划时充分考虑了现有的生产能力,但计划在实施过程中由于以下原因,往往造成作业的实施与计划要求相偏离。

(1) 加工时间估计不准确。特别是对单件小批量生产类型,许多生产加工任务都是第一次碰到,工序加工时间都是根据经验估算的,很难估计得精确。而加工时间又是编制作业计划的依据，加工时间不准确，计划也就不准确，实施中就会出现偏离计划的情况。

（2）加工路线的多样性。生产作业的调度人员在决定按哪种加工路线加工时，往往有多种加工路线可供选择，不同的加工路线会造成完成时间的偏离。

（3）环境的动态性。尽管制造了一个准确的计划，但第二天又来了一个更紧迫的新任务，而且事关重大，或者关键岗位的职工跳槽，或者发生停电甚至于天气恶劣，等等。这些都使得实际生产作业难以按计划进行。

（4）随机因素的影响。即使加工时间的估计是精确的，但很多随机因素的影响也会引起偏离计划的情况。如工人的劳动态度、技能的差别，人员缺勤，设备故障，原材料质量的差异，供应不及时等，这些都是造成实际完成进度与计划要求不一致的随机因素。

当实际情况与计划发生偏离时，就要采取措施，要么使实际进度符合计划要求，要么修改计划使之适应新的情况。

2. 控制的条件

（1）生产控制标准。主要标准就是生产计划和生产作业计划。没有标准就不能衡量作业实际情况是否发生了偏移。生产计划规定的品种、数量、质量、出产期，生产作业计划规定的各种期量标准、投入产出进度安排，都是实行生产控制的标准。

（2）生产控制信息。只有掌握实际生产作业状况偏离计划的信息，才能实施有效的控制。这些信息主要是计划在执行过程产生的，具体包括生产能力、产品数量及其配套、库存量、在制品占用量、生产进度、质量动态等各种数据资料，总之产品生产进度和数量方面每个点上的信息都要及时掌控，便于管理人员随时做出反应。因此生产控制的任务不仅要保证生产过程中物质流的畅通，更要保证信息流的畅通。因为只有保证生产信息的有效传递和反馈，才能及时发现问题，解决问题，保证生产作业执行处于掌控之中。

（3）生产控制措施。针对生产作业产生的偏差，通过分析原因采取有效措施来解决，保证生产活动的正常进行。

8.2.3 生产作业控制的内容

1. 生产调度

生产调度的任务是按照作业计划的要求，及时、准确、全面地掌握生产过程的情况，对企业生产活动进行有效的组织、指挥、监督和控制，加强进度管理，不断克服不平衡和不均衡的现象，并且通过各种信息的收集和处理，积极预防生产中的事故和失调现象的发生，使生产过程中各环节能尽量协调一致，保证生产计划与作业计划的全面完成。实际上生产调度是从企业总体运营的高度对整个生产过程进行控制。

1) 生产调度的原则

（1）计划性原则。以计划指导生产、全面完成计划是生产调度的主要目标。

（2）预见性原则。生产调度要有预见性，通过掌握及时准确的各类信息，预测和推断生产发展趋势，及早发现生产中出现的问题，进行纠正。

（3）集中性原则。通过前面学习可知，影响生产作业计划完成的因素有很多，因此生产调度涉及多个部门,如物料供应、质量、生产、物流、人力资源、营销等,必须坚持集中统一原则,适度授权给调度人员,保持调度的权威性。

(4) 关键点原则。生产调度工作应当着重解决关键工序(瓶颈)或关键环节上的问题,而不是细枝末节问题。

(5) 及时性原则。在生产调度中,尽管大部分问题是日常问题,但是仍然要及时发现偏差,采取措施加以纠正,防止问题累积到相当程度,造成大损失。

2) 生产调度的主要内容

(1) 做好生产前的作业准备工作。主要是检查、督促和协调各生产部门为完成生产作业计划所开展的活动,如图纸、工艺装备、工艺文件、材料毛坯、外购件、仪器仪表、设备及运输工具等的准备。调度部门必须经常检查各项作业准备工作的进展情况,督促生产单位和有关部门按时完成任务,发现问题及时协调并予以解决。

(2) 组织日常生产活动。主要是按照作业计划要求,经常检查计划的执行情况,掌握产品在各工艺阶段的投入和产出情况,解决生产中出现的各种问题,特别是要抓好关键产品、关键零部件、关键工序、关键设备的安排与检查。

(3) 保证均衡生产。根据生产需要,合理调配劳动力,保证各个生产环节、各道工序协调、均衡地进行生产。对轮班、昼夜、周、旬或月计划完成情况做好统计和分析工作。

(4) 做好组织协调工作。主要是组织好厂级和车间的生产调度会议,协调车间之间及工段(班组)之间的生产进度和衔接,研究和制定克服生产中薄弱环节的措施,并组织有关部门予以解决。

2. 生产进度控制

1) 投入进度控制

投入进度控制指对开始投入物料的日期、数量、品种进行控制,使其符合生产作业计划要求,同时核查外围辅助保障是否到位,具体包括检查各个生产环节、各种原材料、毛坯及零部件、人力、技术措施、运输车辆等项目投入产出是否符合规定日期。

投入进度控制是预防性控制,假如投入不及时必然会造成生产中断、突击赶工,影响成品按时出产;假如投入过多又会造成半成品积压,等待加工,因而影响经济效益。根据企业类型的不同,投入进度控制方法大致可以分为以下几种:

(1) 大批量生产作业投入进度的控制方法。只需根据投产指令、投料单、投料进度表、投产日报表等进行控制。

(2) 成批和单件生产投入进度控制方法。这种方法比大批量生产作业投入进度的控制方法稍微复杂,一方面要控制投入的品种、数量和成套性;另一方面要控制投入提前期,利用投产计划表、配套计划表、加工线路单、工作命令及任务分配箱来控制投入任务。

2) 工序进度控制

工序进度控制是指对产品(零部件)在生产过程中经过的每道加工工序的进度进行控制。在成批单件生产条件下,每个工作地上加工零件种类多,工艺、工序不固定,因此只控制投入和产出是不够的,还必须控制工序进度。对于那些加工周期长、工序多的产品(零部件)更是需要。一般按工票和加工路线单进行控制。在大量生产条件下,生产连续性强,每个工作地都固定加工一种或几种零件,一般通过控制在制品数量来实现工序进度控制的目的。

(1) 采用加工路线单进行控制。加工路线单以零件为对象,按零件批别,一批开一张,包括零件的所有工序,从投料、加工、检验到入库为止的全部过程。加工路线单随着零件,按工艺路线,在各工序顺序进行流转,每完成一道工序就送检登记,再送到下一道工序继续使用。在这里加工路线单是派工指令,是指导生产工人根据既定加工路线顺次加工的文件,同时,又是进行作业核算,控制零件生产进度,协调上下工序之间衔接配合,以及掌握在制品流转交接的手段。

(2) 采用单工序工票进行控制。单工序工票以工序为对象,一序一票,一道工序加工完毕,工票就随工件的验收而收回,下道工序另开一张工票。每完成一道工序,收回该工序工票后,即在台账上登记,以台账随时控制零件加工进度。许多企业把单工序工票和加工路线单结合起来使用,即加工路线单留在工段、班组,为在制品流转之用,再按工序给工人开单工序工票进行加工。

(3) 跨车间工序进度控制。明确协作车间分工以及交付时间,由零部件加工主要车间负责,建立健全零部件台账,及时登记进账,按加工顺序派工生产。协作车间主要工作为认真填写"协作单",并将协作单号、加工工序、送出时间标注在加工路线单上,待加工完毕,将协作单与零件一同送回。

3) 出产进度控制

出产进度控制是指对产品(或零部件)的出产日期、提前期、产品质量、出产数量、出产均衡性和成套性的控制。出产进度控制是保证完成生产作业计划的前提,同时也是保证生产车间各生产部门紧密衔接,保证各零部件出产成套,保证均衡生产的有效手段。

实施出产进度控制,通常把生产作业计划进度表与生产作业实际进度表放在一起进行对比。当然,按照不同的生产类型有不同的控制方法。

(1) 大量生产出产进度控制。主要用班组生产记录、班组和车间的生产统计日报等表格与出产日历进度计划表进行比较,控制每日的出产进度,计算出产进度和一定时间内生产均衡度。

(2) 成批生产出产进度控制。主要根据零部件标准生产计划、出产提前期、零部件日历进度表、零部件成套进度表及成批出产日历装配进度表等进行控制。

(3) 单件小批生产出产进度控制。主要根据各项订货合同所规定的交货期进行控制,通常直接利用作业计划图表,在计划进度下用不同颜色标出进度即可。

3. 在制品占用量控制

在制品占用量控制是指对生产过程各个环节中尚未完工的毛坯、零件、部件的所在位置和数量的控制。有效地控制在制品占用量,对组织均衡生产、保证产品质量、加速资金周转、降低产品成本、提高经济效益有重要意义。其主要工作内容如下。

1) 管好车间在制品、库存在制品的流转和统计

车间在制品是指车间内部正在加工、检验、运输和停放而尚未完工入库的在制品。库存半成品是指车间之间待配套装配和加工的在制品,通常存放在毛坯库和零件库(中间库)。

这两种类型的在制品储存具有调节和缓冲的需求波动作用,通过作业统计进行管理。

要管好在制品的流转和统一,必须及时处理在制品的增减,建立严格的交接手续,严格控制投料,及时处理废次品,定期清点盘存,保证账物相符。在大批量生产情况下,在制品数量比较稳定,并有标准定额,在生产过程中的移动是沿一定的路线有节奏地进行的,因此通常采用轮班表,结合统计台账来控制在制品的数量及其流转。在单件小批生产和成批生产条件下,由于产品品种以及投入和产出批量比较复杂,通常是采用加工路线单和工作票等凭证以及统计台账来控制在制品的数量及其流转。

2) 确定半成品、在制品的合理储备和进行成套性检查

各种半成品、在制品的合理储备是组织均衡配套生产的重要条件。合理储备量的确定,取决于企业的生产类型和生产组织形式以及原材料、外配件、生产批量等因素,应根据各道工序需要的情况加以确定。车间和仓库都要建立毛坯、零件成套率的检查制度和对储备量的检查制度,要掌握在制品变化情况,及时进行调节,使在制品数量保持在定额水平上。

3) 加强存储管理,发挥中间仓库的控制作用

要规定在制品的保管场所和方法,明确保管责任,严格准确地执行车间(工序)之间的收付制度。重点是要掌握库存在制品数量动态的变化,做到账物相符、账账相符。中间仓库要做好在制品的保存、配套工作,并要定期组织在制品的盘点,查清数量,调整库存台账的数字。

注意点

生产控制是企业的日常管理活动,繁杂而琐碎,它既反映企业为顾客提供准时化服务的水平,又是其降低成本的能力体现,其工作在实践中不断改进优化,结果非常能反映一个企业管理水平的高低。

8.2.4 生产作业控制基本方法

1. 进度分析

进度分析就是实际的生产进度与计划要求进行对比分析,掌握计划的执行情况。

例如,某装配线在 4 月上旬的每日计划产量和实际执行进度产量情况具体如表 8-14 所示,通过表可以看出每日产量的计划数、累计数,实际执行的每日产量数与累计数,计算出每日执行情况与计划要求的差距,分析其原因,提出解决的措施。通过表中的数据还可以画出进度分析坐标图和甘特图。

表 8-14 某装配线 4 月上旬产品的出产计划和实际执行进度表

日期		1	2	3	4	5	6	78	8	9	10
计划	日产量	30	30	30	30	30	30	30	30	30	30
	累计	30	60	90	120	150	180	210	240	270	300

续 表

日期		1	2	3	4	5	6	7	8	9	10
实际	日产量	15	20	20	20	25	30	35	35	40	40
	累计	15	35	55	75	100	130	165	200	240	280
差距累计	当日	−15	−10	−10	−10	−5	0	+5	+5	+10	+10
	累计	−15	−25	−35	−45	−50	−50	−45	−40	−30	−20

2. 生产均衡性分析

均衡性分析就将标准差的理论应用到生产进度控制中,当每日的产量在围绕着计划产量指标上下波动时,求得计划产量的平均值 $\bar{x}$,再求每日的实际产量与平均值的标准差即可。

具体计算公式如下:

$$\sigma^2 = \sum (X_i - \bar{x})^2 / n$$

式中,n 为取值的数目,做出判断时以 $\bar{x} \pm \sigma$ 为控制界限,如果出现日产量的偏差超出界限的情况,生产的波动性太大,对设备使用、原材料供应、产品储存、产品销售、流动资金占用、物流等均可能造成较大影响,应立即查明原因,采取相应的解决措施,使得生产达到均衡状态。

3. 生产趋势分析

生产趋势分析是指根据生产进度统计资料所反映的实际完成进度和生产计划要求,对本期的计划指标可能完成的程度做出预测,再根据预测结果,采用不同的措施,适时增加或减少资源的投入。常用的方法是差额推算法。

差额推算法常用于对产量、产值等绝对指标的预测,首先要计算出实际完成产量的差额,然后根据生产条件趋势分析,从而推算出计划期末可能达到的数量和计划完成程度。

【例 8-4】 某装配车间 2 月份计划装配 A 产品 8 500 台,本月上旬的计划和实际装配量如表 8-15 所示,全月 24 个工作日。试预测 2 月份计划完成情况。

表 8-15 装配车间 2 月上旬日产量数据

日期	1	2	3	5	6	7	8	9
计划日产量(台)	220	290	330	250	340	420	500	400
实际日产量(台)	200	300	400	250	300	450	500	400

注:2 月 4 日为星期天。

解:(1)现有计划执行情况分析。

2 月上旬计划要求完成产量为:

220+290+330+250+340+420+500+400=2 750(台)

2 月上旬实际完成产量为:200+300+400+250+300+450+500+400=2 800(台)

计划完成程度为:2 800÷2 750×100%=101.82%

超额完成的量为：2 800－2 750＝50(台)

根据上述计算数据可知2月上旬装配车间实际完成量比计划要求完成量还多50台，完成计划的101.82%。从现有执行情况来看，2月中下旬应该将实际生产速度降下来，否则按此速度会加大产品库存量，增加库存费用。

(2) 计划完成进度趋势分析。

2月上旬计划产量占全月计划产量的比率为：2 750÷8 500×100%＝32.35%

2月上旬实际完成产量占全月计划产量的比率为：2 800÷8 500×100%＝32.94%

加工时间正好是过了1/3(33.33%)，但2月上旬的计划产量和实际完成量均没有达到1/3的时间进度时序要求，因此在2月中下旬装配车间的生产速度不但不能降，反而应当升。

(3) 2月中下旬的进度要求分析。

2月上旬的实际平均日产量为：2 800÷8＝350(台)

2月中下旬计划要求完成的产量为：8 500－2 800＝5 700(台)

2月中下旬的有效工作日数为：24－8＝16(天)

2月中下旬计划要求平均日产量应为：5 700÷16＝357(台)

2月中下旬的产能应在目前的基础上提高：(357－350)÷350×100%＝2%

2月中下旬装配车间日产量应比上旬实际平均日产量提高7台才能完成本月计划产量，即产能提高2%。差额推算方法简明实用，一般工人可以掌握，易于推广，保证了准时生产。

本章小结

本章首先阐述了作业计划的重要性，制订生产作业计划的基本要求；其次介绍了作业排序的目标和任务、优先准则、假设条件、考核指标和作业排序技术，并对服务业生产作业计划的编制进行了简述；最后介绍了生产控制的含义、原因、条件、内容和作业控制的基本方法。

思考题

一、简答题

1. 制订生产作业计划的基本要求和目标是什么？
2. 减少顾客参与的具体方法有哪些？
3. 服务作业计划制定的一般方法是什么？
4. 解决服务业中非均匀需求的措施有哪些？
5. 生产作业控制原因、条件和基本方法有哪些？
6. 生产调度的原则和主要内容是什么？

二、计算题

1. 下列作业需要在同一个机械加工中心进行处理，每个工件在机械加工中心的加工处理时间和交工日期数据如表 8-16 所示。根据以下准则确定作业顺序：① FCFS 准则，② SPT 准则，③ EDD 准则；并用平均完工时间、平均延迟时间和利用率这三个指标对排序方案进行评价。

表 8-16　各工件在机械加工中心的加工处理时间和交工日期

工件	加工处理时间（天）	交工日期（天）
A	5	8
B	3	5
C	4	12
D	7	14
E	2	11

2. 某汽车喷漆厂正在竞标一份旧车交易所提供全部客户服务的合同。取得合同的主要要求就是能快速交货，因为旧车交易所希望汽车尽快整修、喷漆后并被送回，旧车交易所称如果汽车喷漆厂能在 24 小时或者更短的时间对旧车交易所刚刚收到的 5 辆汽车进行整修和重新喷漆，那么他就能取得这份合同。表 8-17 给出了整修和喷漆车间处理 5 辆汽车分别需要的时间，假设汽车先要经过整修后才能进行重新喷漆，该汽车喷漆厂能否达到要求而取得这份合同呢？

表 8-17　5 辆汽车在整修和喷漆车间分别需要的加工处理时间

汽车	整修时间（小时）	重新喷漆时间（小时）
A	6	3
B	0	4
C	5	2
D	8	6
E	2	1

3. 7 个作业工件必须经过 A 和 B 两道工序加工。所有的 7 个作业工件都必须先经过 A 加工，然后由 B 加工。加工所需要工作时间如表 8-18 所示，根据这些数据决定作业如何排序。

表 8-18　A、B 两道工序加工时间

工件	工序 A 所需时间（小时）	工序 B 所需时间（小时）
1	9	6
2	8	5
3	7	7
4	6	3
5	1	2

续表

工件	工序 A 所需时间(小时)	工序 B 所需时间(小时)
6	2	6
7	4	7

4. 某机械加工企业目前接到 4 项工作任务,必须先经过钻床加工,然后才能到磨床上进行加工,其加工的时间数据如表 8-19 所示,根据这些数据决定作业如何排序。

表 8-19 4 项任务在钻床和磨床上加工时间数据

作业任务	钻床	磨床
1	3	2
2	6	8
3	5	6
4	7	4

5. 某计划人员有 5 项作业可以在 5 台机器上完成,表 8-20 中显示的数据是完成每个机器—作业组织所需要的成本。计划人员想要设计一种成本最小化的指派,请你给出设计方案。

表 8-20 每项作业在机器上的加工成本   单位:元

作业\机器	A	B	C	D	E
1	5	6	4	8	3
2	6	4	9	8	5
3	4	3	2	5	4
4	7	2	4	5	3
5	3	6	4	5	5

第9章 库存管理

 **学习目标**

1. 理解库存、库存管理及库存控制系统的基本概念;了解库存分类、库存过大过小的问题,以及库存及库存管理的作用。
2. 了解库存管理的目标、库存管理的基本思路;掌握定期订货法、定量订货法、ABC分类法的基本原理。
3. 理解并掌握单周期库存决策模型、多周期库存决策基本模型。
4. 理解随机库存决策问题;掌握如何设置安全库存模型。

 **引 例**

关注库存跌价损失

不久之前,业界龙头企业英特尔推出了全新的迅驰芯片,得到许多笔记本厂商的支持。随即市场上的奔4笔记本开始了大规模的降价跳水。产品在终端市场自然的折价在IT业来说也不是新鲜事,笔记本产品每个月都会有3~5次的降价,而像一些配件的价格变动更是几乎以小时来计算,据说北京中关村的CPU商家,手中的资金几乎是每三天周转一次。而像内存条这样的产品,更是因为市场中炒手的存在而导致价格波动几乎无规律可循。

所以大多数的IT企业不得不面对同样一个问题,那就是如何控制库存。明电通信息技术有限公司物流部经理于仁告诉记者,IT行业的技术更新升级快,产品生命周期比其他行业相对短多,每当新技术开始应用,旧有技术的产品就必须降价。

对IT产业来说,库存除了意味着最基本的存货成本支出,比如房租、水电费和人力支出外,库存跌价损失就更为重要。"IT产品库存跌价损失很大,如果库存控制得不好,将会给企业带来很大的问题。"

另外一方面,整个产业的发展也显示了这样的趋势:越是符合个人口味和个性化的产品就越容易受到市场的追捧,比如明基的Q-DESK套装,其特点就是艺术化的液晶显示器。但这样发展的趋势背后是对物流提出了更高的要求。比如越是多型号的产品就越要进行严格的库存控制,因为库存种类和数量越多,就意味着库存跌价损失的风险越大。

高库存同时也意味着另一个问题,那就是占用更多的资金,这对于毛利率日益降低的

IT产业来说,尤其不利。于仁说,库存周期的降低实际意味着资金周转速度的加快。

于仁提供了一组模拟数字:以一个IT企业每月营业收入2.4亿元计算,假设产品的市场价格每月平均损失4%,如果库存周期是30天,那么企业每月的正常损失是960万元;如果库存周期达到10天,那么企业的损失是108万元;如果库存周期下降到5天,那么企业的损失只有27万元,其中的差异是显而易见的。

(资料来源:熊伟.采购与仓储管理.北京:高等教育出版社,2006)

库存占用大量的流动资金,带来了成本增加,影响了经济效益,因此减少库存、追求"零库存"是库存管理的中心与极点,也是企业"第三利润源泉"的重点所在,是企业竞争力的重要表现之一。

9.1 库存管理概述

9.1.1 库存

1. 库存的定义

一般意义上来说,库存(Inventory or Stock)是为了满足将来的需要而暂时闲置的资源。闲置的资源可以是在仓库里、生产线上或车间里,也可以是在运输中。由此看来,库存与其所处的运动或静止的状态没有任何关系,而对于资源来说只要存在着闲置的状况,企业就可以将其视为库存。比如上海大众生产的捷达轿车,通过物流渠道运输至天津地区销售,从上海到天津运输的过程中,捷达轿车处于闲置状态,那么此时的捷达轿车仍然应被视为库存,是一种在途库存。显然,库存与其字面上的"库"没有任何必然的联系。由此看来,我们常常看到国内学者将库存(Inventory)翻译为"存储"或"储备"是有其渊源的。

在日常的生产生活中,资源的定义极为广泛。物质资源固然是一方面,通过这一点来理解库存的定义相对较为轻松。然而我们仍然可以看到人力资源、信息资源、知识资源、货币资源等术语或概念,那么如果这些资源出现闲置,是否应将其视为库存呢?答案当然是肯定的。人力资源库存形成人才储备,从而为企业的未来服务;信息库存形成企业的情报系统或后台数据库系统,以应付环境变化或竞争对手可能采取的行动。因此,对于库存来说,不仅仅包括闲置的有形物品,闲置的无形资源同样隶属于本书界定的库存概念范畴。

> **要点总结**
>
> 现在人们对库存的理解和传统理解相差很大,只要是闲置资源均视为库存,包括人、财、物、信息等,而不是通常所理解的库存是指原材料、在制品或产成品等。

2. 库存的分类

对库存可以从不同角度进行分类。

(1) 按资源需求的重复程度划分为单周期库存和多周期库存。

单周期库存是由单周期需求引起的。所谓单周期需求是指仅仅发生在比较短的一段时间内或库存时间不可能太长的需求，一般是一次性订货，很少重复订货。在这种需求状态下的库存属于单周期库存。单周期库存的典型例证是库存管理领域较为经典的"报童"问题、"圣诞树"问题，还有中秋节的月饼、元旦的挂历等。

多周期库存是由多周期需求引起的。所谓多周期需求是指在足够长的时间内对某种物品的重复的、连续的需求，库存需要不断补充。在这种需求状态下的库存属于多周期库存。多周期库存是生产企业中最为常见的，如电视、手机、空调等。

(2) 按库存的作用划分为周转库存、安全库存、调节库存和在途库存。

周转库存是为满足日常生产经营需要而持有的库存。库存的大小与采购量直接有关。企业为了降低物流成本或生产成本，需要批量采购、批量运输和批量生产，这样便形成了周期性的周转库存，这种库存随着每天消耗而减少，当降低到一定水平时需要补充库存。

安全库存是为了防止不确定因素的发生(如供货时间延迟、库存消耗速度突然加快等)而设置的库存。安全库存的大小与库存安全系数或者说与库存服务水平有关。从经济性的角度看，安全系数应确定在一个合适的水平上。例如，国内为了预防灾荒、战争等不确定因素的发生而进行的粮食储备、钢材储备、麻袋储备等，就是一种安全库存。

调节库存是用于调节需求与供应的不均衡、生产速度与供应的不均衡以及各个生产阶段产出的不均衡而设置的库存。

在途库存是处于运输以及停放在相邻两个组织之间的库存。在途库存的大小取决于运输时间以及该期间内平均需求。

 **知识链接**

控制周转库存的缘由

为什么唯独周转库存要进行库存量的控制呢？因为周转库存是为生产或流通环节服务的。生产企业、流通企业为了降低成本、提高经济效益，都希望库存能够保持一个合适的水平。库存不能太小，因为库存太小了，就会产生缺货，影响生产或销售，不能满足生产或销售的需要，就会直接影响企业的经济效益，这显然不好。但是库存也不能太大，因为太大要多占用仓库，需要人保管，要承担一定的保管费用。另外，储存的物资，从价值形态上看，是一种资金的积压，不但占用了流动资金，而且要支付银行利息，增加了企业的生产成本或流通成本。另外，超量库存还存在库存风险，在市场需求日新月异的形势下，很容易成为过时、滞销、淘汰产品，变成"死"库存。积压越多，风险越大。所以周转库存只有进行库存控制，才能使企业利润最大化。

(资料来源：张晓华.采购与库存控制.武汉：华中科技大学出版社，2011)

(3) 按在生产过程和配送过程中所处的状态划分为原材料库存、在制品库存、维修库存和成品库存。

原材料库存包括原材料和外购零部件。例如，压缩机生产厂通常外购毛坯件进行加工，把毛坯件视为原材料，而很多标准化的螺母和螺丝都属于外购而来的零部件。这些都属于原材料，而归为原材料库存。

在制品库存包括处在产品生产不同阶段的半成品。很多企业的半成品直接放在生产线或生产车间，等待进入下一个生产环节。还有一些企业则是将很多生产出来的半成品入库保管，在需要进一步生产时，再通过生产车间的派工单到半成品仓库领取。

产成品库存是准备运送给消费者的完整的或最终的产品。

维修库存包括用于维修与养护的经常消耗的物品或部件，维修备件库存属于这一类。

（4）按用户对库存的需求特性划分为独立需求库存与相关需求库存。

独立需求库存是指用户对某种库存物品的需求与其他种类的库存无关，表现出对这种库存需求的独立性。从库存管理的角度来说，独立需求库存是指那些随机的、企业自身不能控制而是由市场所决定的需求。独立需求库存无论在数量上还是在时间上都有很大的不确定性，但可以通过预测方法粗略地估算。本章主要讨论独立需求的库存。

相关需求库存是指其需求水平与另一项目的生产有直接联系形成的库存。由于相关需求库存的需求数量和时机可以精确地加以预测，因此，此库存处于组织的完全控制之下。

3. 库存的作用

（1）维持销售产品的稳定。备货型企业对最终销售产品必须保持一定数量的库存，其目的是应付市场的销售变化。这种方式下，企业并不预先知道市场真正需要什么，只是按市场需求的预测进行生产，因而产生一定数量的库存是必需的。但随着供应链管理的形成，这种库存也在减少或消失。

（2）维持生产的稳定。企业按销售订单与销售预测安排生产计划，并制订采购计划，下达采购订单。由于采购的物品需要一定的提前期，这个提前期是根据统计数据或者是在供应商生产稳定的前提下制订的，但存在一定的风险，有可能会拖后而延迟交货，最终影响企业的正常生产，造成生产的不稳定。为了降低这种风险，企业就会增加原材料的库存量。

（3）平衡企业物流。在企业采购材料、生产用料、在制品及销售物品的物流环节中，库存起着重要的平衡作用。采购材料时会根据库存能力（资金占用等），协调来料收货入库。同时对生产部门的领料应考虑库存能力、生产线情况（场地、人力等）平衡物料发放，并协调在制品库存管理。另外，对销售产品的物品库存也要视情况进行协调（各个分支仓库的调度与出货速度等）。

（4）平衡流通资金的占用。库存的原材料、在制品及成品是企业流通资金的主要占用部分，因而库存量的控制实际上也是进行流通资金的平衡。例如，加大订货批量会降低企业的订货费用，保持一定量的在制品库存与材料会节省生产交换次数，提高工作效率，但这两方面都要寻找最佳控制点。

4. 库存过大过小产生的问题

库存量过大所产生的问题：增加仓库面积和库存保管费用，从而提高了产品成本；占用大量的流动资金，造成资金呆滞，既加重了贷款利息等负担，又会影响资金的时间价值和机会收益；造成产成品和原材料的有形损耗和无形损耗；造成企业资源的大量闲置，影响其合理配置和优化;掩盖了企业生产、经营全过程的各种问题,不利于提高管理水平。

库存量过小所产生的问题:造成服务水平下降,影响销售利润和企业信誉;造成生产系统原材料或其他物料供应不足,影响生产过程的正常进行;使订货间隔期缩短,订货次数增加,订货(生产)成本提高;影响生产过程的均衡性和装配时的成套性。

9.1.2 库存管理

1. 库存管理的定义

库存管理(Inventory Management),又称库存控制(Inventory Control),是对制造业或服务业生产、经营全过程的各种物品、产成品以及其他资源进行管理和控制,使其储备保持在经济合理的水平上,是在保障供应及有效运作的前提下,使物品的库存数量尽量地少所进行的有效管理的技术经济措施。不同企业对于库存管理历来有不同的认识,其观点也不一样,概括起来主要有以下3种观点:

(1) 持有库存的观点。该观点认为在库存上有更大的投入可以带来更高水平的客户服务。长期以来,库存作为企业生产和销售的物资保障服务环节,在企业的经营中占有重要地位。企业持有一定的库存,有助于保证生产正常、连续、稳定进行,也有助于保质、保量地满足客户需求,维护企业声誉,巩固市场的占有率。

(2) 保持合理库存观点。该观点认为库存管理的目的是保持合适的库存量,既不能过多积压也不能短缺。让企业管理者困惑的是:库存控制的标准是什么?库存控制到什么量才能达到要求?如何配置库存是合理的?这些都是库存管理的风险计划问题。

(3) "零库存"的观点。这是日本丰田公司在准时生产方式(JIT)中提出的。该观点认为库存就是浪费,零库存是一种高效库存管理的方法,并在企业中得到广泛的应用。

2. 库存管理的作用

对于库存管理在企业经营中的角色,不同的部门有不同的看法,所以,为了实现最佳库存管理,需要协调各个部门的活动,使企业内每个部门不仅以有效实现本部门的功能为目标,更要以实现企业整体效益为目标。库存管理在企业经营中的作用可归纳为以下几点:

(1) 增强生产计划的柔性。激烈的市场竞争造成的外部需求波动性是正常现象,而生产能力却是比较稳定的,加强库存管理能减轻企业生产能力不适应外部需求波动的压力。

(2) 满足需求的不断变化。例如,顾客可能是从街上随时走进家电商家买一套立体音响设备,每个人在不同时间、地点对音响设备需要功能不同,品种规格上也有差异,这些需求的变化就涉及了预期库存,通过库存可以更好地满足预期不同需求。

(3) 防止生产中断。制造企业为保持生产的连续运行不致中断,一般用库存作缓冲。

(4) 防止脱销。持有安全库存可以弥补到货延误。此处的安全库存是指为应对需求和交付时间的多变性而持有的超过平均需求的库存。

(5) 充分利用经济订购量的折扣优势。订购量大时一般折扣较大。

(6) 缩短订货周期。产品的生产周期与生产系统的库存成正比,与产出率成反比。一般而言,库存高、生产周期长,会加大生产管理的复杂性与难度,使企业难以保证产品交货期。搞好库存管理既能缩短产品生产周期,保证产品的交货期,又能提高生产系统的柔性,提高对用户多样化需求的服务能力。

9.1.3 有效的库存管理系统

1. 库存管理的目标

在实施有效库存管理时要考虑两项基本内容:一是库存所提供的服务水平,即在适当时间、适当地点供应所需的适当数量的物料;二是在库存期间发生的相关成本,即订货成本、持有成本和缺货成本。

有效库存管理目标是在给定的服务水平下,使与库存有关的发生总成本达到最低。为实现该目标必须确定库存水平、库存补充时机和订货量。

2. 库存管理的基本思路

由前述可知,库存管理要解决 3 个问题才能达到要求库存所提供服务水平并且库存成本最低:隔多长时间要检查一次库存量?何时提出补充订货?每次订多少?根据以上 3 个问题解决方式的不同,可将库存控制系统分为定量库存控制系统和定期库存控制系统。

1) 定量库存控制系统

所谓定量库存控制系统就是订货点和订货量都是固定量的库存控制系统。依此系统构建的定量订货模型称为经济批量 EOQ 和 Q 模型,如图 9-1 所示。当库存控制系统现有库存量降到订货点(Reorder Point, RP)及以下时,库存控制系统就向供应厂家发出订货,每次订货量均为一个固定的量 Q,经过一段时间,我们称之为提前期(Lead Time, LT),所发出的订货到达,库存量增加 Q(假设在运输途中货物没有任何毁损)。订货提前期是从发出订货至到货的时间间隔,其中包括订货准备时间、发出订单、供方接受订货、供方生产、产品发运、提货、验收和入库等。显然,提前期一般为随机变量。

对定量库存控制系统来说,其关键点在对库存数量的考虑上,如果库存数量下降到达某一点,企业就开始发出订货指令,因而对库存数量随时监控就显得尤为必要。此时对库存的盘货采取的是永续盘存制度。即要知道现有库存量是否达到订货点 RP,随时检查库存量。

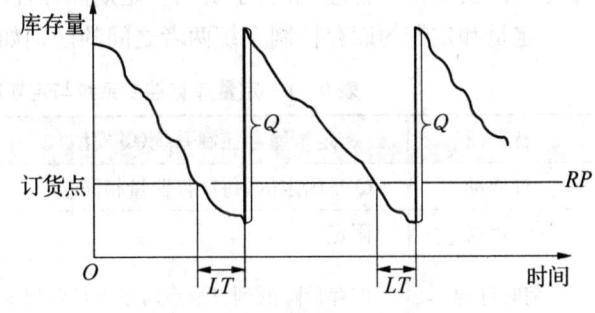

图 9-1 定量库存控制系统

对于定量库存控制系统来说,需要随时检查库存量,并随时发出订货,这无形中就增加了库管人员的工作量;从另外一个侧面来说也增加了库存控制能力。由此可知,定量库存控制系统适用于价值较高的重要物料或关键物料的库存控制,从而确保库存不出任何纰漏。

为了减少盘点带来的庞大工作量,通常采用双仓系统(Two Bin System)。所谓双仓系统是将同一种物资分放两仓(或两个容器),当一个仓使用完后,系统就发出订货,在补货提前期期间使用第二货仓物资;当收到订货时,将两货仓重新装满。再次从第一货仓取货,一直进行到第一货仓再次用完物资又开始订货。

2) 定期库存控制系统

定量库存控制系统需要随时监视库存变化,对于物料种类很多且订货费用较高的情况,是很不经济的。定期库存控制系统可以弥补定量库存控制系统的不足。学术界将此系统称为 P 模型(P Models)。所谓定期就是每经过一个相同的时间间隔,发出一次订货,订货量为将现有库存补充到一个最高水平 M(Maximum),如图 9-2 所示。

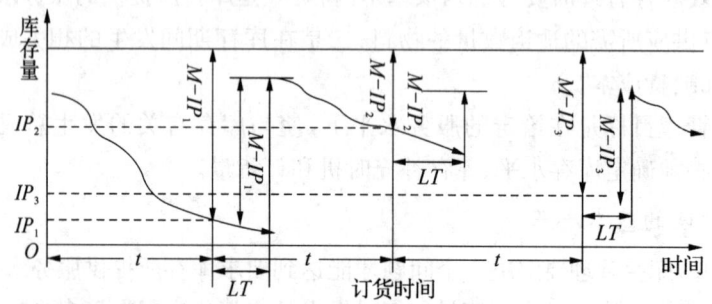

图 9-2 定期库存控制系统

从图 9-2 中可以看出,当经过固定间隔时间 t 之后,发出订货,这时库存量降到 IP_1(Inventory Position 1:库存位置1),需要的订货量为 $M-IP_1$;经过一段时间(LT)到货,库存量增加 $M-IP_1$;再经过固定间隔期 t 之后,又发出订货,这时库存量降到 IP_2,订货量为 $M-IP_2$,经过一段时间(LT)到货,库存量增加 $M-IP_2$,如此反复进行下去。在这一系统内,库存的订货点在横轴(时间轴)上。

与定量库存控制系统相比,定期库存控制系统无须随时检查库存量,只有到了固定的间隔期才对不同物料进行盘点,根据库存状态(库存与最高物资水平间的差距,不同的货品最高物料水平可以有差异),各种物料可以同时订货(未曾消耗的物资可以不发出订货指令),因而简化了管理,节省了费用。定期库存控制系统适用于价值比较低的物料。

定量和定期的库存控制系统两者之间的区别如表 9-1 所示。

表 9-1 定量库存控制系统与定期库存控制系统的比较

特 征	定量库存控制系统(Q 模型)	定期库存控制系统(P 模型)
订货量	Q 是固定的(每次订购量相同)	Q 是可变的(每次订购量不同)
订货点	固定	可变
何时订购	库存量降低到订货点时发出订购请求	订购的时间间隔是固定的,每隔一个固定的间隔期,就可发出订购请求
库存记录	每次到库、出库都做记录	只在盘点期有记录
库存大小	比定期库存控制系统小	比定量库存控制系统大
物料类型	价格昂贵,关键或重要物料	物料价值较低

3. 库存 ABC 分类管理法

企业库存物料品种繁多,每种物料价值不同、数量不等,有的库存数量少但是占用的资金却很多,有的库存数量多但占用的资金却很少,因此对所有的库存物料不加区别地进行管理是不经济的。为了使有限的时间、资金、人力、物力等资源得到有效利用,应对库存物料进行分类,依据其重要程度不同用不同的库存控制策略,即按 ABC 分类法管理库存。

1) 基本原理

ABC 分类法的基本原理是将库存物料按品种和占用资金的多少将物料分为 A 类(非常重要的物料)、B 类(一般重要的物料)、C 类(不太重要的物料),针对不同重要级别分别采用不同的管理与控制方法(定量库存控制系统还是定期库存控制系统)。ABC 分类法的核心是"分清主次,抓住重点"。ABC 分类法的分类标准如表 9-2 所示。

表 9-2 ABC 分类法的分类标准

类 别	品种数占总品种数的百分比(%)	资金占总库存资金的百分比(%)
A	10%左右	70%左右
B	20%左右	20%左右
C	70%左右	10%左右

 知识链接

80/20 原则和 ABC 分类法

ABC 分类法是由意大利经济学家帕累托首先提出的。1879 年,他在研究米兰的财富时发现,占人口总数很小比例的人口却拥有占财富总数很大比例的财富,而占人口总数很大比例的人口却只拥有占财富总数很小比例的财富。这一现象也广泛存在于社会的其他领域,被总结为"关键的少数和次要的多数",称为帕累托原则,也叫 80/20 原则。

1951 年,美国通用电气公司的迪克在对公司的库存产品进行分类时,首次提出将公司的产品根据销售量、现金流量、前置时间或缺货成本分成 A、B、C 三类:A 类为重要产品,B 类和 C 类库存依次为次重要产品和不重要产品。

(资料来源:编者根据相关资料整理改编)

如果用累计品种百分比曲线表示(又称帕累托曲线),可以清楚地看到 A、B、C 三类物料在品种和库存资金占用额上的比例关系,如图 9-3 所示。

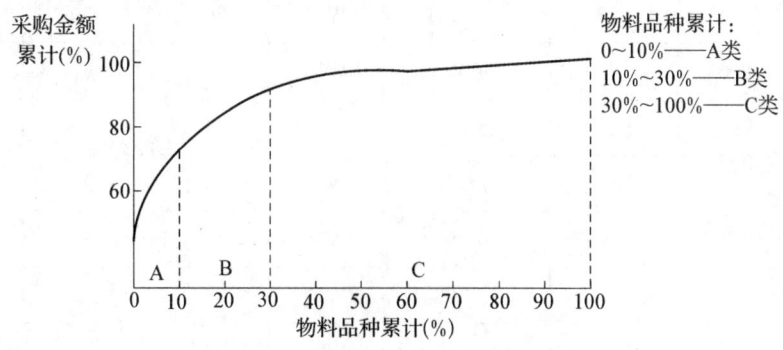

图 9-3 ABC 分类法曲线示意图

由图9-3可以看出,A类物料虽然品种数很少(10%左右),但占用了大部分库存资金(70%左右),因此物料品种数增加时,库存资金累计额百分比增长很快,曲线很陡;B类物料的品种数累计百分比(20%左右)与库存资金累计额百分比基本相等(20%左右),因此曲线较平缓;C类物料虽然品种数很多(70%左右),但库存资金累计额百分比却很小(10%左右),曲线十分平缓,几乎呈水平状态。

2) ABC分类法实施的步骤及管理重点

(1) 列出所有物料及全年使用量,将年使用量乘以单价求得价值,按价值从高到低排序。

(2) 计算累计年使用金额和累积百分比。累计百分比占到70%左右对应的物料即为A类物料,累计百分比占70%~90%对应的物料即为B类物料,其余的为C类物料。

(3) 企业根据实际情况制定A类、B类、C类物料的管理办法。管理重点如表9-3所示。

表9-3 A类、B类、C类物料的管理重点

类 别	安全库存水平	订货策略	管理要求
A	低	经常检查,按需订购	全面、及时、精确
B	中等	正常订货	一般
C	高	周期订货,保有余量	简化

【例9-1】 某公司对上一年度的20种库存物料统计了平均需求量和平均购买价格(见表9-4)。为了对这些库存物料进行有效的控制,公司决定采用ABC分类法。试用ABC分类法对该公司的库存物料进行分类。

表9-4 物料需求信息表

物品编号	年需求量	单位价格(元)	占用库存资金额(元)	物品编号	年需求量	单位价格(元)	占用库存资金额(元)
W01	5	210	1 050	W11	10	8	80
W02	75	15	1 125	W12	25	60	1 500
W03	2	3 010	6 020	W13	90	110	9 900
W04	2 000	5	10 000	W14	200	950	190 000
W05	700	80	56 000	W15	50	80	4 000
W06	1	18 000	18 000	W16	1 500	140	210 000
W07	250	10	2 500	W17	150	10	1 500
W08	10 000	5	50 000	W18	20	50	1 000
W09	400	30	12 000	W19	350	20	7 000
W10	650	25	16 250	W20	65	75	4 875

解: 第一步,将库存的各品种物料按占用库存金额的大小排序(见表 9-5)。

表 9-5　按各品种的物料价值高低进行排序表

物品编号	占用库存资金额(元)	占用库存资金额百分比(%)	累计占用库存资金额(元)	累计占用库存资金额百分比(%)	物品品种数	物品品种数百分比(%)	累计物品品种数	累计物品品种数百分比(%)
W16	210 000	34.84	210 000	34.84	1	5	1	5
W14	190 000	31.52	400 000	66.36	1	5	2	10
W05	56 000	9.29	456 000	75.65	1	5	3	15
W08	50 000	8.29	506 000	83.94	1	5	4	20
W06	18 000	2.99	524 000	86.93	1	5	5	25
W10	16 250	2.70	540 250	89.63	1	5	6	30
W09	12 000	1.99	552 250	91.62	1	5	7	35
W04	10 000	1.66	562 250	93.28	1	5	8	40
W13	9 900	1.64	572 150	94.92	1	5	9	45
W19	7 000	1.16	579 150	96.08	1	5	10	50
W03	6 020	1.00	585 170	97.08	1	5	11	55
W20	4 875	0.81	590 045	97.89	1	5	12	60
W15	4 000	0.66	594 045	98.55	1	5	13	65
W07	2 500	0.41	596 545	98.96	1	5	14	70
W12	1 500	0.25	598 045	99.21	1	5	15	75
W17	1 500	0.25	599 545	99.46	1	5	16	80
W02	1 125	0.19	600 670	99.65	1	5	17	85
W01	1 050	0.17	601 720	99.82	1	5	18	90
W18	1 000	0.17	602 720	99.99	1	5	19	95
W11	80	0.01	602 800	100	1	5	20	100

第二步,按照分类标准,编制 ABC 分析表进行分类,确定 A、B、C 各类物料(见表 9-6)。

表 9-6　ABC 分析表

类别	占用库存资金额分类(万元)	品种数	品种数百分比(%)	累计品种数百分比(%)	占用库存资金额(元)	占用库存资金额百分比(%)	累计占用库存资金额百分比(%)
A	19 以上	2	10	10	400 000	66.36	66.36
B	1.2~19	5	25	35	152 250	25.25	91.61
C	1.2 以下	13	65	100	50 550	8.39	100.00

第三步,确定 A、B、C 各类物料,并明确管理方法。

A 类物料,占用库存资金额为 190 000 元及以上,物品编号为 W16、W14,品种数为 2。

B 类物料,占用库存资金额为 12 000～190 000 元,物品编号为 W05、W08、W06、W10、W09,品种数为 5。

C 类物料,占用库存资金额为 12 000 元以下,物品编号为 W04、W13、W19、W03、W20、W15、W07、W12、W17、W02、W01、W18、W11,品种数为 13。

对库存物料进行 ABC 分类后,仓库管理人员应根据企业的经营策略和 A、B、C 这 3 类物料各自不同的特点对其实施相应的管理和控制。ABC 分类控制的准则如下:

(1) A 类物料品种数量少,但占用库存资金多,是重要物料,要重点管理。

① 在满足客户对物料需求的前提下,尽可能降低物料库存数量,增加订货次数,减少订货批量和安全库存量,避免浪费大量的保管费与积压大量资金。

② 与供应商建立良好的合作伙伴关系,尽可能缩短订货提前期和交货期,力求供应商供货平稳,降低物料供应变动,保证物料及时供给。

③ 严格执行物料盘点制度,定期检查,严密监控,尽可能提高库存物料精度。

④ 与客户勤联系、多沟通,了解物料需求的动向,尽可能正确地预测物料需求量。

⑤ 加强物料维护和保管,保证物料的使用质量。

(2) B 类物料品种数量和占用库存资金都处于 A 类与 C 类之间,是企业一般重要的物料,可以采取比 A 类物料相对简单而比 C 类物料相对复杂的管理方法,即常规管理方法。B 类物料中占用库存资金比较高的品种可以采用 A 类物料的控制方式。另外,B 类物料对物料需求量的预测精度要求不高,只需每天对物料的增减加以记录,到了订货点时以经济订货批量加以订货。

(3) C 类物料品种数量多但库存资金占用少,是不太重要的物料,用简单管理方法。

① 减少物料的盘点次数,对部分数量很大、价值很低的物料不纳入日常盘点范围,并规定物料最低出库的数量,以减少物料出库次数。

② 为避免缺货现象,可以适当提高物料库存数量,减少订货次数,增加订货批量和安全库存量,减少订货费用。

③ 尽量简化物料出库手续,方便领料人员领料,采取双堆法控制库存。

9.2 独立需求库存决策基本模型

独立需求库存决策的基本模型有单周期库存基本模型和多周期库存基本模型。多周期库存基本模型又包括经济订货批量模型、经济生产模型和价格折扣模型等。

9.2.1 单周期库存模型

单周期库存模型用于易腐物品(如新鲜水果、鲜花、面包)、使用寿命短的物品(如报纸、杂志)或者与特定的节日相联系的物品(如月饼、挂历、圣诞树)的订货。这些未售出的或未使用的商品一般不能跨期持有,至少不能无损失地持有。例如,一天没有卖掉的面包往往只能降价出售,报纸当天不能卖出,只能当废纸卖,有时处置剩余商品甚至还可能发生费用。对于单周期库存问题,订货量就等于预测的需求量。

由于预测误差的存在,根据预测确定的订货量和实际需求量不可能相一致。当需求量大于订货量时,企业就会失去潜在的销售机会,产生机会损失,即订货机会(欠储)成本,形成缺货成本。当需求量小于订货量时,未销售出去的物品将可能以低于进货成本的价格出售,甚至于报废,还要支付一笔处理费用,这种由于供过于求导致的费用称为过期(超储)成本。当然,理想的状态是订货量等于需求量,这种情况可能性极小。

为了确定最佳订货量,需要考虑各种由订货引起的费用。由于只发出一次订货和只发生一次订购费用,所订货费用为一种沉没成本,它与决策无关。库存费用可视为一种沉没成本,因为单周期物资的现实需求无法准确预测,而且只通过一次订货满足,无论量的多少,库存费用变化不大。因此,只有机会成本(缺货成本)和过期(超储)成本对最佳订货量的确定起决定性作用。

根据上述分析可知,单周期库存的分析通常集中于两种成本:缺货与过期成本。

缺货成本,对企业来讲是信誉的损失和错过销售的机会成本。一般情况下缺货成本仅指每单位的未实现利润,即

$$C_{缺货} = C_u = 单位销售价格 - 单位成本$$

过期成本与期末剩余有关,即产品卖不出去产生的损失,如折价销售或残值处理产生的损失,实际上过期成本是购买成本与残值之差,即

$$C_{过期} = C_o = 单位成本 - 单位残值$$

单周期库存模型建立的目的是确定订货量或库存水平,使期望的缺货成本和过期成本之和为最小,或者是获得的期望利润最大。

$$期望损失 E_L(Q) = C_{缺货} + C_{过期}$$

1. 期望损失最小法

已知库存物品的单位成本为 C,单位售价为 P。若需求小于存货,有一部分物品在预定的时间内卖不出去,则单价只能降为 $S(S<C)$,单位过期成本为 $C_o = C - S$;若需求超过存货,则单位缺货损失(机会损失) $C_u = P - C$。

设订货量为 Q 时的期望损失为 $E_L(Q)$,则取使 $E_L(Q)$ 为最小的 Q 作为最佳订货量,d 为市场需求量,$p(d)$ 是需求量为 d 时的概率。

$$E_L(Q) = \sum_{d>Q} C_u(d-Q)p(d) + \sum_{d<Q} C_o(Q-d)p(d)$$

【例 9-2】 依据过去的销售情况记录,顾客在夏季对某服装店时尚衣服(单周期)的需求分布率如表 9-7 所示。

表 9-7 某服装店时尚衣服的需求分布率

需求 d(件)	0	5	10	15	20	25
概率 $p(d)$	0.05	0.15	0.20	0.25	0.20	0.15

已知每件时尚衣服的进货价为 $C=50$ 元,销售价 $P=80$ 元。若在夏季卖不出去,则每件时尚衣服只能按 $S=30$ 元在秋季卖出去。该服装店应该进多少件衣服为好?

解:设该商店买进时尚衣服的数量为 Q,则:

当实际需求 $d<Q$ 时,将有部分时尚衣服卖不去,每件过期损失为:

$C_o=C-S=50-30=20$(元)

当实际需求 $d>Q$ 时,将有机会损失,每件缺货损失为:

$C_u=P-C=80-50=30$(元)

假设订货量 $Q=15$ 件时,根据 $E_L(Q)=C_{缺货}+C_{过期}$ 和表 9-7 不同需求情况的概率分布得到期望损失为:

$$E_L(Q)=[30\times(20-15)\times0.20+30\times(25-15)\times0.15]+[20\times(15-0)\times0.05+$$
$$20\times(15-5)\times0.15+20\times(15-10)\times0.2]+0\times0.25$$
$$=140(元)$$

当 Q 取其他值时,可按同样方法算出 $E_L(Q)$,结果如表 9-8 所示,由表可以得出最佳订货量为 15 件。

表 9-8 期望损失计算表

订货量 Q（件）	实际需求 d						期望损失 $E_L(Q)$(元)
	0	5	10	15	20	25	
	$p(d)$						
	0.05	0.15	0.20	0.25	0.20	0.15	
0	0	150	300	450	600	750	427.5
5	100	0	150	300	450	600	290.0
10	200	100	0	150	300	450	190.0
15	300	200	100	0	150	300	140.0
20	400	300	200	100	0	150	152.5
25	500	400	300	200	100	0	215.0

2. 期望利润最大法

期望利润最大法就是比较不同订货量下的期望利润,取得期望利润最大的订货量作为最佳订货量。

期望利润=需求量小于订货量的期望利润+需求量大于订货量的期望利润

设订货量为 Q 时的期望利润为 $E_P(Q)$,则:

$$E_P(Q)=\sum_{d<Q}[C_u d-C_o(Q-d)]p(d)+\sum_{d>Q}C_u Q p(d)$$

【例 9-3】 已知数据同上例,求最佳订货量。

解:当 $Q=15$ 件时,则期望利润为:$E_P(Q)=287.5$(元)

当 Q 取其他值时,可按同样方法算出 $E_P(Q)$,结果如表 9-9 所示,由表可得出最佳订货量为15件，与期望损失最小法得出的结果相同。

表9-9 期望利润计算表

订货量 Q (件)	实际需求 d						期望利润 $E_P(Q)$(元)
	0	5	10	15	20	25	
	$p(d)$						
	0.05	0.15	0.20	0.25	0.20	0.15	
0	0	0	0	0	0	0	0
5	−100	150	150	150	150	150	137.5
10	−200	50	300	300	300	300	237.5
15	−300	−50	200	450	450	450	287.5
20	−400	−150	100	350	600	600	275.0
25	−500	−250	0	250	500	750	212.5

9.2.2 多周期库存基本模型

1. 经济订货批量模型

库存控制中每次订货的数量多少直接关系到库存的水平和库存总成本的大小。因此，为了控制库存就希望找到一个合适的订货数量，使它的库存总成本最小。经济订货批量模型能满足这一要求。经济订货批量模型是通过平衡采购进货成本和保管仓储成本，确定一个最佳的订货数量来实现最低库存总成本的方法。

1) 经济订货批量的定义及发生的有关费用

所谓经济订货批量，是指库存总成本最小时的订货批量。库存控制中的费用主要包括保管费、订货费、缺货费和购买费。

(1) 保管费，又叫年维持库存费(C_H)。保管费是指库存物料在保管过程中所发生的一切费用，即物料在收货、存储和搬运时发生的费用。主要包括出入库时的装卸、搬运、验收、堆码、检验费用，保管用具用料费用，仓库建造、供暖、照明与设备配备、折旧、修理等维持仓库费用，保管人员工资、福利及有关费用，保管过程中物料毁损、陈旧、盗窃、存货价值下跌等所损失的费用，税金以及保险费用，库存资金应支付的银行利息以及造成的机会损失费用等。

显然，保管费用的大小与被保管物资数量的多少和保管时间的长短有关。库存保管费随着库存量的增加而增加。

(2) 订货费(C_R)。订货费是指库存物料在订货过程中发生的全部费用。主要包括企业在提出订货申请单、分析货源、填写采购订货单、跟踪订货时发生的费用，包括订货人员的差旅费、检验仪器的折旧费用、通信费、手续费以及跟踪订单的费用等。

订货费与订货次数成正比，而与每次订货量多少无关。在年需求量一定的情况下，订货次数越多,则每次订货量越小,库存费用越小,但订货费用越多。

(3) 缺货费(C_S)。缺货费是指由于库存物料缺货而造成的缺货损失费用。主要包括失去销售机会而减少的赢利收入,违反合同而遭受的罚款,紧急订货而支付的特别费用、加班费用、失去商誉与失去客户的损失等。

增大库存量,可减少缺货,但库存保管费会大大增加。在最简单的情况下,可以认为缺货费用与缺货量成正比,缺货量越大,缺货费越高。

(4) 购买费(C_P)。购买费是指库存物料的实际购买费用。它与购买价格和购买数量有关。当物料从外部购买时,购买价格应包含物料的运杂费以及运输过程的保险费;当物料由企业内部制造时,购买价格为物料的单位生产成本。

用 C_T 表示年库存总费用,则:

$$C_T = C_H + C_R + C_S + C_P \tag{9-1}$$

在制定库存策略时,应综合考虑这四类费用。购买费只与物资的数量有关,在计划期间订购总数量一定的情况下,与订购批量无关;在价格不变的情况下,购买费用可视为固定成本。而订货费、保管费、缺货费都与订货批量有关,批量不同,费用也不同,可视为可变成本。只有可变成本才与订货批量有关,因此在计算订货批量时,可以只考虑可变成本,而不考虑固定成本,即总的可变成本最低就行。

2) 经济订货批量模型假设条件

经济订货批量模型最早是由 F. W. Harris 于 1915 年提出的。该模型有如下假设条件:

① 企业对库存的需求是已知的,且对于库存的消耗是均匀的(即需求率均匀且为常量),年需求量以 D 表示,单位时间需求率以 d 表示;
② 一次订货量无最大最小限制;
③ 采购、运输均无价格折扣;
④ 订货提前期已知,且为常量;
⑤ 订货费与订货批量无关;
⑥ 维持库存费是库存量的线性函数;
⑦ 不允许缺货,即 $C_S = 0$;
⑧ 补充率为无限大,全部订货一次交付;
⑨ 采用定量库存控制系统。

在以上假设条件下,库存量的变化如图 9-4 所示(由于需求率是固定的且为常量,因此库存消耗趋势是一条斜率为 d 的直线)。从图 9-4 可以看出,系统最大库存量为 Q,最小库存量为 0,不存在缺货,即 $C_S = 0$。库存按数值为 d 的固定需求率减少。当库存量降到订货点 RP(Reorder Point)时,就按固定订货量 Q 发出订货。经过固定的订货提前

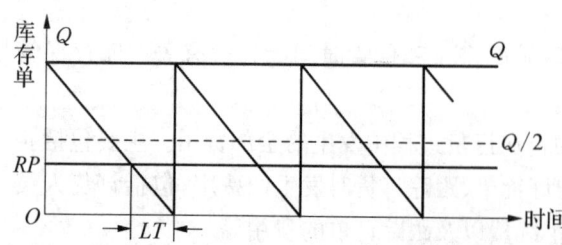

图 9-4 经济订货批量假设条件下的库存量变化

期 LT，新的一批订货 Q 到达（订货刚好在库存变为 0 时到达），库存量立即达到 Q。显然平均库存量为 $Q/2$。

$$C_T = C_H + C_R + C_P = H(Q/2) + S(D/Q) + p \cdot D \tag{9-2}$$

式中，S 为一次订货费或调整准备费；H 为单位维持库存费，$H = p \times h$，p 为单价，h 为资金效果系数；D 为年需求量，Q 为订货量。

年维持库存费 C_H 随订货量 Q 增加而增加，是 Q 的线性函数；年订货费 C_R 与 Q 的变化呈反比，随 Q 增加而下降；由于价格不变，年采购费用 C_P 是恒定的，导数为 0，对总成本求极值不影响，可以不考虑；又假设条件中不允许缺货，即 $C_S = 0$。所以总费用 C_T 曲线是 C_H、C_R 曲线的叠加。为了求出经济订货批量，利用式(9-2)对 Q 求导，并令一阶导数为零，可得：

$$Q^* = EOQ = \sqrt{\frac{2DS}{H}} \tag{9-3}$$

式中，Q^* 为最佳订货批量或称经济订货批量，即 C_T 曲线最低点对应的订货批量就是最佳订货批量 Q^*，如图 9-5 所示。

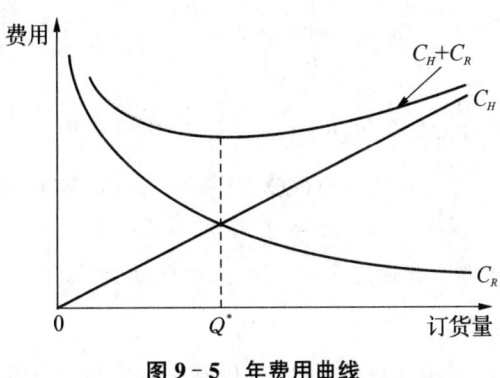

图 9-5 年费用曲线

订货点 RP（假设间隔期以天为单位进行计量）：

$$RP = (D/365) \cdot LT \tag{9-4}$$

在最佳订货批量下年订货费用和年维持库存费用之和为：

$$C_R + C_H = S(D/Q^*) + H(Q^*/2) = \frac{DS}{\sqrt{\frac{2DS}{H}}} + \frac{H}{2}\sqrt{\frac{2DS}{H}} = \sqrt{2DSH} \tag{9-5}$$

从公式(9-2)可以看出，经济订货批量随单位订货费 S 增加而增加，随单位维持库存费 H 增加而减少。因此，价格昂贵的物品订货批量小，难采购的物品一次订货批量要大一些。这些都与人们的常识一致。下面将用两个例子来说明，经济订货批量的计算方法。

【例 9-4】 某企业购进某商品，全年进货总量为 20 000 件，每次采购费用为 2 000

元,单位商品储存费用为 5 元,若每次订货的提前期为 2 周。求该商品的经济批量、进货次数、进货周期、订货点。（注：一年以 365 天计算）

解：根据题意，$D=20\,000$ 件，$S=2\,000$ 元，$H=5$ 元

经济批量 $Q=\sqrt{\dfrac{2DS}{H}}=\sqrt{\dfrac{2\times 20\,000\times 2\,000}{5}}=4\,000$（件）

进货周期 $T=\dfrac{Q}{D}=\dfrac{4\,000}{20\,000}=0.2$（年）[或者 $0.2\times 365=73$（天）]

进货次数 $N=\dfrac{D}{Q}=\dfrac{20\,000}{4\,000}=5$（次）

订货点 $RP=(20\,000\div 52)\times 2=769.23$（件），取整数 770 件。

该企业平均 73 天采购一次，订货点 770 件，每次采购数量为 4 000 件，每年采购 5 次。

【例 9-5】 某厂生产需要一种标准件,年需要量 10 000 件,每件价格为 1 元,每次采购费用 25 元,年保管费率 12.5%（即每件标准件储存一年所需要的存储费用为标准件单价的 12.5%）。试求最优采购量、采购批次和年总成本。

解：根据题意，$D=10\,000$ 件，$S=25$ 元，$H=12.5\%\times 1=0.125$（元）

经济批量 $Q=\sqrt{\dfrac{2DS}{H}}=\sqrt{\dfrac{2\times 10\,000\times 25}{0.125\times 1}}=2\,000$（件）

采购批次 $N=\dfrac{D}{Q}=\dfrac{10\,000}{2\,000}=5$（次）

年总费用 $C_T=C_H+C_R+C_P=H(Q/2)+S(D/Q)+p\cdot D$
$=0.125\times 1\times(2\,000\div 2)+25\times 5+10\,000\times 1=10\,250$（元）

所以，该企业每次采购的数量为 2 000 件，采购批次为 5 次，年总费用 10 250 元。

2. 经济生产批量模型

在实际中企业经常会采用成批轮番生产,即在一段时间内轮番生产几种产品,在每次重新生产前,由于产品生产工艺要求上存在差异,要做一些生产准备工作,会产生生产准备费用(有时也称设备调整费用),包括清理或调整设备、改变工具与工装等费用。另外,EOQ 假设的是企业在向供应商整批订货,在一定时刻同时到达,补充率可以为无限大,但这种假设在企业生产的过程中却不符合实际。一般来说,在进行某种产品生产时,成品是按一定速率逐渐生产出来的,也就是说,当生产率大于需求率时,产品库存是逐渐增加,不是一瞬间增加上去的。要使库存不致无限增加,当库存达到一定量时应该停止生产一段时间。

由此可知,成批轮番生产的一个关键问题是确定生产批量的大小。产品生产批量越大,在需求率不变的情况下,库存水平和费用越高,但一定时期内生产准备次数越少,准备费用越低；产品批量越小,库存水平和费用越低,但一定时期内生产准备次数越多,准备费用越高。为确定合理的生产批量,可借鉴经济订货批量模型的思想,建立经济生产批量模型（Economic Production Lot，EPL），又称经济生产量模型（Economic Production Quantity，EPQ）。所谓经济生产批量是指使库存费用和生产准备费用之和最小的生产批

量。其假设条件除了与经济订货批量模型相比第 5、8 条假设不一样,即产品按生产速率慢慢生产出来,连续补充库存,而不是一次补充无限大,生产准备费用代替订货费用,其余都相同。

图 9-6 描述了在经济生产批量模型下库存量随时间变化的过程。生产在库存为 0 时开始进行,经过生产时间 t_p 结束,由于生产率 q 大于需求率 d,库存将以 $(q-d)$ 的速率上升。经过时间 t_p,库存达到最大量 I_{max}。生产停止后,库存按需求率 d 下降。当库存减少到 0 时,又开始了新一轮生产。Q 是在 t_p 时间内的生产量,Q 又是一个补充周期 T 内消耗的量。

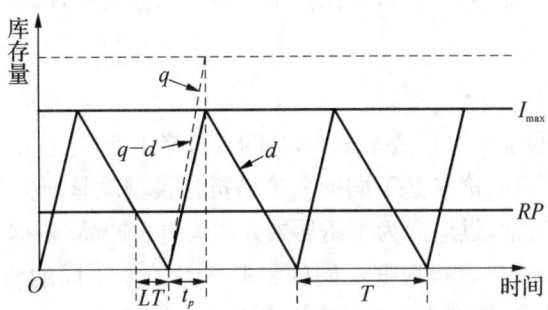

图 9-6 经济生产批量模型假设下的库存量变化

图 9-6 中,q 为生产率(单位时间内产量),d 为需求率(单位时间内的出库量),$q > d$,t_p 为生产时间,I_{max} 为最大库存量,Q 为生产批量,RP 为订货点,LT 为生产提前期。

在 EPL 模型的假设条件下 C_p 与订货批量大小无关,为常量。与 EOQ 模型不同的是由于补充率不是无限大,这里平均库存量不是 $Q/2$,而是 $I_{max}/2$。S 为生产准备费用,于是:

$$C_T = C_H + C_R + C_P = H(I_{max}/2) + S(D/Q) + PD$$

现在的问题是如何求 I_{max}。由图 9-6 可以看出:$I_{max} = t_p(q-d)$

$Q = qt_p$,可以得:$t_p = Q/q$,所以,$I_{max} = Q/q(q-d) = Q(1-d/q)$

$C_T = C_H + C_R + C_P = H(I_{max}/2) + S(D/Q) + PD = (HQ/2)(1-d/q) + S(D/Q) + PD$

通过求导得出经济生产批量:$EPL = \sqrt{\dfrac{2DS}{H\left(1-\dfrac{d}{q}\right)}}$

【**例 9-6**】 根据预测,市场每年对某公司生产的产品的需求量为 9 000 台,一年按 300 个工作日计算,生产率为每天 50 台,生产提前期为 4 天,单位产品的生产成本为 60 元,单位产品的年维持库存费用为 30 元,每次生产的生产准备费用为 40 元。试求经济生产批量 EPL、年生产次数、订货点和最低年总费用。

解:由题目可知,$D = 9\,000(台), N = 300(天)$

则:$d = D/N = 9\,000 \div 300 = 30(台/日)$

又 $q = 50(台), S = 40(元), H = 30(元)$

则：$EPL = \sqrt{\dfrac{2DS}{H\left(1-\dfrac{d}{q}\right)}} = \sqrt{\dfrac{2 \times 9\,000 \times 40}{30 \times \left(1-\dfrac{30}{50}\right)}} = 245$（台）

年生产次数 $n = D/EPL = 9\,000 \div 245 = 36.7$（次）

订货点 $RL = d \times LT = 30 \times 4 = 120$（台）

最低年库存费用 $C_T = C_H + C_R + C_P = (HQ/2)(1-d/q) + S(D/Q) + PD$
$\qquad = 30 \times (245 \div 2) \times (1 - 30 \div 50) + 40 \times (9\,000 \div 245) + 60 \times 9\,000$
$\qquad = 542\,938$（元）

EPL 比 EOQ 模型更具一般性，当生产率 q 趋于无穷大时，EPL 公式就同 EOQ 公式一样。

3. 价格折扣模型

经济批量模型是假定不管订货量多大，其购买价格不变，这较难符合实际。事实上是不同的订货量，供应商给的价格是不同的。价格折扣模型就是研究销售价格随着订货量的大小变动的情形。通常，供应商为了诱导买方购买更多产品，根据顾客的不同采购批量给予不同的价格。图 9-7 表示根据不同的采购数量给予不同的价格折扣的几种情况。当采购批量小于 Q_1 时，单价为 P_1；当采购批量大于或等于 Q_1 而小于 Q_2 时，单价为 P_2；当采购批量大于或等于 Q_2 时，单价为 P_3。$P_3 < P_2 < P_1$。

对供应商来讲，价格折扣是有利的。买方订货量大，供应商的生产量就大，利用规模经济效应，降低了生产成本，销售量大，不但提高了市场占有率，而且获得了更多的利润。

对买方来讲，价格折扣是否有利就要做具体分析。根据不同订货量给予不同的价格折扣的情况下，如果订货量大，年订货次数减少，一方面是对买方有利的，它降低了年购买物料费用和年订货费用，也节约了运输成本，可以有效应对价格上涨；另一方面是对买方不利的，订货量大提高了库存量，年库存费用增加，存货周转慢，资金占用大，特别是难以保管的物料，大幅度增加了库存费用。所以是否按价格折扣，需要通过价格折扣模型计算才能决策。

价格折扣模型的假设条件仅有一条与 EOQ 模型假设条件不同，即允许有价格折扣。由于有价格折扣时，物料的单价不再是固定的，因此传统的 EOQ 公式不能简单地套用。图 9-8 所示为有两个折扣点的价格折扣模型的费用曲线（实际上是一个分段函数）。年订货费用 C_R 与价格折扣无关，曲线与 EOQ 模型一样，年维持库存费用 C_H 和年购买费用 C_P 都与物料的单价有关，因此费用曲线是一条不连续的折线。3 条曲线叠加，构成的总费用曲线也是一条不连续的曲线。但是不论如何变化，最经济的订货批量仍然是总费用曲线 C_T 上最低点所对应的数量。由于价格折扣模型的总费用曲线是不连续的曲线，所以总费用的最低点，或者是曲线斜率（即一阶导数）为零的点，或者是曲线的间断点。在价格折扣情况下求最优订货批量可按以下步骤进行：

(1) 取最低价格代入基本 EOQ 公式求出最佳订货批量 Q^*，若 Q^* 可行（即所求的点在曲线 C_T 上），Q^* 即为最优订货批量，停止；否则转入步骤(2)。

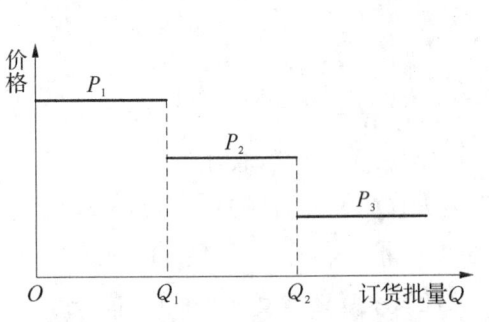

图 9-7 不同订货量下的价格折扣曲线

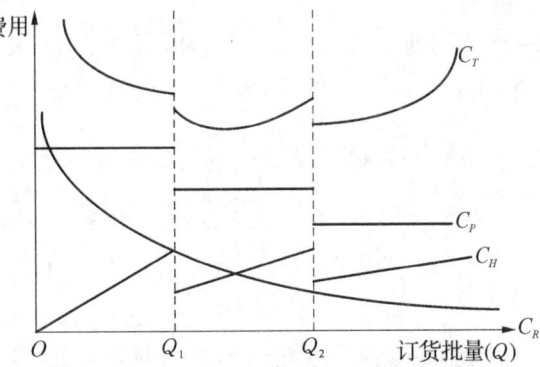

图 9-8 不同订货量下价格折扣和费用曲线

(2) 取次低价格代入基本 EOQ 公式求出最佳订货批量 Q^*，如果 Q^* 可行，计算订货量为 Q^* 时的总费用和所有大于 Q^* 的数量折扣点（曲线间断点）所对应的总费用，取其中最小总费用所对应的数量，确定为最优订货批量，停止。

(3) 如果 Q^* 不可行，重复步骤(2)，直至找到一个可行的 Q^* 为止。

注意点

总费用的最低点，有可能是在曲线斜率为零的点（即一阶导数为零）上，也可能是在曲线的间断点上，所以在(2)中，不但要计算经济订货量为 Q^* 时的总费用，还要计算所有大于 Q^* 的数量折扣点（即曲线间断点）所对应的总费用，再取最小总费用所对应的数量，确定为最优订货批量。

【例 9-7】 某公司每年要购入 10 000 件产品，每次订货费用 20 元，单位产品的年维持库存费用为单位价格的 20%，供应商为了鼓励买方大量购买，提出价格折扣条件如表 9-10 所示。试求最优订货量。

表 9-10 不同订货量下产品价格折扣表

单价(元/件)	订货量(件)
5.00	0～499
4.50	500～999
3.90	1 000 及以上

解：这是一个典型的不同订货量下产品价格折扣问题，按这类问题的一般求解步骤求解。

第一步，当 P 为 3.9 元时，H 为 0.78 元（$=3.9\times20\%$），S 为 20 元，D 为 10 000 件，则：

$$Q^* = EOQ = \sqrt{\frac{2DS}{H}} = [(2\times10\,000\times20)\div(3.9\times20\%)]^{1/2} = 716(件)$$

当订货量在 1 000 件及以上时才能享受单价 3.9 元的优惠价，716 件不在此范围内，

不可行。

第二步,当 P 为 4.50 元时,H 为 0.90 元($=4.50\times20\%$),S 为 20 元,D 为 10 000 件,则:

$$Q^* = EOQ = \sqrt{\frac{2DS}{H}} = [(2\times10\ 000\times20)\div(4.50\times20\%)]^{1/2} = 667(件)$$

当订货量在 500~999 件时,单价为 4.50 元,667 件就在这个区间,可行。

当订货量为 667 件时,利用 $C_T = C_H + C_R + C_P = H(Q/2) + S(D/Q) + p\cdot D$ 可以求得:
$C_{T(667)} = 0.9\times(667\div2) + 20\times(10\ 000\div667) + 4.5\times10\ 000 = 45\ 600(元)$

根据在价格折扣情况下求最优订货批量的步骤(2),本题还需要计算出所有大于 Q^* 的数量折扣点(曲线间断点)所对应的总费用,取其中最小总费用所对应的数量,确定为最优订货批量。

这里大于 667 件的数量折扣点(曲线间断点)只有一个 1 000 件,此时 P 为 3.90 元,H 为 0.78 元($=3.90\times20\%$),S 为 20 元,D 为 10 000 件,则:
$C_{T(1\ 000)} = 0.78\times(1\ 000\div2) + 20\times(10\ 000\div1\ 000) + 3.9\times10\ 000 = 39\ 590(元)$

当 Q 为 1 000 件时总费用为 39 590 元,它小于 Q 为 667 件的总费用 45 600 元。

综上所述,订货量为 1 000 件时为最优解。

注意点

通过价格折扣模型,我们要清楚的一个现实问题是:当价格随着采购量的增加而下降时,尽管订货量大看起来更经济一些,但由于产品仓储成本上升,必须谨慎决策订货量。

9.3 随机型库存决策问题

9.3.1 随机库存问题描述

1. 需求率和订货提前期的随机性

前面介绍的几种库存模型都是在假定需求率和订货提前期确定的条件下,求订货量和订货点,这是理想状态下的确定型库存模型。但在现实情况下,需求率或提前期是随机变量,也就是说需求率和提前期均是变动的,这就是随机库存问题。

2. 随机库存要解决的问题

随机库存要解决的问题仍然是订货批量和订货点。但由于需求或提前期变化是不确定的,不可避免地会发生缺货,因此随机库存要解决的问题是:在给定的缺货水平下,订货批量应该多大,订货点应该是多少,才能使包括缺货费用在内的总成本最小。

3. 假设条件

和前面经济订货批量模型提前假设相比,库存的需求率(d)和订货提前期 LT 不再是常量,而是已知分布的随机变量,其余没有变化。

4. 库存量的变化

根据上述假设条件下,在固定订货量系统中,对库存水平是进行连续监控的,且当库存量降到某一水平时再进行新订购。在该模型中缺货的危险只会发生在提前期,即介于发出订单与收到货物之间的这段时间。如图 9-9 所示,当库存水平降到订货点 RP 时发出订单。在下达订单到收到货物这时间段内,即提前期 LT 时段内,由于需求可能在一定范围内变动,有可能不出现缺货状态,也有可能出现缺货状态。

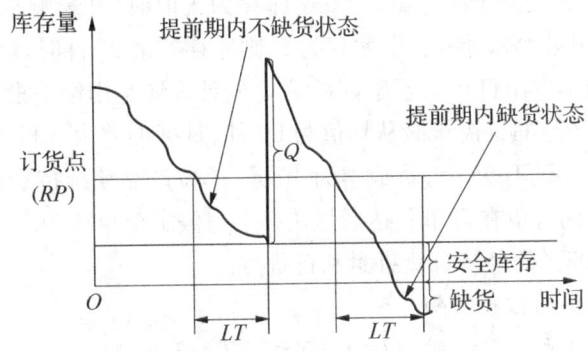

图 9-9 随机库存问题的库存量变化

9.3.2 服务水平与安全库存的关系

管理者关心的一个重要问题就是在需求不确定的情况下仍能保持足够的服务水平。服务水平是与缺货概率相关联的,如果缺货概率是 0.05,那么服务水平就是 0.95。需求的不确定性会使缺货的概率增加,减少缺货的方法之一就是增加额外库存,即安全库存,它是指超过预期需求的库存数量。安全库存有利于服务水平的提升。

例如,假定下月的预期需求为 100 件产品,方差为 20 件,如果我们只持有 100 件,缺货的概率将为 50%,再进一步考虑我们每个月订货 100 件,并在每个月月初收到货物,一年内大约就有 6 个月缺货。如果我们在此基础上再持有与一个标准差相等的额外库存,即安全库存为 20 件,根据累计正态分布概率表,将平均值往右移动一个标准差,得到的概率为 0.841 3,所以一年中大约有 84% 的时间将不会出现物料短缺的情况,只 16% 的时间会出现,也就是大约 1.92 个月(=0.16×12)会出现缺货。

由此可知,安全库存数量与服务水平要求密切相关,也与需求波动大小、提前期的长短相关。通常需求波动大、提前期长,所要求的服务水平高,意外变化带来的风险越大,安全库存量越高。

9.3.3 设置安全库存的定量订货模型

假设提前期内(订货期间)的需求是符合正态分布曲线,那么只需要知道均值和标准差(通常是根据销售数据计算出均值和标准差)就可以确定任何给定服务水平下的订货点和安全库存量。订货点的计算公式如下:

$$RP = d \times LT + Z \times (LT)^{1/2} \sigma_d$$

式中,RP 为订货点,d 为平均日需求,LT 为提前期(常量),Z 为特定服务水平概率对应的分位数,σ_d 为日需求量的标准差。

$Z \times (LT)^{1/2} \sigma_d$ 就是安全库存量,当安全库存为正值时,其影响在于要提前订货。如在提前期内的预计用量为20件,安全库存为5,则库存剩余25件时,就应该发出订货。安全库存越多,就应越早发出订单。至于订货量 Q 的计算还是用经济批量订货模型方法。

【例9-8】 某产品的日需求服从均值为60件、日标准差为7件的正态分布,供货源可靠,且提前期保持6天不变。订货成本为10元,单位产品年维持费用为0.50元。没有缺货成本,且未完成的订单在订单到达后尽快补上。假定全年按365天计算,试求满足提前期不缺货概率为95%的经济订货批量和订货点。

解:根据题目提供的信息可知:
$d=60$ 件,$S=10$ 元,$\sigma_d=7$ 件,$H=0.50$ 元,$LT=6$ 天,则:

年需求量 $D = d \times 365 = 60 \times 365 = 21\,900$(件)

经济订货批量为:$Q^* = EOQ = \sqrt{\dfrac{2DS}{H}} = (2 \times 21\,900 \times 10 \div 0.50)^{1/2} = 936$(件)

满足提前期不缺货概率为95%,查正态分布累积概率表得:$Z=1.64$,因此,

订货点为:$RP = d \times LT + Z \times (LT)^{1/2} \sigma_d = 60 \times 6 + 1.64(6)^{1/2} \times 7 = 388$(件)

由以上计算可知:只要库存量降到388件时,就要发出936件订货量的订单。

本章小结

本章主要介绍了库存的含义、分类、作用以及库存产生的问题,库存管理的含义、作用、目标及思路。介绍了独立需求库存的基本模型:单周期模型、多周期模型(包括经济订货批量模型、经济生产批量模型、价格折扣模型)。在此基础上又讨论了随机型库存决策问题,介绍了设置安全库存的定量订货模型。当然,对企业来讲,控制库存的方法虽然很多,但是如何寻求一条适合企业自身需求的方法则是非常困难的。

思考题

一、判断题(正确的打"√",错误的打"×")

1. 库存仅是指企业内各类物资的库存。　　　　　　　　　　　　　　　( )

2. 在企业内闲置的人、信息资源也是库存。（ ）
3. 新年挂历库存属于多周期库存。（ ）
4. ABC分类法中C类品种可能只占库存总数的15%，但库存成本却占到总数的70%～80%。（ ）
5. 安全库存是为了防止不确定因素的发生而设置的库存。（ ）
6. ABC分类法是按照物品的单价高低进行分类的。（ ）
7. 库存控制的目标是要降低库存的维持费用。（ ）
8. 为了提高服务水平，一般来讲库存量设置应该大一些为好。（ ）
9. 丰田公司认为库存就是浪费。（ ）
10. 库存管理的目标之一就是增强生产计划的柔性。（ ）
11. 定量库存控制系统适用于价值较高的重要物资或关键物资。（ ）
12. ABC分类管理法的核心是分清主次，抓住重点。（ ）
13. 缺货成本仅指由于错过销售的机会成本。（ ）
14. 在价格折扣模型中，成本的最低点只存在于曲线斜率为零的点。（ ）
15. 服务水平要求越高，安全库存水平越低。（ ）

二、单项选择题

1. 下列属于多周期库存的是（   ）。
   A. 报纸　　　　　B. 月饼　　　　　C. 圣诞树　　　　D. 手机
2. 下列属于在制品库存的是（   ）。
   A. 产成品　　　　B. 原料　　　　　C. 维修备件　　　D. 正在制造的物品
3. 下列不属于库存量过大所产生的问题的是（   ）。
   A. 增加仓储费用　　　　　　　　　B. 增加原材料损耗
   C. 掩盖生产经营问题　　　　　　　D. 影响企业信誉
4. （   ）是用于调节需求与供应不均衡，生产速度与供应不均衡，以及生产过程中不均衡而设置的。
   A. 安全库存　　　B. 周转库存　　　C. 调节库存　　　D. 在途库存
5. 定期库存控制系统适用于（   ）物料。
   A. 价值较高的重要　B. 价值较低的　　C. 关键的　　　　D. 所有的
6. 在库存控制中，对A类货物的管理方法是（   ）。
   A. 同供应商建立良好关系　　　　　B. 采用定期订购法
   C. 减少盘点次数　　　　　　　　　D. 以上均不对
7. 在ABC分类管理法中，B类物料安全库存水平应该控制在（   ）。
   A. 低水平　　　　B. 中等水平　　　C. 高水平　　　　D. 以上均不对
8. 简化库存管理方法，简化物料出库手段，此类库存管理方法适用于（   ）物料。
   A. A类　　　　　B. B类　　　　　C. C类　　　　　D. 所有
9. 单周期库存分析通常集中于两种成本：缺货成本和（   ）。
   A. 过期　　　　　B. 沉没成本　　　C. 机会成本　　　D. 固定成本
10. 在经济订货批量模型的假设条件中，计算最佳经济订货批量只考虑（   ）之和。

A. 年订货费用和年维持库存费用　　B. 年订货费用和年库存产品利息

C. 年订货费用和缺货费用　　D. 年订货费用和仓库折旧

11. 经济生产批量模型和经济订货批量模型的假设相比较,其区别是(　　)。

A. 不允许缺货

B. 补充率不是无限大,全部订货不是一次性交货

C. 采购无价格折扣

D. 订货提前期已知且为常量

12. 对买卖双方来讲价格折扣(　　)。

A. 对买卖双方均有利　　B. 对卖方有利

C. 对买方有利　　D. 以上均不对

13. 一般来讲服务水平与安全库存水平之间的关系是(　　)。

A. 正相关　　B. 负相关　　C. 不相关　　D. 弱相关

14. 安全库存数量与服务水平、提前期长短以及(　　)相关。

A. 需求波动程度　　B. 产品价值大小　　C. 产品危险程度　　D. 经济形势

15. 随机库存假设库存的需求和订货提前期(　　)。

A. 均为常量　　B. 需求率是常量,提前期是变量

C. 需求率是变量,提前期是常量　　D. 均为已知分布的随机变量

三、基本概念

库存　库存管理　安全库存　单周期库存　多周期库存

四、问答题

1. 库存是越大越好还是越小越好呢？请说明原因。
2. 有关库存管理的几种观点是什么？
3. 库存管理的目标是什么,基本思想有哪些？
4. ABC 分类法的基本原理是什么,如何对 A、B、C 各类物料进行控制？

五、计算题

1. 某种时令商品在适销季节到来前一个月,批发单价为 16.25 元/个,零售单价为 26.95 元/个,如果该时令产品销售完,当时是不能补充的。如果过时卖不出去时,只能折价销售,其单价为 14.95 元/个。根据往年情况,该产品需求分布律如表 9-11 所示。求使期望利润最大的订货量。

表 9-11　时令商品需求分布律

需求量	6	7	8	9	10	11	12	13	14	15
需求概率	0.03	0.05	0.07	0.15	0.20	0.20	0.15	0.07	0.05	0.03

2. 某机床厂某种齿轮年需求量为 1 500 件,每次订货费用为 200 元,单位库存成本持有费用为 1.5 元,又知该厂制度工作日为 300 天,订货提前期为 20 天,计算经济订货批量、相应的总成本、订货次数和订货点。

3. 一家电子装配厂通过市场预测可知,市场对其某种产品的年需求量为 18 000 件,

这家电子装配厂采用批量生产方式,制度工作时间为300天,每天生产100件产品,每次生产准备费用为100元,单位产品的库存费用为4元,试根据上述条件计算经济生产批量、总成本、全年生产次数。

4. 某电子公司需要库存一批玩具遥控无人机,最近公司得到了该商品的价格折扣表(见表9-12),已知订货费用为200元,年需求量为5 200架,维持库存费用占商品成本的28%,请问使总费用最小的订货量是多少?

表9-12 无人机价格折扣表

价格折扣点	单价(元/件)	订货量(件)
初始价格	100	1~119
折扣价格1	98	120~1 499
折扣价格2	96	1 500及以上

5. 尚城商场联想笔记本电脑的平均日需求量为15台,标准差为5台,提前期为常量2天,假如管理者希望服务水平达到90%(即10%的可能性缺货),订货点的数量是多少,安全库存为多少?如果服务水平达到95%,它们又分别是多少?(90%、95%对应的Z值分别为1.28、1.645)。

第 10 章　质量管理

 学习目标

1. 理解质量及质量管理的相关概念及其它们之间的关系。
2. 理解全面质量管理的概念、特点；掌握运用全面质量的实施方法。
3. 了解质量控制的一般方法。
4. 了解 ISO 9000 系列标准，理解 2000 版质量管理原则。

 引　例

不断加高的笼子

有一则寓言里说的：有一天，几只袋鼠从笼子中跑出来，管理员见状大惊，忙把笼子加高了一尺。结果，第二天袋鼠仍然从笼子中跑了出来，管理员又将笼子加高了一米。他们以为从此袋鼠再也不会逃逸，但事实却是，第三天袋鼠们又出现在笼子外，管理员接着将笼子加高了两米。旁边笼子内的河马问："你们觉得他们把笼子加高到什么地步才算完？"袋鼠们说："不知道，只要他们继续忘了锁门的话，加高到多少米也没有用。"

可以这样说，笼子就是制度，加高笼子意味着让制度更加严格，以增加犯错者的代价，在管理中就像管理者通过检验来转嫁产品生产责任风险。用检验来发现不合格的产品，由制造不合格产品的员工来承担全部责任或连带责任，这种兴起于 19 世纪铁路大发展的管理方法，曾被称作"抓罪犯"。

在美国质量管理大师戴明看来这是一种"颠倒黑白"的错误理念，与现代管理思想背道而驰。这种管理模式对提高企业效率和产品质量都无济于事，而且只会增加成本。实际上，任何检验，当发现产品缺陷时，就已经产生了损失。尽管这种损失可以让员工承担，但员工收入的降低，以及受到惩罚的失落感，对企业可持续发展是一种更大的损失。

戴明认为，"抓罪犯"的举措，隐含的假设前提是把所有不合格品都归咎于员工，而同管理者和系统无关。事实上大量的质量问题属于"系统错误"，把这种由于制度和流程的错误归责于员工，管理者似乎心理上得到了平衡，但却断送了企业继续成长的可能性。员工热情与梦想的缺失，将使企业过早地衰老，员工情绪低落，甚至会衍生出其他更加棘手的管理问题。袋鼠笼子的不断加高，给管理员带来的只是虚假的安全感，这无异于掩耳盗铃。当袋鼠一次次走出笼子，对于管理员来说，可能会催生不理智的情绪，就是和笼子的

高度较上劲,表现在管理中就是处罚力度的加大。从长远看,这是近乎自杀的举动。

戴明提出,应当停止处罚员工的举动,将传统的"把次品挑出来"改为"不生产次品",即从秋后算账变为事前预防。如何保证不生产次品,这就需要系统的持续改善。戴明说:"质量不是来源于发现问题后再改进,而是来源于改进生产过程。"在流程的各个环节,都能严格控制,不断改进,才能使生产系统处于高质量状态。在此基础上提高员工的责任意识才有意义。另外,质量的不断改善离不开员工的积极参与,如果员工受到伤害,那么积极性就会受损,质量改善流程便无从谈起。

(资料来源:世界经理人互动社区;题目为编者所加)

美国著名质量管理专家朱兰说:"20 世纪以'生产力的世纪'载入史册,21 世纪是质量的世纪。"迎接新世纪质量的挑战已经成为全球的共识。随着我国市场经济初步建立和不断完善,WTO 的加入与经济国际化进程加快以及 ISO 9000 系列国际标准的采用,企业已经认识到质量是决定市场竞争的关键要素之一,质量管理在企业管理中起着重要的作用。

10.1 质量与质量管理的基本概念

10.1.1 有关质量的概念

日本企业为什么能够占据世界汽车市场和家用电器市场的领先地位?靠的是优异的产品质量。那么,究竟什么叫质量,什么样质量的产品才叫高质量的产品?对于这些有关质量方面的基本问题,人们日常生活中理解的与企业以及专家们理解的角度是不同的,区别在哪里?质量越高是不是效益就越好?所有这些都是我们学习本章首先要回答的问题。

1. 质量(Quality)的概念

国际标准化组织认为,"质量是指一组固有特性满足要求的程度"。依此定义可以理解为:

(1) 质量所涉及的领域。由于此定义对质量的载体不做界定,说明质量可以存在于不同领域或任何事物中。对质量管理体系来说,质量的载体不仅针对产品,即过程的结果(如硬件、流程、材料、软件和服务);也针对过程和体系或者它们的组合。也就是说"质量",既可以是零部件、计算机软件或服务等产品的质量;也可以是某项活动或某个过程的工作质量,如工人操作过程是否符合规范或程序;还可以指企业的信誉、体系的有效性。

(2) 质量所涉及的特性,是指事物特有的性质,固有特性是事物本来就有的,它是通过产品、过程或体系设计和开发及其后之实现过程形成的属性。例如,物质特性(如机械、电气、化学或生物特性)、感官特性(如用嗅觉、触觉、味觉、视觉等感知的特性),这些固有特性的要求大多是可测量的,如抗拉强度、抗压强度、有效载重量等。当然有的是很难或不可测量的,特别是感官特性如菜的色、香、味等。

(3) 质量满足要求程度。就是应满足明示的(如明确各种技术标准规定,像抗拉强度、抗压强度,可以用标准加以明确)、通常隐含的(如组织的惯例、一般习惯、习俗等)或必须履行的(如法律法规、行业规则)的需要和期望。只有满足这些要求,才能认为是好的质量。

(4) 质量固有特性的性质。顾客和其他相关方对产品、体系或过程的质量要求是动态的、发展的和相对的。它将随着时间、地点、环境的变化而变化。所以,应定期对质量进行评审,按照变化的需要和期望,相应地改进产品、体系或过程的质量,形成一系列新的特性,确保持续地满足顾客和其他相关方的要求。

现代质量管理认为要从用户的角度对质量下定义,美国著名的质量管理权威朱兰(J M Juran)认为"质量就是适用性"。所谓适用性就是产品和服务满足顾客要求的程度。例如,我国台湾地区生产的出口到美国的雨伞,是一次性用雨伞,如果在大陆销售根本不会有市场,但在美国非常畅销,什么原因呢?是美国人使用雨伞的习惯与中国人不同,他们是下雨了才想到用雨伞,去到商店买一把,不下雨不用了就扔掉了。再如中国市民买菜用的一次性塑料袋,所能承受的重量有限,但它能适用于买菜的需要就行了。因为质量的好坏判断的标准不是单纯产品本身工程技术质量,而是从目标市场顾客的角度去思考,关键看企业的产品是否使顾客十分满意,是否达到了顾客的期望?如果没有,就说明存在质量问题。不管是产品本身的缺陷还是没有了解清楚顾客到底需要的是什么,这都是企业的责任。

但是,适用性和满足顾客要求比较抽象,为了使之对质量管理工作具有指导性,需具体化。美国质量管理专家戴维教授将适用性概念具体化为八个维度方面并作进一步的解释。

(1) 性能。产品主要功能达到的技术水平和等级,如产品灵敏度。

(2) 附加功能。为使顾客更加方便、舒适等所增加的产品功能,如空调的遥控器。

(3) 可靠性。产品和服务完全规定功能的准确性和概率,比如燃气灶、打火机每次一打就着火的概率;快递在规定时间内送达顾客手中的概率。

(4) 一致性。产品和服务符合产品说明书和服务规定的程度,如汽车的百公里油耗是否超过说明书规定的数量,饮料中的天然物的含量是否达到所规定的百分比等。

(5) 耐久性。产品和服务达到规定的使用寿命的概率。比如洗衣机是否达到有关标准规定的使用多少小时内不出故障。

(6) 维护性。产品在使用过程中是否容易修理和维护。

(7) 美学性。产品外观是否具有吸引力和艺术性。山寨手机畅销的一个原因是它的外观造型对目标市场的顾客具有相当的吸引力。

(8) 感觉性。产品和服务是否使人产生美好联想甚至妙不可言。如服装面料的手感;广告用语给人的感觉和使人产生的联想等。

以上是适用性概念的具体化,明确了顾客对产品和服务要求,并转化为各种标准。

美国著名作业管理专家理查德·施恩伯格认为上述八个维度方面的质量含义偏重于生产制造企业的产品,而对于服务型企业来说,还应进一步补充下列质量内容:

(9) 价值。服务是不是最大限度地满足广大顾客的希望,使其觉得钱花得值。例如,住五星级酒店和快捷酒店花费是不一样的,两者服务提供的价值也是有根本区别的。

（10）响应速度。尤其对于服务业来说,时间是一个主要的质量性能和要求。有资料显示,超级市场出口处的顾客等待时间超过 5 分钟,就显得很不耐烦,服务质量就会大打折扣。例如,麦当劳要求服务人员在顾客进入店里 3 分钟内要迎上去,5 分钟内要服务到位。

（11）人性。这是服务质量中一个最难把握但却非常重要的质量要素。人性不仅仅是针对顾客的笑脸相迎,还包括对顾客的谦逊、尊重、信任、理解、体谅和与顾客有效的沟通;通过沟通了解和理解顾客真正需要关怀什么,做到有的放矢,不要做适得其反的关怀。

（12）安全性。无任何风险、危险和疑虑。

（13）资格。具有必备能力和知识来提供一流的服务。例如,导游的服务质量就在很大程度上取决于导游人员的外语能力和知识素养。

从以上关于质量概念的表述可以看出,质量不是我们通常片面理解的所谓单纯的工程技术质量。在正确地认识理解顾客的需求基础之上,如何将其转化为系统性的产品和服务的标准,这是现代质量管理首先要解决的重要问题。

 要点总结

通常人们对产品质量高低的判断都是从工程技术角度来考虑的,这是错误的理解。从上述对产品质量的定义可以看出,产品质量是与目标市场顾客的满足程度密切相联系的,只要达到国家规定的相关技术标准,能够满足目标市场顾客需求的产品,就是高质量的产品。衡量质量的维度有 13 个,是多方位的,不是单纯指某一个或几个方面。当然,不是要求所有维度都要做到一流,但要有特色,即某一个或几个方面是一流。

2. 质量过程

产品和服务质量从形成过程来说,质量可分为：

（1）设计过程质量。它是指设计阶段所体现的质量,也就是产品设计符合质量特性要求的程度,它最终是经过图纸和技术文件质量来体现出来的。如果在产品设计上有缺陷,给企业造成的损失将是无法估量的。本书曾经在新产品设计中谈到过设计对产品质量的影响。

（2）制造过程质量。它是指按设计要求、通过生产工序制造而实际达到的实物质量,是制造过程中操作工人、技术装备、原料、工艺方法以及环境条件等因素的综合产物,也称符合性质量。这就要求制造过程中每个环节都要按照设计质量要求去完成。

（3）使用过程质量。这是在实际使用过程中所表现的质量,如产品的可靠性、安全性以及让顾客在使用过程中学会如何正确使用。它是产品质量与质量管理水平的最终体现。

（4）服务过程质量。它是指产品进入使用过程中,生产企业（供方）对用户的服务要求满足程度,即售后服务水平的高低。

3. 工作质量

工作质量是指在质量形成过程中的各项工作活动对产品质量、服务质量的保证程度。

工作质量涉及各个部门、各个岗位工作的有效性，同时决定着产品质量、服务质量。由于有关质量的一切工作活动是由人去完成的，因此工作质量的提高关键是取决于人，包括质量意识、责任心、业务水平。最高管理者（决策层）的工作质量起主导，而执行层的工作质量起保证和落实作用。

工作质量不像产品质量那样直观地表现，而是体现在一切生产、技术、经营活动之中，并且通过工作效率及工作成果，最终通过产品质量和经济效果表现出来，一般是通过产品合格率、废品率和返修率等指标表示。如合格率的提高，就意味着工作质量水平的提高。然而，工作质量在许多场合是不能用上述指标来直接定量的，而通常是采取综合评分的方法来定量评价。例如，工作质量的衡量可以通过工作标准，把"需要"予以规定，然后通过质量责任制等进行评价、考核与综合评分。具体的工作标准因不同部门、岗位而异。

对于生产现场来说，工作质量通常表现为工序质量。工序质量是由人（Man）、机（Machine）、料（Material）、法（Method）和环（Environment）五大因素综合起作用的结果。在生产现场抓工作质量就是要控制这五大因素，通过对工序质量的保证，最终保证产品质量。

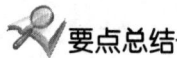
要点总结

工作质量反映了员工在工作中执行的各种质量标准的程度，它取决于员工的工作态度和工作能力；员工的工作过程就是质量具体实现过程。前面在关于质量定义部分提出的各种质量指标均依赖于工作质量的保证。

案例故事

小和尚撞钟
——工作质量标准制定、考核与培训

工作质量是产品质量的保证，那么员工如何工作才能达到要求，才能保证生产出的产品符合质量要求呢，请看下面的故事。

有一个小和尚担任撞钟一职，半年下来，他觉得无聊至极，"做一天和尚撞一天钟"而已。有一天，住持宣布调他到后院劈柴挑水，原因是他不能胜任撞钟一职。小和尚很不服气地问："我撞的钟难道不准时、不响亮？"老住持耐心地告诉他："你撞的钟虽然很准时，也很响亮，但钟声空泛、疲软，没有感召力。钟声是要唤醒沉迷的众生，因此，撞出的钟声不仅要洪亮，而且要圆润、浑厚、深沉、悠远。"

从以上故事可以得出，企业在对工作质量的管理过程中应注意的问题有：

（1）要明确告知员工工作质量的标准。

本故事中的主持犯了一个常识性管理错误，"做一天和尚撞一天钟"的结果，是由于主持没有提前公布工作质量标准造成的。如果小和尚进入寺院的当天就明白撞钟的标准和重要性，我想他也不会因怠工而被撤职。当然，光有标准还不行，还应有实施细则，如撞钟要声音圆润，具体实施操作步骤是什么。

(2) 工作标准是员工的行为指南和考核依据。

缺乏工作标准,往往导致员工的努力方向与公司整体发展方向不统一,造成大量的人力和物力资源浪费。因为缺乏参照物,时间久了员工容易形成自满情绪,导致工作懈怠。制定工作质量标准尽量做到数字化,要与考核联系起来,注意可操作性。

(3) 员工要不折不扣地执行工作标准。

既然我们有了工作质量标准,就应该很好地去执行,不要打折扣,不要等到领导认为你不能胜任工作时才后悔。

(4) 要加强培训,提高员工执行标准的能力。

公司、各部门、各岗位的培训都是很重要的,为了让员工知道该怎么做,如何做才符合要求,就必须做好培训。

启示: 对领导来讲,请重视工作质量标准的制定和培训,这样才能提高员工执行力,达到工作质量要求,生产出高质量产品。

对员工来讲,请遵守工作质量标准,这样才能胜任工作,才不会因怠工而被撤职。

(资料来源:编者根据相关资料整理改编)

4. 质量环(Quality loop)

朱兰博士提出,为了获得产品的适用性,需要进行一系列工作活动。产品质量是在市场调查、开发、设计、计划、采购、生产、控制、检验、销售、服务、反馈等这些工作活动的全过程中形成的,同时又在这个全过程的不断循环中螺旋式提高,所以也称为质量螺旋。如图10-1所示,它表达出产品质量产生、形成、发展的客观规律,是一条螺旋上升的曲线。该图是朱兰博士所创立的,故称为朱兰质量螺旋。

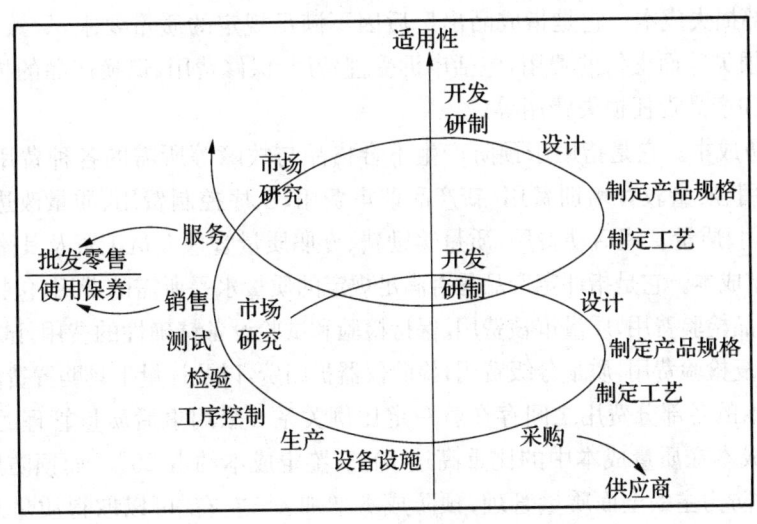

图 10-1 朱兰质量环

这个质量螺旋规律特点如下:

(1) 质量工作活动环环相扣。在螺旋上升过程中,包括一系列环节,这些环节一环扣一环,互相依存、互相促进,不断循环,不能中断,否则提高产品质量的目的就不能达到。

(2) 质量责任由涉及的全范围人员或部门共同承担。从螺旋上升过程中可以看出，质量职能的活动不仅在企业范围内进行，它还涉及企业以外的供应商、渠道商、用户等。即使在企业范围内活动，也并不集中在质量管理部门，而是由企业内各有关部门共同承担。因此，质量管理的任务之一，就是把分散在企业各部门的质量工作活动有机地结合起来，进行有效的组织、协调、监督、检查，从而保证和提高产品质量。

(3) 质量提高无止境。朱兰质量螺旋每经过一次循环，产品质量就提高一次，循环工作不断上升，产品质量就不断提高。从这个意义上看，提高产品质量是永远不会完结的。

要　点

产品质量决定于员工的工作质量，决定于质量形成过程中的每个环节。

5. 质量成本

ISO 9000 系列国际标准关于质量成本的定义是：将产品质量保持在规定的质量水平上所需的有关费用。质量成本由两部分构成，即运行质量成本和外部质量保证成本。

1) 运行质量成本

运行质量成本是指企业为保证和提高产品质量而支付的一切费用以及因质量故障所造成的损失费用之和。它又分为：

(1) 企业内部损失成本(内部故障成本)。它是指产品出厂前因不满足规定的质量要求而支付的费用，包括废品损失费用、返修损失费用和复试复验费用、停工损失费用、处理质量缺陷费用、减产损失及产品降级损失费用等。

(2) 外部损失成本。它是指成品出厂后因不满足规定的质量要求，导致索赔、修理、更换或信誉损失等而支付的费用，包括申诉受理费用、保修费用、退换产品的损失费用、折旧损失费用和产品责任损失费用等。

(3) 预防成本。它是指用于预防产生不合格品与故障等所需的各种费用，包括质量计划工作费用、质量教育培训费用、新产品评审费用、工序控制费用、质量改进措施费用、质量审核费用、质量管理活动费用、质量奖励费、专职质量管理人员工资及其附加费等。

(4) 鉴定成本。它是指评定产品是否满足规定的质量水平所需的费用，包括进货检验、工序检验、成品检验费用，质量审核费用，保持检验和试验设备精确性的费用，试验和检验损耗费用，存货复检费用，质量分级费用，检验仪器折旧费，以及计量工具购置费等。

质量成本的各部分费用之间存在着一定比例关系。采用事后质量管理的企业：外部与内部损失成本在质量成本中的比重高达 70%，鉴定成本约占 25%，而预防成本多低于 5%。实行预防为主的全面质量管理，预防成本增加 4% 左右，可以取得质量总成本降低大约 30% 的良好效果。各部分关系如果合理，可以最大限度地降低质量总成本，实现质量成本的优化。

质量成本诸要素之间客观上存在着内在逻辑关系。随着产品质量的提高，预防鉴定成本随之增加，而内外部损失成本则减少。如果预防鉴定成本过少，将导致内外部损失成本剧增，利润急剧下降。从理论上讲，最佳质量水平应是内外部损失成本曲线与预防鉴定

成本曲线的交点 P_0。如图 10-2 所示，当投入成本（预防成本和鉴定成本）为 0 时，合格品率几近于 0；而逐步增加投入时，合格品率就迅速上升，损失成本则急剧下降，而总运行质量成本（投入加损失）也迅速下降；在 P_0 点时，如再降低不合格率，则需投入的成本就开始迅速增加，总成本也随之上升。因此，合格品率为 P_0 时所对应的总成本即为最适宜质量成本。

另外，按其发生的性质可将其分为两大类：第一类是企业保证提高产品质量而发生的预防成本和维护成本；第二类是由于产品质量和工作质量而造成的内部故障成本和外部故障成本。从控制的角度考察，第一类属于可控成本，它的增减变动将直接影响第二类成本的大小；第二类属于结果成本，是由于质量达不到要求而产生的厂内和厂外损失，它受可控成本的影响。通过研究这两类成本变动的规律及其相互影响，适当增加

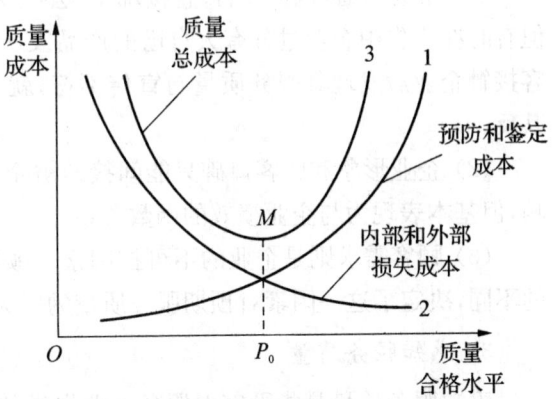

图 10-2 四类成本之间的关系

可控成本支出，就可以减少结果成本的发生，实现预防为主的要求，同时还要达到总成本最低的目标。

2) 外部质量保证成本

外部质量保证成本是指为用户提供所要求的客观证据所支付的费用。主要包括以下方面：

(1) 为提供特殊附加的质量保证措施、程序、数据所支付的费用。

(2) 产品的验证试验和评定的费用。

(3) 满足用户要求，进行质量体系认证所发生的费用。

注意点

质量与成本之间内在关系一定要掌握好，因为企业是讲效益的。

10.1.2 有关服务质量的概念

1. 服务质量

服务质量（Quality of Service）是指产品生产的服务或服务业满足规定或潜在要求（或需要）的特征和特性的总和。特性是用以区分不同类别的产品或服务的概念，如旅游有陶冶人的性情给人愉悦的特性；旅馆有给人提供休息、睡觉的特性。特征则是用以区分同类服务中不同规格、档次、品位的概念。服务质量最表层的内涵应包括服务的安全性、适用性、有效性和经济性等一般要求。

2. 预期服务质量

预期服务质量是指顾客对服务企业所提供服务预期的满意度,即期望质量。如准备到某地旅游就会想到该地的风土人情、青山绿水;住到某旅店之前就想到该旅店的设施和服务水平。预期质量受四个因素的影响,即市场沟通、企业形象、顾客口碑和顾客需求。

(1)市场沟通,包括广告、直接邮寄、公共关系以及促销活动等,直接为企业所控制。但有时在广告中企业过分夸大自己的产品及所提供的服务,拔高顾客预期质量,然而,顾客接触企业后发现其服务质量与宣传不符,就会对其感知服务质量大打折扣,结果适得其反。

(2)企业形象和顾客口碑只能间接地被企业控制,这些因素虽受许多外部条件的影响,但基本表现为与企业绩效的函数关系。

(3)顾客需求则是企业的不可控因素。顾客需求的千变万化及消费习惯、消费偏好的不同,决定了这一因素对预期服务质量的巨大影响。

3. 感知服务质量

感知服务质量是指顾客对服务企业提供的服务实际感知的水平,如顾客入住旅店所享受到的实际服务。如果顾客对服务的感知水平符合或高于其预期水平,则顾客获得较高的满意度,从而认为企业具有较高的服务质量;反之,则会认为企业的服务质量较低。从这个角度看,服务质量是顾客的预期服务质量同其感知服务质量的比较。

预期服务质量是影响顾客对整体服务质量的感知的重要前提。人们的预期质量过高,不切实际,则即使从某种客观意义上说他们所接受的服务水平是很高的,他们仍然会认为企业的服务质量较低。

要 点

企业不要为了达到吸引顾客而去片面地提高预期服务质量,当顾客实际感觉到的服务达不到预期服务质量要求时,顾客会失望,有种被欺骗的感觉,这样反而会失去顾客。

10.1.3 有关质量管理的概念

1. 质量管理

ISO 8402 标准中将质量管理定义为确定质量方针、目标和职责,并通过质量体系中的质量策划、质量控制、质量保证和质量改进来使其实现所有管理职能的全部活动。并说明质量管理是各级管理者的职责,必须由最高领导者来推动,实施中涉及单位的全体成员。由此可理解为:质量管理(Quality Management)是指为了实现质量目标而进行的所有管理性质的活动。

2. 质量保证

为使顾客确信产品能满足其质量要求,在质量体系中实施并根据需要进行证实的全部有计划、有系统的活动,如质量方针、质量计划、质量监督、质量检测、质量控制等,称为质量保证(Quality Assurance)。显然,质量保证一般适用于有合同的场合,其主要目的是使用户确信产品或服务能满足规定的质量要求。质量保证分为内部质量保证和外部质量保证。内部质量保证是企业管理的一种手段,目的是为了取得企业领导的信任,使各层管理者确信本企业具备满足质量要求的能力所进行的活动。外部质量保证是在合同环境中,供方取信于需方信任的一种手段。因此,质量保证的内容绝非是单纯地保证质量,更重要的是要通过对那些影响质量的质量体系要素进行一系列有计划、有组织的评价活动,当然这些大都为第三方评价,为取得企业领导和需方的信任而提出充分可靠的证据。

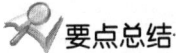 要点总结

质量保证的目的是为了获得买方的信任,强调质量管理活动不但要实施,而且要通过第三方评价证实实施的可信度和程度。

3. 质量控制

质量控制(Quality Control)是指为达到质量要求所采取的作业技术和活动。这就是说,质量控制是为了通过监视质量形成过程,消除质量环上所有阶段引起不合格或不满意效果的因素,以达到质量要求,而采用各种质量作业技术和活动。如生产线上质量监控点、质量检测点的设置。

4. 质量保证体系

质量保证体系(Quality Assurance System)指为"实施质量管理的组织机构、职责、程序、过程和资源",即企业以提高和保证产品质量为目标,依靠必要的组织结构,运用系统方法,把组织内各部门、各环节的质量管理活动严密组织起来,形成的一个任务、职责、权限明确,相互协调、相互促进的质量管理有机整体。它包括领导职责与质量管理职能,质量机构的设置,各机构的质量职能、职责以及它们之间的纵向与横向关系,质量工作网络与质量信息传递与反馈等。它是由若干要素构成。根据 ISO 9000 系列标准,它包括市场调研,设计和规范,采购,工艺准备,生产过程控制,产品验证,测量和试验设备的控制,不合格控制、纠正措施,搬运和生产后的职能,质量文件和记录,人员,产品安全与责任,质量管理方法的应用等。

质量体系有两种形式:一种是用于内部管理的质量体系,一般以管理标准、工作标准、规章制度、规程等予以体现;一种是用于外部证明的质量保证体系。

质量体系作为一个有机体,还应拥有必要的体系文件,包括质量手册、程序性文件(包括管理性程序文件、技术性程序文件)、质量计划及质量记录等。

5. 质量管理、质量保证、质量控制与质量保证体系的关系

四个基本概念的关系可用图 10-3 表示,正方形表示全部质量管理工作。要开展质量管理,首先制定质量方针,进行质量策划,设计并建立科学有效的质量体系。而要建立质量体系,则应设置质量管理组织机构,明确其职责权限,然后开展质量控制活动和内部质量保证活动。质量控制活动是作业技术和活动,而内部质量保证活动则是为了取得企

业领导的信任而开展的活动。二者之间用虚 S 形分开,说明这两种活动很难明显区分开来,而大小虚圆则是表示正方形内活动和工作都是质量管理。弧形斜线部分表示外部质量保证活动,它是在合同上或法规中有质量保证要求时才发生的。这种外部质量保证活动的开展是为了取得需方的信任。而弧形部分覆盖在方形上则形象地说明了外部质量保证只能建立在企业内部质量管理基础上,即质量保证体系应建立在质量管理体系基础上。离开质量管理和质量控制,就谈不上质量保证。离开质量管理体系,也就不可能建立质量保证体系。

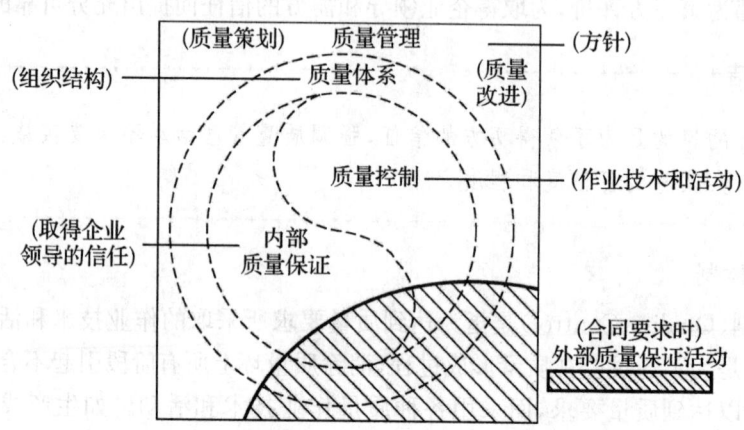

图 10-3　质量管理、质量保证、质量控制与质量保证体系的关系

通过质量控制和质量保证活动,可以发现质量工作中的薄弱环节和存在的问题,再采取针对性的质量改进措施,进入新一轮的质量管理 PDCA 循环,以不断获得质量管理的成效。

10.2　全面质量管理

10.2.1　全面质量管理的概念

全面质量管理(Total Quality Management,TQM)是指在全社会的推动下,企业中所有部门、所有组织、所有人员都以产品质量为核心,把专业技术、管理技术、数理统计技术集合在一起,建立起一套科学、严密、高效的质量保证体系,控制生产过程中影响质量的各种因素,以优质的工作、经济的办法,提供满足用户需要的产品(服务)的全部活动。

> **知识介绍**
>
> **全面质量管理(TQM)的四个发展阶段**
>
> 从 1961 年菲根堡姆提出全面质量管理的概念开始,其发展经历了四个阶段。

1. 日本从美国引入全面质量管理

1950年,戴明博士在日本开展质量管理讲座,日本人从中学习到了这种全新的质量管理的思想和方法。当时,全面质量管理的思路和概念并没有像如今一样被完整地提出来,但是它对日本经济的发展起到了极大的促进作用。到1970年,质量管理已经逐步渗透到了全日本企业的基层。

2. 质量管理中广泛采用统计技术和计算机技术

从20世纪70年代开始,日本企业从质量管理中获得巨大的收益,充分认识到了全面质量管理的好处,日本人开始将质量管理当作一门科学来对待,并广泛采用统计技术和计算机技术进行推广和应用。全面质量管理在这一阶段获得了新的发展。

3. 全面质量管理的内容和要求得到标准化

随着全面质量管理理念的普及,越来越多的企业开始采用这种管理方法。1986年,国际标准化组织ISO把全面质量管理的内容和要求进行了标准化,并于1987年3月正式颁布了ISO 9000系列标准。这是全面质量管理发展的第三个阶段。因此,我们通常所熟悉的ISO 9000系列标准实际上是对原来全面质量管理研究成果的标准化。

4. 质量管理上升到经营管理层面

随着质量管理思想和方法往更高层次发展,企业的生产管理和质量管理被提升到经营管理的层次。无论是学术界还是企业界,很多知名学者(如朱兰、石川馨等人)都提出了很多有关这个方面的观念和理论,"质量管理是企业经营的生命线"这种观念逐渐被企业所接受。

(资料来源:编者根据相关资料整理)

10.2.2 全面质量管理的特点

1. 人员的全面性

产品质量是企业各生产环节和各项管理工作的综合反映,任何一个环节、任何一个人的工作质量都会不同程度地直接或间接地影响产品质量,因此"全面"是指全企业各部门、各阶层的全体人员共同参加的活动,而不是少数专职人员的事。但也不是"大家分散地搞质量管理",而是为实现共同质量目标,所有部门的人员都参加的"有机"组织的系统性活动。同时还要加强各职能和业务部门之间的横向合作,这种合作还应延伸到用户和供应商。

2. 过程的全面性

从前面的朱兰的质量螺旋图可知产品质量产生、形成和实现的全过程,已从原来的制造和检验过程向前延伸到市场调研、设计、采购、生产准备等过程,向后延伸到包装、发运、使用、用后处理、售前售后服务等环节,向上延伸到经营管理,向下延伸到辅助生产过程,从而形成一个从市场调查、设计、生产、销售直至售后服务的寿命循环周期全过程。为了实现全过程的质量管理必须建立质量管理体系,将企业的所有员工和各个部门的质量管理活动有机地组织起来,将产品质量的产生、形成和实现全过程的各种影响因素和环节都纳入质量管理的范畴,这样才能及时地满足用户的需求,不断提高企业的竞争实力。

3. 管理对象的全面性

全面质量管理的对象是广义的质量,包括产品质量、工作质量。只有将工作质量提高,才能最终提高产品和服务质量。管理对象全面性的另一个含义是对影响产品和服务质量因素的全面控制,这些因素概括起来有人员、机器设备、材料、工艺方法、检测手段和环境等方面,只有对这些因素进行全面控制,才能提高产品和工作质量。

4. 管理方法的全面性

尽管数理统计技术在质量管理的各个阶段都是最有效的工具,但由于影响产品质量因素的复杂性,有物质的因素,有人的因素;有生产技术的因素,有管理的因素。这些仅靠数理统计技术是不行的,应根据不同的情况,针对不同的因素,灵活运用各种现代化管理方法和手段,将众多的影响因素系统地控制起来,实现统筹管理。在全面质量管理中,除统计方法外,还经常用到各种质量设计技术、工艺过程反馈控制技术、最优化技术、网络计划技术、预测和决策技术,以及计算机辅助质量管理技术等。

5. 效益的全面性

效益的全面性是指除保证制造企业能取得最大经济效益外,还应从社会的角度和从产品寿命循环全过程的角度考虑经济效益问题。即要以社会经济效益最大为目的,使供应链上生产者、储运公司、销售公司、用户和产品报废处理者均能取得最大效益。

10.2.3 全面质量管理的实施方法——PDCA 循环

这是美国质量管理专家戴明博士提出的,他认为全面质量管理活动的全部过程就是质量计划的制订和组织实现的过程,这个过程就是按照 PDCA 循环不停地周而复始地运转。

1. PDCA 循环的四个阶段八个步骤

第一个阶段:P(计划 plan),从问题的定义到行动计划,包括第一至第四步骤。

步骤一:分析现状,找出质量问题。强调的是对现行质量问题的发现和把握的意识、能力,发现问题是解决问题的第一步,是分析问题的条件。比如生产现场质量问题主要从人、机、料、法、环这五个方面去找。

步骤二:分析质量问题产生的原因。找准质量问题后,分析产生问题的原因至关重要,运用头脑风暴法等多种集思广益的科学方法,把导致问题产生的所有原因统统找出来。

步骤三:主要因素的确认。区分主因和次因是有效解决质量问题的关键。

步骤四:拟定措施、制订计划。5W1H:为什么制定该措施(Why),达到什么目标(What),在何处执行(Where),由谁负责完成(Who),什么时间完成(When),如何完成(How)。措施和计划是执行力的基础,尽可能使其有可操作性。

第二个阶段:D(实施 do),实施改进质量行动计划,包括第五步骤。

步骤五:执行措施、执行计划。高效的执行力是组织完成质量目标的重要一环。此阶段除了按计划和方案实施外,还要对过程进行测量,确保工作能够按进度实施。同时要建立数据采集、收集过程的原始记录和数据等项目文档。

第三个阶段:C(检查 check),检查效果,包括第六步骤。

第六步骤:效果检查。方案是否有效、目标是否完成,需要进行效果检查后才能得出结论。将采取的对策进行确认后,对采集到的证据进行总结分析,把完成情况同质量改进的目标进行比较,看是否达到了预定的目标。没有出现预期的结果时,应该确认是否严格按照计划实施对策,如果是,就意味着对策失败,那就要重新进行最佳方案的确定。

第四个阶段:A(处理 action),标准化和进一步推广,包括下面第七、第八两个步骤。

步骤七:标准化,固定成绩;对已被证明对质量改进有成效的措施,要进行标准化,制定成工作标准,以便以后的执行和推广。

步骤八:处理遗留问题。所有问题不可能在一个 PDCA 循环中全部解决,遗留的问题会自动转入下一个 PDCA 循环,如此周而复始,螺旋上升(见图 10-4)。

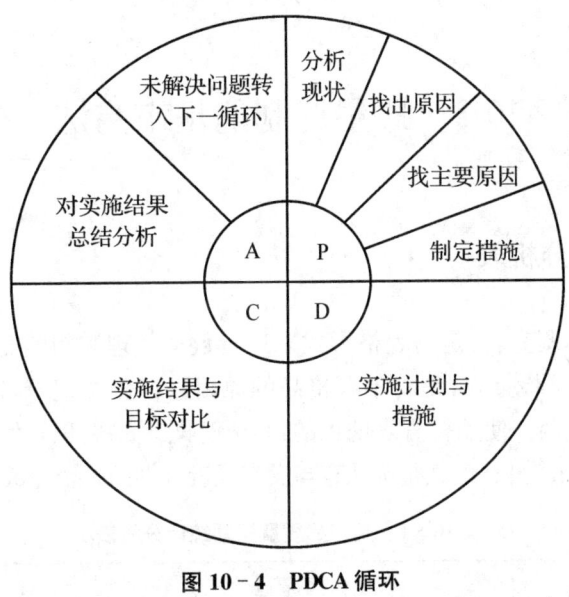

图 10-4 PDCA 循环

注意点

PDCA 循环不仅应用于处理质量问题,其他领域也可以使用。

2. PDCA 循环的特点

PDCA 循环,可以使我们的思想方法和工作步骤更加条理化、系统化、图像化和科学化。它具有如下特点(见图 10-5):

(1) 大环套小环,小环保大环,互相促进,推动大循环。

(2) PDCA 循环是爬楼梯上升式的循环,每转动一周,质量就提高一步。

(3) PDCA 循环是综合性循环,4 个阶段是相对的,它们之间不是截然分开的。

(4) 推动 PDCA 循环的关键是"处理"阶段。

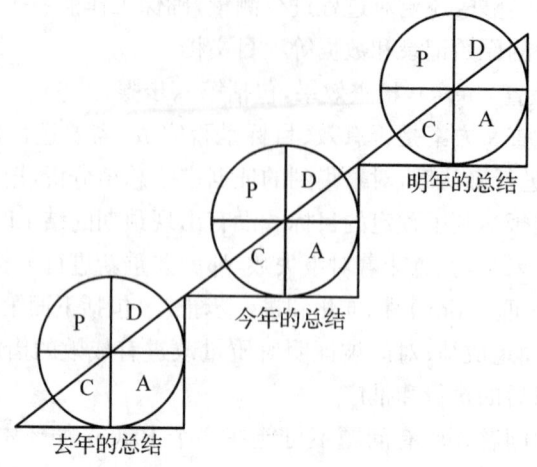

图 10－5　PDCA 循环上升

10.3　质量控制的基本方法

10.3.1　统计分析表

统计分析表又称调查表，是用表格形式来进行数据整理和粗略分析的一种方法。表 10－1 为不合格品分项检查表，是将不合格品的原因进行分类记录，能简单、直观地反映出不合格品产生的原因。使用检查表的目的：系统地收集资料、积累信息、确认事实并可对数据进行粗略的整理和分析，也就是确认有与没有或者该做的是否完成（检查是否有遗漏）。

表 10－1　某产品质量问题统计分析表

不合格原因	检查记录	小　计
表面缺陷	正正正正正正正正	40
裂纹	正正正正正正正	35
加工不良	正正正正正	25
形状不良	正正正一	16
其他	正正十	12
合　计		128

10.3.2　数据分层法

分层法又称分类法、分组法，用来将混杂在一起的不同类型的数据按照一定的标志或目的进行归类、整理和汇总,以便找出数据的统计规律的方法。严格说来,分层法只能是一种方法,而不能作为一种质量管理工具。它常与其他统计方法结合起来使用,如分层直方图法、分层排列图法、分层控制图法、分层散布图法和分层因果图法等。

分层法的应用步骤如下:

(1) 收集数据。

(2) 选择分层标志。将收集到的数据根据不同的目的选择分层标志。分层的原则是使同一层次内的数据波动幅度尽可能小,而层与层之间的差异尽可能大,否则就起不到归类整理和汇总的目的。分层的目的不同,分层的标志也不一样。一般地可选择以下分层标志:

① 人员。主要是按员工的工龄或按年龄、性别、技术等级分层。
② 机器。按设备类型、型号以及新旧程度分层。
③ 材料。按产地、批号、规格、成分等分层。
④ 方法。按不同的工艺要求、操作方法分层。
⑤ 测量。按测量设备、测量方法、测量人员、测量取样方法和测量部位等分层。
⑥ 时间。按不同的生产日期和生产班次分层。
⑦ 环境。按季节、清洁度、温度、湿度等分层。
⑧ 其他。如按不同的使用地区等分层。

(3) 按目的要求进行分层。

(4) 按层归类。

(5) 根据分层结果,结合其他的方法进行质量改进。

分层法是质量管理中分析处理质量问题的有效方法。日本的企业认为,是否采用分层法是分析处理质量问题成败的关键之一。

10.3.3 因果分析图

因果分析图也称鱼刺图或石川图(日本质量管理学者石川馨于1943年提出)。因果分析图是以质量特性作为结果,以影响质量因素作为原因,在它们之间用箭头联结起来表示因果关系。

质量问题是由错综复杂的多种原因共同作用的结果,鱼刺图可以帮助质量管理人员从纷繁的原因中查到真正的原因。因果图是从产生质量问题的结果出发,先找到影响质量问题的大原因,然后再具体化为若干个中原因,中原因再具体化为小原因,以此类推,直到找到能直接采取措施的原因为止,并对这些原因进行分类,画因果分析图。其注意事项有:

(1) 影响产品质量的大原因有人、机器、原材料、加工方法和工作环境五个方面。每个大原因再具体化成若干个中原因,中原因再具体化为小原因,越细越好,直到能采取措施为止。

(2) 讨论时要充分发挥技术民主,集思广益。别人发言时,不准打断,不开展争论。各种意见都要记录下来。如图10-6所示是某复印机复印不清楚的因果分析图。

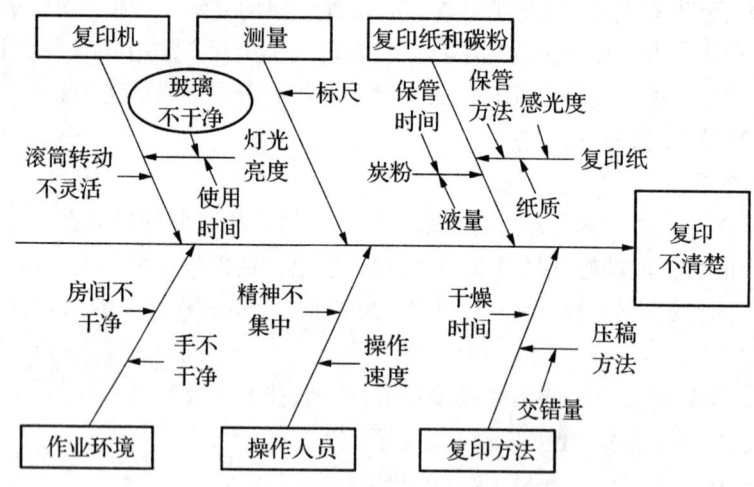

图 10-6 复印不清楚的因果分析图

 知识延伸

大野耐一先生的五个为什么

大野耐一先生是一个彻头彻尾的现场主义者。在生产现场碰见问题,他不仅要连问五个W(为什么),还要加问一个H(如何解决)。如果机器开不动了,在大野和员工之间有这样的对话:

1. 为什么机器停了? 答:负荷过大,保险丝断了。
2. 为什么负荷过大? 答:轴承部分不够润滑。
3. 为什么不够润滑? 答:润滑油泵吸不上油。
4. 为什么吸不上油? 答:油嘴磨损,松动了。
5. 为什么磨损了? 答:没有安装过滤器,粉屑进去了。

这5个为什么? 打破砂锅问到底,然后他再和技术人员一起研究解决方法。大野耐一先生的五个为什么和因果分析图有异曲同工之处。

(资料来源:[日]门田安弘.新丰田生产方式[M].4版.王瑞珠,译.保定:河北大学出版社,2013)

10.3.4 散布图

1. 散布图的含义

散布图又叫相关图,它是将两个可能相关的变量数据用点画在坐标图上,用来表示一组成对的数据之间是否有相关性。这种成对的数据或许是特性—原因的关系、特性—特性的关系、原因—原因的关系。通过对其观察分析,来判断两个变量之间的相关关系。这种问题在实际生产中也是常见的,如热处理时淬火温度与工件硬度之间的关系,某种元素

在材料中的含量与材料强度的关系等。这种关系虽然存在,但又难以用精确的公式或函数关系表示,在这种情况下用相关图来分析就是很方便的。假定有一对变量 x 和 y, x 表示某一种影响因素, y 表示某一质量特征值,通过实验或收集到的 x 和 y 的数据,可以在坐标图上用点表示出来,根据点的分布特点,就可以判断 x 和 y 的相关情况。例如,喷漆时的室温与漆料黏度的关系,零件加工时切削用量与加工质量的关系等。

2. 相关关系的判定

(1) 完全相关。完全相关又分为完全正相关和完全负相关。

① 完全正相关,即 X 变量增加时 Y 变量随之增加,点子逐渐上升成一条斜线(见图10-7)。

② 完全负相关,即 X 变量增加时 Y 变量减少,点子逐渐下降成一条斜线(见图10-8)。

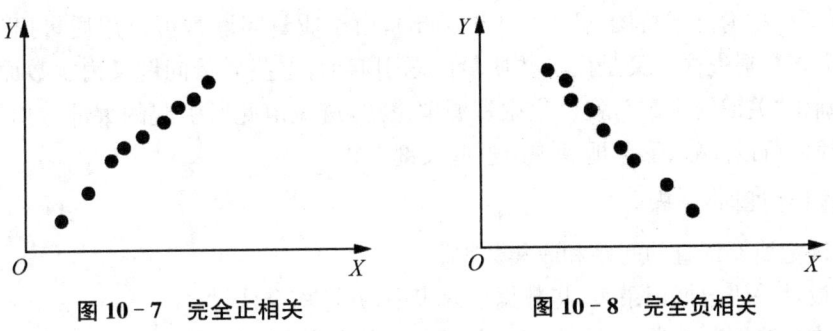

图 10-7　完全正相关　　　　图 10-8　完全负相关

(2) 正相关,即 X 变量增加时, Y 变量有增加趋势,点子有逐渐上升趋势(见图10-9)。

(3) 负相关,即 X 变量增加时, Y 变量有减少趋势,点子有逐渐下降趋势(见图10-10)。

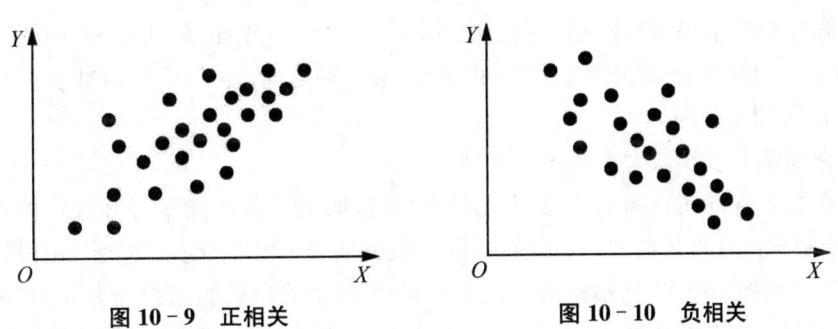

图 10-9　正相关　　　　图 10-10　负相关

(4) 无相关,即当 X 变量增加时, Y 变量并未随之增加,点子没有上升或下降之趋势(见图10-11)。

(5) 曲线相关,即 X 变量与 Y 变量之间没有直线相关关系,但有曲线关系存在(见图10-12)。

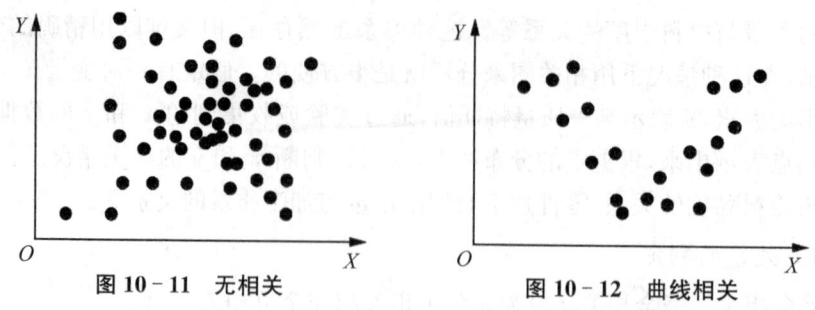

图 10-11 无相关　　　　图 10-12 曲线相关

10.3.5 排列图

1. 排列图的概念

排列图也称为巴雷特图(Pareto Diagram),由于质量问题常可以用质量损失的形式表现,而大多数损失往往又是由少数质量问题引起的,这些质量问题又由少数原因引起。因此,明确了"关键的少数",就可集中资源解决之,避免由此所引起的大部分损失。用排列图法,我们可以高效、形象地展现出这些关键少数。

2. 作排列图的步骤

(1) 确定所要调查的问题和收集数据。

(2) 设计一张数据记录表,将数据填入表中,并计算合计栏。

(3) 作排列图用数据表,表中列有各项不合格的数据、累计不合格数、各项不合格所占百分比以及累计百分比。

(4) 按数量从大到小顺序,将数据填入数据表中。"其他"项的数据由许多数据很小的项目合并在一起,将其列在最后,而不必考虑其他项的数据是多大。

(5) 画两根纵轴和一根横轴。左边纵轴,标上件数(频数)的刻度,最大刻度为总件数(总频数)。右边纵轴,标上比率(频率)的刻度,最大刻度为100%。在横轴上按频数大小从大到小依次列出各项。

(6) 在横轴上按频数大小画出直方柱。

(7) 在每个直方柱右侧上方,标上累计值(累计频数和累计频率百分数),描点并用直线连接,绘制累计百分数曲线(巴雷特曲线)。数据如表10-2所示,柱状图和相应的排列图如图10-13、图10-14所示。通常情况下,我们将影响质量的因素分为3类:A类因素中累计比率在0~80%之间,该类因素称主要因素,也就是说关键的少数因素,是解决质量问题应作为重点考察的因素,此例中为断裂、擦伤和污染这三个因素;B类因素中的累计比率在80%~90%之间,该类因素称次要因素,此例中为弯曲、裂纹;C类因素中的累计比率在90%~100%之间,该类因素称一般因素,此例中为砂眼和其他因素。

表 10-2　某产品不合格原因排列图数据表

不合格原因	不合格数	累计不合格数	比率(%)	累计比率(%)
断裂	104	104	52	52

续　表

不合格原因	不合格数	累计不合格数	比率(%)	累计比率(%)
擦伤	42	146	21	73
污染	20	166	10	83
弯曲	10	176	5	88
裂纹	6	182	3	91
砂眼	4	186	2	93
其他	14	200	7	100
合　计	200		100	

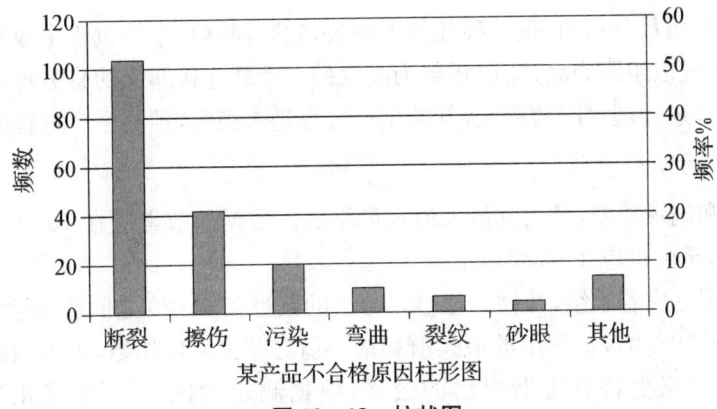

图 10-13　柱状图

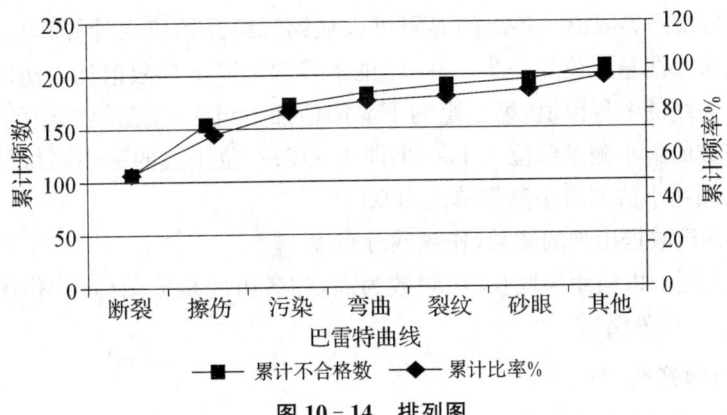

图 10-14　排列图

二八原理

"二八原理"者,即"重要的少数"与"琐碎的多数"之简称也。这是意大利经济学家帕累托提出来的。他认为:在任何特定的群体中,重要的因子通常只占少数,而不重要的因子则常占多数,反映在数量比例上,大体就是 2∶8,这就是这则应用很广的"重要的少数与琐碎的多数——2/8 原理"。

"二八原理"告诉人们:在投入和产出、努力与收获、原因和结果之间,普遍存在着不平衡关系。少的投入,可以得到多的产出;小的努力,可以获得大的成绩;关键的少数,往往是决定整个组织的产出、盈利和成败的主要因素。排列图正是应用这种原理来解决质量问题,以获取高的质量效益的。

(资料来源:编者根据相关资料整理)

10.3.6 直方图

1. 直方图的含义

直方图又称质量分布图,是一种几何形图表,它是根据从生产过程中收集来的质量数据分布情况,画成以组距为底边、以频数为高度的一系列连接起来的直方形矩形图。作直方图的目的就是通过观察图的形状,判断生产过程是否稳定,预测生产过程的质量。

2. 直方图的绘制步骤

(1) 集中和记录数据,求出其最大值和最小值。数据的数量应在 100 个以上,在数量不多的情况下,至少也应在 50 个以上。

(2) 将数据分成若干组,并做好记号。分组的数量在 6~20 之间较为适宜。

(3) 计算组距的宽度。用组的最大值和最小值之差去除以组数,求出组距的宽度。组数可以根据数学家史特急吉斯提出的公式,根据测定的次数 n,来求组数 k,$k=1+3.32\log n$。例如,$n=60$,则 $k=1+3.32\log 60=1+3.32\times 1.78=6.9$,即可分为 6 组或是 7 组。

(4) 计算各组的界限值。各组的界限可以从第一组开始依次计算,第一组的下界限为最小值减去最小测量单位的一半,第一组的上界限为其下界限值加上组距。第二组的下界限值为第一组的上界限值,第二组的下界限值加上组距,就是第二组的上界限值,依此类推。即整数的最小测量单位为 1,一半即为 1/2;一位小数的最小测量单位为 0.1,一半即为 0.1/2;两位小数的最小测量单位为 0.01。

(5) 统计各组数据出现的频数,作频数分布表。

(6) 作直方图。以组距为底长,以频数为高,作各组的矩形图(具体作图方法见统计学原理相关内容,此处略)。

3. 直方图的判断

1) 正常型

正常型直方图是指过程处于稳定的图形,它的形状是中间高、两边低,左右近似对称。近似是指直方图多少有点参差不齐,主要看整体形状,如图 10-15(a)所示。

2) 偏态型

偏态型直方图是指图的顶峰有时偏向左侧,有时偏向右侧。由于某种原因使下限受到限制时,容易发生偏左型。例如,用标准值控制下限,不纯成分接近于 0,疵点数接近于 0,或由于工作习惯,都会造成偏左型。由于某种原因使上限受到限制时,容易发生偏右型。例如,用标准尺控制上限,精度接近100%,合格率也接近100%,或由于工作习惯,都会造成偏右型,如图10-15(b)所示。

3) 锯齿型

直方图出现凹凸不平的形状,如图10-15(c)所示,这是由于作图时数据分组太多,测量仪器误差过大或观测数据不准确等造成的,此时应重新收集数据和整理数据。

4) 双峰型

直方图中出现了两个峰,如图10-15(d)所示,这是由于观测值来自两个总体、两个分布的数据混合在一起造成的。例如,两种有一定差别的原料所生产的产品混合在一起,或者就是两种产品混在一起,此时应当加以分层。

5) 平顶型

直方图没有突出的顶峰,呈平顶型,如图10-15(e)所示,形成这种情况的原因往往是由于生产过程中某种缓慢的带有变动倾向的因素在起作用,如工具的磨损、操作者疲劳等。

6) 孤岛型

直方图旁边有孤立的小岛出现,如图10-15(f)所示,当这种情况出现时说明过程中有异常原因。原料发生变化,不熟练的新工人替人加班或测量有误等,都会造成孤岛型分布,应及时查明原因、采取措施。

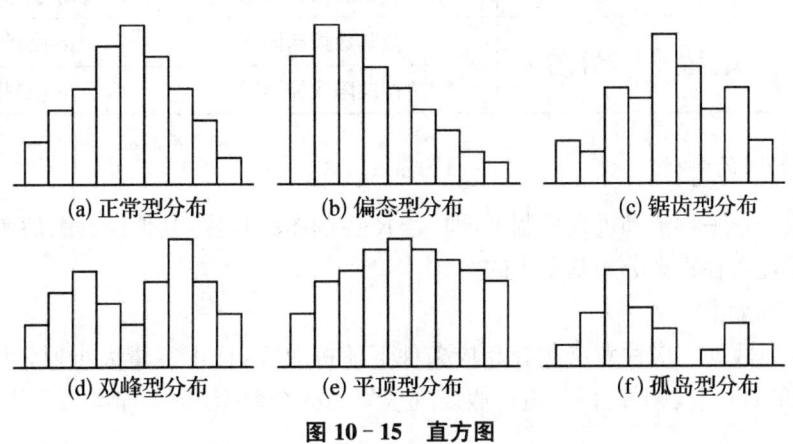

图10-15 直方图

10.3.7 控制图

1. 控制图的基本原理

在一个工序上按照某一产品规格加工出来的一批产品,其质量(特性值)不会完全相同。产品之间总是或多或少存在着质量上的差别。造成质量特性值波动的原因是材料、方法、设备、操作者和环境这五个因素的变异。当生产过程处于控制状态时,误差的大小和方向的变化是随机的,并呈现一种规律性分布(如正态分布)。当处于失控状态时,误差的大小和方向或保持不变或按一定规律变化。

基于制造过程诸因素处于控制状态和失控状态下,其质量特性值波动的原因、波动的大小和统计分布是不相同的。以控制状态下质量特性值变化的统计分布为基础,确定控制界限。当测得的质量特性值超过控制界限,说明制造过程失去控制,有系统原因存在。这时就应该找出原因恢复正常,并采取措施消除系统原因,使制造过程处于控制状态。

2. 控制图的类型

控制图基本上分为两大类:
(1) 计量值(尺寸、重量等可以测量的连续性数值)控制图。
(2) 计数值(如不合格品数、缺陷数等离散值)控制图。
这两个大类中又进一步细分,具体如表 10-3 所示。

表 10-3 控制图分类

数据特性		分 布	控 制 图	简 记
计量特性值		正态分布	均值-极差控制图	$\bar{x}$-R 控制图
			中位数-极差控制图	$\tilde{x}$-R 控制图
			单值-移动极差控制图	x-RS 控制图
计数特性值	计件值	二项分布	不合格品率控制图	p 控制图
			不合格品数控制图	np 控制图
	计点值	泊松分布	缺陷数控制图	c 控制图
			单位缺陷数控制图	u 控制图

3. 控制图的作法

这里仅讨论平均值和极差控制图,即 $\bar{x}$-R 控制图的作法,其他控制图的作法大同小异。该图是建立在正态分布基础上的。

作图步骤如下:

(1) 收集数据。应注意必须在相应条件下随机取样,样本容量大小通常取 $n=4$ 或 5 个,数据在 100 个以上进行分组。假设现搜集 100 个数据,每组样本为 5,共分为 $K=20$(组)。

(2) 用公式计算各组平均值 $\bar{x}$ 和总平均值 $\bar{\bar{x}}$。

(3) 计算各组的极差 R 及极差的平均值 $\bar{R}$。

$$R = 组内最大值 - 组内最小值$$
$$\bar{R} = (R_1 + R_2 + \cdots + R_K)/K$$

(4) 计算中心线和控制界限。

$\bar{x}$ 控制图:
$$CL = \bar{\bar{x}}$$
$$UCL = \bar{\bar{x}} + A_2 \bar{R}$$
$$LCL = \bar{\bar{x}} - A_2 \bar{R}$$

R 控制图:

$$UCL = D_4 \bar{R}$$
$$CL = \bar{R}$$
$$LCL = D_3 \bar{R}$$

式中,A_2、D_4 是由样本容量大小 n 确定的系数,可由表 10-4 查得。

表 10-4 参数估计系数表

系数 n	A_2	A_3	d_2	d_3	D_2	D_3	D_4	m_3	E_2
2	1.880	2.659	1.128	0.853	3.686	0.000	3.267	1.000	2.660
3	1.023	1.954	1.693	0.888	4.358	0.000	2.574	1.160	1.772
4	0.729	1.628	2.059	0.880	4.698	0.000	2.282	1.092	1.457
5	0.577	1.427	2.326	0.864	4.918	0.000	2.114	1.198	1.290
6	0.483	1.287	2.534	0.848	5.078	0.000	2.004	1.135	1.184
7	0.419	1.182	2.704	0.833	5.204	0.076	1.924	1.214	1.109
8	0.373	1.099	2.847	0.820	5.306	0.136	1.864	1.160	1.054
9	0.337	1.032	2.970	0.808	5.393	0.184	1.816	1.223	1.010
10	0.308	0.975	3.078	0.797	5.469	0.223	1.777	1.176	0.975

(5) 画出控制图。下图是 $\bar{x}$ 控制图,横坐标为样本序号,纵坐标为 $\bar{x}$ 值。中心线用实线表示,上下控制线用虚线表示,如图 10-16 所示。

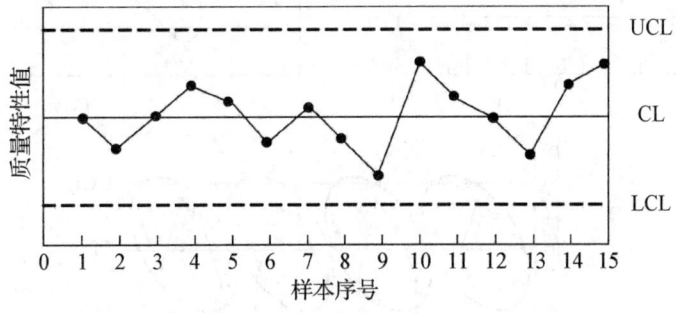

图 10-16 正常状态下质量控制图

4. 控制图的分析与判断

用控制图识别生产过程的状态,主要是根据样本数据形成的样本点位置以及变化趋势进行分析和判断。

1) 受控状态

如图 10-16 所示,如果控制图上所有的点都在控制界限以内,而且排列正常,说明生产过程处于统计控制状态。这时生产过程只有偶然性因素影响,在控制图上的正常表现为:

(1) 所有样本点都在控制界限之内。

(2) 样本点均匀分布,位于中线两侧的样本点约各占 1/2。

(3) 靠近中心线的样本点约占 2/3。

(4) 靠近控制界限的样本点极少。

2) 失控状态

(1) 样本点出界,如图 10-17(a)所示。

(2) 多个样本点接近边界,如图 10-17(b)所示,连续 5、7、10 个点分别有 2、3、4 个点在警戒区内。

(3) 样本点明显单侧分布,点子中心线一侧连续出现七点以上,或点子中心线一侧多次出现,如连续 11 个点子中有 9~10 点出现在中心线一侧,如图 10-17(c)所示。

(4) 样本点连续上升或下降,如连续上升或下降 7 个点及以上,如图 10-17(d)所示。

(5) 样本点呈周期波动,如图 10-17(e)所示。

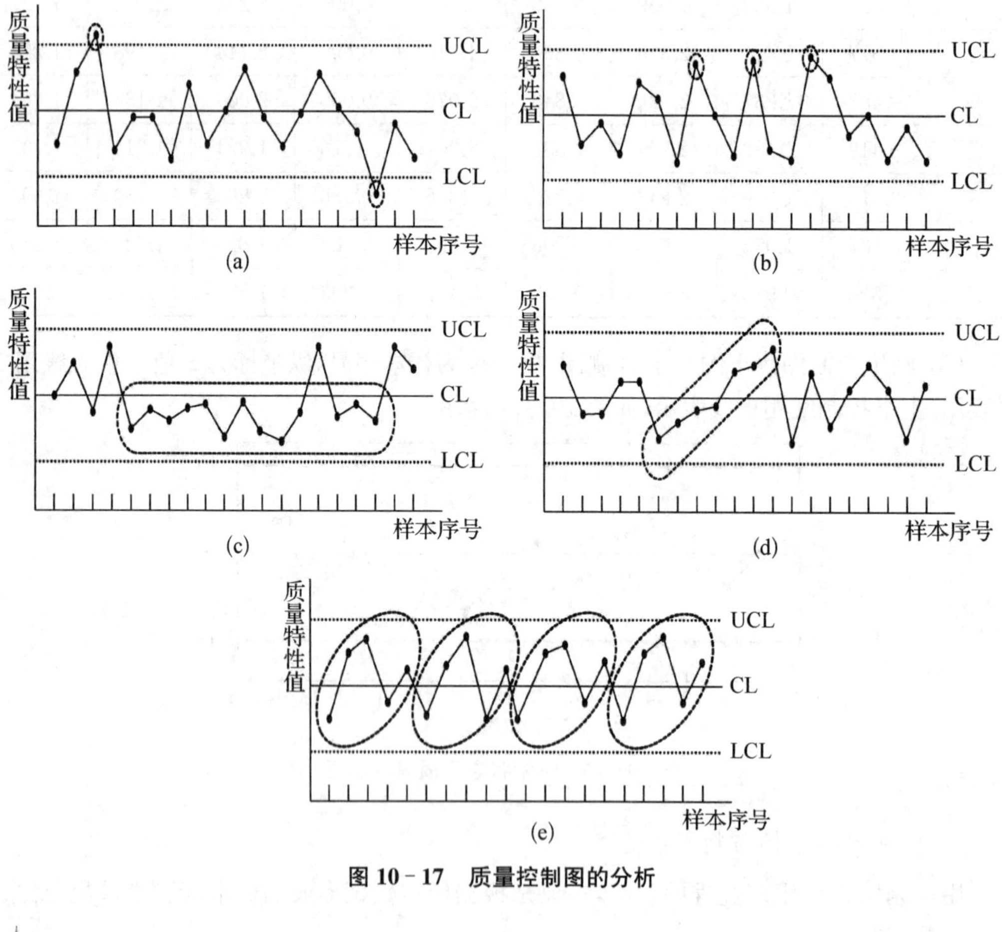

图 10-17 质量控制图的分析

知识总结

七大手法口诀

查检集数据,排列抓重点,鱼刺追原因,直方显分布,散布看相关,控制找异常,层次作解析。

10.4　ISO 9000 简介

10.4.1　ISO 9000 族标准简介

1. ISO 9000 族标准的产生

20 世纪 70 年代后质量已成为商业和工业的新重点,世界各主要工业发达国家都在质量体系领域制定出了各种国家标准,一些标准为指导性文件,而另一些标准则由供需双方在合同中采用。这些标准虽然有一定的共同点,但在细节上还存在许多的不一致和差异,形成贸易壁垒。随着国际技术合作深入发展,要求各国所依据的标准协调一致,以便成为评定各厂商质量保证活动的统一尺度。国际标准化组织(ISO)于 1986—1987 年在总结各国质量保证制度的基础上,颁布了 ISO 9000 质量管理和质量保证系列标准。标准组成如下:

ISO 9000-1=GB/T 19000《质量管理和质量保证标准　第一部分:选择和使用指南》

ISO 9001=GB/T 19001《质量体系——设计、生产、安装和服务的质量保证模式》

ISO 9002=GB/T 19002《质量体系——生产、安装和服务的质量保证模式》

ISO 9003=GB/T 19003《质量体系——最终检验和试验的质量保证模式》

ISO 9004-1=GB/T 19004《质量管理和质量体系要素　第一部分:指南》

其中,ISO 9000 是为该系列标准的选择和使用提供原则、指导;ISO 9001、ISO 9002、ISO 9003 是三个质量保证模式;ISO 9004 是指导企业内部建立质量体系的指南。

ISO 9000 系列标准颁布后,得到了各国工业界的广泛认同和推广,并以其作为质量认证的依据。由于国际贸易和国际交流的发展,世界范围内市场竞争加剧,促进了 ISO 9000 系列标准的发展与完善,后经修订产生了 ISO 9000:2000 族标准。

2. ISO 9000:2000 版的特点

(1) 标准加强了通用性。ISO 9001:2000 标准中 1.2 条款指出:"本标准规定的所有要求是通用的,旨在适合于各种类型、不同规模和提供不同产品的组织。"与 1994 年版标准相比,无论在结构上还是在内容上都消除了行业的偏向性,并允许在 ISO 9001 标准的基础上增加特殊条款,从而适应各行各业。

(2) 标准减少了对文件的要求。ISO 9001:2000 标准中,仅有 6 项活动明确提出形成文件程序的要求,与 1994 版标准相比有大幅度的减少,但这并不意味着对组织质量管理体系文件要求的降低,正如 ISO 9001:2000 标准 2.7.2 条款中指出的"每个组织确定其所需文件的多少和详略程度及其使用的媒体。"组织应根据自身的类型和规模、过程的复杂性和相互作用、产品的复杂性和顾客的期望、适用的法规要求、人员的能力,以及满足质量管理体系要求所需的证实程度,自行决定所需的文件数量及其详略程度。

(3) 标准增强了协调性。ISO 9001 和 ISO 9004 在 2000 版中成为一对协调的标准。

ISO 9001旨在给出产品的质量保证并增强顾客满意,而ISO 9004则通过使用更广泛的质量管理的观点,提供业绩改进的指南。这两项标准具有不同的范围和目的,但却有相似的结构,成为一对相互协调的标准。

(4)标准强调了与ISO 14000的相容性。ISO 9000:2000标准中0.4条款指出:"本标准不包括针对其他管理体系的要求,如环境管理、职业卫生与安全管理、财务管理或风险管理的特定要求。然而本标准使组织能够将自身的质量管理体系与相关的管理体系要求结合或整合。"由于组织的管理体系是一个有机的整体,所以对各子体系提出要求的不同标准应具有相容性。

(5)标准确立了八项质量管理原则。在总结1994年版的基础上,ISO 9000:2000标准中0.2条款明确了质量管理的八项原则。质量管理八项原则科学地总结了世界各国多年来理论研究的成果和实践的经验,体现了质量管理的基本规律,是2000版ISO 9000族质量管理体系标准的基础。

3. ISO 9000:2000版质量管理原则

2000版标准突出体现了管理的八大原则,并作为主线贯穿始终。

1)原则1:顾客为中心

"组织依存于顾客,组织应理解顾客当前的和未来的需求,满足顾客要求并争取超越顾客。"因此,组织要明确顾客是谁,调查他的需求是什么,怎样满足他的要求。具体做法有:

(1)调查、识别并理解顾客的需求和期望。
(2)确保组织目标,并与顾客的需求和期望相结合。
(3)确保在整个组织内沟通顾客的需求和期望。
(4)测量顾客的满意度并采取相应的措施。
(5)兼顾顾客和其他相关方的利益。

割草的男孩

一个替人割草打工的男孩打电话给一位陈太太,说:"您需不需要割草?"

陈太太回答说:"不需要了,我已有了割草工。"

男孩又说:"我会帮您拔掉花丛中的杂草。"

陈太太回答:"我的割草工也做了。"

男孩又说:"我会帮您把草与走道的四周割齐。"

陈太太说:"我请的那人也已做了,谢谢你,我不需要新的割草工人。"

男孩便挂了电话,此时男孩的室友问他说:"你不是就在陈太太那儿割草打工吗?为什么还要打这个电话?"

男孩说:"我只是想知道我做得有多好!"

启示:

1. 这个故事反映了ISO 9000的思想,即以顾客为中心,不断地探询顾客的要求,我们才有可能知道自己的长处与不足,然后扬长避短,改进自己的工作质量,牢牢抓住顾客。

2. 如何才能知道顾客对质量的要求是什么,需要与顾客沟通。

(资料来源:编者根据相关资料整理改编)

2) 原则2:领导作用

"领导必须将本组织宗旨和内部环境统一起来并创造使员工能够参与实现目标的内部环境。"高层管理者是"在最高层指挥和控制组织的个人或一组人。"他们的高度重视和强有力的领导是组织质量管理取得成功的关键。要想指挥、控制好一个组织,必须做到:

(1) 考虑所有方的需求和期望。

(2) 为组织的未来描绘清晰的远景,确定富有挑战性的目标。

(3) 在各个层次上建立价值共享观以及公平公正和质量道德观念。

(4) 建立信任,消除忧虑。

(5) 为员工提供所需的资源、培训,并赋予其职责范围内的自主权。

知识延伸

朱兰的"80/20原则"

朱兰博士尖锐地提出了质量责任的权重比例问题。他依据大量的实际调查和统计分析认为,在所发生的质量问题中,追究其原因只有20%来自基层操作人员,而恰恰有80%的质量问题是由于领导责任所引起的。在国际标准ISO 9000中,与领导责任相关的要素所占的重要地位,在客观上证实了朱兰博士的"80/20原则"所反映的普遍规律。

(资料来源:编者根据相关资料整理)

3) 原则3:全员参与

"各级人员是组织之本,只有充分参与,才能使他们的才干为组织带来最大的收益。"要对员工进行质量意识、职业道德、以顾客为关注焦点的意识和敬业精神的教育,还要激发他们的积极性和责任感。具体做法有:

(1) 让员工了解自身工作的重要性及在组织中的角色,并就质量职责和有效性方面进行沟通。

(2) 促使员工以主人翁的责任感去解决各种问题。

(3) 创造员工充分参与的、良好的工作氛围,促使员工树立责任感,不逃避责任,努力发挥个人的潜能,根据工作现状对比目标改进业绩。

(4) 采用过程监视、测量的方式评定工作状况,实施改进。

4) 原则4:过程方法

"将相关的资源和活动作为过程进行管理,可以更高效得到期望的结果。"在应用质量管理体系时,2000版ISO 9000族标准建立了一个过程。此模式把管理职责,资源管理,产品实现,测量、分析和改进作为体系的4大主要过程,描述其相互关系,并以顾客要求为输入,以提供给顾客产品为输出,通过信息反馈来测定顾客满意度,评价质量管理体系的业绩。具体做法有:

(1) 系统地识别组织质量管理过程。

（2）建立与质量管理体系相适应的系统结构，识别质量形成过程，明确各阶段过程的控制要求。

（3）规定过程活动中的职责和权限。

（4）在质量管理体系运作中识别过程接口，进行内部沟通落实职责。

（5）注重改进过程的质量。

5) 原则5：管理的系统方法

"将相互关联的过程作为系统加以识别、理解和管理，有助于提高组织的有效性和效率。"这种建立和实施质量体系的方法，可用于新建体系或现有体系的改进。具体有：

（1）建立一种系统的和透明的管理体系。

（2）建立质量管理体系提出的系统方法和逻辑步骤。

（3）策划、管理组织的文件化体系。

（4）要清晰理解组织内各个过程的相互关系。

（5）过程模式要求。

（6）开展质量管理体系的系统管理。

（7）设定系统目标—系统资源配置—过程运作管理—系统测量、分析和改进活动。

6) 原则6：持续改进

"持续改进是组织的一个永恒目标。"改进指产品质量、过程及体系有效性和效率的提高，持续包括了解现状，建立、寻找、评价和解决办法，测量验证和分析结果，把更改纳入文件等活动。具体做法有：

（1）在组织内使用一致的、持续改进的方法。

（2）利用质量方针、质量目标、审核结果、数据分析、纠正和预防措施以及管理评审实施持续改进，形成通用的改进渠道和方法。

（3）为员工提供持续改进的方法和手段的培训，主要是员工能力培训，对内部审核、数据分析、改进的确认和实施等方面的技能进行培训。

（4）将产品、过程和体系目标作为改进和持续改进的方向。

（5）对产品、过程和体系进行测量、监视，提出改进的需求，通过不断的循环活动超越现有的水平，强调了PDCA循环方法的改进应用。

7) 原则7：基于事实的决策方法

"对数据信息的分析是有效决策的基础。"以事实为依据。具体做法有：

（1）确保数据和信息足够精确可靠，对于过程监视、测量的数据和信息，进行有效的沟通和及时传递。

（2）对测量装置的可靠性和准确性进行严格的要求，防止产生错误或失准的数据。

（3）对质量记录进行控制，保证数据和信息真实可靠。

（4）确保及时获得数据和信息，质量记录应便于查阅和检索。

（5）基于事实分析做出决策。

知识延伸

质量追溯制——持续改进的动力

质量追溯制就是在生产过程中每完成一个工序或一项工作都要记录其检验结果及存在问题,记录操作者及检验者的姓名、时间、地点及情况分析,在产品的适当部位做出相应的质量状态标志。这些记录与带标志的产品同步流转。需要时很容易搞清责任者的姓名、时间和地点,职责分明,查处有据,这可以极大地加强职工的责任感。

质量追溯制有三种管理办法。

1. 批次管理法

根据零件、材料或特种工艺过程分别组成批次,记录批次号或序号,以及相应的工艺状态,在加工和组装过程中将批次号逐步依次传递或存档。

2. 日期管理法

对于连续性生产过程、工艺稳定、价格较低的产品,可采用记录日历日期的方法来追溯质量状态。

3. 连续序号管理法

这种方法就是根据连续序号追溯产品的质量档案。

质量追溯制通过对质量形成过程的事实进行记录,以便于将来出现质量问题时能准确地定位哪个环节,分清责任,关键还是要求查出引起质量问题的根本原因是什么,做出正确的决策彻底解决之。

(来源:编者根据相关资料整理改编)

8) 原则 8:互利的供方关系

"通过建立互利的关系,增强组织及其供方创造价值的能力。"供方提供的产品对组织向顾客提供满意的产品产生重要影响,因此处理好与供方的关系,影响组织能否持续稳定提供顾客满意的产品。具体做法有:

(1) 以短期利益和长远利益相结合原则确立与供方的关系。

(2) 建立伙伴或联盟关系,与供方共享技术和资源。

(3) 对供方人力资源实施培训,识别和选择关键的供方,在采购信息中对关键的供方规定技术和资源的要求。适当地提供技术和资源有助于实现双方创造价值的能力。

(4) 根据供方提供的产品对其能力进行评价,选择合格的供方,加强与供方的沟通。

10.4.2 质量认证

1. 质量认证概述

质量认证也叫合格评定,按认证的对象分为产品质量认证和质量体系认证两类。

(1) 产品质量认证是指依据产品标准和相应技术要求,经认证机构确认并通过颁发认证证书和认证标志来证明某一产品(服务)符合相应标准和相应技术要求的活动。

(2) 质量体系认证的对象是企业的质量体系,或者说是企业的质量保证能力。企业认证的根据或者说获准认证的条件是企业的质量体系应符合申请的质量保证标准,即 GB/T 19001—ISO 9001 或 GB/T 19002—ISO 9002 或 GB/T 19003—ISO 9003 和必要的补充要求。获准认证的证明方式是通过颁发具有认证标记的质量体系认证证书。但证书和标记都不能在产品上使用。质量体系认证都是自愿性的。不论是产品质量认证,还是质量体系认证都是第三方从事的活动,确保认证的公正性。

质量体系要满足指定质量保证标准要求,证明获准认证的方式是通过颁发产品认证证书和认证标志。其认证标志可用于获准认证的产品上。产品质量认证又有两种:一种是安全性产品认证,它通过法律、行政法规或规章规定强制执行认证;另一种是合格认证,属自愿性认证,是否申请认证由企业自行决定。

自愿性认证,包括质量体系认证和非安全性产品质量认证。这种自愿性体现在:企业自愿决策是否申请质量认证;企业自愿选择由国家认可的认证机构,不应有部门和地方的限制;企业自主选择认证的标准依据,即可在 GB/T 19000—ISO 9000 族标准的三种质量保证模式标准中进行选择,但是在具体选择时,企业和认证机构就使用哪一个标准作为认证的基准达成一致意见。所选择的质量保证模式应是适宜的,并且不会误导供方的顾客。此外,在产品质量认证中,认证现场审核一般以 ISO 9002 为依据,认证产品的产品标准应是达到国际水平的国家标准和行业标准。

2. 企业申请质量认证的条件及认证机构的选择

企业申请产品质量认证必须具备以下条件:中国企业持有工商行政管理部门颁发的"企业法人营业执照",外国企业持有有关部门机构的登记注册证明。产品质量稳定,能正常批量生产。质量稳定指的是产品在一年以上时间内连续抽查合格。小批量生产的产品,不能代表产品质量的稳定情况,必须正式成批生产产品的企业,才能有资格申请认证。

在选择体系认证机构时,应考虑四个因素:权威性、价格、顾客是否接受和认证机构的业务范围。此外,产品没有出口的企业选择国内认证机构。产品出口时,如果外商没有要求提供指定的认证机构的认证证书时,则向国内认证机构申请;反之,向外商指定的认证机构申请。无论是选择国内的或是国外的都应注意选择那些经国家认可的认证机构,识别办法是请该认证机构出示本国认可机构颁发的认可证书。

成功案例

日立公司的质量管理

日立公司最早可以追溯到小平浪先生于 1910 年在东京创立的一个小电机修理厂,1920 年该厂被改组成名为日立制作所的股份有限公司,日立因此正式得名。随着第二次世界大战前日本工业的迅速发展,日立公司也日益壮大,到 1941 年年底第二次世界大战全面爆发时,日立已经发展成经营涉及电力设备、机车车辆和通信设备等多个领域、日本最大的综合性机械电气制造厂商。现在,日立已经成为世界上最大的电器设备制造商之一。它的生产销售网络遍布五大洲 50 多个国家和地区,在海外拥有 70 余家制造公司和 100 余家销售与维修服务公司。

日立之所以能够取得如此巨大的成功,主要在于它的两大法宝:一个是十分注重技术革新和应用;另一个就是视质量为企业的生命。在质量管理方面,日立公司继承了日本企业重视质量的传统,是世界上产品质量最过硬的公司之一。日立公司的质量管理是典型的日本式质量管理,日立也将其质量管理思想、组织制度和管理方法推广到它在中国的合资和独资企业。在上海日立家用电器有限公司,总经理小岛正义主持的公司第一次高级管理人员会议上,会议的主题就是如何抓产品质量,会议提出"把质量意识注入每位员工的血脉之中"。日立在中国的第一家合资企业——福日公司自成立时起一直推行"双零管理"(以降低成本为目的的"零库存"管理和以提高产品质量为目的的"零缺陷"管理)。

日立质量管理的核心是全员参与质量管理,其具体体现是"3N、4M、5S"的质量管理模式。"3N"是指质量管理的原则为"不接受(No Accepting)不合格产品、不制造(No Manufacturing)不合格产品、不移交(No Transferring)不合格产品"。日立要求每个操作者将"3N"原则铭记在心,以便使生产的各个环节始终处于受控状态,使生产过程进入有序的良性循环中。通过执行"3N"原则,日立希望在每一个岗位上、每一个员工中牢固树立起"生产自己和顾客都满意的产品"的市场新理念,形成人人注重质量、环环相扣保证质量的有效机制。"4M"是指对"人(Man)、机器(Machine)、材料(Material)、方法(Methods)"4种质量管理要素的科学运用。即人——激发最大的竞争意识;机器——保持最高的开工率;材料——达到合理的投入产出;方法——应用最佳的手段与途径。其中,突出对人的管理和发挥人的能动作用是"4M"的精髓。"5S"是指进行文明生产的5个管理手段,即"整理、整顿、清扫、清洁、素养"。

以日立为代表的日本企业能够在竞争中力压美国企业,无疑是凭借着日本式的质量管理模式。其实,第二次世界大战之前日本产品的质量是很差的,在当时的国际市场上甚至形成了"东洋货即劣等货"的观念。第二次世界大战后,日本企业为了打开产品的销路,把产品质量看成是"企业的生命""国家兴衰的大事",经过数十年的不懈努力,终于确立了日本产品质量最好的形象,物美价廉使得日本工业品一度所向披靡。当今中国,企业最迫切的任务就是生产出过硬的中国产品,提高"中国制造"在国内国际市场的竞争力。为此必须树立质量意识,学习先进的质量管理思想,并且将世界先进的质量管理经验与中国的实情相结合。我们看到,日本的质量管理模式正是在美国质量管理模式的基础上,结合本国特点,"青出于蓝而胜于蓝"的。日本和美国的质量管理模式分别号称东、西方文化的代表,其实日本模式充其量不过是东西方文化融合的产物,中国才是最有资格发展出具有东方特色的质量管理模式的国家。

(资料来源:http://www.btophr.com/b_article/12877.html)

本章小结

本章首先详细介绍了质量、质量过程、质量环及质量成本等相关概念,讨论了质量管理、质量保证、质量控制、质量保证体系的内涵以及它们之间的关系。其次重点介绍了全面质量管理的含义、特点以及实施的方法。第三,对质量控制常用的7种方法做了简要的讲述。最后,对当前企业关心的质量管理中的 ISO 9000 质量认证体系做了初步介绍,并介绍了 ISO 9000:2000 版的特点、管理原则。

思考题

一、判断题(正确的打"√",错误的打"×")

1. 产品质量应该是和目标市场顾客的需求相联系的。（　）
2. 员工工作质量是产品质量的保证。（　）
3. 质量环反映了产品质量的高低,涉及质量形成的全过程。（　）
4. 产品合格率是反映产品质量的指标。（　）
5. 随着产品质量的提高,预防鉴定成本增加,但内外部的损失成本减少。（　）
6. 企业应该通过广告适当夸大宣传,提高顾客的预期服务质量来吸引购买。（　）
7. 内部质量保证是为了取得企业领导的信任,而外部质量保证是供方获得需方的信任。（　）
8. 依据全面质量管理的观点,产品质量高低决定于质量管理部门狠抓质量工作的力度。（　）
9. PDCA 循环每循环一次,产品质量就提高一次。（　）
10. PDCA 循环理论只适用于全面质量管理。（　）

二、单项选择题

1. 下列维度不属于考察质量的是(　　)。
   A. 可靠性　　　　B. 响应速度　　　　C. 人性　　　　D. 个性
2. 下列(　　)指标反映的是工作质量指标。
   A. 返修率　　　　B. 交货速度　　　　C. 可靠性　　　　D. 产品灵敏度
3. 质量过程是由产品的设计过程质量、制造过程质量、使用过程质量和(　　)组成。
   A. 工作过程质量　　B. 服务过程质量　　C. 领导过程质量　　D. 管理过程质量
4. 质量成本是由运行质量成本和(　　)构成。
   A. 预防成本　　　　　　　　　　　　B. 鉴定成本
   C. 外部质量保证成本　　　　　　　　D. 外部损失成本
5. 运行质量成本分为内部损失成本、(　　)、鉴定成本、预防成本构成。
   A. 进货检验费用　　　　　　　　　　B. 质量教育培训费用
   C. 外部质量保证成本　　　　　　　　D. 外部损失成本
6. 质量审核费用属于(　　)。
   A. 预防成本　　　B. 鉴定成本　　　C. 内部损失成本　　　D. 外部损失成本
7. 内部和外部损失成本属于(　　)。
   A. 可控成本　　　B. 结果成本　　　C. 过程成本　　　D. 损失成本
8. 住到某旅店之前就想到该店的设施和服务水平,以及服务员的态度,这种质量属于(　　)。
   A. 感知服务质量　　B. 预知服务质量　　C. 预期服务质量　　D. 顾客需求质量

9. 下列不是全面质量管理特点的是(　　)。
A. 管理方法的全面性　　　　　　B. 管理对象的全面性
C. 全面由管理人员负责实施　　　D. 人员的全面性
10. 下列不是质量控制基本方法的是(　　)。
A. 统计分析表　　B. 鱼刺图　　C. 相关图　　D. 正态分布图

三、基本概念

质量　工作质量　质量环　质量成本　服务质量　质量管理　质量保证　质量控制　质量保证体系　全面质量管理

四、问答题

1. 如何正确理解质量的概念？
2. 质量的维度有哪些？
3. 质量螺旋规律的特点是什么？
4. 用图示表达质量管理、质量保证、质量控制、质量保证体系之间的关系。
5. 质量成本由哪几部分构成，它们之间的内在联系是什么？
6. 全面质量管理的特点是什么，PDCA 循环实施阶段与步骤是什么？
7. ISO 9000：2000 版的质量管理原则是什么？
8. 质量控制的 7 种方法是什么？

第4篇　生产与运作系统的改进和提升

第11章　流程再造

 学习目标

1. 了解流程再造产生的背景。
2. 理解流程再造的概念、核心、指导思想、特点和管理工作的变化。
3. 了解流程再造的原则。
4. 掌握流程再造的主要方法和技术。

 引　例

海尔的流程再造

海尔集团的流程再造目标是以市场链流程为中心,建立"零管理层",使全体员工都面向市场,让组织流程与市场信息流结成有机整体。即从市场获得订单,依据订单,人、财、物才能在计算机网络管理下同步流动。按照此设计,海尔把业务流程分为主流程、支持流程和流程基础三个部分。

所谓主流程就是把原来各事业部的财务、采购、销售业务全部分离出来,同时建立海外推进本部、商流推进本部、物流推进本部、资金流推进本部,将企业内部原先分散、各自对外的各种资源整合为全集团统一创品牌服务的营销(商流)、采购(物流)、结算(资金流)体系,整个企业变成一个环环相扣、运行有序的链条。其目的就是通过整合,使海尔同步业务流程中各产品本部从原来分散的负责采购、制造、销售过程转变为统一面向市场客户的开发、生产产品的过程,通过开发、生产能满足消费者即时与潜在需求的卖点商品,创造有价值的订单。在这个直接面对市场统一的物流、商流、资金流体系下,海尔原来的职能管理部门就不再具有管理职能,而成为其支持流程。

海尔流程再造的特点:一是推倒了企业内外两堵墙,把割裂的流程重新整合形成以订单信息流为中心的市场链流程。外部,通过推倒企业与上下游企业的墙,构建共生共赢

体,上游的分供方与下游企业共同满足终端消费者的需要。内部,海尔将部门职能关系变成市场关系,以市场的效益确定报酬。二是速度制胜,海尔通过输入用户的需求将下达任务转化为用户需求,让企业员工直接感受和快速满足用户的需求。三是全员经营,流程再造的目的是增强企业活力和市场竞争力,只有企业每一位员工都充满活力,企业的活力和竞争力才能得到体现。海尔的再造使其迅速成为我国白色家电的王中王。它成功的启迪是:只有搞好以客户为中心的企业再造,才能有力地增强企业的国际竞争力,为企业向国际跨国性公司发展奠定基础。

(资料来源:互联网,编者适当删减,题目为编者所加)

11.1 流程再造概述

11.1.1 流程再造产生的背景

1. 企业提高生产效率的理论基础

亚当·斯密于1776年在《国富论》中通过描写一个别针工厂的原型,建立了劳动分工的原理。今天大多数企业在工作和组织方式上依然是此原型的翻版。他说,一些经过劳动分工的工人各自单独负责别针制造过程的某个工序,比相同数量的工人,一个人负责全部制造过程所有工序的效率高很多,分工把别针工人的生产率提高了几十倍。

当今的航空公司、钢铁厂、会计师事务所和计算机芯片厂都是按照斯密的分工理论来组织的,即劳动分工或专业分工,将工作进行条块分割。它不仅适用于制造业,也适用于服务业,如保险公司,也是指定职员各自负责处理标准化表格的一个栏目,然后再传递给另一职员处理下一栏目,但他们从来没有处理过一份完整的表格。这是企业生产组织方式的第一次飞跃。

当今组织方式的第二次大飞跃,是20世纪初两位汽车业先驱福特和斯隆推动起来的。

福特不但把斯密的劳动分工思想充分应用到汽车生产中,而且加以改进和优化与提升,他把汽车安装过程分解成一系列很简单的单项工作,简化了安装任务,并且对单项工作操作方法进行了改进优化,使之符合科学的标准化操作方式,每个工人只需要按标准化操作方式装配汽车,此时的劳动生产率得到了很大提高。但是使安装工人之间工作协调与沟通大大复杂化了。

斯隆创立了一个新型的管理体系,即事业部制,满足了大企业多品种产品生产的需要。斯隆通过设立产品事业部,建立各种小型的分权部门,让专业人员管理本专业产品。总经理只要掌握生产和财务指标就能对小企业的总部进行监控。实际上和把亚当·斯密的劳动分工原理应用于生产一样,斯隆在管理上也运用了这一原理。

这就是当今企业的根基,是建立现代公司结构的基本原则。如果现代企业仍在把工作分成一项项毫无意义的零散任务,那是因为以前就是这样获得高效率的。如果他们还在通过庞大的机构分散权力和职责,那也是因为他们学的就是这样管理大型公司。

现实是斯密的世界及其生产方式已经成了往日的范式,他留给后人的是刻板、冷漠、缺乏顾客意识,强调活动而忽视结果,机构臃肿、缺乏创新、费用高昂。由于当时社会处于短缺经济状态,企业处于主导地位,顾客只能被动地接受企业生产的产品。当今,人类已经进入21世纪,企业面临的外部环境和19、20世纪不一样了,从短缺经济变成了剩余经济,顾客从被动地接受企业生产产品变成强调顾客个性化的产品,选择权在增加,员工素质大幅度提高,在企业管理中从被动地服从变成更多强调自主管理,强调个人权利。而企业组织管理模式却是19世纪设计的,与现实不匹配,迫切需要一种全新企业组织管理模式来适应这些变化。作为企业活动很重要的基础活动——生产运作活动也是在分工合作基础上建立起来的,是短缺经济时代的产物,不适应新时代的要求,需要变革。

2. "流程再造"的背景——现实的挑战与理论的缺陷

1) 现实的挑战

20世纪六七十年代,西方发达国家完成工业化进程,逐步进入信息化社会后,人们的需求层次逐渐提高,需求的内容也日益多样化、个性化,供需矛盾日益突出,企业之间的竞争不断加剧。特别是信息技术革命使得企业的经营环境和运作方式发生了极大的变化,而美国经济的长期低迷,又使得市场竞争日益激烈,企业面临着越来越严峻的挑战。有些管理专家用"3C"理论阐述了这种全新的挑战。

顾客(Customer)——买卖双方关系中的主导权从生产方转移到顾客方。竞争使顾客对商品有了更多的选择余地;随着生活水平的不断提高,顾客对各种产品和服务也有了更高的要求,主要顾客强调选择适合自己身份的人性化商品。

竞争(Competition)——技术进步使竞争的方式和手段不断发展,并发生了根本性的变化。越来越多的跨国公司越出国界,在逐渐走向一体化的全球市场上展开各种形式的竞争,美国企业面临日本、欧洲企业的竞争威胁。

变化(Change)——市场需求日趋多变,产品寿命周期的计量单位已由"年"趋于"月",特别是电子产品(如手机、电脑等)更新换代速度加快。技术进步使企业的生产、服务系统经常变化,这种变化已经成为持续不断的事情。因此,在过去那种大量大批生产、大量消费的稳定环境下发展起来的企业经营管理模式已无法适应快速变化的市场。

在全球企业经营环境迅速变化的过程中,一些业绩颇佳的美国企业由于墨守成规、故步自封,没有及时采取快速变革的措施以适应新的竞争形势,丧失了在日益全球化的经济环境中的优势地位。1980年以后,美国企业开始积极向日本的同行学习,并简单地认为将日本的成功经验移植过来就可以取得成功,但这种改良式的变革,成效不明显。在这种情况下,许多学者认识到必须对现有的企业管理理念、组织原则和工作方法进行彻底的重组再造,做一次脱胎换骨的大手术,才能帮助美国企业获得再生,重新夺回世界领先的位置。

2) 传统理论的缺陷

企业再造理论的出现,一个明确的指向就是亚当·斯密提出的"分工理论"。斯密认为:"劳动生产力最大的增进,以及运用劳动时所表现的更大的熟练、技巧和判断力,似乎都是分工的结果。"分工带来的效率提高,可以从以下几个方面来解释:

一是分工提高劳动熟练程度。通过分工推进了劳动者生产知识的专业化、简单化,促使劳动者在较短的时间内迅速提高熟练技能,从而形成生产中的高效率。

二是分工节约工作转换成本。分工使劳动者长时间专注于一项工作,从而节约或减少由于经常变换工作而耽误的时间。

三是分工导致大量新发明。通过分工,员工从事单项工作,员工不断开展专业化研究,改进机器设备和工作方法,促使大量新发明、新工作方法涌现。

但是,分工在不断提高企业生产效率的同时,也给企业的持续发展套上了一道无形的枷锁。首先,将一个连贯的业务流程转化成若干个支离破碎的片段,既导致劳动者的技能的专业化,成为一个片面发展的机器附属物,也增加了各个业务部门之间的交流和沟通,大大增加了交易费用。其次,在分工理论的影响下,科层制成为企业组织的主要形态,这种体制将员工分为严格的上下级关系,即使进行一定程度的分权管理,也大大束缚了企业员工的积极性、主动性和创造性。在老的工业经济时代逐步向新的知识经济时代过渡的过程中,流行了 200 多年的分工理论已经成为亟须变革的羁绊。因此以恢复业务流程本来面目为根本内容的"流程再造理论"便应运而生了。

要点总结

分工使得工作简单化,提高了工作效率,但也将工作分解得支离破碎,"只见树木不见森林",还增加了组织中的交易成本。

11.1.2 流程再造的定义

流程再造(Business Process Reengineering,BPR),迈克尔·哈默、詹姆斯·钱皮认为:BPR 是针对企业业务流程的基本问题进行反思,并对它进行彻底的重新设计,以便在成本、质量、服务和速度等当前衡量企业业绩的这些重要的尺度上取得显著的进展。这个定义包含了四个关键词。

关键词:基本的

第一个关键词是"基本的"。企业人员在着手改革前,必须先就自己所属的公司及其如何运作,提出一些最基本的问题:为什么我们要干这项工作?为什么我们要这样干?也就是前面工作设计中的 why、how,提出这些基本问题,会促使人们去注意在从事业务工作时所因袭的那些规则和前提。其结果是人们往往会发现这些规则是过时的、错误的或不适当的。

要着手进行再造就不应有前提假设,也不应以现有的假设作为再造的起点。实际上,要进行再造的公司必须对当前大多数业务流程所已经接受的假设加以警惕。例如,提出的问题是:"我们怎样才能进一步提高审核客户信用这项工作的效率?"那么,提出这个问题的前提假设是必须对顾客的信用进行审核。可是,许多事例表明,审核顾客信用这项工

作的费用支出超过了这项审核工作所能防止的坏账损失,审核是没有必要的。一家公司要实行再造,首先要确定必须做,其次才确定"怎样"去做。再造意味着任何程序都不是理所当然的。

关键词:彻底的

定义的第二个关键词是"彻底的"。该词源于拉丁文"radix",意思是"根本"。彻底的重新设计意指要从事物的根本着手,不是对现有的事物做表面的变动,而是把旧的一套抛掉。在再造中,彻底的重新设计意味着要不顾及现有的种种组织结构和工作流程,而是要开辟完成工作的崭新途径。再造不是指对企业现有的业务工作进行改良、提高或修补,而是要重建企业的业务流程。

关键词:显著的

第三个关键词是"显著的"。再造不是要在业绩上取得点滴的改善或逐渐提高,而是要在经营业绩上取得显著的改进。如果一家公司比其应有的地位落后10%,费用支出高出10%,质量低10%,要将其为顾客服务的业绩提高10%,那么,它未必需要做重大变革。它通常采取的做法是:动员职工队伍,制订逐步提高的计划,使该公司逐渐提高10%。只有当遭到严重打击而又需要继续生存下去时,它才感到必须进行再造。点点滴滴的改进只需要微调,而显著的改进则需要破旧立新。

根据经验,进行再造的公司可以分为三种情况:

第一种情况是公司感到自己深陷困境,除再造外,别无选择。例如,一家公司产品的生产成本在数量级上远高于其竞争对手或超出其经营方式的承受能力,如果它在为顾客服务方面很糟以致遭到顾客公开的指责,如果它产生的产品报废率比其竞争对手高出一倍、二倍或三倍,如果它需要在数量级上取得显著的改进的话,那么,它显然需要对业务流程进行更新。20世纪80年代初福特汽车公司的情况就是一个恰当的例子。

第二种情况是公司尚未陷入困境,其管理层已经预见到企业将面临困境。20世纪80年代下半期的艾特纳人寿和意外事故保险公司就是一例。当时它们的财务状况暂时还能令人满意。但远处已隐约出现了乌云——冒出了新的竞争对手,顾客的需求或特点正在改变,行政管理或经济环境发生了变化——这一切对该公司取得成就的基础构成威胁,有把它摧毁的危险。这种情况的公司有预见,在预见到有可能陷入困境之前就着手进行再造。

第三种情况是着手再造的公司正处于鼎盛时期。无论现在或将来,都不存在可以察觉得到的困境。可是,这种公司的管理层有雄心壮志,富于进取。哈尔马克公司和沃尔玛商店是属于这种情况的例子。这一类公司把再造看成是一种机遇,用来进一步超越其竞争对手。它们试图通过提高自己的业绩去进一步提高竞争者的起跑线,使其竞争对手的处境更加严峻。当你正在赢得这场游戏时,你为什么要去重写游戏规则呢?反映一家公司取得成功的真正的标志是自愿抛弃长期以来行之有效的做法,从不满足于目前取得的成就,以期取得更好业绩。

我们为了具体说明上述三种公司之间的区别,可以作以下的比喻:第一种情况的公司犹如驾车碰了壁,受了伤,躺在地上,情况危急;第二种情况的公司好比正在驾车高速行驶,但已经看到前面的路上有某种东西,而其显得愈来愈近。它也许是墙壁。第三种情况的公司好比在一个晴朗的下午驾车出游,一望无际,看不到前面有任何障碍物,多么风和日丽,但还是决定停下来,为其竞争对手——别的小伙子设置障碍。

关键词:流程

第四个关键词是流程。尽管这个词在我们所下的定义中是最重要的,但它是大多数公司的经理最难办到的,绝大多数的企业人员并不是"以流程为导向",他们忙于任务,忙于本位工作,重视人事、重视结构,但不重视流程。

我们把业务流程定义为一系列业务活动,其中包括将某种或多种东西投入并创造出对顾客有价值的产品。换句话说,把顾客所订的货物送到顾客手中,也就是流程创造的价值。

亚当·斯密的观点是:把工作分解成若干极其简单的任务,把每一种任务交给专门的人员去做。在这种观点影响下,当代的公司及其管理层把工作的重点放在工作流程中各种任务上,如接受购货订单、从仓库提货等,忽视想方设法把货物送到订货的顾客手中。整个流程中的各项任务固然是重要的,但如果整个流程不发挥作用,也就是说,如果它未能把货物发送到顾客的手中,那么对顾客来说,上述任何一项任务都是白搭。

把流程再造的特征归纳为四个关键词大有好处,将工作分解成若干个最简单的任务并把每一种任务分派给专门人员去做——这种以任务为基础的思路在过去的两百多年里对企业的组织机构的设计大有影响。而今思路已经开始出现转变,转向以流程为基础。

注意点

流程再造不是简单地减少几个程序,而是对流程进行彻底变革,并取得显著的绩效。

案 例

关注流程,关注流程创造的价值

IBM信贷公司(IBM Credit Corporation)是为IBM公司(IBM Corporation)的计算机、软件销售及服务提供金融支持的企业,其运作是彻头彻尾的冗长烦琐。销售人员电话请求资金支持,接电话的人把电话内容记录下来。随后,记录转给信用部门检查资信情况,再转给营业部修改标准贷款协议,然后转给信贷员确定利率,最后转给一个工作组制定报价单,再交给销售人员。

整个过程要花整整七天,太长了!此时顾客很可能被另一家计算机推销商给拉走了。

两位高级经理突发奇想。他们拿份请款单,逐个办理上述五个步骤,全部手续只用了90分钟。由此可见其余时间全耗在部门之间传送表格上了。问题不在工作本身,也不在做工作的人,而在整个流程结构。

后来,IBM信贷公司用通职办事员取代了资信调查员、信贷员等专职办事员。现在,请款单不再从一个办公室转到另一个办公室,一位称为业务主办的人自始至终处理全过程,中间无须传递。这样,IBM信贷公司把请款时间由7天减为4小时。人手没有增加,业务量却增加了100倍。

(资料来源:网络收集,编者作适当删改,题目为编者所加)

11.1.3 流程再造的核心——彻底地重组业务流程

1. 重新树立"以流程为导向"的思想

哈默和钱皮强调要打破原有分工理论的束缚,重新树立"以流程为导向"的思想。再造直接针对的就是已经被割裂得支离破碎的业务流程,其目的就是要重建完整和高效率的新流程,因此,此过程中要牢固树立流程的思想,以流程为现行的起点和终点,用崭新的流程替代传统的以分工理论为基础的流程。

2. 彻底的重组业务流程

(1) 企业再造对固有的基本信念提出挑战。企业在经营过程中会遵循事先假定式的基本信念,它植根于企业内部,影响各种活动的展开和业务流程的设计和执行,历史长的企业尤其如此。再造需要对这些原有的、固定的思维定式进行根本性的手术,催生创造性思维,从而促进基本信念的重大转变。

(2) 企业再造需要对原有的事物进行彻底改造。与日本企业的变革思路不同,以美国企业为主要蓝本的企业再造绝不是渐进式的改良,也不是仅满足于对原有组织的修补,而是努力开辟完成工作的崭新途径,要重建业务流程,使企业产生脱胎换骨般的巨大变化。

(3) 改革要在经营业绩上取得显著的改进。企业再造不是要在业绩上取得点滴的改善或逐渐提高,而是要取得显著改进。哈默和钱皮为此制定了一个标准:"周转期缩短70%,成本降低40%,顾客满意度和企业收益提高40%,市场份额增长25%。"

知识链接

流程再造的实质
——不是自动化改造而是推倒重来

从实质上讲,再造绝不是过去思维的延续——它要求我们承认一些构成经营基础的规则和基本假设已经过时并应予以摈弃。除非我们改变这些规则,否则我们的改进工作就相当于在泰坦尼克号上重排甲板上的躺椅,并不能使其摆脱沉没的命运。仅靠组织精简或现有流程自动化,我们无法实现绩效上的突飞猛进。相反,我们必须对过去的假设提出质疑,并丢弃那些从根本上造成企业表现不佳的过时规则。

"客户不得自行修理设备""要提供良好服务,一定要有当地仓库""销售决策由总部制订",这些工作设计的规则所依据的关于技术、人员和组织目标的假设现在已经不再适用。现在可利用的信息技术数量庞大,而且还在迅速扩充。如今质量、创新和服务比成本、增长和控制更重要,相当一部分人口受过教育,而且有能力承担责任,工作者十分珍惜他们的自主权,并且希望对企业的经营方式发表自己的看法。

但是,我们的工作结构和流程无法跟上技术、人口和经营目标的变化步伐。通常我们将一连串单独的任务组织成工作,然后利用复杂的机制跟踪它的进展。这种做法可以追

溯到工业革命时期,当时的劳动专业化和规模经济可以克服家庭手工业的效率低下问题,企业将工作分解成多个界定狭隘的任务,将开展这些任务的人员重新集合成部门,然后安排管理人员管理他们。

这些工作组织模式已经变得根深蒂固,它们存在着严重缺陷,表现为流程结构支离破碎,缺乏维持质量和服务所需的整体性,它们让人们变成了井底之蛙,因为人们往往会用自己部门的狭隘目标取代更广大的整个流程的目标。在工作从一个人传递到另一个人、从一个部门传递到另一个部门的过程中,延迟和差错在所难免。责任变得模糊不清,重大问题被抛在脑后。而且,没人能纵观全局从而对新形势做出快速反应。在这种流程结构中,管理人员只得拼命把支离破碎的业务流程拼凑到一起。

在再造过程中,管理人员应当抛开过时的业务流程和其背后的设计原理,并重新制订出新的流程和原理。流程再造要求从跨职能的视角审视企业的基本流程。

为了确保从跨职能视角进行再造,我们可以从参加流程再造的职能单位和所有依赖该流程的单位中抽取人员,组成一个代表小组,该小组必须分析并仔细检查现有流程,直到它真正理解了该流程的目的。该小组的工作不是寻求改进现有流程的机遇,而是应当决定它的哪些步骤能够真正增加价值,并寻求实现流程结果的方法。

简而言之,再造工作的目的是实现重大改进。它必须摆脱传统思想和组织界限的束缚。它涉及的面应当宽一点,跨越多个职能。它应当利用信息技术创造一个新流程,而不是实现现有流程的自动化。

(资料来源:摘编自迈克尔·哈默.哈佛商业评论)

11.1.4　流程再造的指导思想

(1) 以顾客为中心。分工理论将完整的流程分解为若干任务,交给专门的人员去完成,此时工作的重点往往会落在任务上,而忽视了最终目标——满足顾客需要。恢复流程的本来面貌,带来的直接好处就是使每位负责流程的人员意识到流程就是向顾客提供较高的价值。

(2) 以员工为中心。"流程再造"将直接导致组织结构变革,扁平化替代传统的金字塔型结构,变革后的企业中主要以流程小组为主,小组成员必须是复合型的人才,需要具备全面知识、综合观念和敬业精神。这一客观要求推动员工不断学习,实现挑战性的目标。

(3) 以效率和效益为中心。重组流程推动了企业生产效率和效益的提高。IBM公司通过重组流程减少了9成的作业时间,并大大降低了人工成本,而且增加了100倍的业务量。

流程的构建关键是以顾客为中心而不是以工作任务为中心。

11.1.5 流程再造的特点

1. 客户至上

全体员工以客户而不是上司为服务中心,工作质量由顾客而不是公司领导评价。

2. 系统思考

劳动分工将作业流程分割成各种简单的任务,并根据任务的不同,组成各个职能管理部门,各部门经理将精力集中于本部门个别任务效率的提高上,忽视整体目标,不能树立以顾客为中心协调整合流程的思想。流程再造要求以顾客为中心,系统地思考整个业务流程,强调流程的全局性、动态性和协调性,一方面是企业内部的整体全局最优而不是单个环节或作业任务的最优,另一方面是企业间如供应商或客户的业务流程整体最优。

3. 简化流程

将业务的审核与决策点定位于业务流程执行的地方,简化程序,缩短信息沟通的渠道和时间,从而整体提高对顾客和市场的反应速度。

4. 内外整合

企业在实施 BPR 的过程中,不仅要考虑企业内部的业务流程,还要对企业自身与客户、供应商组成的整个价值链的业务流程进行重新设计,并尽量实现企业与外部只有一个接触点,使企业与供应商的接口界面化、流程化。

5. 流程增值

按照整体流程最优化的目标重新设计业务流程中的各项活动,强调流程中每一个环节的活动尽可能地实现增值最大化,尽可能地减少无效的或非增值的活动。

6. 团队合作

提倡团队合作精神,并将个人的成功与其所处的流程的成功当作一个整体来考虑。

7. 信息共享

在设计和优化企业业务流程时,强调尽可能利用信息技术手段实现信息的一次处理与共享机制,将串行工作流程改造成为并行工作流程,协调分散与集中之间的矛盾。

8. 员工授权

再造后的企业在组织上应从纵向与横向两个方向进行压缩,这需要赋予工作人员决策权,使他们不必事事都向上级请示,而可以自己进行决定,把决策作为其工作的一部分。

11.1.6 再造前后的管理工作变化

业务程序的根本变革将影响到企业的其他部门,引起整个企业发生重大变化。主要表现在以下几个方面:

(1) 工作单位由职能部门向流程项目组转变。

亚当·斯密、福特等在许多年前把工作分割成一个个简单的操作。进行再造的公司实际上是使工作重新恢复到原先的模样。公司一旦实行再造后,就由几个人合在一起,组成流程执行小组,去完成整个业务流程。流程执行小组取代了旧的职能部门的组织结构。当然流程执行小组中员工素质和过去劳动分工中员工素质存在本质区别,过去为了适应低素质员工,提高劳动效率,不得不进行分工,使工作简单化。而目前随着员工素质能力的提高,信息化技术的发展,原来工作流程模式阻碍了生产率的提高,需要将分工再合并,恢复到原先的工作流程模式,即单个员工或流程小组完成整个项目工作。

(2) 工作由单项业务技能向多项业务技能转变。

福特模式的流水线上员工的工作,无论是白领还是蓝领,都是高度专门化的,都是不断地重复执行同一项任务,从事的都是专项工作,不需要关心整个流程工作,如制造一台电脑或设计一架照相机的整个流程,员工是不需要关心的。流程执行小组的工作人员尽管也有不同的工种,但工作人员不仅对完成一小部分工作负责,还与同小组的其他成员一起共同对整个流程负责。每个成员至少要熟悉整个流程的各个步骤,自己还会执行其中的多个步骤而不是一个步骤,因此流程项目组的成员要从事多种不同技能的工作,对流程结果要负责。"多面手"完成多项不同业务工作,使他们产生满足感,工作得更有兴趣。

(3) 员工角色由被控制者向被授权者转变。

传统的以任务为导向的人员往往是循规蹈矩,听从别人支配的。再造后公司管理层把完成整个流程的责任交给流程执行小组,必须授权给流程执行小组,以便其能做出为完成任务所需要的决策,他们可在自己的职权范围内自行决定诸如期限、生产进度、质量等一系列决策,因此员工成为拥有较大决策权限的人。

(4) 职业准备从职业培训向学校教育转变。

传统的公司通常强调对员工的职业培训,教给他们如何完成一项特定的工作或者应付一项特定情况的技能;再造后的流程工作职位对人员的要求,不是循规蹈矩地完成某项工作,而是要自己做出判断,以便做该做的事,那么工作人员就需要接受足够多的教育,才能认清该干什么。再造后的公司要把重点从职业培训转向学校教育或者雇用受过学校教育的人,职业教育只是提高技能,教会员工如何干好一项工作;学校教育则加强了员工的洞察力,提高员工的理解力和判断力,让他们懂得"为什么要这样干",以增长他们见识和悟性为重点教育内容。

(5) 业绩评估和报酬制度由按照活动向按照成果转变。

在传统的公司内一般根据工作时间给予报酬,更由于分工很细,业务比较简单,企业对职工的业绩评估只能在一个狭窄的工作范围测定效果。例如,焊接一个点这项工作值多少钱,对一份保险申请单上有关就业情况的数据进行核对又值多少钱呢,这类工作本身值多少是难以计量的。汽车只有在制成以后,保险单只有在签发以后才会对公司有价值,当工作被分解成简单的活动任务后,企业在衡量员工的工作时只能依据他们完成的狭义上的工作效率,问题在于是狭义任务的效率并不一定会使整个流程的业绩得到改进。再造后,例如衡量国际商用机器信用公司综合办事员的工作,不是看他处理了多少份材料,而是考核他完成了多少笔交易,能实现多少利润,以及看调查客户满意度所反映出来的工作质量。因此再造后,员工对公司的贡献和工作业绩是支付报酬的首要依据,工作业绩是以员工给公司所创造的价值来衡量,工作报酬也就应该根据工作创造的价值来确定。

(6) 晋升标准由看工作成绩向看工作能力转变。

工作完成得好,有成绩,发给相应的奖金。但有成绩不一定要晋升到新的高级职位,晋升到高一级的职位是看工作能力。公司再造后,晋升和成绩二者之间应严格分开。例如,进步保险公司就把晋升和工作成绩严格分开,其在年度报告中表明:"我们的基本原则之一是,根据工作成绩支付报酬,并鼓励提高工作能力。"例如,某人是一名优秀的物理学家,人们通常认为他应成为一名理学院的院长,如果他的领导能力较差,他晋升了院长,单位多了个不称职的领导,少了一名优秀物理学家,个人和单位双输。

(7) 价值观由为上级工作向为顾客工作转变。

在传统公司,上级握有对下级员工的考核权、晋升权、奖惩权等,因此员工是围绕上级拟定的考核、晋升以及奖惩条例来工作的,而真正的服务对象顾客则被抛到脑后,这些价值观念已经形成了公司根深蒂固的文化了。再造后,这种文化应该彻底的改变,要让员工深信是为顾客工作,而不是在为领导工作。只有当公司从制度上支持、贯彻执行这种精神,这种价值观,员工才相信。例如,施乐公司不仅对员工这样说:"你们的薪水是顾客给的",而且将两者明确地联系起来,现在该公司每一个部门经理的大部分奖金都是根据顾客满意度来发放的,而不是根据上级领导对其考核来发放的。

(8) 管理者由监督人员向教练员转变。

传统的上司设计并安排、分配工作,当工作从一个任务执行者转到下一个任务执行者时,上司就行使监督、监视、控制和检查工作。在企业再造的环境下,从上面分析可以看出,传统的上司几乎没有什么需要他做的工作。管理人员必须改变自己的作用,从监督作用转变为助推器、教练式作用,职责是培养、提高人的技能,使后者能自己独立执行增值的流程。这种管理才是一种真正的实在职业。实际上,管理和工程技术或销售一样,需要专门的职业技能,如决策力、洞察力、协调力、沟通力等。你是一名优秀的棒球运动员,但可能是一个领导能力很差的教练或管理者,像郎平这样的既是杰出的运动员又是杰出的教练来领导国家女排取得如此杰出成就的,很稀缺。

(9) 组织结构由等级制向扁平化转变。

整个业务流程成为流程小组的工作后,对流程管理便成了该小组工作的组成部分。过去要由管理人员会晤、开会以及要由更上级的管理人员请示才能做出的决策以及才能解决部门之间的问题,变成现在由本小组在正常工作的进程中由其成员自己做出决策和予以解决,不再需要层层请示领导并层层向下传达给实际员工。也就是说,流程中出现的问题由员工在流程小组中直接沟通并根据信息直接做出决策,并在员工之间共享决策和信息,原来管理人员的传统作用消失了,企业不再需要这么多的管理"黏合剂"把工作黏合起来。本来需要用许多人才把分割开来的流程重新黏合在一起,再造后就不再需要这么多人了,管理人员、管理层次减少了,组织扁平化了。

(10) 高层领导者由"记分员"向引导者转变。

传统的企业高层领导者与实际业务是脱离的,他们关心的主要是财务;再造后,组织结构的层次减少,促使企业高层领导者更接近顾客,更接近企业内从事增值工作的人员,他应非常关心工作是如何进行的。在再造后的环境下,企业的工作成就取决于被授权人员的工作态度和做出的努力,远超过了以任务为导向的职能管理人员的行为。因此,高层领导者必须是引导者,通过他们的言行,对人员的价值观和信念产生影响。

综上所述,再造是通过改变传统的经营程序,将企业的战略、业务、组织、人事、信息技术统一起来,是对传统的管理程序进行大手术,进行根本的改革,从而取得巨大效益。

 注意点

再造后的管理工作的变化,强调的不仅仅是组织中的流程改变,还有员工素质能力、绩效评价标准、考核方式、领导者角色等这些配套性工作都发生了根本性改变。

 案 例

再造后的工作环境
——MBL再造保险申请流程

互惠人寿保险公司(MBL)是美国第18大人寿保险公司,它对自己的保险申请处理流程进行了再造。在此之前,MBL处理客户申请的方式和竞争对手的处理方式大同小异。这个漫长且复杂的流程,包括信用调查、报价、评估、承保等。一份申请必须经过30个独立的步骤,跨越5个部门,涉及19名人员。在最佳情况下,MBL可以在24小时内处理一份申请,但更典型的申请周期是5~25天——大多数时间都用来在部门间传递信息。(另一家保险公司估计,对一份处理周期为22天的申请来说,它实际占用的工作时间只有17分钟)

这种僵化的顺序式流程带来了许多麻烦。例如,如果一位客户打算退掉现有保单,再买一份新的。老业务部首先必须委托财务部开一张以MBL为收款人的支票,然后将该支票连同书面文件一起交到新业务部。

MBL总裁迫切希望改善客户服务,因此他要求停止这种做法,将生产率提高60%。显然对现有流程的修修补补根本无法达到这个雄心勃勃的目标。公司下令采取强硬措施,而受命的管理小组希望技术能帮助他们实现这些措施。该小组意识到,共享数据库和计算机网络可以让一个人了解多种不同的信息,而专家系统可以帮助缺乏经验的人制订合理的决策。

基于这些认识,MBL打破了现有的工作界定和部门界限,创立了一个名为"项目经理"(Case Manager)的新职位。项目经理全权负责从收到申请到开具保单的整个过程。与办事员不同的是,项目经理的工作是完全自主的,无须在主管的注视下重复完成固定任务,因此避免了文件和责任在不同的办事员之间频繁转手,对客户询问互相推诿的现象。

项目经理可以执行与保险申请有关的所有任务,因为他们有强大的基于计算机的工作站做后盾。该工作站拥有一个专家系统,同时还连着某个大型机上的一系列自动系统。尤其是处理棘手项目,项目经理可以请求某个资深代理人或医生协助,但这些专家只是项目经理的咨询师和顾问。

授权个人处理整个申请流程对公司经营产生了巨大影响,现在MBL最少只用4个小时就可以完成一份申请,平均周期缩短到了2~5天。公司取消了100个一线办事处的职

位,而且项目经理处理的新申请的数量是公司原先数量的两倍以上。

(资料来源:摘编自迈克尔·哈默.哈佛商业评论)

11.2 流程再造的原则与方法

11.2.1 流程再造的原则

迈克尔·哈默在他的开篇之作"再造不是自动化,而是重新开始"一文中为流程再造总结了八条原则:

一是要围绕结果而不是围绕具体任务进行组织。

原先由不同的人完成的几种专业化的任务应该合并为一个工作,这个工作可以由一个业务员或一个工作小组来完成,这个新工作应该包括所有步骤,从而能够带来预期的结果。围绕最终结果来组织流程再造可以缩短传递过程,从而加快速度,提高生产力,并对顾客的要求做出快速响应。

二是要让利用流程结果的人执行流程。

基于计算机的数据和专门技能的普及,部门、个人可自行完成更多工作。那些用来协调流程执行者和流程使用者的机制可以取消。

三是要将信息处理工作归入产生该信息的实际工作流程中。

四是要将分散各处的资源视为集中的资源。企业可以利用数据库、电信网络和标准化处理系统,在获得规模和合作的益处同时,保持灵活性和优良的服务。

五是要将平行的活动连接起来,而不是合并它们的结果。将平行职能连接起来,并在活动进行中,而不是在完成之后,对其进行协调。

六是要将开展工作的地方设定为决策点,并在流程中形成控制。让开展工作的人员决策,把控制系统嵌入流程之中。

七是要从源头上一次获取信息。当信息传递难以实现时,人们只得重复收集信息。如今当我们收集到一份信息时,可以把它储存到在线数据库里,供所有需要它的人查阅。

八是领导层要支持。流程再造要获得成功必须具备一个条件:领导层真正富有远见。除非领导层支持该工作,并能经受住企业内的冷嘲热讽,否则人们不会认真对待流程再造。为了赢得安于现状的人的支持,领导层必须表现出投入和坚持——可能再带一点狂热。

案 例

必须彻底地变革
——让人心酸的两张空白营业执照

不久前,江苏省丰县大沙河镇的小狄又一次来到丰县行政服务大厅。小狄大学毕业后自主创业和几名大学生一起办了一个稀有水产养殖专业合作社,他这次来还是为了营业执照和法人执照的事,这是他第11次来这里。

为什么办理执照需要跑十几趟呢?其实小狄的事很简单。今年三月份,小狄他们为了便于经营稀有水产养殖合作社,从原来的注册地徐州市泉山区迁转到了丰县大沙河镇。在各种手续齐备的条件下,这个迁转的流程并不复杂。只要泉山区工商分局把小狄他们原来的电子档案转到丰县工商局,再由丰县工商局转到大沙河镇工商分局,由那里审核办理即可。但是在办理过程中,不知为什么电子档案却始终转不过来。

是徐州方面没有转过来吗?为了弄清情况小狄还曾经专门跑到徐州市泉山区工商局询问,得到答复说已经转给丰县工商局了,让小狄回去办理,并交代如果那里还说没有查到档案,就给泉山区工商局打个电话。于是小狄兴冲冲地回到大沙河镇工商分局,但那里的办事人员说档案并没有转过来,还是办不成,让小狄到行政大厅查一查。

小狄到行政大厅去查,说电子档案迁过来了。

不追得紧,就查不到,追得紧了,就查到了,这样的办事方式让小狄感到很无奈。不过好在已经查到了,只要县工商局的办事人员鼠标一点,电子档案就可以转到了大沙河镇工商分局。小狄想,这回执照办理应该没有问题了吧?他又回到镇工商分局,可是那里的工作人员说,电子档案还是没有转过来,让他再到县行政大厅询问。就这样像皮球一样被县镇工商部门踢了几个来回之后,在分局小狄失去了耐心,当时就急了。对方给了他两张空白的营业执照,说让小狄自己去打印。

跑了十几趟办来的只是两张空白的执照,这让小狄哭笑不得。为了讨个说法,不久前小狄给丰县有关部门写了一封信,标题是《让人心酸的两张空白营业执照》,反映了自己遇到的烦恼。而这次也就是他第11次到县工商局,就带着镇分局给的两张空白营业执照和法人营业执照副本,那里的办事人员告诉他,只要到县工商局窗口把内容打印上去就可以了。

到了县工商局,听说小狄办的是农业合作社的执照,办事人员一口回绝,他们让小狄还是回镇分局办。

县工商局让小狄回镇分局办,镇分局让小狄到县局办,这样推来推去让小狄既为难又生气。

不知是不是小狄给县有关部门写的信发挥了作用,小狄发现这次县工商局的办事人员虽然还是让他回分局办,但是态度有了明显的变化,不仅一再解释说这回档案绝对转过去了,为了让小狄放心还专门与分局的人通了电话。

小狄随后来到大沙河镇工商分局,果然这次这里也说执照可以办理了。奇怪的是在办理过程中这位办事人员始终闷闷不乐,最后她忍不住拿出了一张纸放在小狄面前。

原来这正是小狄写给县里有关部门的那封信《让人心酸的两张空白营业执照》,办事员说小狄的这封信让她也很心酸。

既然都心酸,为什么一开始不能把事情往好了办呢?一件简单沟通就可以办到的事却拖了三个多月,往返十几次。小狄说因为迟迟办不下来执照,错过了购进饲料的好时候,今年他们合作社农户的收入会受到很大影响。

(资料来源:央视,2013-10-11.题目为编者所加)

11.2.2 流程再造的方法模式

1. 迈克尔·哈默的四阶段模式

尽管迈克尔·哈默并没有系统地总结归纳流程再造的方法步骤问题,但是有学者通过对他著作的研读,基于对迈克尔·哈默观念的深入理解,替他总结出了一个四阶段模式。

第一阶段,确定再造队伍。

产生再造领导人,任命流程主持人,任命再造总管,必要时组建指导委员会,组织再造小组。

第二阶段,寻求再造机会。

选择要再造的业务流程,确定再造流程的顺序,了解客户需求和分析流程。

第三阶段,重新设计流程。

为重新设计召开会议,运用各种思路和方法重构流程。

第四阶段,着手再造。

向员工说明再造理由,前景宣传,实施再造。

2. 乔·佩帕德和菲利普·罗兰的五阶段模式

第一阶段,营造环境。

分为六个子步骤:树立愿景;获得有关管理阶层的支持;制订计划,开展培训;辨别核心流程;建立项目团队,并指定负责人;就愿景、目标、再造的必要性和再造计划达成共识。

第二阶段,流程的分析、诊断与重新设计。

分为九个子步骤:组建和培训再造团队;设定流程再造结果;诊断现有流程;诊断环境条件;寻找再造标杆;重新设计流程;根据新流程考量现有人员队伍;根据新流程考量现有技术水平;对新流程设计方案进行检验。

第三阶段,组织架构的重新设计。

分为六个子流程:检查组织的人力资源情况;检查技术结构和能力情况;设计新的组织形式;重新定义岗位,培训员工;组织转岗;建立健全新的技术基础结构和技术应用。

第四阶段,试点与转换阶段。

分为六个子流程:选定试点流程;组建试点流程团队;确定参加试点流程的客户和供应商;启动试点、监控并支持试点;检验试点情况,听取意见反馈;确定转换顺序,按序组织实施。

第五阶段,实现愿景。

分为四个子流程:评价流程再造成效;让客户感知流程再造产生的效益;挖掘新流程的效能;持续改进。

通常来说,五大阶段应该顺序推进,但是根据企业各自的情况,五大阶段可以彼此之间平行推进,或者交叉进行。所以说,五大阶段并不是一个固定的线性过程,而是相互交融、循环推进的不断再生的过程。

11.2.3 流程再造的主要方法

BPR作为一种重新设计工作方式、设计工作流程的思想,是具有普遍意义的,但在具体做法上,必须根据本企业的实际情况来进行。美国的许多大企业都不同程度地进行了BPR,其中一些主要方法有四个。

1. 简化、合并相关工作或工作组

如果一项工作被分成几个部分,而每一部分再细分,分别由不同的人来完成,那么每一个人都会出现责任心不强、效率低下等现象。而且一旦某一环节出现问题,不但不易于查明原因,更不利整体的工作进展。在这种情况下,企业可以把相关工作合并或把整项工作简化为一个人来完成,这样既提高了效率又使工人有了工作成就感,从而鼓舞了士气。如果合并后的工作仍需几个人共同担当或工作比较复杂,则成立团队,由团队成员共同负责一项从头到尾的工作,还可以通过建立数据库、信息交换中心来对工作进行指导。在这种工作流程中,大家一起拥有信息,一起出主意想办法,能够更快更好地做出正确判断。

2. 工作流程的各个步骤同时或交叉进行

在传统的组织中,工作在细分化了的组织单位间流动,一个步骤未完成,下一步骤开始不了,这种直线化的工作流程使得工作时间大为加长。如果按照工作本身的自然顺序,是可以同时进行或交叉进行的。这种非直线化工作方式可大大加快工作速度。

3. 同一业务根据在不同工作的情景设置不同工作方式

传统的做法是对某一业务按同一种工作方式处理,因此要对这项业务设计出在最困难、最复杂中的工作情景中的处理方法,把这种工作方法运用到所有适用于这一业务的工作过程中。这样做存在着很大的浪费,因此可以根据不同的工作情景设置出对这一业务的若干处理方式,下属根据情景选择使用,这样就可以大大提高效率,也使工作变得简捷。如IBM信用公司,它的信用程序就备有三种模式:一是用于简单情况的,可全部由计算机进行;二是稍困难的,由事件处理负责人进行;三是用于情况复杂的,由事件处理负责人依靠专家顾问帮助来进行。

4. 模糊组织界限

在传统的组织中,工作完全按部门划分,为了使各部门工作不发生摩擦,又增加了许多协调工作。因此BPR可以使严格划分的组织界线模糊甚至超越组织界限。如P&G根据超级市场信息网传送的销售和库存情况,决定什么时候生产多少、送货多少,并不一味地依靠自己的销售部门进行统计,同样这也就避免了很多协调工作。

11.3 流程再造的实施技术

需要强调的是这些技术并不是流程重组的专用技术,只是根据流程重组的要求进行整合应用而已。下面对其中几种典型的技术进行说明。

11.3.1 头脑风暴法

根据哈默的观点,头脑风暴法是在考虑 BPR 原则时最成功的方法,可以帮助重组团队创立一些新的思想,找到流程分析与优化重组的步骤与方法。

1. 做好准备工作

需要一个富有经验的组织者,引导大家积极发言,而又不偏离主题。组织者在会前需要做好以下准备:

(1) 确定会议议题。最好将每次会议的议题限制在一个较小的范围内,比如只讨论开发流程的一个阶段,而不是整个流程。这样可以集中大家的思想来深入思考。

(2) 预先思考议题。会议前把将要讨论的议题通知大家,使之有足够时间来准备或做预先思考。

(3) 做好会议记录。需要确定一个人,负责将会议上大家提出的问题记录下来。文档工作对整个流程分析与优化重组过程都是非常重要的,一是可以做好记录,为后面的工作准备材料;二是可以整理思想;三是让大家看到讨论的结果。

2. 组织小组讨论

在讨论会上,组织者需要注意以下几个方面:

(1) 提出问题。引导大家只提自己认为存在的问题,不讨论其合理性,不讨论原因和解决方法。

(2) 互相尊重。不攻击别人,对事不对人;不打断别人的话。

(3) 整理问题。做好记录,将每个人所提的问题都记录下来。会后将问题分类,将记录下来的问题进行文字整理,去除重复,形成一个清晰的问题列表。

(4) 拟定解决方案。第二次会议,将整理好的问题列表发给大家,共同讨论,按照矩阵法将问题按重要性、解决难易程度分类。经过讨论,决定首先解决哪个问题,并寻找解决问题的方法。小组成员集思广益,提出解决问题的尽可能多的方案。可以采用的方法有三个:

① 鱼刺图法。鱼刺图法是借助图形,定义问题特性,先画出大原因,再画出大原因之下的小原因。找出主要原因,以它为问题特性,重复上述步骤,直至原因非常明确,解决方案就很容易地形成。

② 六问法。六问法从六个方面来巡行问题出现的原因。这六个方面是 5M1E。即 Management(管理)、Man(人)、Method(方法)、Material(物料)、Machine(机器)、Environment(环境)。

③ 5W2H 法。5W 分别是:

Why:为什么要做这项工作? What:内容是什么? Where:在哪儿做? When:什么时候做? Who:由谁来做?

2H 分别是:

How:怎么做？How much:要花多少时间或其他资源？

(5) 执行方案。选择最好的解决方案，指定某一个人负责实施。可以参照 5W2H 制定实施细则。

注意：每一步都要做好记录。文档齐全是成功实施流程分析与优化重组的重要保证。

(6) 评估方案。评估实施结果，修正解决方案，重新实施。

(7) 进行下一问题的解决。

(8) 进行新一轮的流程分析。

单纯地使用"头脑风暴法"，完全依靠人们的主观判断，是无法对一个复杂的系统进行成功的重组的。人们还需要其他的有效的支持工具和评价标准，对重组的经营过程进行有效的仿真，定量的计算和分析，对重组后的结果进行合理、准确的预测，以避免在 BPR 的实施过程中产生较大的突变性和危险因素。

11.3.2 标杆管理

1. 标杆管理的由来

标杆管理由施乐公司首创，起源于 20 世纪 70 年代末 80 年代初，美国为应对日本威胁而展开学习日本的运动。1976 年，一直在世界复印机市场上独占鳌头的施乐公司遇到了来自日本企业的挑战，市场份额直线下降。面对威胁，施乐公司开始了针对日本公司的标杆管理，重新夺回了失去的市场。目前，标杆管理已经成为全球通行的有效管理方法。

2. 标杆管理的概念

美国生产力与质量中心对其定义是：标杆管理是一个系统的、持续性的评估过程，通过不断地将企业流程与世界上居领先地位的企业相比较，以获得帮助企业改善经营绩效的信息。通俗地说，标杆管理就是确立具体先进榜样，解剖其各个指标，不断向其学习，发现并解决企业自身的问题，最终赶上和超过它的这样一个持续渐进的学习、变革和创新过程。

3. 标杆管理的应用

标杆管理应用于流程再造和重组中，按以下的基本步骤来实施：

(1) 确定"标杆企业"。标杆企业是指在同行业、同规模、相同发展阶段情况下与其他同类企业相比，在产品质量、品种、服务等方面有特色、有一定的先进性的企业。按地域可为"国内标杆"和"国际标杆"。

(2) 确定"标杆值"。标杆值是根据"标杆企业"的优异特点，经过综合考察而确定的一组关键参数值。比如，物流行业的某标杆企业的标杆值为货损率、空车率、资金周转率等。

(3) 设计流程。根据企业确定的"标杆值"，进一步确立企业自身应该改进的地方，变更、整合、删除旧有的流程，设计出新流程，以实现向标杆企业看齐的目的。

(4) 构造团队。标杆管理会涉及企业组织结构、企业文化等方面的变革，需要构建一个强有力的企业标杆管理团队，团队中的成员要开展持续不断的系统化学习，自觉地进行学习和变革，达到自身成功和组织目标的双赢。

（5）持续改进。在实施过程中，一定要制定有效的实施准则，循序渐进，避免好高骛远，而且要坚持系统优化的思想，即要着眼于总体最优，而不是某个局部的优化，以获得协同效应。通过不断地摸索，总结出一套适合自身实际的最佳的实践和实现方法，以赶上并超过标杆对象。

（6）评价与提高。实施标杆管理是一个长期的渐进过程。在每一轮学习完成时，都需要重新检查和审视对标研究的假设和标杆管理的目标，以不断提升实施效果。

应当指出的是，随着企业管理水平的整体进步，无论是标杆企业，还是标杆企业的标杆值，都是动态的，定期或不定期更新的。标杆管理是一个不断循环的过程，每一个循环都需要围绕标杆管理的目标、概念和对标研究假设进行思考，必要时还需要借助外脑和外部专门数据库，以避免盲目性。据美国1997年的一项研究表明，1996年世界500强企业中有近90%的企业在日常管理活动中应用了标杆管理，其中包括AT&T、Kodak、Ford、IBM、Xerox等。国内采用标杆管理获得成功的企业也已不乏先例，如中国海洋石油总公司等。

11.3.3 流程优化技术

为了提高企业的经营业绩，企业常常采用改变次序、合并、消除、自动化等方式来再造流程。下面是几个优化的方法。

1. 重组

重组是指改变组成流程活动的先后次序，即活动的逻辑关系，以缩短工作时间，提高对顾客的响应度。重组是常见的流程再造方法。它可以在信息技术平台不做大幅度调整的情况下有效地提高企业效益。例如，汽车保养流程为：顶起车辆、润滑工作、调换轮胎、更换机油、放下车辆、清洁打蜡（见图11-1）。但是此流程周期长，对于有急事的顾客而言不方便。于是公司把旧流程的串行工作调整为并行工作，将润滑、调换轮胎、更换机油三个程序同时开展，缩短了顾客等待的时间（见图11-2）。

顶起车辆 → 润滑 → 调换轮胎 → 更换机油 → 放下车辆 → 清洁打蜡

图11-1 串行流程

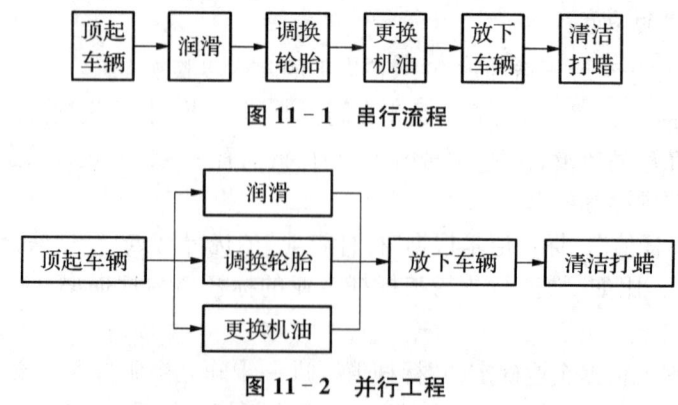

图11-2 并行工程

2. 消除

流程优化中的消除技术是指把一些增值不大的流程或者流程上的节点加以废除。人们往往习惯于旧有工作方式,却很少去考虑该工作方式是否具备内在合理性。流程重组理论倡导人们进行"彻底性""根本性"的再思考,以价值链等理论为指导,认识传统流程和流程环节的价值,对于低价值和无价值的环节应该进行坚决的清除。

IBM信贷公司负责为IBM公司的计算机硬件、软件和其他服务提供资金融通。就其信贷额而言,可以排在《财富》杂志100家最大服务公司之列。它的信贷流程如图11-3所示,按照这种流程办理一笔信贷一般需要6到14天的时间,导致许多顾客或者另找融资渠道,或者另觅条件更优惠的供应商。

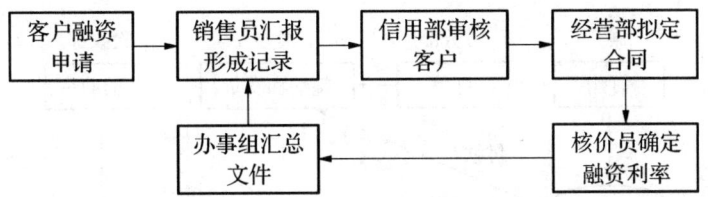

图11-3 IBM信贷公司原来融资流程

IBM信贷公司重新再造流程,取消了信用审核、拟订合同、确定利率、汇总等步骤,将其合并改设成一个综合办事员,他借助专家系统里面的资料,可以直接对融资请求做出响应,整个工作周期缩减为4个小时,业务量由此而增加了100倍。新流程如图11-4所示。

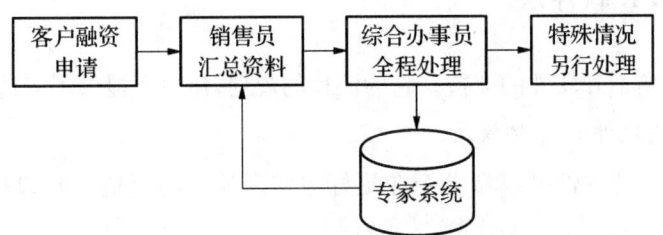

图11-4 IBM信贷公司新信贷流程

3. 自动化

流程自动化是将流程中的部分工作通过信息技术的引入从而得以自动读取、传递、处理信息,最终可以极大地提高工作效率。

福特汽车公司的北美公司财务会计部有500多名职工,后来运用办公自动化把人数缩减为400人。而美国马自达公司的财务会计部只有5个人。虽然福特北美公司的规模是马自达公司的16倍,但是财务会计人数却是马自达公司的80倍。福特北美公司发现财务会计的大量工作都花在审核来自供应商的发票和来自采购部的订单副本、验收部的验收单这些单据是否相符上,只有三样单据吻合时,财务部才会付款,如图11-5所示。

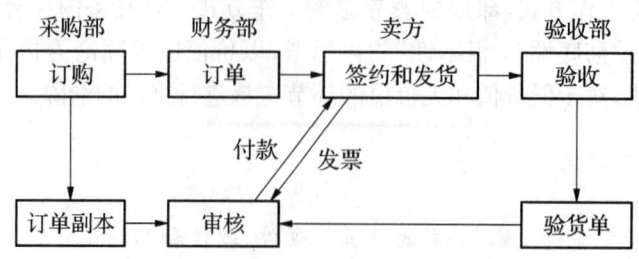

图 11-5 北美公司财务会计部原来流程

公司应用信息技术加以流程改造,采用数据库自动地核验数据,最终使员工的人数下降到 125 名,如图 11-6 所示。

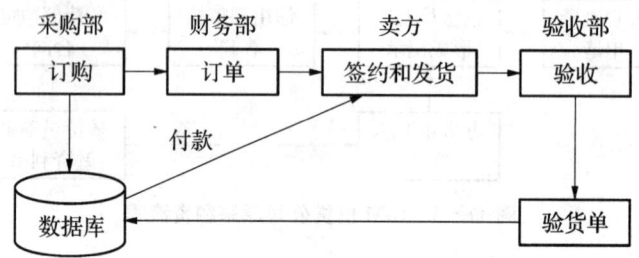

图 11-6 北美公司财务会计部新流程

11.3.4 BPR 软件法

流程的再造离不开软件的支持。它为流程的规划、建模等提供了支持平台。

1. 流程再造软件的主要模块

专门的流程再造软件可以帮助企业更好地实现流程的再造。它包括以下 7 个主要模块:

(1) BPR 规划(Planning)工具。用于规划在整个组织机构内实施和执行 BPR 流程的整体战略的工具。它包含许多与常见的项目管理软件工具相同的属性。

(2) 组织机构实体分析工具。用于当整个业务流程变化要求改变组织机构时,进行组织机构修改的工具。它应该能够显示当去掉或增加某个组织结构实体时会发生什么样的变化。

(3) 建模(Modelling)工具。用于建立当前业务流程的模型("as-is"模型)并显示流程间的联系的工具。用户应当能够在以后将整个流程分解为实体或子流程。模型一旦建立,用户应能够识别和映射出没有价值的步骤、费用和流程(瓶颈分析),以便进行流程重组。建模分析工具还可以引导用户进行假设分析和建立未来业务的模型("to-be"模型)。

(4) 基于活动的成本(abc)工具。用于显示每一个流程活动在资源和时间意义上的成本的工具。它应当能够显示"as-is"和"to-be"模型的成本,并能够将所有的成本汇总到企业级以显示所有流程的整体成本。一旦将资源信息输入到系统中就应当在建模工具和成本分析工具上反映变化。

（5）图形仿真（Simulation）模型工具。用于显示"to-be"模型并提供假设分析的工具。这个工具在高级管理层审查整个流程时非常有用，可以使我们看到在新模型中将会发生什么。

（6）业务绩效度量（Metrics）工具。用于跟踪测量诸如生产效率、质量、销售、市场占有率、产品开发流程、满足客户需求和处理库存等的能力状况的工具。

（7）评估（Benchmarking）分析工具。用于评估新组织机构流程效果的工具。它应当能够引导客户对比分析不同类型的流程。

2. 流程再造软件的功能

这些专门针对流程再造而开发的软件可以大大地提高流程管理的效率，具体体现在以下方面：

（1）自动化处理。自动化技术可以大大减少人力劳动、提高工作效率，被应用于企业业务的各个领域，是IT技术应用最为广泛的一种功能。作为全球100大公司之一的IBM信用公司通过开发数据库软件将信用卡的开户工作时间从平均6天锐减到平均90分钟。

（2）信息处理。IT技术主要应用于从业务流程中提取、传递和存储可供分析的信息。目前常见的MIS软件、财务软件和数据仓库、数据挖掘技术等都属于此类范畴的应用。

（3）顺序控制。顺序控制的主要目的是将原有的串行业务变成并行业务处理，以减少业务循环的周期，它主要应用于产品的设计与制造领域。柯达公司在与富士通公司的竞争中，通过采用网络CAD/CAM软件将原有的照相机设计并行化，使得设计周期减半并成功地保住了市场份额。

（4）远程交互。IT技术使企业不必再为是采取集中还是分散的组织结构而困惑，网络与数据库技术的发展使得信息可以随时随地的获取。基于Internet的企业内部互联网Intranet也属于典型的此类应用。福特汽车销售公司通过采用远程网络数据库系统进行销售信息处理，使会计部门的人员从500人成功减至125人，从而大大降低了企业的运行成本。

（5）监控与跟踪。IT技术也可用于企业对于关键业务信息的监控与跟踪处理。在自动化控制生产领域，IT技术可以用于实时监控并跟踪生产状态，防止事故的发生。

（6）决策处理。企业的组织从金字塔型结构向扁平型结构转变、生产车间向团队工作组（Team Group）转变，都要求员工们参与业务决策，专家系统及决策支持系统（DSS）使普通员工也能够根据人工智能知识库进行决策。

（7）电子商务处理。多媒体技术和全球互联网络的发展使企业可以为客户提供更为及时便捷的服务。客户可以通过企业网络主页（Homepage）查阅相关产品信息并通过电子数据交换（Electronic Data Interchange，EDI）进行订货、索取发票等，而企业也可通过网络进行交互式的售后服务。

本章小结

本章首先介绍了流程再造产生的背景，对流程再造的概念、核心、指导思想、特点和再造后管理工作的变化做了详细的分析；其次介绍了流程再造的原则、再造方法模式及主要方法；最后介绍了流程再造的一些优化技术。

思考题

一、判断题（正确的打"√"，错误的打"×"）

1. 现代组织架构的设计理念起源于亚当·斯密的劳动分工理论。（   ）
2. 依据斯密理论构建起的组织架构，运行起来往往是只见树木不见森林。（   ）
3. 流程再造仍然是对传统工作程序的一次改良。（   ）
4. 公司只有处于困境中才有必要进行流程再造。（   ）
5. 目前大多数公司人员不是以流程为导向，而是以工作任务为导向。（   ）
6. 流程再造后，组织结构将是扁平化的。（   ）
7. 流程再造后，员工完成工作需要更多的技能。（   ）
8. 流程再造后，员工仍然属于职能部门管理。（   ）
9. 流程再造的观点认为流程的构建必须以顾客的需要为出发点。（   ）
10. 一般来说流程再造后的员工比再造前享有更多的决策权。（   ）
11. 按照整体流程最优化目标，要求流程中每个环节活动尽可能实现增值，减少无效活动。（   ）
12. 流程再造后，管理者是教练。（   ）
13. 流程再造后，员工仍然是从各部门获取工作所需的信息。（   ）
14. 流程再造后，组织将严格按照各工作流程小组分隔界限。（   ）
15. 流程再造实质上就是为了方便将自动化引入了流程工作来。（   ）
16. 流程再造后，同一业务可根据不同工作的情景来设置不同的工作程序和方式。（   ）
17. 标杆就是先进典型，大家学习的榜样，不需要流程再造活动。（   ）
18. 标杆管理就是通过和同行业的企业进行比较寻找差距，改进自己工作的管理。（   ）
19. 应用自动化可以大幅度提高工作效率，所以在流程再造中要大力推行。（   ）
20. 流程再造原则包括消除、简化、整合、自动化。（   ）

二、单项选择题

1. 当前企业面临着越来越多的严峻挑战，有些管理专家用 3C 理论来阐述这种新挑战，下列不属于 3C 理论的是（   ）。
   A. 顾客选择个性化商品　　　　　　B. 全球化竞争
   C. 产品多样化　　　　　　　　　　D. 市场需求变化速度加快

2. 传统的劳动分工使得劳动生产率提高的同时，也将一个连贯的业务流程分解成支离破碎的片段，使得企业（   ）费用大大增加。
   A. 交易　　　　B. 生产　　　　C. 销售　　　　D. 制造

3. 企业进行流程再造时，考虑现有从事这项工作活动是否要进行改造时，首先要思考的问题是( )。
  A. 为什么要开展这项工作　　　　B. 如何完成工作
  C. 谁能完成工作　　　　　　　　D. 开展这项工作的成本
  4. 当一个公司处于鼎盛时期,无论是现在还是将来不存在可觉察的困境,它仍然要进行流程再造,其目的是( )。
  A. 挑战自我　　　　　　　　　　B. 在预见陷入困境之前先再造
  C. 改变竞争规则,为对手设障　　　D. 以上均不对
  5. 下列不属于流程再造的指导思想的是( )。
  A. 以顾客为中心　　　　　　　　B. 以员工为中心
  C. 以效益和效率为中心　　　　　D. 以工作任务为中心
  6. 流程再造后,员工的工作质量由( )考核评价。
  A. 顾客　　　　B. 领导　　　　C. 人力资源部　　　D. 完成业绩
  7. 流程再造不仅考虑内部流程,还应考虑客户、供应商等组成的整个( )流程,进行重新设计。
  A. 价值链　　　B. 业务链　　　C. 工作链　　　　　D. 信息链
  8. 流程再造前后,管理工作发生十大变化,下列不属于这些变化的是( )。
  A. 工作单位由职能部门向流程项目小组转变
  B. 员工角色由被控制者向被授权者转变
  C. 价值观由为上级工作向为顾客工作转变
  D. 员工的工作由多项技能向单项技能转变
  9. 流程再造后,针对一项业务处理的流程设计应该是要对这项业务设计出( )。
  A. 最困难最复杂的工作中情景处理方法的流程
  B. 最困难最简化的工作中情景处理方法的流程
  C. 最困难最适用的工作中情景处理方法的流程
  D. 根据不同工作情景中设置相应处理方法流程
  10. 下列不属于流程再造特点的是( )。
  A. 系统思考　　B. 内外整合　　C. 信息共享　　　　D. 工作优化

三、问答题

1. 如何理解流程再造的概念?
2. 流程再造的核心、指导思想、特点是什么?
3. 流程再造后组织的管理工作是如何变化的?
4. 流程再造的主要方法是什么?
5. 流程再造的典型方法和优化技术是什么?

四、实训题

请你调查某医院病人看病的程序或某银行房贷程序,对其进行深入剖析,并给出流程再造的方案。

第 12 章 准时化生产方式

1. 了解准时化生产方式的产生；理解浪费的定义以及生产过程中常见的 7 种浪费。
2. 理解准时化生产方式的含义、核心思想、目标、实现机制，传统的生产方式与准时化生产方式的区别。
3. 掌握准时化生产方式实施方式。

准时化生产强大竞争力

大野耐一在《丰田生产方式》一书中写道，20 世纪 40 年代，丰田公司的生产率仅相当于美国同行的 1/8，在丰田公司带动持续改善创造并实践准时化生产（近 20 年被人们称为"精益生产"）后，日本汽车业进步神速，效果卓著。至 20 世纪 80 年代，日本汽车工业生产率远远超越美国，比如日本装配一辆汽车的用工量仅为 14 人、制造一辆车身用工 2.9 小时、制造一台发动机用工 2.8 小时，美国则分别为 33 人、9.5 小时和 6.8 小时。2002 年，汽车工厂效率调查公司哈伯合伙公司公布的调查结果显示，与日产、丰田、本田公司等三家日本主要对手相比，美国公司的生产力仍难望其项背。丰田、本田、日产当年在北美生产的车辆，每部的获利是通用的 3 倍。美国与日本汽车业获利的差距，使得日本汽车公司能把更多的资金投入产品，因而更能吸引美国消费者，从通用、福特与戴姆勒·克莱斯勒手中夺走更多的市场占有率。杰弗瑞·莱克指出，美国汽车购买者最常阅读的杂志《消费者报告》在 2003 年的一项研究显示，从过去 7 年所有汽车制造商生产的车款中，评选出最值得信赖的 38 款车，其中，丰田/雷克萨斯就囊括了 15 款车，通用汽车、奔驰、宝马等，没有一款车跻身这 38 名之列；丰田没有一款车被列入"应该避免购买"的名单中，福特汽车有不少车款被列入此黑名单，通用汽车公司出厂的车款中有将近 50% 入选，克莱斯勒车款被归属此类者更是超过 50%。当年丰田的产品开发流程是全世界最快速的，新客车与卡车的设计耗时不到 12 个月，而其他竞争者通常得花上两三年。这年丰田公司在美国市场的召回率比福特汽车少 79%，比克莱斯勒汽车少 92%。至 2007 年，丰田一举超越通用，从一家日本本土的小型汽车企业一跃成为全球第一。

近十几年，准时化生产方式巨大的效益在不同行业均取得惊人的效果。2002 年开始,美国增长最快的百货零售商沃尔玛使用准时化生产系统来帮助公司至少每周两次对商店的存货进行补充。许多沃尔玛的商店每天都能得到送货。沃尔玛的主要竞争对手西尔斯一般每两周才补充一次它们的库存。沃尔玛能够保持与这些竞争对手同样的服务水准,但是它的存货持有成本只有其竞争对手的1/4,这节约了大量的成本。较快的存货周转率帮助沃尔玛在零售业中获得了一种基于效率的竞争优势。2006年沃尔玛的库存周转率约8次,山姆会员店的库存周转率约11次。

(资料来源:魏大鹏,李晓宇.准时化生产体系与实践[M].北京:机械工业出版社,2012)

12.1 准时化生产方式概述

12.1.1 准时化生产方式(JIT)的理念

通常企业的经营理念是建立在"价格=成本+利润"基础上,即所谓的成本主义。它是根据生产中所费成本和行业的合适利润来确定价格,生产者通常把成本看作基本恒定,是不可控因素,把价格看作可调节的量,即可控因素,忽视了成本结构的合理性和在市场上价格的接受程度。这种理念是在短缺经济条件下注重生产的经营理念。在过剩经济条件下价格由市场决定,只有符合消费者要求(价格、质量、交货期)的产品才能销售出去,生产者一般不能对商品价格产生影响,价格是不可控因素,是恒定量。因此丰田公司采用了非成本主义,将上式变为:利润=价格-成本,认为生产者不能利用提高价格来增加利润,即价格是恒定的,获得利润唯一的方法就是彻底降低成本,成本是可调节量,是可控因素。而在生产过程中成本又决定于一定的制造方法,但零部件、材料的进货成本也是由市场决定的,唯一可行的是通过降低自己的加工费用来提高利润。由此得出"利润=价格-固定成本(材料、零件成本)-可变成本(自己的加工费)"。所以企业降低成本就是降低自己可以控制的加工费,这就是"非成本主义"的思想。丰田一直致力于杜绝企业内部生产运作过程中存在的一切浪费,使制造成本降到最低点,创立了准时化生产方式,实现了生产方式和管理方式的又一次革命。

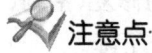
注意点

丰田公司不是将公式进行简单的变换,而是构建了新的管理理念和解决问题的目标与方向。

12.1.2 生产过程中的7种浪费

1. 浪费的定义

对于JIT来讲,浪费有两层含义:

一是凡是不增加产品价值的劳动和支出均属于浪费。所谓增加产品价值是以消费者是否愿意付费为原则。例如,数量、质量检验是企业中不可缺少的工序,但对消费者来讲最后一道工序的数量和质量检验是必需的,其余各道工序的检验与消费者无关,都不愿意付费,丰田公司认为就是一种浪费。

二是超出增加产品价值所绝对必需的最少量的物料、设备、人力、场地和时间的部分也是浪费。因此,JIT生产方式下所讲的浪费不仅仅是指不增加价值的活动,还包括所用资源超过"绝对最少"界限的活动,如生产现场多余的人员、加工过程中多余动作和多余的切削量等。实际上第二层上的浪费是在第一层上的进一步扩展与深化。准时化生产方式提出了杜绝一切浪费,彻底降低成本的思想。

企业的生产线上充满各种浪费,如用人过多、库存过多、设备过多、产品等待时间过长等,通常认为这是"合理"的,但不增加产品的任何价值,丰田认为是最可怕、最大的浪费,而更可怕的是浪费还会制造更严重的浪费。超过必要数量的人、设备、材料和成品等的浪费使得生产成本提高,这是第一次浪费。当人手过多时,会造成生产线不平衡,生产负荷不一致,造成奖惩不公和士气低落,进而衍生怠工或生产效率大降等现象,而经营层为了解决此问题常常增加管理人员和聘请顾问制定各种管理制度等,这样舍本逐末的做法并不能从根本上解决问题,且浪费了大量的人力、物力、财力,是浪费制造浪费,即第二次浪费。它比第一次来得更严重,这些浪费会将仅占销售额10%的利润全部吃掉,更严重时会腐蚀经营本体的根基。因此对企业的威胁不仅是来自于产品质量,还有来自那些隐藏在"合理"的背后慢慢地"蚕食"企业生存根基的各种浪费。企业不能被一些表面成绩所迷惑,如果一个企业内部认为没有问题的人越来越多时,情况最危险。

注意点

丰田对浪费的深刻理解非常具有启发性,请举例说明如何解决你身边的浪费。

2. 常见的7种浪费

(1) 制造不良的浪费。制造不良的浪费包括两个方面:一是工厂内出现不良品,此为第一次浪费;二是处置这些不良品所需的时间、人力、物力造成的相关损失,此为第二次浪费。具体包括材料的损失、不良品变成废品;设备、人员和工时的损失;额外的修复、鉴别、追加检查的损失;有时需要降价处理产品,或者由于耽误出货而导致工厂信誉下降。

(2) 加工的浪费。也叫过分加工的浪费,主要包含两层含义:一是多余的加工和过分精确的加工,如实际加工精度过高造成资源浪费;二是需要多余的作业时间和辅助设备,以及增加生产用电、气压、油等能源的浪费,另外还增加了管理的工时。

(3) 动作的浪费。动作的浪费在很多生产线中都存在,常见的动作浪费有:两手空闲、单手空闲、作业动作突然停止、动作过大、左右手交换、步行过多、转身角度大、移动中变换"状态"、伸背动作、弯腰动作以及重复动作和不必要动作等,这些造成了时间和体力上不必要的消耗。

 注意点

JIT专家认为,在没有实施过JIT实务的工厂中,作业者至少有一半的动作时间都是"无效的",都属于浪费行为。

(4) 搬运的浪费。从JIT的角度来看,搬运是一种不产生附加价值的动作,而不产生价值的工作都属于浪费。搬运的浪费具体表现为放置、堆积、移动、整理等动作浪费,由此而带来物品移动所需空间的浪费、时间的浪费、人力工具的占用等不良后果。

(5) 库存的浪费。过去管理理念认为,库存虽然不好,但却必要。JIT的观点认为,库存是没有必要,并认为是万恶之源。如图12-1所示,库存水平就相当于河中水,各种问题就是水中暗礁,河的水位高,隐藏住各种暗礁,不被人发现,但它随时会让船翻掉,所以由于库存量大,将故障、不良品、缺勤、计划有误、调整时间过长、品质不一致、能力不平衡等问题全部掩盖住了,这些问题可随时暴发。例如,生产线出现故障,造成停机、停线,但由于有库存而不至于断货,这样就将故障造成停机、停线的问题掩盖住了,耽误了故障的排除。与此同时由于产品淡旺存在,库存过多,淡季打折销售又直接造成经济损失。所以应降低库存量,将问题彻底暴露于水平面上,进而逐步地解决这些由库存掩盖的问题,如图12-2所示。

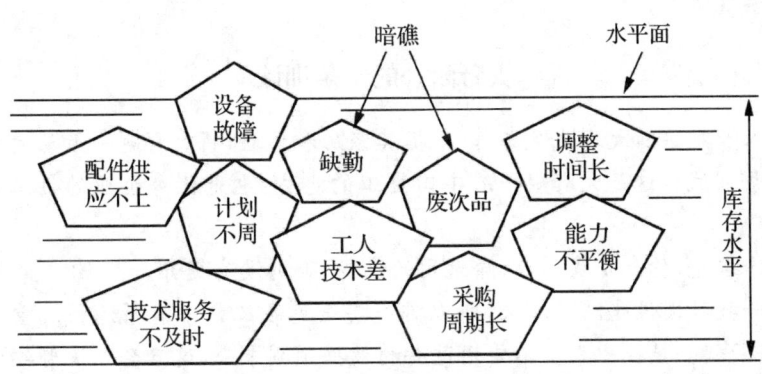

图12-1 库存过多掩盖问题

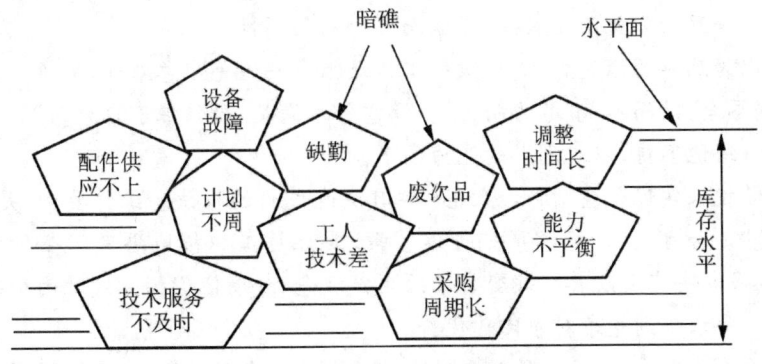

图12-2 降低库存暴露问题

JIT 对库存的观点是具有划时代意义的。

（6）生产过剩的浪费。通常认为生产过多或过早是工作得好的标志，要表扬，实际上不但没好处，还隐藏了由于等待所带来的浪费，失去了持续改善的机会。生产过多或过早带来的不仅是搬运、堆积、库存的浪费；还加重了利息负担，加大了商品贬值的风险。

（7）停工等待的浪费。由于生产原料供应中断、作业不平衡和生产计划安排不当等原因造成的等待，被称为等待的浪费。造成等待浪费的原因有：生产线的品种切换，每天的工作量变动很大，时常因缺料而使机器闲置，上游工序延误导致下游工序闲置，机器设备时常发生故障，生产线未能取得平衡，存在劳逸不均的现象。

丰田所讲的7个种浪费中，有许多浪费我们通常认为是合理的，有的甚至于认为是值得表扬的，如提前完成工作。这种现象需要坚决予以纠正。

大野耐一的十条训诫

若松义人长期追随大野先生工作，根据其经历和体验，将大野耐一最为看重的十个方面整理出十条训诫。这是大野耐一给丰田员工的忠告，也是优秀企业的员工必须学习的行动准则。

第一条 首先，你就是成本，消除无用的浪费，否则没有提升。

浪费总会被习惯性地隐藏起来，所以首先要避免在工作中有所隐藏。重视微小的数字，重大的浪费就会呈现出来。不要用过去的数据预测未来，这只会让浪费继续下去。效率是衡量工作的唯一标准，忙碌并不等于高效。生产产品并不是目的，工作是要生产必要的产品。

第二条 一旦开始就不要放弃，半途而废会助长惰性。

不要自以为改善已经完成，需要做的工作还很多。避免应急处理，应急只是一种暂时的敷衍。"竭尽全力"而不是"尽力而为"。满意但不满足，自信但不自大。

第三条 给他磨炼，以识别人的能力高下。

通过少量投入实现大量增产，这就是丰田快速成长的秘诀。工作要由"是否必要"来决定，而不是"是否可能"。绝不事先告诉答案，要让员工积极地思考。在压力下培养员工，通过控制成本去完成改善。改变员工的生产观念，帮助他们树立战胜困难的决心。

第四条 要意识到竞争对手比你优秀。

透过表面看问题，抓住改善的时机。一切问题都要在现场解决，一切问题都要立刻解决。不要把问题留到明天，尽力在今天找到最好的解决方法。微小的累积铸就了伟大的业绩。

第五条 工作就是一步一个脚印,用十二分的辛苦去换取十分的成绩。

不要因为"完成"而停止,工作就是要不断追求更好。在工作中增加自己的智慧。错误的工作方式只会增强劳动强度。培养下属发现问题和解决问题的能力。

第六条 为了让下属心服口服,需要更长远的目光和更坚韧的努力。

将合适的人才放置在合适的职位上。改善需要亲力亲为,这样才会得到下属的拥护。在命令别人之前先尝试着自己动手。大汗淋漓的工作状态只是欠缺智慧的表现。

第七条 先接受任务,再去思考完成的方法。

坚信"一定能够完成",其他的想法只会变成工作的阻碍。每个人都拥有无限的智慧,关键是怎样激发和运用。不要像评论家一样品头论足,这样的态度解决不了任何问题。通过改善改变表面忙碌的状态。

第八条 失败是成功之母,只有在失败中才能找到真正的自信。

如履薄冰的工作态度会帮你赢得更好的结果。不要因为失败而放弃,要在"不想失败"的过程中积极地想办法。上司的命令只会让下属变得唯命是从。揭穿数字的骗局,从根本上掌控生产现场。

第九条 不要强化劳动,不要过度劳动。

平均值不是最佳的选择,最短的时间才是最有效的动作。失败的经验需要改善,成功的经验也需要改善。将目标不断提高,将起点不断降低。利润是最主要的问题,但是不能一切都由利润决定。

第十条 客户投诉是成功的呼声,不要抱怨,不要逃避,深入思考,积极应对。

在改变别人之前先改变自己。困难的事情简单做,简单的事情重复做。"能够完成"的信心与"无法完成"的失意具有同样的力量。组建优秀的团队,并随时做好改善的准备。

(资料来源:[日]若松义人.大野耐一的十条训诫[M].崔柳,译.北京:机械工业出版社,2011)

12.1.3 准时化生产方式

1. 准时化生产方式的含义

准时化生产方式是指"只在需要时候,按需要的量,生产所需要的产品"。这也就是 Just In Time 一词所要表达的本来含义,简称 JIT。

2. 准时化生产方式的核心思想

核心是彻底消除浪费,是追求一种零库存、零浪费、零不良、零故障、零停滞的较为完美的生产系统,并为此开发了包括看板在内的一系列具体方法,逐渐形成了一套独具特色的生产经营体系。

3. 准时化生产方式的目标

"零浪费"为准时化生产方式的终极目标,具体表现在 PICQMDS 7 个方面。

(1) "零"转产工时(Products,多品种混流生产)。将加工工序的品种切换与装配线的转产时间浪费降为"零"或接近为"零"。

(2) "零"库存(Inventory,消减库存)。将加工与装配相连成流水化,消除中间库存,变市场预估生产为接单同步生产,将产品库存降为零。

(3) "零"浪费(Cost,全面成本控制)。消除多余制造、搬运、等待的浪费,实现"零"浪费。

(4) "零"不良(Quality,高品质)。质量不良不是在检查工序时检出,而应该在其产生的源头消除它,追求零不良。

(5) "零"故障(Maintenance,提高运转率)。生产过程中要消除因机械设备的故障而停机,实现"零"故障。

(6) "零"停滞(Delivery,快速反应、短交换期)。在生产过程中要最大限度地压缩前置时间(Lead time)。要尽量消除生产过程中的停滞现象,实现"零"停滞。

(7) "零"灾害(Safety,安全第一)。人、工厂、产品实施全面安全预防检查,实行 SF(安全预防)巡查制度,实现"零"灾害。

4. 准时化生产方式实现机制

准时化生产方式不断地追求"零"库存,它可以无限接近,但永远也达不到,通过不断地降低库存,强制暴露出问题并加以改进,如此周而复始地优化,这得益于在生产运行上实施的是"脆""瘦"的机制。传统的生产运行由于各个环节有大量库存,生产中即使出现了如质量、产品设计等问题都不至于出现生产中断,有很强的缓冲性,但问题得不到根本性的解决,管理水平难以提高。而准时化生产方式的组织机制则是脆弱的系统,通过此系统强制性暴露问题、隐患。具体表现为:库存越少越好,直至理想状态为零,加工的批量越小越好,直至理想状态为单件,这就像小河的涓涓细流一样,一旦有暗礁马上就立即暴露出来,生产缓冲机制得以消除,变得很脆弱;且允许员工在生产中发现问题中断生产线,迫使生产、管理人员在根本上解决各种问题。随着问题的解决,库存和成本不断降低,其过程如图12-3所示。它又是"瘦"的机制,即少人化,准时化生产方式要求员工成为技术多面手,实行多机床管理,设备的日常维修保养主要由操作人员承担,扩大一线员工的生产决策范围,加大决策权限,使得决策权力重心下移,组织机构扁平化,大大减少了质检人员、仓库管理人员、设备维修人员和一线的管理人员等非生产人员。另外,JIT 是一个不断改进的动态过程,不是一朝一夕就完成的,需要企业持续不断地进行改善才能达到目标。

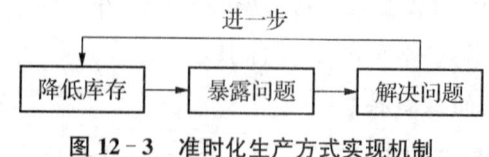

图 12-3 准时化生产方式实现机制

准时化生产方式提出的彻底消除浪费是通过"脆"和"瘦"机制强迫暴露问题,并通过逐步改善实现的。

5. 传统生产方式与准时化生产方式比较

1) 推动式生产

(1) 推动式生产的含义。

推动式生产是指按照 MRP 的计算逻辑,各个生产部门都是按照公司生产计划部门规定的生产计划组织生产,上道工序无须为下道工序负责,生产出产品后按照计划把产品送达后道工序即可,此方式称之为推动式生产。如图 12-4 所示,实线为物流,虚线为信息流。推进式生产方式的物流是从工序 1、2、3 一直到 N,而信息流则是生产计划部门和每一道工序的虚线的延续。很显然,推进式生产方式的信息流和物流是分离的。

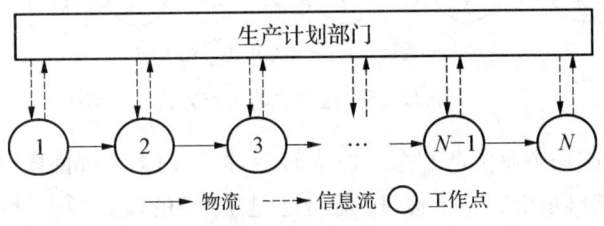

图 12-4 推动式的生产方式

在推动式生产系统中生产计划部门根据市场需求,对最终产品所需的各零部件生产任务进行分解,将相应的生产任务和提前期下达给各个生产部门,再细化为每个零部件的投入产出计划和相应的订购计划。对于各个部门而言,只要按照生产计划部门下达的计划组织生产,生产结束后将实际完成情况汇报给生产计划部门,同时将产成品送往下道工序或下一个生产部门即可。因此,总体的生产是一种从工序的最初生产部门向工序最终生产部门的一个"推动"的过程。然而以 JIT 的视角来看待,此方式会产生很多"浪费"。

(2) 推动式生产方式的缺陷。

① 推动式生产方式不能满足"适时"生产的要求。如果采用推动式生产方式,要保证所有产品准时交货,那么就必须将所有产品以及产品分解的零部件生产的交货期进行完全的精确计算。由于外部需求出现波动是常态,则涉及整个计划进行重新修正调整也变成常态,还要安排紧急订货或者加班等调整措施来应付这些变化。而计划的频繁变更,不但落实困难,而且为了保证能够按时完成任务,调整措施的代价也是高昂的。

② 推动式生产必须保持一定量库存。由于推动式生产方式的复杂性以及各种不确定因素,如次品、设备损坏等的影响,制造商为了保证按时交货,各工序必须保有相当水平的安全库存。而从 JIT 的观点来看,保持高水平的库存占用了大量的资金,同时产生很多不必要的诸如搬运、放置、保养等的浪费。库存水平高也会掩饰很多管理中出现的问题,使得问题得不到及时的解决。这种高库存水平下的企业就像是一只航行的船,表面看起来一帆风顺,实际上有无数的暗礁,随时可能触礁沉没。另外,由于各工序之间库存常常不平衡,在进行产品更新换代时,经常发生持有死库存、过剩设备、过剩劳动力的情况。

2) 拉动式生产

所谓拉动式生产就是指一切从市场需求出发,根据市场需求来组装产品,借此拉动前面工序的零部件加工。每个生产部门、工序都根据后一个部门或后道工序的需求来完成生产制造,同时向前面部门和前道工序发出生产指令。因此,在"拉动"方式中,计划部门只制定最终产品计划,其他部门和工序的生产是按照后向部门和后道工序的生产指令来开展的。根据"拉动"方式组织生产,可以保证生产在"适当的时间"进行,并且由于只根据后向指令进行,因此生产的量也是"适当"的量,从而保证企业不会为了满足不确定交货的需求而保持高水平库存进而产生浪费。如图 12-5 所示,虚线代表信息流,实线代表物料流。拉动式生产方式的物料流是从工序 1、2、3,一直流到第 N 道工序,它的信息流则恰好相反,是从第 N 道工序开始,一步一步向工序 3、2、1 输送。因此信息流和物料流是紧密结合在一起的。

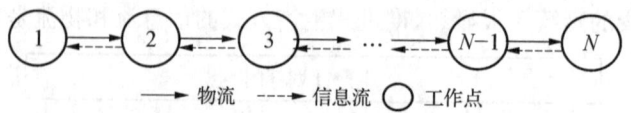

图 12-5 拉动式的生产方式

许多专家认为这是企业生产观念的巨大转变,即一切生产都面向订单。当然,我们可以看出,"拉动"方式只是 JIT 为了保证"适时适量生产"的模式而设计的。为了保证这种模式的运作,JIT 主要通过两种手段:生产同步化和生产均衡化。生产同步化是保证生产各个工序和部门间的速度协调,以保证减少在制品库存量。而生产均衡化主要是指生产制造与需求相适应,以避免出现生产过早或者过多而产生的浪费。

 知识延伸

拉动式生产的发明

拉动式生产是准时化生产方式得以实现的技术承载。这也是大野耐一凭借超群的想象力,从美国超市售货方式中借鉴到的生产方法。大野耐一先生到美国考察时对美国超市货物流通研究后发现:货架上每种物品的数量通常是有标准的,顾客买走所需的物品,商场定时进行补充,供应商根据物品消耗情况给商场运来新的货物,没有多余的空间储存过多的物品。根据超级市场的货物流通流程,大野耐一先生发明了看板,对生产进度进行控制,成功实施了拉动式生产,达到准时化生产所要求的适时、适量生产。

(资料来源:编者根据相关资料整理)

3) 传统生产方式与 JIT 生产方式的比较

采用"推进式"系统,容易造成中间产品的积压;采用"拉动式"系统,能使物流和信息流有机地结合起来,避免人为的浪费。因此,JIT 生产方式与传统生产方式有很大的区别(见表 12-1),只有"拉动式"系统才能真正做到"适时、适量"生产。

表 12-1 传统生产方式与 JIT 生产方式的比较

	传统生产方式	JIT 生产方式
控制系统	推进式	拉动式
物流	前道工序按计划生产,后道工序接收	后道工序向前道工序提出要求
信息流	各道工序与计划部门之间沟通	前、后道工序之间沟通

续表

	传统生产方式	JIT生产方式
物流与信息流关系	分离	融合
控制结果	各中间工序之间有库存	适时、适量

12.2 准时化生产方式的实施

12.2.1 看板管理

1. 看板的概念

看板就是表示某工序何时需要多少数量的某种物料的卡片,又称为传票卡,是传递信号的工具。由于看板的本质是在需要的时间、按需要的量对所需零部件发出生产指令的信息媒介体,可以有多种多样的形式,如小圆球、圆轮、台车等。近年来随着计算机的普及,已经越来越多地引入了在各工序设置计算机终端,在计算机屏幕上显示看板信息的做法。

2. 看板的种类

1) 传送看板

传送看板是用于指挥零件在前、后两道工序之间移动的(又称工序间的领取看板)。当放置零件的容器从上道工序(前工序)的出口存放处运到下道工序(后工序)的入口存放处时,传送看板就附在容器上。当下道工序开始使用其入口存放处容器中的零件时,传送看板就被取下,放在看板盒中。当下道工序需要补充零件时,传送看板就被挂到上道工序的出口存放处相应的容器上,同时将该容器上的生产看板取下,放在生产看板盒中。可见,传送看板只是在上道工序的出口存放处与下道工序的入口存放处之间往返运动。每一个传送看板只对应一种零件。由于一种零件总是存放在一定的标准容器内,所以一个传送看板对应的容器也是一定的。

传送看板通常包含的信息有:零部件号、容器颜色型号、容量、看板编号(如本例发出5张中的第2张)、供方(上道工序)工作地、供方工作地出口存放处号、需方(下道工序)工作地号、需方工作地入口存放处号(见表12-2)。

表12-2 典型的传送看板

前工序 部件1#线	零部件号:A232-6085C (上盖板) 箱型:3型(绿色) 标准箱内数:12个/箱 看板编号:2#/5张	后工序 总装2#
出口存放处号 (NO.12-2)		入口存放处号 (NO.4-1)

2) 生产看板

生产看板是用于指挥工作地的零件生产的(又称生产指示看板或称工序内看板)。它规定了所生产零件及数量。它只在工作地和它的出口存放处之间往返。当需方工作地送来的传送看板与供方工作地出口存放处容器上的生产看板对上号时，生产看板就被取下，放入生产看板盒内。该容器(放满零件)连同传送看板一起被送到需方工作地的入口存放处。工人按顺序从生产看板盒内取走生产看板，并按生产看板的规定，从该工作地的入口存放处取出要进一步加工的零件或原材料，加工完规定的数量之后，将生产看板挂到容器上。

生产看板通常包含的信息有供方工作地号、生产的零件号(名称)、容器容量、供方工作地出口存放处号、看板号(如发出4张中的第1张)、所需的物料、供给零件的出口存放处位置、其他信息(如所需工具等)，如表12-3所示。

表12-3 典型的生产看板

本工作地号	38#油漆
零件号	A435油箱座
出口存放处	NO.38-2
容器容量	10
看板发行张数	1/4
所需要物料	5#漆,黑色
物料存放处	压制车间21-11号储藏室

3) 外协看板

外协看板是针对外部的协作厂家所使用的看板。对外订货看板上必须记载进货单位的名称和进货时间、每次进货的数量等信息。外协看板与传送看板类似，只是"前工序"不是内部的工序而是供应商，通过外协看板的方式，从最后一道工序慢慢往前拉动，直至供应商。因此，丰田要求供应商也推行JIT生产方式。

4) 临时看板

进行设备安全、设备修理、临时任务或需要加班生产时所使用的看板。与其他种类的看板不同的是，临时看板主要是为了完成非计划内生产或设备维护等任务，因而灵活性比较大。

3. 看板的作用

1) 生产及运送工作指令

它是看板最基本的作用。公司总部的生产管理部根据市场预测及订货而制定的生产指令只下达到总装配线，各道前工序的生产都根据看板来进行。看板中记载着生产和运送的数量、时间、目的地、放置场所、搬运工具等信息，从装配工序逐次向前工序追溯。

在装配线将所使用的零部件上所带看板取下，以此再去前一道工序领取。前工序则只生产被这些看板所领走的量，"后工序领取"及"适时适量生产"就是通过看板来实现的。

2) 防止过量生产和过量运送

看板必须按照既定的运用规则来使用。其中的规则之一是:"没有看板不能生产,也不能运送。"根据这一规则,各工序如果没有看板,就既不进行生产,也不进行运送;看板数量减少,则生产量也相应减少。由于看板所标示的只是必要的量,因此运用看板能够做到自动防止过量生产、过量运送。

3) 进行"目视管理"的工具

看板的另一条运用规则是"看板必须附在实物上存放""前工序按照看板取下的顺序进行生产"。根据这一规则,作业现场的管理人员对生产的优先顺序能够一目了然,很容易管理。通过看板所表示的信息,就可知道后工序的作业进展情况、本工序的生产能力利用情况、库存情况以及人员的配置情况等。

4) 改善的工具

看板的改善功能主要通过减少看板的数量来实现。看板数量的减少意味着工序间在制品库存量的减少。如果在制品库存较高,即使设备出现故障、不良产品数目增加,也不会影响到后面工序的生产,所以容易掩盖问题。在 JIT 生产方式中,通过不断减少数量来减少在制品库存,就使得上述问题不可能被无视。通过改善活动不仅解决了问题,还使生产线的"体质"得到了加强。

4. 看板使用规则

概括地讲,看板操作过程中应该注意以下 6 个使用原则:

(1) 不见看板不生产,不见看板不搬运。
(2) 看板只能来自后工序。
(3) 前工序只能生产取走的部分。
(4) 前工序按收到看板的顺序进行生产。
(5) 看板必须和实物一起。
(6) 不把不良品交给后工序。

5. 看板的运行

在实行看板管理之前,设备需要重新排列布置,做到每种零件只有一个来源,零件在加工过程中有明确的固定移动路线。每个工作地也要重新布置,使在制品与零部件存放在工作地的旁边,而不是仓库。这样现场工人亲眼看到他们加工所需要的零件,就不会盲目地过量生产。同时工人可看到哪些零部件即将用完,需要补充,也不会造成短缺,影响生产。重新布置使得加工作业的每一个工作地都有两个存放处,入口存放处和出口存放处。把零件的存放处设在车间,车间变成库房,不仅有利于看板运行,更有利于控制库存量。

图 12-6 所示,是实行准时化生产企业的现场,现在假设某生产过程共有三道工序或叫三个工作地(为简化说明问题起见),图中每个工作地均有入口存放处和出口存放处,并配备相应的容器和看板盒,容器里均装满了各工序未来准备生产用的,或者在本工序已经完成生产的零件或原材料,上下道形成供需关系。丰田没有专门仓库,仓库就在现场,因此丰田的库存量就是工作地现场的出口、入口处这些容器中装满零件或原材料的量,就像

超市的货架上摆放物品形成的库存量一样，大大小于传统的放在库房里的库存量，而且这些库存量均由看板控制，强调数量越少越好，且一目了然。如果某工作地生产时需要多种零部件，则由许多工作地向它提供零部件，它的入口存放处会有用于存放多种零部件的不同种类的容器。

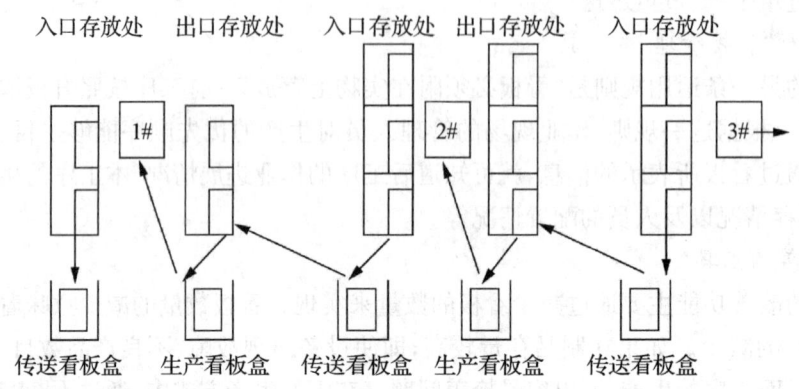

图12-6 看板的运行

　　JIT如何运行的呢？由于产品装配是按装配计划进行的，JIT是拉动式的生产，企业则根据市场需求信息要求形成的成品生产计划直接下达给终端装配车间，由装配车间通过看板来传递信息，从最后一道工序一步一步往前道工序传递拉动各工序的生产。当需要装配某种产品时，从第三个工作地的入口存放处取走用来装配的零部件，在取走零部件时将附在容器上的传送看板放到看板盒中，搬运工人看到传送看板盒中的看板，就按照传送看板的规定，到供方工作地(第二道工序)及出口存放处，找到存放所需要零件的容器，将容器上挂着的生产看板取下，放到2号工作地的生产看板盒中，并将传送看板挂到该容器上，并将容器运到3号工作地的入口存放处相应的位置，用以补充刚才已经用完的零件，以供下次装配使用。2号工作地的工人看到生产看板盒中的看板，此看板实际上就是3号工序给他下达的生产指令，2号工作地工人就立即生产看板上所规定数量的零件，用以填充3号刚取走的量，此时2号为了生产看板上规定数量的产品，则到2号工作地的入口存放地找到放置生产所需的零件容器，从中取出零件进行加工，同时将该容器上的传送看板摘下放到2号工作地的传送看板盒中，当生产的数量达到看板规定的要求时，则将生产看板挂到容器上，并将容器放于2号工作地的出口存放地处规定的位置，等待下道工序(3号)需要时取走。依次类推，按同样的方式，将2号工作地的传送看板送到1号工作地的出口存放处，取走相应的零件，再拉动1号工作地的生产，这样一步一步向前拉动，直至原材料或其他外购件的供应。

　　实施看板管理不像看板运行看起来这么简单，为了使得看板顺利运行，尤其是只有现场这么小的库存量下，保持生产能够应付产品品种和数量不断波动的需求，需要具备许多条件，如生产平准化(均衡化)、作业标准化、设备布置合理化、质量管理等。如果这些先决条件不具备，看板管理就不能发挥应有的作用，难以实现准时化生产。

 注意点

看板运行讲起来很复杂,其实很简单,就是不见看板不生产,不见看板不搬运。看板是生产和搬运的指令牌,生产和搬运必须要严格依据看板要求开展,并且要挂上看板。

12.2.2 平准化生产

1. 平准化生产的概念

平准化就是要求生产平稳地、均衡地进行。平准化不仅要达到产量上的均衡,而且还要保证品种、工时和生产负荷的均衡。企业在进行多品种生产时,需要考虑如何科学地编排投产顺序,实行有节奏、按比例地混合连续流水生产,而编排多品种混流生产投产顺序的基本原理是生产平准化问题。所以平准化生产是在多品种生产条件下科学地组织和管理可变流水线上若干品种产品投产顺序的一种最优化方法。

2. 平准化生产的要求

平准化生产的要求如下:

(1) 各加工对象在结构上和工艺上是相近的,且各加工对象在流水线上是成批轮番地变换生产。

(2) 实行多品种流水生产,要减少每次生产的批量,增加批次。

(3) 按最优化的投产顺序进行生产。必须符合以下要求:

一是各种产品产量相同时,应实行有规律的相间性投产;

二是当各种产品产量不相同时,按照一定逻辑规律制订投产顺序,组织各种产品按顺序变换投产;

三是实行相间性投产或按逻辑规律规定的顺序投产,投产顺序在坐标图上的折线,均应以最小的幅度规律地沿平准线摆动,并趋近于平准线。投产顺序达到这三点要求就是最优化的投产顺序。

3. 平准化的方法

假设某企业在3月份计划出产A、B、C三种产品分别是90单位、180单位、270单位。生产90单位A产品需要5天,生产180单位B产品需要10天,生产270单位C产品需要15天,一个月以工作30天计算。如果按传统成批轮番生产,安排计划如表12-4所示,每个月重复一次,但是由于市场的变化,对A的需求并不急迫,而对C的需求却很紧急,这时候再去生产C已经来不及了。这样通常会导致A产品库存时间较长,而C产品达半个月无货供应市场。

为了解决传统生产安排所出现的问题,可以用生产平准化来改进生产安排。如表12-5所示,每月工作日30天,如果减少批量,每天生产A产品3个单位,B产品6个单位,C产品9个单位。一个月30天重复30次,这样生产计划安排库存情况和适应市场能力就好得多。这时每天A、B、C三种产品的安排顺序可以为AAABBBBBBCCCCCCCC

C,30天每天都重复这种安排。对于顾客来讲,无论需要哪种产品,每天都可以得到。产品积压与短缺的情况将大大减少,企业内部资源的利用情况也将好得多。但是,月生产频率为30,作业切换时间为原生产安排(月生产频率为1)的30倍。要避免这种损失,就要设法减少每次作业切换时间。如果每次作业切换时间降为原来的1/30,则可以补偿这种损失。当然,还可以这样安排每天的生产计划,即 A B B C C C A B B C C C A B B C C C,这样每天重复3次,每个月重复90次,每次的作业切换时间应该是原来的1/90,此时才可以补偿这种损失。这样适应市场的能力更强,库存量更小。

表12-4 成批轮番式生产计划

3月份生产计划				
产品	数量	3月1—5日	3月6—15日	3月16—30日
A	90	AAA…		
B	180		BBBBBB…	
C	270			CCCCCCCC…

表12-5 生产平准化生产计划

3月份生产计划				
产品	数量	3月1日	……	3月30日
A	90	AAA		AAA
B	180	BBBBB		BBBBB
C	270	CCCCCCCC		CCCCCCCC

平准化生产是均衡化生产的高级形式,这种多品种、小批量的混流生产方式有很强的柔性,各生产线能每天同时生产多种类型的产品,满足市场需要。此外,各工序无须改变其生产批量仅需用看板逐渐地调整取料频率或生产频率,就能顺利地适应市场需求的变化。当然,要达到平准化生产的要求就必须缩短生产提前期,以利于迅速而且适时地生产各类产品。为了缩短生产提前期,就必须缩短设备的切换调整时间,这样才能将生产批量降低到最小。

12.2.3 设备的快速切换调整

实现平准化生产最关键和最困难的一点就是多品种、小批量生产过程中设备的快速切换调整问题。

在混合流水线的运作过程中,要经常变换生产以适应生产新产品的需要,这就涉及作业切换的时间问题。切换动作包括模具、刀具、工装夹具的切换,组装生产零部件、材料的切换,基准变更的切换和制造前的一般准备作业。作业切换时间可以划分为内部和外部的切换时间,如图12-7所示。所谓"外部切换调整作业"是指那些能够在设备运转之中进行的切换调整作业,而"内部切换调整作业"是指那些必须或只能够在设备停止运转时才能进行的切换调整作业。为了缩短切换调整时间,操作人员必须在设备运行中完成所有的"外部切换调整作业",一旦设备停下来则应集中全力于"内部切换调整作业"。这里,最重要的一点就是要尽可能地把"内部切换调整作业"转变为"外部切换调整作业",并尽量缩短这两种作业的时间,以保证迅速完成切换调整作业。丰田公司把"设备的快速切换调整"视为提高企业竞争力的关键因素之一。

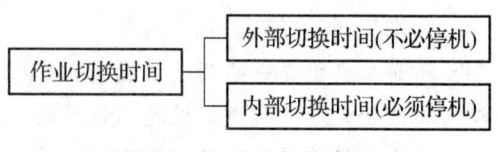

图 12-7 作业切换类型

快速切换的主要着眼点是减少内部切换,就是减少生产线停顿的时间,此种停顿的时间越短越好,至于切换时耗用的人工时间是否能够减少,不是考虑的重点。当然,如果切换的人工时间也能减少,那就最好不过了。为了减少切换的时间,必须依据下列步骤,循序渐进、按部就班地来进行。具体步骤如下:

(1) 计算整个生产准备时间。
(2) 内外作业分离。
(3) 内作业转化为外作业。
(4) 缩短内作业时间。
(5) 改善外作业时间。
(6) 标准化新的生产准备程序。

掌握了前面所述的快速切换思想步骤之后,所碰到的最大困难就是如何缩短内作业及外作业的动作时间。

丰田是如何做到快速换模的?

法则一:并行操作

所谓的平行作业就是指两个人以上共同从事切换动作。平行作业最容易马上获得缩短内作业时间的效果。如一个人慢条斯理地从事切换动作,也许需耗 1 小时才能完成。若能由两人共同作业,也许会在 40 分钟或 20 分钟就能完成。那么整个切换时间就由原先的 1 小时减为 20~40 分钟之间。而在平行作业中所需的人工时间或许会增多、不变、减少,都不是所要考虑的重点。因为缩短了切换的时间所获得的其他效果远大于人工成本的部分,此点是一般人较容易忽视的。在从事平行作业时,两人之间的配合动作必须演练熟练,尤需注意安全,不可因为疏忽而造成意外伤害。

法则二:双脚勿动

切换动作主要是依赖双手的动作完成,脚必须减少移动或走动的机会。所以切换时所必须使用到的道具、模具、清洁等等都必须放在专用的台车上,并且要有顺序地整理好,减少寻找的时间。模具或切换物品进出的动作也必须设计成很容易进出的方式,切换的动作顺序要合理化及标准化。

法则三：特殊道具

所谓工具就是一般用途的器具；道具则是为专门用途而特制的器具。就像魔术师表演所用的扑克牌一样是经过特殊设计的，如果到文具店买一般的扑克牌，那么魔术师要变出一些奇妙的魔术就会比较困难了。所以魔术师所用的器具就称为道具，而不是工具。切换动作是要尽可能使用道具不要使用工具。因为道具可提高切换的效率，而缩短切换的时间。此外，测定的器具也要道具化，用块规或格条来替代用量尺或仪表的读取数值测定。最重要的一点就是要设法减少道具的种类，以减少寻找、取放到位的时间。

法则四：剔除螺丝

在切换动作时，螺丝是最常见到被用来固定模具的方法。使用螺丝当然有其必要性，但是装卸螺丝的动作通常占去了很多的切换时间。如果仔细观察还会发现滥用螺丝的地方真是太多了。如本来只用四个螺丝就够了，却用到六个，拧螺丝的圈数太多，也耗费时间。螺丝真正发挥上紧的功能只有最后一圈而已。因此，改善的最佳对策就是要消除使用螺丝的固定方式。要有与螺丝不共戴天、必欲去之而后快的心态。可用插销、压杆、中介夹具、卡式插座、轴式凸轮锁定、定位板等方式，来取代使用螺丝固定。

法则五：一转即定

限于某些状况，仍然必须使用螺栓、螺丝时，也要设法努力减少上紧及取下螺丝的时间。要以能做到不取下螺栓、螺丝而又能达到锁定的功能为改善的目标。主要的方法可用只旋转一次即可拧紧或放松的方式。例如，C字形开口垫圈，可垫在螺帽下，只需将螺帽旋松一圈之后，C型垫圈即可从开口处取下，达到完全放松的目的。上紧时反向行之，只需旋转一圈就可达到拴紧的目的。此外，如葫芦孔的方式也可达成此目的。

其次的方法就是使锁紧的部位高度固定化，过高的锁紧部位要削低至标准高度；过低的锁紧部位可加上垫块以达到标准的高度。每个模具锁紧部位的高度都标准化了之后，那么螺帽的上紧部位也不会改变，如此可减少锁紧放松的旋转次数，当然也就减少了切换时间。

法则六：标准化

切换动作是因为产品不同而必须更换不同之模具或工作条件。因此也必须做调整的动作，设定新的标准。调整的动作通常需要花费整个切换时间的 50%～70%，而且调整的时间长短变异很大，运气好时，一下子就调整好了，运气不好时则需花费数十分钟，甚至数小时的情形。对于调整的动作，必须先有调整也是一种浪费，要以排除调整作为改善的目标。

要排除调整的浪费，在方法上要掌握住标准不变的法则，换句话说，在机器上已经设定好的标准，不要因为更换模具而又变动。做法上可把内作业的调整动作移到外作业，并事先做好设定的动作；也可以勿拆卸整个模具，保留模座，只更换模穴的母子式构造方式来消除模具的设定动作；或可采用共用夹具的方式，以双组式的方式来做切换动作，即一组正在加工中，另外一组备材已经设定好了，切换时只需旋转过来即可立即达到切换的目的。模具的高度标准化，也可以节省调整过程的动作。

法则七：事前准备

事前准备作业是属于外部作业的工作。外部作业如果做得不好，就会影响内部作业的顺利进行,使切换时间变长。例如,外部作业没有准备齐全,在内部作业的时候,找不到所需的道具或者是模具错误、不良等,就必须临时停顿下来找寻道具或修整模具,造成内部作业时间变长。所以外作业的动作也要改善,使之标准化。设置换模专用车,将所需模具、道具、换模程序表及相关器材全部放在台车上,以减少个别寻找及搬运的时间。

模具的摆放场所也要明确化,用有意义的编号方式来标示存放场所。器具、仪器、道具的储存不要以功能放置,而以不同的产品或模具制作专用箱子放置,予以组套化较佳。设立查核表,协助检点所需器材是否齐全、编定标准切换程序表,并且区分作业,实施编组。此外,平常的清洁、清扫、整理、整顿的动作也必须做好,这些都有助于外部作业准备的进行。

效果:以冲压工序为例,切换冲床的模具并对其进行精度调整,往往需要花费数个小时的时间。从制造过程的经济性考虑,冲床及各种生产设备的快速切换与调整就成为关键,丰田公司的生产现场人员经过长期不懈的艰苦努力,终于成功地将重达800吨的机罩用冲压工序冲床模具切换调整所需要的时间,从1945年至1954年的2~3个小时,1955年到1964年缩短到了15分钟,1970年以后缩短到3分钟。现在,丰田公司所有大中型设备的装换、调整等操作均能够在10分钟之内完成,这为"多品种、小批量"的均衡化生产奠定了坚实的基础。

(资料来源:编者根据相关资料整理)

12.2.4 设备布局

传统的车间设备是采用工艺专业化布置方式,即把功能相同的机器设备集中布置在一起,这种设备布置方式的缺陷是,在制品的流经路线长、速度慢、在制品量多、用人多,不便于小批量运输。丰田公司采用的是"U"型布置方式,即按零件的加工工艺要求,把功能不同的机器设备集中布置在一起组成一个一个小的加工单元。这种设备布置方式可以简化物流路线,加快物流速度,减少工序之间不必要的在制品储量,减少运输成本。

生产设备U型布置的模型如图12-8所示。其本质在于生产线的入口和出口都在同一个位置,这样不仅大量减少由于不同工序之间传递而造成的多走动,减少时间和搬运的浪费,还可以实现灵活增减作业现场的作业人员。在利用U型布置增减作业时,遇到的最主要问题是在按照生产量重新分配各作业人员的工作时,如何处理节省出来的非整数工时。

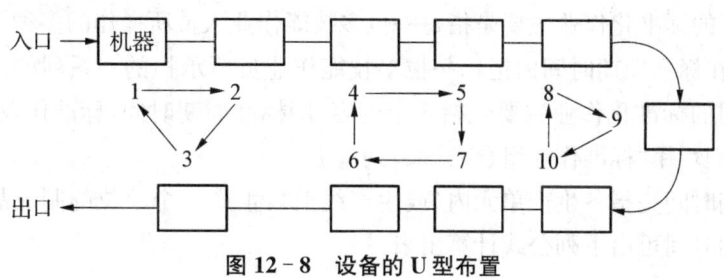

图12-8 设备的U型布置

例如,即使可能减少半个人的工时,实际上不可能抽掉 1 个人,所以在某个工序就会产生等待时间或生产线生产过剩。这种问题在生产增加的情况下也同样会发生。解决的方法是把几条 U 型生产线作为一条统一的生产线联结起来,使原先各条生产线的非整数工时互相吸收或化零为整,以实现以整数形式增减输送线作业人员,这就是所谓联合 U 型布置。

12.2.5 多技能作业人员与少人化

1. 培养多技能人员

多技能作业(或称"多面手")是指那些能够操作多种机床的生产作业工人。多技能作业人员是和设备的单元式布置紧密联系的。在 U 型生产单元内,由于多种机床紧凑地组合在一起,便于生产作业工人能够进行多种机床的操作,同时负责多道工序的作业,如一个工人要会同时操作车床、铣床和磨床等。

在由多道工序组成的生产单元内(或生产线上),一个多技能作业员按照标准作业组合表,依次操作几种不同的机床,以完成多种不同工序的作业,并在标准周期时间之内,巡回 U 型生产单元一周,最终返回生产起点。而各工序的在制品必须在生产作业工人完成该工序的加工后,方可以进入下道工序。这样,每当一个工件进入生产单元时,同时就会有一件成品离开该生产单元。像这样的生产方式就是"单件生产单件传送"方式,它具有以下优点:排除了工序间不必要的在制品,加快了物流速度,有利于生产单元内作业人员之间的相互协作等。特别是多技能作业员和组合 U 型生产线可以将各工序节省的零星工时集中起来,以便整数削减多余的生产人员,从而有利于提高劳动生产率。

2. 人与设备分离

通常机械设备正在加工,人却在一旁"闲视"或拿取被加工物品。实际上,加工物品花费了"设备费"与"人工费"两种费用,是"浪费"。因此要明确区分"人的工作"与"设备的工作",下功夫做到作业人员将物品放入设备之后,一按开关就可以离开,以实现人与设备的彻底分离。加大设备自动工作时间,减少人的使用。

12.2.6 标准化作业

丰田公司的标准化作业主要是指每一位多技能作业人员所操作的多种不同机床的作业程序,是指在标准周期时间内把每一位多技能作业员所承担的一系列的多种作业标准化。丰田公司的标准化作业主要包括 3 个内容,即标准周期时间、标准作业顺序、标准在制品存量,它们均用"标准作业组合表"来表示。

标准周期时间是指各生产单元内(或生产线上),生产一个单位的制成品所需要的时间。标准周期时间可由下列公式计算出来:

$$标准周期时间 = 每日的工作时间 \div 每日的必要产量$$

根据标准周期时间,生产现场的管理人员就能够确定在各生产单元内生产一个单位制品或完成产量指标所需要的作业人数,并合理配备全车间及全工厂的作业人员。

标准作业顺序是用来指示多技能作业员在同时操作多台不同机床时所应遵循的作业顺序,即作业人员拿取材料、上机加工、加工结束后取下,以及再传给另一台机床的顺序。这种顺序在作业员所操作各种机床上连续地遵循着。因为所有作业人员都必须在标准周期时间内完成自己所承担的全部作业,所以在同一个生产单元内或生产线上能够达成生产平衡。

标准在制品存量是指在每一个生产单元内,在制品储备的最低数量,它应包括仍在机器上加工的半成品。如果没有这些数量的在制品,那么生产单元内的一连串机器将无法同步作业。但是,我们应设法尽量减少在制品存量,使之维持在最低水平。

根据标准化作业的要求(通常用标准作业组合表表示),所有作业人员都必须在标准周期时间之内完成单位制品所需要的全部加工作业,并以此为基础,对作业人员进行训练和对工序进行改善。

12.2.7 全面质量管理

1. 丰田公司对全面质量管理的理解

包含两层意思:一是指产品生产"全过程"质量管理;二是指全体职工参加的全员管理。美国一般侧重在第一层意思,主要是要求发挥组织机能的作用,而日本引进之后,结合具体条件,侧重在第二层意思,特别重视发挥人的作用,并认为这是尊重人格。

所谓产品生产"全过程"的质量管理是指:① 产品规划;② 产品设计;③ 试制与试验;④ 生产准备;⑤ 批量生产;⑥ 产品制造质量检查;⑦ 销售服务。每个阶段都有严格的质量要求和检查规定,最后的目的就是向用户保证高质量。从①到④是保证新产品质量的关键,规划、设计和生产准备工作如果搞不好,制造技术再好也无济于事,也就是通常所说的产品质量是设计出来,不是制造出来的。⑤到⑥是投产后保证加工制造质量的阶段。⑦是销售后保证用户使用质量的阶段。

丰田根据本企业特点采取总经理、中层干部、技术人员以及广大工人共同学习,并由全体职工共同参加质量管理的方式。所谓"全员",不仅指全体人员,还包括整个公司,整个系统及其所属一切部门。这样产品质量就成了企业技术水平、制造水平、组织管理水平以及经营水平的综合反映,而全员质量管理就相当于综合质量管理。

2. 丰田的全面质量管理方法

1) 提高员工从事质量工作的能力

为了使整个质量活动能更好地进行,公司加大了对员工培训,所有员工上岗前都要进行 380 小时岗前教育,了解汽车生产概况;进入丰田公司的大学生要用一个月时间先在一家工厂工作,用三个月的时间学习推销汽车,学习质量管理课程,提高解决实际质量问题的能力。丰田公司对员工质量的培训时间比欧洲厂家多一倍,但在工作中丰田公司员工的差错率要比欧洲厂家要小得多。丰田公司制造 1 辆豪华汽车只需 19 个小时,而德国奔驰公司仅纠正装配线上的差错率就要这么长的时间;与此同时,员工提出的合理化建议也多。丰田每人每年提出60条左右的合理化建议,而欧洲厂家平均每人每年才提出一条。

2) 建立了"三结合"的方法

(1) 从组织工作看,是高层领导、专业技术人员、一线员工的三结合。各层级、各职能部门以及各工序作业人员权责分明,各守岗位,也各具主动精神,从而形成组织严密的质量保证体系,而且有成文规章制度作为行为准则。日本专家研究生产现场质量事故后发现,现场作业人员只占1/3或1/4责任,其余2/3或3/4应由管理人员或专家负责。但是过去都把这类事故的责任推给现场作业人员,责任不明,所以搞不好。

(2) 从活动的内容看,是质量保证、降低成本、安全与保养的三结合。丰田不是一味地追求质量,因为消费者的消费水平要受到收入水平的限制,质量提高要受到技术条件的限制,且提高质量同降低成本也有矛盾,至于作业安全和设备的维修保养,也是既影响质量,也影响成本。丰田对于这三者的矛盾,是以降低成本为基础,把其他几个方面很好地结合起来。具体做法就是追求产品具有竞争性价格的能力,或者说卖得掉的价格。越过这个界限,质量越高,价格就越高,相对市场竞争力就会变弱。

(3) 从开展的方式看,是质量保证活动、降低成本、合理化建议的三结合。质量保证活动是由质量保证部领导,降低成本活动是由各级成本会议负责推动,合理化建议活动是由公司创造发明委员会负责,三条线集中一点,力求质量管理的合理化。

12.2.8 自动化

1. 丰田对自动化的理解

日语中Jidoka(自动化)有两种含义,一是普通的"自动化",用机器来代替人工。在此自动化下员工只需按动电钮,机器就会自动地运转起来,完成预定工作。但这样的自动工作机器没有发现加工质量缺陷的能力,也不会在出现加工质量缺陷时停止工作。因此,这种自动化会在机器出现错误时,生产出大量的不合格品,这种自动化是不能令人满意的。

丰田的Jidoka还有另一个含义,即"自动化缺陷控制",将它称为"带有人字旁的自动化",或"具有判断力的自动化"。它有两个方面功能:一是与质量管理有着直接的关系。生产中一旦出现不合格品,生产线或者机器就会立刻自动地停下来,迫使现场作业和管理人员不得不迅速查找故障原因,并及时采取改善措施,防止同样问题再度发生。二是与制止过量生产也有密切联系。当所需要数量零部件加工完毕后,机器会自动停止,且产出的零件都是合格品,从而制止了过量生产,消除了在制品库存,增强了生产系统适应市场变化能力。

由于采用了自动停机装置,每当出现异常情况时,机器就会自动地停下来,这样作业人员几乎没有必要盯住某一台机器。人力操作与机器操作自然分离,为"一人多机"方式提供了方便。实际上丰田公司的自动化在促使标准作业顺序的细化过程中也扮演着重要角色。

2. 丰田自动化的工作方式

1) 异常情况的自动化检测

异常情况的自动化检测技术和手段是丰田公司自动化的首要环节。因为检测装置（或仪器）就如同人的眼睛，它可以感知和发现被加工的零部件制品本身或制造过程是否有异常情况发生，并把所发现的异常情况的信息传递给接收装置，由后者发出各种动作指令。例如，丰田在生产过程中广泛使用了限位开关和电眼等接触式检测装置和手段，它们被用来测知零部件或产品在形状和尺寸上与正常情况的差异，并且自动检查是否存在某种质量缺陷。识别颜色的检测装置也属于接触式检测装置一类，但它对被检测物体的"接触"并不是靠限位开关或电眼，而是通过各种颜色的反射光线。

2) 异常情况下的自动化停机

当上述检测装置发现异常情况时，它会立刻自动地发出指令，停止生产线或机器的运转。当然，生产线或机器自动停止运行后，现场的管理人员和维修技术人员就会马上到达出事地点，和作业人员一起，迅速查清故障原因，并采取改善措施。

应该指出的是丰田公司的管理者特别强调两点：一是发现质量缺陷和异常情况必须立刻停止生产；二是必须立刻查清产生质量缺陷和异常情况的原因，并彻底纠正，使之不再发生。这样，只要有不合格制品或异常现象产生，它们就会立刻显露出来。而当问题显露出来时，生产线必须停下来，从而使人们的注意力立刻集中到问题上，改善活动就会自动地开展。

3) 异常情况下的自动化报警

丰田公司的自动化不仅要求自动发现异常和自动停止生产，还要求把异常的发生以"报警"的方式显示出来。最常用的报警方法就是用灯光显示。这种方法既简便实用，又便于"目视管理"，即便于现场管理人员用眼睛了解和掌握现场的生产状况。

例如，丰田在生产现场每条装配线上和每条机加工生产线上都安装了包括呼叫灯和指示灯在内的"灯光显示牌"。呼叫灯是在异常情况发生时，作业人员呼叫现场管理人员和维修技术人员而使用的。通常，呼叫灯配有不同的颜色，不同的颜色表示不同的求助。指示灯是用来指示出现异常和发生呼叫的工位。前面说过，丰田公司生产现场的每个工位都设置了"生产线停止开关"。每当出现异常情况时，作业人员就可以按动开关，使生产线停止运行。与此同时，灯光显示牌上的红色指示灯就被点亮，明确地指示出使生产线停止运行的工位。指示灯的另一个作用是，当呼叫灯点亮时，指示灯也被点亮，明确地显示出求助呼叫的工位。每当生产线停止运行，或有求助呼叫时，现场的管理人员和维修人员就会在信号的引导下，奔往出事地点。

丰田公司通常把这类显示牌悬吊在生产现场最醒目的位置上，以便于现场管理和技术人员能够容易地看到。丰田公司在灯光显示牌上使用不同颜色的灯光，以表示不同的情况。这样的灯光显示牌会使生产现场的情况一目了然。

12.2.9 全员参加的现场改善活动

公司全体人员参加的现场改善活动是丰田准时化生产方式的坚固基石。提高质量、降低成本、保证按期交货、提高生产效率的根本手段就是永不停止现场改善活动。同时，不断的现场改善也是生产系统不断完善的根本保证。

1. 准时化生产方式中员工角色

1) 员工是最重要的一块基石

有人把成功实施准时化生产的基本要素设计了一套积木块，其示意图如图12-9所示，这种金字塔形的积木很清楚地解释了这些要素的内在联系以及实施的先后次序。假如把底层中间员工这块积木抽掉，毫无疑问整个体系将倒塌，由此可知员工这块积木是最重要的奠基石。

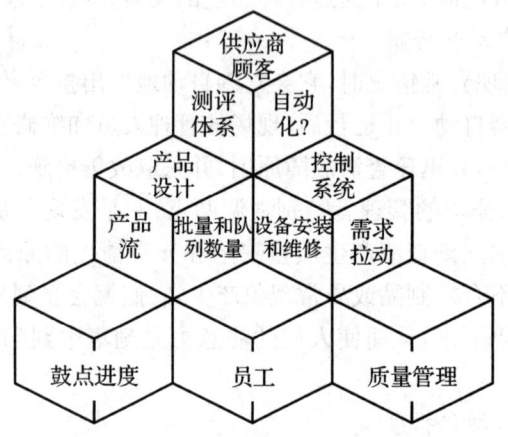

图12-9 员工在JIT中所处地

2) 员工是解决问题的主体

传统的管理模式下，管理人员尤其是高级管理人员对各种事务的参与非常广泛，有权解决生产经营中遇到的各种问题，可悲的是他们由于不在出现问题的第一线，了解情况主要靠听下属的汇报，容易出现信息不对称，导致决策失误，处理问题治标不治本，经常出现反复。准时化生产则强调给一线员工充分授权，生产中出现的问题由员工自己解决，发掘员工的知识智慧和解决问题的才华，让他们成为解决问题的主体。由于生产中的各种浪费都是"细""小"的，在一线员工身边发生。如锁螺丝，员工每次重复这样动作，左手从工作台右上角50厘米处取螺丝，再用右手拿起子锁合，一天重复3 000次，左手动作一天"行程"为1.5千米，一个月为45千米，而取螺丝的动作没有增值是浪费，这时员工自己设计螺丝震动供应器，就使得手的行程大大减少，节省了时间，提高了工作效率。由此可见这些琐碎的事情必须依靠员工本身才能一一解决。

3) 尊重人，培养人，视人为资本

美国的《幸福》杂志曾指出："丰田公司高速发展的秘密就在于有一支卓越的管理队伍和一支高效的职工队伍"，充分体现了"事业在于人"这一经营管理哲理。他们曾经对此做过如下表述：事业在于人。任何工作、事业要想发展，最为重要的一条就是造就人才；员工不单纯是提供劳动的人，员工是我们资本的一部分；事业成败的关键在人谋。不论是优良产品的制造，还是销售收入的提高，其长远有效的方法莫过于造就卓越的人才；全体从业人员是公司最宝贵的无形资产,公司应妥善加以照顾等等。

丰田公司尊重人性以及由此而生发出对人的教育和培养,其直接结果就是形成了以"忠诚于丰田"为认识核心的强大企业凝聚力,而且这种凝聚力结成了一个团结一致的员工整体,它是保证准时化生产方式及看板管理在生产体系整体上实现的一个必不可少的基础。

2. 全员改善的做法

1) 质量管理小组

质量管理小组(QC 小组)是由在同一生产现场内工作的人们以班组为单位组成的非正式小组,是自主地、持续不断地通过自我启发和相互启发,来研究解决质量问题和现场改善问题的小集体。该小组的特点是自主性、自发性、灵活性和持续性。这种非正式小集体能够自发产生并且长期存在的一个直接动因,就是在准时化生产方式的动态自我完善机制的作用下,或者说是在强制减少工序之间零部件在制品储备量的情况下,作业人员之间的在制品"隔墙"被消除了,他们各自的工作被更加直接和更加紧密地联系起来了。由于在制品储备减少了,如果某一位作业人员的工作出了问题,其后面的工序就有停工的危险。这样大家彼此之间的相互依赖感增强了,共同关心的问题也增多了。在业余时间里,他们也会把诸如不合格品、浪费、不均衡、低效率等许多共同关心的问题带到家中、餐馆中,以及其他伙伴们相聚的场所中去讨论。

丰田 QC 小组的构成与课题

1. QC 小组活动的最终目标:增强劳动者的责任感,提供实现工作目标的手段,给每个人以被接受、被认可的喜悦,提高技能,使他们成长。

2. QC 小组的构成:QC 小组由班长及其下属作业人员组成,但是根据情况按照应该解决的问题,或者采取和其他小组成员结合的"联合小组"形式,或者采取只有组内一部分成员组成的"微型小组"形式,各作业部门的领导、工长和作为现场监督人员的组长担任顾问。

3. QC 小组的课题和成果:不仅局限于质量管理,也可以提出降低成本、设备保全、安全生产、产业公害、替代资源等方面的课题。据统计,各小组完成课题件数每年平均 3.4 件,聚会次数每个课题一年平均 6.7 次,每个课题需要的平均时间为 6.4 小时。在丰田汽车公司一个月召开两三次小组聚会,一次从 30 分钟到 1 个小时不等。

4. 两个制度:一是丰田汽车公司的表彰制度,由三个层次构成:课题表彰、QC 小组表彰和 QC 小组丰田奖。每个表彰中又划分成更详细的表彰。二是 QC 小组的教育制度。主要有面向班长以及组长的"解决问题讲座",面向工长以及组长的"顾问讲座",面向工长的"教练员讲座"等。

(资料来源:门田安弘.新丰田生产方式[M].4 版.王瑞珠,译.保定:河北大学出版社,2012)

2) 合理化建议制度

好产品来自好的设想。因此丰田公司提出了"好主意,好产品"的口号,广泛采用合理化建议制度,激发全体员工的创造性思考,征求大家的"好主意",以改善公司的业务。

通过全体人员共同思考和参与改善活动的直接效果就是提高质量,降低成本,同时提高个人自身的能力,创造出舒适的作业环境,增强对公司的忠诚感和归属感,最终为公司的发展壮大做出贡献。

3) 改善,再改善

曾经出任丰田公司负责生产和质量管理专务董事的根本正夫先生,总结归纳了支持"改善,再改善"的6个要领。

(1) 领导者本身也要从事改善。如果领导者有心要搞好本部门工作,那么他首先自己要能够致力于改善才行。每天都要督促自己力行改善,同时也要常常要求下属人员"改善,再改善",从而激发和提高下属人员改善工作的意愿和情绪。但领导者与一线作业人员改善的主题不相同。一线人员改善的是以作业程序和操作方法为主,而领导者则以组织、制度、管理体制等方面的改善为主。

(2) 领导者要关心下属人员的改善活动。作为领导者,不论下属人员准备进行什么改善、做了哪些改善、改善中有哪些问题、改善的结果如何等等,领导者都要予以关心,这非常重要。例如,当下属人员为了进行某种改善活动,将自己的改善设想和方案向上司提出来时,如果上司对部下的改善设想及方案表示冷淡,或者说:"这算不上什么改善",这就如同给部下改善的积极性泼了冷水,必然会使"改善,再改善"活动停滞不前。相反,如果上司对部下提出的改善方案热情关注,并表示"你发现了好方法,一定照你的想法试一下!"部下就会更加主动和更加积极地设想出一连串的好主意和改善方案来。

(3) 不要轻视微不足道的改善活动。在生产现场,总会存在一些很不起眼的不合理现象或工作方法。然而一些大事故往往出自这些平时被人们忽视的环节上。所以领导者不要轻视"小改善"。

(4) 要容忍改善活动的失败。领导者要懂得失败并不可怕,可怕的是同样的过失再度发生。假如领导者一听到部下改善失败的报告就发脾气,那么后者就会把过失隐瞒起来,不说为佳,这就扼杀了改善,为酿成大祸留下隐患。相反,如果上司能够认真听取部下改善失败的报告,并共同分析失败的原因,寻找出更好的改善方法,那么就会提高改善的水平。因此,创造一种敢于说真话,敢于报告失败的气氛和环境是极为重要的。

(5) 越忙,越是改善的好机会。经验表明,在那些工作较忙的车间里,改善方案却往往是层出不穷且是高水平的。因为"忙不过来,人手不够",人才会去想解决办法,激发出改善设想和方案。当然也会有"太忙了,顾不上改善了"的牢骚,这只能说明这些人的改善意识和欲望不够强烈,他们无法或者难以摆脱"忙不过来"的状况。而通过不断改善却会使人们工作变得轻松、愉快、有效。

(6) 改善无止境。对待改善工作就要像拧出一块毛巾中的水一样,而且拧干之后还要不断地拧。因为生产现场的情况不断变化,所以改善工作也不是一蹴而就和一劳永逸的事。况且人的能力在不断地提高,新知识和新技术在不断地涌现,人们不会也不应该满足或停留在已有的改善成果上。企业的环境在不断地变化,顾客的需求也在不断地丰富,总有需要改善的问题。总之,改善是不会到顶的,而是无限的。事实上改善活动本身还包括对人的质量的不断提高和完善,不但有助于人的发展和公司的发展,而且为准时化生产方式的实现提供了最强有力的支撑。

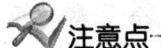 **注意点**

现场改善就是要发扬工匠精神。习近平这样阐释:执着专注、精益求精、一丝不苟、追求卓越。

 **知识链接**

见证一汽丰田模式

天津一汽丰田拥有3个工厂、1.2万名员工,年产能42万辆,在丰田全球52家工厂中规模最大。10月20日,主流媒体(汽车)联盟见证了"一汽丰田式"生产管理模式。

品质保障——从装配前开始

走进天津一汽丰田,错落有致的车间、库房,让人感受着国际化企业的大气与有序。随处可见的绿色,显现着一汽丰田绿色生产、环保作业的人文理念。

一汽丰田相信,一款车型计划生产并投放市场,首先从产品开发环节就要保证工序的质量。其次,对需要采购的零部件进行质量把控。天津一汽丰田的追踪管理团队,采用了层层把关的管理方式。每年一汽丰田都会将年度审核计划作为采购重点加以实施。对于突发问题,则采取追加审核来确保万无一失。一旦生产线上出现不良问题,在核准问题的同时,也会第一时间对零部件进行追加核定。完善、有效的采购管理机制,让一汽丰田采用的零部件,具有先天的"健康体质"。

品质打造——源于每道工序

在一汽丰田第3工厂的生产线,实行卡罗拉和RAV4车型的混合装配生产。在装焊车间,3台机器人配合默契,从抓举、电焊到搬送,每一车体的焊接在30秒内即已完成。丰田生产方式核心之一的"自动化"被展现得淋漓尽致。

参观过程中,我们看到身着不同识别色工作服的员工,按照各自的职责,忙而有序地工作在生产或管理岗位。每一个工位旁,都贴有一份描述详尽、步骤清晰的"标准作业"单。员工上岗前,必须准确理解和记忆其中的要求与规定,并严格执行和操作,以确保产品的优良品质。

在采访中,我们还看到每个工位还贴有作业单的零部件箱,以保证每道工序的随时审验,同时使得物流环节更明了和顺畅。"只在必要的时间生产和运输必要数量的必要产品",这是丰田生产方式另一核心"准时化"的表现。

持续改善——以人为本

持续改善的生产理念,更是一汽丰田"看不见的机器"。在车间,我们时常看到员工在工作间隙一起研究问题,这就是一汽丰田的"QC活动",即全员参与的质量改善活动。对于QC活动,年轻的一汽丰田人参与热情极高。2009年,一汽丰田的1.2万名员工,共成立QC小组1 123个,自发参与到此项活动。参加QC小组的员工,公司会定期选派优秀员工到日本丰田本部交流学习。

另外一个持续改善的重头戏,就是"创意工夫",旨在为员工打造提出合理化建议的平台。有统计显示,一汽丰田的员工,全年提交超过25万个合理化建议,全员参与率94.8%,奖金总额达518.94万元。

据悉,工厂从来没有处罚过出现差错的员工。当生产出现问题时,管理层首先考虑是否因为生产过程的不合理而导致,而并非问责于人。这使得员工愿意暴露生产环节的问题,并及时找到应对方法。

(资料来源:重庆晚报,2010-10-22)

12.2.10 供应商管理

准时化生产方式创始人大野耐一先生说过:"为了使准时化生产方式产生真正的效果,必须事先认识它的界线,只有在核心企业和周围协作工厂群一起作为一个共同体而共命运的时候,准时化生产才能接近完全实现。"

1. 供应商的选择

一是在确定供应商的数量上强调少而精。丰田主要是和部件供应商进行交易,在部件供应商下还有若干层次零部件生产商,所有的供应商是按照产业分级和层层分包的方式构成金字塔结构,处于塔尖的是丰田,它只与第一层次的部件供应商建立信用关系,这部分供应商只有300家左右。

二是在供应商的选择标准上,采用多维度指标更加全面地衡量。采用的指标有产品质量、生产批量与交换期、应变能力、位置、技术能力、规模、财务稳定性、可置换性、价格、企业改革的情况十个方面。此方法的好处有:由于少而精可以有更多的时间进行交流,带来了企业之间的信息把握密度高,部分消除信息不对称现象;由于全方位多维度的考察,避免了在供应商选择中存在的逆向选择问题,使得更多符合要求的合格供应商被选中。

2. 供应商的激励

1) 资产的专用性投资

为了能够成功地实施准时化生产,丰田公司和供应商均面向顾客进行了这方面的资产专用性投资,由此双方形成"锁定"或叫相互"质押"。包括四个方面:

一是专用场所投资。丰田为了降低库存,降低物流的复杂性和费用,以及省略掉多余的缓冲库存配送,要求供应商在地理位置上必须与装配厂保持适当的距离。据Dyer调查,每日平均7.4次配送能够实现库存最小化。为了达到这一要求,从丰田合作供应商到组装厂平均距离为17英里,供应商进行的场所专用投资75%是为丰田公司专用。对于距离较远的、不太顺畅的少数供应商或者为了应付突发状况,则建立中转仓库,保持1~2天安全库存。

二是人力资本投资。丰田公司的关系供应商向丰田技术中心派遣350多名客串工程师,这些工程师与丰田的技术人员一起设计新车型与零部件。

三是技术和实物资本投资。供应商为了在设计、制造过程中消除浪费、降低成本,供应商面向丰田公司提供了自己的设计、新技术开发、模具制造、专用设备和技术等。

四是向供应商输出准时生产方式。丰田公司向协作厂输送 IE 工作人员,对供应商引进准时生产方式进行指导,提高它们的管理水平。

2) 信息共享

准时化要求每道工序在必要时间只能生产必要数量的产品,其必要条件就是能够向所有的工序通知生产零部件的确切时间和必要的数量,为此丰田和供应商之间进行充分的信息交换。其交换的主要内容有:

一是产品设计。如果汽车厂出了重要的新车型或有了新的技术方面的问题,就要邀请零部件厂的技术人员同汽车厂的技术人员一起作为开发小组的人员工作,有时基于成品厂商设计的要求,供应商详细设计后由制造厂予以承认。

二是生产计划。主要有零部件供货指示表。它是丰田公司每月要对零部件厂商公布未来三个月的生产预定表,作为未来参考。这些信息主要通过在供应商和制造厂之间建立起 VAN 集团内部回路网进行交流,使得丰田的零部件数据与供应商之间达到同步传递享用。

三是生产作业计划,靠协作看板来传递信息。为了使得各供应商的信息传递达到准确,不至于产生"牛鞭效应",丰田公司还与销售商之间形成局域网,及时掌握各销售商持有的车辆库存信息,并且向销售商提供最近的畅销、滞销信息,以便销售商了解掌握。

四是缩短生产作业周期。生产作业计划下达以天和小时为单位,每日每小时计划的变动上下波动的幅度不超过 10%。在生产时,严格要求供应商按照看板提供的信息进行生产,真正做到不见看板不生产、不运输,这种准确适时信息传递抑制了信息不对称现象。供应链节点企业之间能够根据顾客的需要迅速反应,做到适时适量生产,真正做到生产同步化。

3) 长期合作,利益风险共担

丰田公司十分注重和供应商的长期合作,增加彼此之间信任,以消除供应中断风险。主要表现在:

(1) 在合同的期限上,一旦确认某供应商为合格供应商,与之订立合同的期限一般为四年,中间不轻易变更。

(2) 在交易次数上,促进从一次交易向系列交易演变,如果供应商和丰田公司合作得好的话,下次新车型该供应商得到合同的概率在 90% 以上。所以丰田公司采购额占 40% 的零部件供应商与丰田公司保持 20 年以上长期连续交易。

(3) 在丰田公司和供应商关系上,许多供应商是由过去丰田公司分离出来的关联公司,有的还是相互持股的子公司,利用产权来激励,具有集团一体化的特征。

企业之间利益风险能够合理分担,它们合约就比较稳定。在利益方面主要是丰田和供应商之间强调保持长期合作关系,制订协作的长期业务计划,双方均能从中享受到规模经济效益和经验曲线带来的好处。丰田公司还与供应商约定,供应商经过自己的努力带来的成本降低,从而多获得的利润归供应商所有,实现了剩余的索取权和剩余的控制权相对应,这种分配模式导致的是生产性努力。这有利于改进产品质量,降低成本,提高了产品竞争力,从长远来讲对丰田公司是有利的。

在风险控制方面,为了避免由于频繁变换车型,加大供应商的零部件的品种、数量、品质的变化,增加供应商库存成本和风险,丰田公司采取相应的措施有:① 在产品设计上坚持变产品的多品种为零部件少变化的思想;② 一种车型连续生产四年;③ 对供应商派遣技术和管理人员进行指导,帮助缩短生产周期;④ 停止生产某种车型时要事先通知,确因没有通知造成损失的,予以赔偿。这些措施的实施有效地降低了供应商的风险。

4) 信誉

丰田公司在供应链的信用构建中很注重对供应商的声誉激励,主要采用的是给供应商颁发产品免检证书的办法来实现的,凡是获得免检证书的供应商,其零部件不需要经过数量和质量的检验,直接送到生产线上,这在大大增加双方的信任感的同时又降低了人工成本。

3. 供应商的监督

1) 利用生产管理体制进行监督

准时化生产是一种特殊体制,具有自我暴露问题、自我监控的功能。主要表现为制订生产作业计划,强调批量越小越好,直至理想状态单件;库存量越少越好,直至理想状态零;人员越少越好,责任非常明确;产品质量要求是 100% 合格。这样生产的缓冲机制得以消除,零部件在各工序之间和各节点企业之间运动,一旦有问题出现立即暴露出来,同时在每道工序安装设备自动停止装置,生产出现异常就自动停机,迫使员工解决问题。这种生产机制在每个供应商中均要采用。

2) 信息监督

商业信用的构建依赖于当事人不诚实的行为能被及时观察到。这就要求在企业之间物流运作过程中充分发挥利用信息进行监督,丰田的方法主要有:一是减少信息监督的对象。监督的对象少,才有充分的时间去全面监督,主要是前面讲的和较少的部件供应商打交道。二是看板监督。看板实际上是信息板,用在供应商的看板称为外协看板,上面记录着需要生产的数量、发送的时间、目的地、存放场所、搬运工具等,实行及时监督,并且通过看板的数量来判断库存量的大小,通过库存量的大小就可以确定物流与生产过程中存在问题的多少。三是利用目视管理进行监督。例如,通过设计标准的容器、标准车辆、标准零部件码放,使得信息传递标准化、透明化,供应商送来的零部件信息让人一目了然。

3) 有限竞争

丰田在构建长期交易模式的同时也引进了适度竞争机制,主要做法是在特定零部件供应上维持两家以上的供应商,供应商之间的竞争从产品开发阶段开始一直渗透到产品生命周期各阶段,供应商如果不全力以赴,新车型的订单就会丧失。即长期连续的关系是有条件的,是建立在供应商自觉遵守合同的基础上,如果不能很好地履行合同,丰田只给其次要工作。

4) 供应商协会监督

供应商协会的某个成员经营中有不讲信用的行为,协会要负连带责任,为此协会要制定规章制度规范成员的经营行为。丰田公司有三个按地域划分的零部件厂的协会(分别由137个、63个、25个公司组成),协会成员都是丰田认可的合格供应商,它们之间的交易已经长期化、稳定化、系列化,经常获得丰田公司的技术、管理、信息方面的支持。协会以外厂家生产的零部件,丰田一般不采购。所以一旦某供应商不讲信用被协会排斥在外是很严厉的处罚。

准时化生产方式之所以能够达到彻底消除浪费,降低成本的目标,其做法有三个:一是尊重员工、培养员工、依靠员工,视员工为重要资本。二是让这种理念变成企业文化,浸入到每个员工心灵中、价值观中。三是配套相应激励制度。这样消除浪费、降低成本的理念才能转化成员工的自主行为,落实到具体的行动中,体现在每项工作的细节中。

丰田公司协作企业的准时化生产

丰田公司在其全部的专业协作工厂和几乎所有的分包系列企业中,逐步实施了准时化生产方式和看板管理。早在20世纪70年代,爱新精机公司、丰田车体公司、日本电装公司、关东汽车工业公司等丰田公司直属的零部件工厂,以及分布在名古屋地区的所有分包协作厂都已采用了准时化生产方式和看板管理。在推广实施准时化生产方式的过程中,只要是协作企业提出求助的要求,丰田公司就会立即派遣生产调研人员去那里从头到尾地进行帮助指导,而且往往是一去就在那个企业蹲上一两个月,直到解决完问题为止,有力地促进了准时化生产方式及看板管理在丰田生产组织体系内部的推广普及。此外,丰田公司把准时化生产方式及看板管理的消化能力作为决定对某一个分包协作企业取舍的重要评价标准之一,其结果是引导着分包企业群共同朝着丰田公司所要求的准时化生产的方向迈进。

(资料来源:魏大鹏,李晓宇.准时化生产体系与实践[M].北京:机械工业出版社,2012;题目为编者所加)

本章小结

本章首先介绍了准时化生产方式的产生,丰田公司对浪费的理解以及生产过程中常见的七种浪费;其次重点介绍了准时化生产方式的含义、核心思想、目标以及实现机制,对传统的生产方式与准时化生产方式进行了比较;最后详细介绍了准时化生产方式的实施,主要从看板管理、平准化生产、设备的快速切换调整、设备布局、多技能作业人员与少人化、标准化作业、全面质量管理、自动化、全员参加的现场改善活动、供应商管理等方面进行阐述。

思考题

一、判断题(正确的打"√",错误的打"×")

1. 按照JIT的哲理,凡是不增加价值的活动都是浪费。（　）
2. 增加价值活动但耗用的资源超过了"绝对最少"的界限也是浪费。（　）
3. 在JIT中超额完成计划或定额应该受到表扬。（　）
4. 库存是万恶之源。（　）
5. JIT认为企业生产运营中如库存多、产品等待等,看似"合理",实质是浪费。（　）
6. JIT的机制是一个缓冲较好、适应市场能力较好的机制。（　）
7. JIT的机制是强迫性暴露问题的机制。（　）
8. 推动式生产中库存量往往较大。（　）
9. 看板不仅是一个信息板,同时还具有履行生产控制的功能。（　）
10. 在JIT的生产运行某个环节中看板的数量越少,库存量越少,生产中问题也就越少。（　）
11. 实施平准化生产反映了企业生产计划适应市场的能力强。（　）
12. 为了减少设备调整时间,要尽量增大作业外部切换时间的比例,同时减少内部切换时间。（　）
13. 在设备U型布置中设备操作工人要求具备多技能。（　）
14. JIT的自动化包含两个方面:一是自动化生产,二是自动化缺陷控制。（　）
15. 在JIT运行中领导是解决问题的主体,具有解决问题的决定权。（　）
16. 在JIT中认为员工对企业提的问题和建议太多不好,严重影响企业形象。（　）
17. 改善是下属的事情,领导主要负责激励和评价。（　）
18. 由于企业是独立的经济主体,因此实行JIT不应包括供应商。（　）
19. 在JIT中供应商和主生产厂商是利益共同体。（　）
20. 在JIT中对供应商的监督主要是依靠信息监督。（　）

二、单项选择题

1. 价格＝成本＋利润,利润＝价格－成本,丰田公司认为这两个公式传递的企业经营理念是(　　)。
   A. 前者成本是可变的,后者成本是恒定的
   B. 前者成本是可控的,后者成本是不可控的
   C. 前者价格是固定的,后者价格是可变的
   D. 前者是成本主义,后者是非成本主义
2. 下列不属于JIT认为的浪费的是(　　)。
   A. 超额完成任务　　　　　　　　B. 提前生产
   C. 过度加工　　　　　　　　　　D. 生产必要数量的产品
3. JIT的核心是彻底消除(　　)。
   A. 浪费　　　B. 库存　　　C. 不良品　　　D. 人员过剩

4. 在JIT的实现机制中强调(　　)。
A. 强制性暴露生产中的问题　　　　　B. 在生产中设立缓冲库存
C. 强化领导解决问题能力　　　　　　D. 在生产中建立TQC小组

5. 推动式生产中,生产的各道工序都是和(　　)交流各类生产信息。
A. 生产计划部门　　B. 前后相关工序　　C. 上层部门领导　　D. 以上均不对

6. 拉动式生产中,物流与信息流是(　　)的。
A. 融合　　　　　B. 分离　　　　　C. 时分时合　　　　D. 以上均不对

7. 下列不是看板作用的是(　　)。
A. 生产与运输的指令　　　　　　　　B. 目视管理的工具
C. 改善的工具　　　　　　　　　　　D. 业绩考核的工具

8. 在平准化生产中,成批轮番生产的不同品种,其投产顺序应该是(　　)。
A. 不同品种尽量间隔投产　　　　　　B. 同种品种尽量集中投产
C. 不同品种按一定逻辑顺序轮番投产　D. 以上均不对

9. 外部切换与内部切换的区别是(　　)。
A. 外部切换需要停机,内部切换不需要
B. 外部切换不需要停机,内部切换需要停机
C. 外部切换工作量大,内部切换工作量小
D. 外部切换需要人参与,内部切换不需要

10. 丰田公司为了减少生产一线人员人数,采取了一系列解决措施,除了(　　)。
A. 设备U型布置　　　　　　　　　　B. 培养多技能工人
C. 人与设备分离　　　　　　　　　　D. 延长生产人员工作时间

11. 丰田公司对全面质量管理的理解与传统的不同,下面属于丰田的理解的是(　　)。
A. 全过程的质量管理,全体职工参与的全员质量管理
B. 全过程的质量管理,全体质量管理人员参与的质量管理
C. 全生产过程的质量管理,全体一线职工参与的全员质量管理
D. 全生产过程的质量管理,全体质量管理人员参与的质量管理

12. 丰田公司开展全面质量管理,建立了"三结合"的方法,下列不属于"三结合"内容的是(　　)。
A. 从组织工作看是高层领导、技术人员和一线员工"三结合"
B. 从活动内容看是质量保证、降低成本、安全与保养"三结合"
C. 从开展活动方式看是质量保证活动、降低成本活动、合理化建议活动"三结合"
D. 从落实行动看是理念、制度、具体行动"三结合"

13. 下列不属于丰田公司对员工的观点的是(　　)。
A. 员工最重要的基石　　　　　　　　B. 员工是解决问题的主体
C. 员工是资本　　　　　　　　　　　D. 领导是改善活动的主体

14. 丰田公司对供应商的选择强调供应商数量上(　　),选择标准上(　　)。
A. 少而精,采用多维度指标全面衡量　　B. 要多,采用多维度指标全面衡量

C. 少而精,要抓重点指标衡量　　　　D. 要多,要抓重点指标衡量
15. 下列不属于丰田公司对供应商监督的手段的是(　　)。
A. 信息监督　　　　　　　　　　　B. 生产管理体制监督
C. 有限竞争　　　　　　　　　　　D. 政府监督

三、基本概念
准时化生产方式　推动式生产　拉动式生产　看板　平准化生产　自动化

四、问答题
1. 丰田公司对浪费的理解是什么,生产过程中常见的七种浪费是什么?
2. 准时化生产方式的核心思想、目标是什么,实现机制是什么?
3. 传统的生产方式与准时化生产方式的区别是什么?
4. 看板运行的规则是什么?
5. 如何实现设备的快速切换?
6. 准时化生产方式中对全面质量管理是如何理解的,如何开展的?
7. 开展全员改善活动的方法有哪些?

参考文献

[1] 中共中央宣传部.习近平新时代中国特色社会主义思想学习问答[M].北京:学习出版社,人民出版社,2021.

[2] [美]F.罗伯特·雅各布斯,理查德·B.蔡斯.运营管理[M].13版.任建标,等,译.北京:机械工业出版社,2013.

[3] [美]F.罗伯特·雅各布斯,理查德·B.蔡斯.运营管理[M].15版.苏强,霍佳震,邱灿华,等,译.北京:机械工业出版社,2020.

[4] [美]杰伊·海泽,巴里·伦德尔,查克·蒙森.运作管理[M].12版.李果,张祥,译.北京:中国人民大学出版社,2020.

[5] 马风才.运营管理[M].5版.北京:机械工业出版社,2020.

[6] [美]C.K.普拉哈德,文卡特·拉马斯瓦米.自由竞争的未来[M].于梦瑄,译.北京:机械工业出版社,2018.

[7] [美]詹姆斯A.菲茨西蒙斯,莫娜J.菲茨西蒙斯.服务管理[M].7版.张金成,范秀成,杨坤,译.北京:机械工业出版社,2013.

[8] [美]威廉·史蒂文森.运营管理[M].11版.张群,张杰,马风才,译.北京:机械工业出版社,2013.

[9] 陈荣秋,马士华.生产与运作管理[M].4版.北京:高等教育出版社,2016.

[10] 季建华.运营管理[M].上海:格致出版社,上海人民出版社,2010.

[11] 田英.生产与运作管理[M].西安:西北工业大学出版社,2005.

[12] 马义飞,张媛媛.生产与运作管理[M].北京:北京交通大学出版社,2010.

[13] 高鹏举.生产与运作管理[M].上海:东华大学出版社,2005.

[14] 周志文.生产与运作管理[M].北京:石油工业出版社,2001.

[15] 魏大鹏,李晓宇.准时化生产体系与实践[M].北京:机械工业出版社,2012.

[16] [日]若松义人.大野耐一的十条训诫[M].崔柳,译.北京:机械工业出版社,2011.

[17] [日]门田安弘.新丰田生产方式[M].4版.王瑞珠,译.保定:河北大学出版社,2013.

[18] [美]迈克尔·哈默.企业再造[M].王珊珊,等,译.上海:上海译文出版社,2007.

[19] 熊伟,徐明,等.采购与仓储管理[M].北京:高等教育出版社,2006.

[20] 张晓华.采购与库存控制[M].武汉:华中科技大学出版社,2011.

[21] 陈福军.运营管理[M].大连:东北财经大学出版社,2002.

[22] 刘丽文.生产与运作管理[M].北京:清华大学出版社,2011.

[23] 龚国华,等.生产与运作管理——制造业和服务业[M].2 版.上海:复旦大学出版社,2003.

[24] 全国劳动定员定额标准化技术委员会 GB/T 14163—2009.工时消耗分类、代号和标准工时构成[S].北京:中国标准出版社,2009.

[25] 张远昌.仓储管理与库存控制[M].北京:中国纺织出版社,2004.

[26] 金汉信,王亮,霍焱.仓储与库存管理[M].重庆:重庆大学出版社,2008.

[27] 廖金福.库存管理入门[M].广州:广东经济出版社,2004.

[28] 李习文,李斌.库存控制与管理[M].北京:机械工业出版社,2005.